Yo, el barón Thyssen

Heinrich Thyssen

YO, EL BARÓN THYSSEN

Memorias

Edición a cargo de Carmen Thyssen
Prólogo de Luis María Anson

Con la colaboración de José Antonio Olivar

Planeta

Diagonal, 662-664, 08034 Barcelona (España)
www.editorial.planeta.es
www.planetadelibros.com

Fotografías del interior: archivo personal Carmen Thyssen

Primera edición: septiembre de 2014
Depósito legal: B. 12.063-2014
ISBN 978-84-08-10579-4
Composición: Fotocomposición gama, sl
Impresión y encuadernación: Liberdúplex
Printed in Spain – Impreso en España

El papel utilizado para la impresión de este libro es cien por cien libre de cloro y está calificado como **papel ecológico**

Índice

LOS THYSSEN-BORNEMISZA

ISAAC LAMBERT THYSSEN
(1685-1773)

NIKOLAUS THYSSEN
(1727-1778)

NIKOLAUS THYSSEN
(1763-1814)

JOHANN FRIEDRICH THYSSEN
(1804-1877)

AUGUST THYSSEN
(1842-1926)

FRITZ ∞ AMÉLIE ZUR HELLE
(1873-1951) (1877-1965)

AUGUST
(1874-1943)

ANITA THYSSEN ∞ CONDE GÁBOR ZICHY
(1909-1990) (1910-1973)

MAUD FELLER ∞ **HEINRICH** ∞
(1875-1947)
GUNHILDE ∞

MARGIT ∞ CONDE BATTHYÁNY
(1911-1989) (1910-1985)

IVAN   CHRISTOPH

STEPHAN
(1907-1981)
∞
ILYANA KUGLA
∞
INGEBORG MÜLLER

JOSEPH THYSSEN
(1844-1915)

HEDWIG ∞ BARÓN VON NEUFFORGE — AUGUST / FERDINAND / HEDWIG
(1878-1960) (1869-1942)

∞ BARÓN VON BERG — MIGNON / MAXIMILIANE
(1859-1924)

ARONESA MARGIT BORNEMISZA DE KASZON
887-1971)

GABRIELLE ∞ BARÓN BENTINCK
(1915-2000) (1905-1970)

HEINRICH
(1921-2002)

(Continúa en la página siguiente.)

MATRIMONIOS E HIJOS DE HEINRICH THYSSEN

TERESA DE LIPPE
(1925)

↓

GEORG
(1950)

↓

SIMON
(2001)
(nacido de su relación
con la condesa
Katharina von Meran)

NINA DYER
(1930-1965)

FIONA CAMPBELL
(1932)

FRANCESCA
(1958)
∞
ARCHIDUQUE CARLOS
DE HABSBURGO
(1961)

ELEONORE
(1994)

FERDINAND
(1997)

GLORIA
(1999)

LORNE
(1963)

DENISE SHORTO
(1942)

ALEXANDER
(1974)

CARMEN CERVERA
(1943)

BORJA
(1980)
∞
BLANCA CUESTA
(1973)

SACHA
(2008)

ERIC
(2010)

ENZO
(2012)

CARMEN
(2006)

SABINA
(2006)

PRÓLOGO

Ejemplo de singular mecenazgo

A los tiburones del dinero les suele impregnar el desdén y el egoísmo. La voracidad por la riqueza no conoce límites. Mientras más se tiene, más se quiere. Nada sacia el ansia de posesión. Hay excepciones, claro. Pocas, pero a lo largo de la Historia el mecenazgo ha sido una constante. Siempre han existido hombres o mujeres poderosos que han dedicado sus bienes a ayudar a los desfavorecidos de la fortuna o a reunir colecciones artísticas que han legado para el disfrute público.

La familia Medici, el papa Julio II, el rey Francisco I de Francia, el conde de Lemos en España, la familia Fugger son ejemplos siempre citados al hablar de la protección a las artes. Esa protección contó en la Roma de Augusto con el precursor indiscutible: Cayo Cilnio Mecenas.

José Antonio Olivar ha tenido el acierto de agavillar escritos y recuerdos del barón Thyssen para dar ocasión a que el lector calibre el esfuerzo hercúleo exigido para crear una colección incomparable, para luchar hasta la extenuación evitando que se desmembrara y, finalmente, para subrayar la generosidad de legarla, trazando, con el Museo del Prado y el Reina Sofía, el triángulo estelar de la pintura de todos los tiempos.

Cherchez la femme. Hay una mujer detrás de esta andadura excepcional que permite a los estudiosos investigar de forma directa sobre la obra de los artistas y a los aficionados recrearse en la contemplación de muchas de las mejores obras que ha producido el genio del hombre. Esa mujer es Carmen Cervera. La baronesa Thyssen se enamoró de su marido y también de la expresión artística hasta acumular una cultura personal considerable, especialmente en el ámbito de la pintura. El buen sentido, la reflexión serena, la actividad incansable, el conocimiento profundo de las artes plásticas acompañaron a Carmen Cervera en el consejo al mecenas generoso y, sobre todo, en la puesta en marcha del museo que hoy enriquece a Madrid y asombra al mundo.

El Museo Thyssen no solo es el producto de un singular mecenazgo. Antes que nada es el resultado de un gran amor compartido. Sin él nada se hubiera conseguido. Carmen Cervera lo explica muy bien al cerrar este libro que el lector tiene entre las manos, cuando afirma: «Soy una mujer con fe. El dolor que lo inevitable ocasiona sólo se soporta con fe. Por eso, cuando recuerdo a Heini —y no hay día que su recuerdo no esté en mi mente—, no me detengo nunca en los días previos a su adiós, sino que prefiero evocar al Heini de las largas e inacabables conversaciones en que, cogidos de la mano, me decía que me amaba y que los dos estábamos hechos de la misma esencia. También me repetía muchas veces que me había estado buscando en esta vida y, por fin, me había encontrado aquella noche con el cielo lleno de estrellas de aquel verano en Cerdeña».

LUIS MARÍA ANSON
de la Real Academia Española

Presentación

Por fin veo cumplida la promesa que le hice a Heini, mi marido, de publicar sus memorias, un testimonio de su valía, de su esfuerzo personal, de sus luchas y de su humanidad.

Este libro es el fruto del trabajo de varios años llevado a cabo gracias a la inestimable ayuda de José Antonio Olivar, quien recibió de manos de Heini y mías todo el material inédito que aquí se ofrece y que ha sabido transcribir y ordenar con respeto y dedicación.

Creía que lo que siempre intento guardarme para mí estaba perfectamente controlado. Sin embargo, todo ha aflorado de golpe al repasar la vida —tan dulce unas veces, tan difícil otras y tan apasionante siempre— de un hombre como Heini: he vuelto a compartir cómo se sentía, cómo se comportaba, superándose y avanzando siempre por la vida tal y como él mismo explica aquí, con sus propias palabras, que fue dejando escritas a lo largo de los años.

Recuerdo que un día Heini me preguntó qué pasaría en el futuro con su apellido y su legado; yo, pensando en la magnitud de su colección privada sin precedentes en la historia del arte y que hoy está en el Museo Thyssen-Bornemisza en Madrid, lo miré divertida y le contesté: «Heini..., ¡Thyssen-Bornemisza *forever*!».

CARMEN THYSSEN

Introducción

Era noche cerrada cuando compartí por primera vez velada, cena y una apasionante sobremesa con el barón Hans Heinrich Thyssen-Bornemisza. Sin darnos cuenta, la conversación se fue adentrando en la madrugada mientras él desgranaba recuerdos de su infancia, con algunos de los principios e ideas que habían marcado y conformado su vida. El año 1985 se acercaba a su final. Nos encontrábamos en el chalet que el barón tenía en Saint Moritz (Suiza), y la nieve nos envolvía en una fuerte ventisca. Ya entonces pude adivinar la profundidad y la calidad humana del barón, y aquel encuentro supuso el principio de una auténtica amistad que duró hasta el final de sus días.

Años después, Heini y Tita me sorprendieron haciéndome entrega de una valiosísima colección de escritos, además de grabaciones y transcripciones inéditas, en los que el barón había ido plasmando los episodios más significativos y determinantes de su vida. Me convertía, así, en el depositario de una abundante documentación original que había de convertirse con el tiempo en estas memorias, siempre con la idea de que no era preciso escribir una biografía, puesto que ya todo estaba escrito en primera persona. Solo había que acabar de ordenar el material y darle forma, para lo cual tuve la gran suerte de poder conversar con el barón a lo largo de numerosos encuentros, dentro y fuera de España. Después de su fallecimiento, Tita se mantuvo firme en el propósito de terminar el libro siguiendo las coordenadas que él mismo había establecido: a ella se debe la coordinación y edición final del texto.

He aquí, pues, el minucioso autorretrato de un hombre que se inicia con su infancia y adolescencia, tras descubrir que no era un hijo deseado (por más que su abuelo August, creador del imperio Thyssen, había soñado con él), hasta el día en que con dieciocho años se fue a estudiar a Suiza para no tener que alistarse en el ejército nazi, y que continúa al cumplir los veintitrés, cuando tuvo que ponerse al frente del emporio de su padre —que ya no era tal porque la mayor parte de las empresas habían sido confiscadas al finalizar la segunda guerra mundial— y consiguió, a base de coraje, recuperarlo y reconstruirlo todo con más fuerza y mayor solidez que nunca.

También aquí se detalla su admiración por la colección de obras de su padre, que lo llevó a convertirse en el mayor coleccionista de arte privado de la historia. El barón desvela asimismo su vertiente sentimental y deja un minucioso relato de sus amores de juventud, de su incesante búsqueda de una felicidad que sólo conseguiría alcanzar cuando, después de cuatro matrimonios fracasados, sus ojos se cruzaron con los de Tita Cervera.

En sus escritos y grabaciones, el barón habla para la posteridad sin tapujos, con total sinceridad, de la misma manera cuando explica cómo, en contra de la voluntad de su padre, sus hermanos rompieron la unidad de la colección de pintura que cuando se refiere a las desavenencias que tuvo con sus hijos, especialmente en los últimos años de su vida. El barón da cuenta también en estas páginas del largo camino recorrido para conseguir que la colección privada de pintura más importante del mundo —la suya— encontrara en el madrileño palacio de Villahermosa, hoy convertido en el Museo Thyssen-Bornemisza, su definitiva ubicación.

Si la figura del barón Thyssen como empresario fue la de

un hombre adelantado a su tiempo, su valía como coleccionista de arte fue la de un auténtico gigante. Sirvan, pues, estas palabras de introducción como homenaje al barón Hans Heinrich Thyssen-Bornemisza, un hombre excepcional, cuyo nombre figura ya con letras de oro en la historia del coleccionismo.

José Antonio Olivar
Director adjunto de *¡Hola!*

CAPÍTULO I

Cuando nací, sólo me estaba esperando mi abuelo

«Cuando nací, sólo me estaba esperando mi abuelo August.» Así, con esta sorprendente y concisa frase, iniciaba el barón Hans Heinrich Thyssen-Bornemisza el relato de su vida una noche de invierno en que la nieve caía incesante sobre Saint Moritz. Nadie más, según él, lo esperaba; y, por supuesto, nadie podía imaginar que ese niño se vería obligado a tomar las riendas del imperio Thyssen con tan sólo veintitrés años, exactamente la misma edad que tenía su abuelo August cuando puso la primera piedra del citado imperio, que inició creando su propio taller de laminado con veinte mil dólares que le pidió prestados a su padre.

Llegué al mundo el 13 de abril de 1921 en Scheveningen, un pequeño pueblo de pescadores de Holanda, que entonces estaba separado de La Haya por un enorme campo abierto. Soy el menor de cuatro hermanos, dos chicos y dos chicas, y un día supe que no había sido un niño deseado por mis padres, quienes, al nacer yo, ya vivían prácticamente separados.

Nací en la planta baja de nuestra casa, que era una vivienda de piedra gris de tres pisos, construida un metro por debajo del nivel del mar, como es habitual en muchas zonas de este país. La dirección era Stadhouderlaan, 126. Después de la segunda guerra mundial se la vendí a una compañía de taxis y posteriormente supe que pasó a ser propiedad de una aseguradora. Había una pista de tenis y muchos árboles. A mí me encantaba trepar por ellos. Creo que llegué a subirme a todos los que había en la finca.

Soy hijo no muy lejano, o sí, de una época ya olvidada que se remonta nada menos que a la monarquía austrohúngara, de cuando Francisco José era todavía el emperador y Europa empezaba a asomarse a un abismo de guerras y revoluciones. El hecho de que mi padre se instalara en Hungría a comienzos de siglo y se casara con la hija del barón húngaro Bornemisza propició una mezcla de paisajes y sentimientos a veces muy contrastados: nací en los Países Bajos, mi padre había nacido en Alemania y mi madre era húngara.

Todos me llaman Heini, apelativo cariñoso que en realidad sólo sirve para no tener que recordar mi nombre completo: Hans Heinrich August Gábor Tasso Thyssen-Bornemisza de Kaszon. Pero la verdad es que, mientras la Providencia guardaba para mí todos estos nombres y apellidos, cuando nací sólo me estaba esperando mi abuelo August.

Fui bautizado en La Haya por un tío segundo mío, el obispo de Szombathely, una ciudad húngara situada cerca de la frontera con Austria. Era primo de mi madre, de origen húngaro, y llegó a Holanda acompañado por el encargado de negocios de la delegación de Hungría en La Haya, János Wettstein, que acudía en representación del embajador. Unos años después, aquel encargado de negocios se casaría con mi madre, a la que conoció precisamente el día en que recibí las aguas bautismales.

En mi bautizo estaba también mi abuelo August, que tenía setenta y nueve años, y que, según me dijeron, acabó llorando de emoción durante la ceremonia, lo que sorprendió a todos porque tenía fama de ser un hombre duro que jamás dejaba traslucir sus sentimientos. Para él yo era su único nieto varón, aunque ya tuviera otro, mi hermano mayor, Stephan, quien casi siempre estaba enfermo.

Creo que fui, en cierto modo, uno de los motivos de la ruptura de mis padres, que se divorciaron cuando yo tenía seis años, cosa que no descubrí hasta mucho después, cumplidos ya los diez. Cuando me lo dijeron, protesté; y, para dejar claro lo disgustado que estaba por una situación que no entendía, me subí al árbol más alto del jardín, un lugar en el que sabía que nadie me encontraría. Permanecí encaramado allí hasta que se hizo de noche. Todos andaban buscándome, aterrados ante la idea de que pudiera haber sufrido un accidente o un secuestro. Finalmente cedí: no estaba dispuesto a pasarme en el árbol toda la noche, muerto de hambre y de frío.

Mi madre siempre se las arregló para ocultar sus desavenencias con mi padre, lo cual me parece bien. Y nosotros no descubrimos las peleas ni el engaño hasta mucho más adelante, porque ambos hacían todo lo posible por no discutir en nuestra presencia. Debo añadir que mi madre nunca criticaba a mi padre. Jamás partió de ella la más mínima acusación, queja o insinuación de que las cosas no iban bien entre ellos.

Era una persona buena y encantadora, y además muy guapa. Vuelvo a mirarla en sus retratos y, aunque le hacen justicia, no acaban de reflejar la profundidad de su mirada, ni la fuerza de su sonrisa. Debo decir que me parezco físicamente más a mi padre, algo serio y circunspecto, como buen alemán, pero que siento por el país de mi madre un vínculo tan extraño como poderoso.

Y eso que fui el único de los hijos que nació en los Países Bajos, lugar al que dos años antes y procedentes de Hungría habían llegado mis padres, ya los barones Heinrich y Margaret Thyssen-Bornemisza de Kaszon, huyendo de Béla Kun, el revolucionario húngaro que el 21 de marzo de 1919 implantó durante unos meses el comunismo en su país.

Lo que mucha gente ignora, en cambio, es que yo soy un hijo de la mostaza. Las cosas andaban mal entre mis padres, que, como he dicho, se divorciarían seis años después de que yo naciera. Mi madre, fiel a la creencia de una época en la que se pensaba que la mostaza colocada en el pecho hacía subir la sangre, lo que evitaba que pudiera quedarse embarazada, la usaba como anticonceptivo. Naturalmente, el método empleado no le sirvió para nada y, en consecuencia, nací yo, un hijo no deseado pero con el que mi abuelo soñaba.

Por eso él les decía a mis padres: «Debéis tener otro hijo, porque en los tres que hasta ahora me habéis dado no acierto a ver a mi verdadero heredero, al descendiente que me pueda sustituir un día al frente de los negocios». Al final, y con la ayuda de la mostaza, en la que mi madre había confiado para no quedarse embarazada, mi abuelo August se salió con la suya.

No sé cómo ni por qué, pero yo he mantenido y mantengo grabada en mi mente la imagen de mi abuelo casi con más fuerza que la de mi padre, aunque mi abuelo murió cuando yo tenía tan sólo cinco años. Meses antes de su muerte posé con él y con mis padres para una fotografía familiar. Era un hombre amable y serio.

Primeros recuerdos

¿Qué recuerdo de mi infancia? Sobre todo, el mar.

De niño adoraba el mar, que fue mi compañero durante los dieciocho años que viví en Holanda. Hoy lo sigo amando. Por eso, entre todas las casas que tengo, en la que más a gusto me encuentro es en Mas Mañanas, la casa de Tita. Sigo amando el mar y me gustaría pasar la última parte de mi vida cerca de él.

Aunque nací en Holanda, lo cual explica mi amor por el mar, cuando la gente me pregunta de dónde vengo o de dónde siento que soy les respondo que me siento de todas partes, que soy del mundo. Todos los países y todos los lugares tienen algo que me gusta.

Uno de los primeros recuerdos que conservo fue el terrible disgusto que le ocasioné a mi niñera, y la consiguiente regañina que ésta me echó, el día que se me ocurrió la travesura de ponerme a jugar con un enchufe. Tendría unos cuatro años y no se me vino a la cabeza otra cosa que coger una aguja grande con la mano derecha, otra igual con la izquierda, y meterlas a la vez en el enchufe. La descarga fue fulminante. Salí despedido y me quedé desmayado, casi muerto. Ese «casi» fue, sin embargo, mi punto de anclaje en la existencia, en la que hoy sigo instalado con mucha fe y muchas ganas de seguir viviendo.

Yo tenía un perro, un chow-chow que a los siete u ocho años me regaló lady Mailing, la embajadora alemana en La Haya. Era fuerte y me adoraba y me obedecía en todo, y fue por este motivo por lo que un día dejó de existir. Recuerdo que lo llamé, sin darme cuenta de que un coche se estaba acercando; él estaba al otro lado de la calle y, al querer cruzar, acabó bajo las ruedas del automóvil. Sentí una pena tan grande que hasta soñaba con él. Durante mucho tiempo no quise tener más perros.

Iba todos los días al colegio en bicicleta. Me levantaba temprano, regresaba a casa para comer y después repetía el mismo trayecto para asistir a las clases de la tarde. Eran unos veinte minutos de ida y otros tantos de vuelta. Salvo la época que siguió al secuestro y asesinato del hijo de Lindbergh, el legendario aviador, tragedia que conmocionó al mundo y sembró el pánico en muchas familias importantes, siempre fui a la escuela en bici. Tras la muerte de aquel niño, mi padre decidió que, durante un tiempo, me llevara y me recogiera diariamente el chófer de la casa.

La escuela era alemana, estaba en La Haya y se llamaba Deutsches Realgymnasium. El ambiente era agradable y casi todos mis compañeros pertenecían a familias de diplomáticos. Al principio —yo entré con ocho años— éramos unos veinte alumnos por clase, pero más adelante, y tras establecerse ciertas medidas de tipo racista —la sombra de Hitler ya aleteaba amenazadora sobre Europa—, acabamos siendo solamente alrededor de seis. Mi bicicleta era una de las peores de la clase. Además, me iban creciendo las piernas, que siempre tuve muy largas, y se me iba quedando pequeña, hasta el punto de que me daba con las rodillas en la cara. Un día escribí a mi padre —yo vivía con las niñeras; y él, ya separado, pasaba largas temporadas fuera, atendiendo sus negocios, y cuando regresaba se alojaba en un hotel— diciéndole que necesitaba otra bicicleta porque estaba creciendo. La respuesta fue muy escueta: «Sólo me escribes cuando necesitas algo de mí». Creo que al final fueron los empleados de la casa quienes me la acabaron comprando. Era aquélla una época en la que el trato entre padres e hijos, además de estricto, era muy distante. Yo respetaba mucho a mi padre: lo que por él sentía era algo así como temor reverencial.

A mí me encantaban las ostras, y un día le pedí a la niñera de mi hermana Gaby, que era quien llevaba las cuentas de la casa, que me las fuera a comprar. Señalándome con el dedo, su respuesta fue: «Te vas a quedar sin ellas porque son muy caras». Me lo dijo porque sabía que mi padre amaba como nadie la austeridad y quería que quienes dependían de él la pusieran también en práctica. Por eso ella y Edda Voltz, mi niñera (de la que más adelante hablaré), querían estar a bien con mi padre y siempre pugnaban por ver quién era la que menos gastaba de las dos. Ante la negativa a las ostras, mi reacción fue marcharme de casa en señal de protesta, pero la fuga otra vez duró poco: me fui de casa por la mañana y regresé por la noche. De nuevo el hambre y el frío que pasé pudieron más que mi rebeldía.

He heredado parte de aquella austeridad que mi padre ponía en práctica: mi vida ha sido especial, con una mentalidad abierta a todo. Además, nunca llegué a tener la sensación de ser un niño rico y, en consecuencia, supe apreciar desde pequeño el valor del dinero, hasta el punto de que sabía administrarme muy bien con la pequeña paga mensual que mi padre me daba, con la que incluso comencé a reunir una colección de sellos.

Una de las cosas que me fascinaban por aquella época eran los trenes. Cuando viajaba, mi madre me enseñaba las locomotoras de vapor y cómo se acoplaban y desacoplaban los vagones. Me parecía un mundo fascinante, envuelto como estaba todo él por el humo del vapor.

En la última etapa de mi vida en Holanda hubo un detalle singular: en septiembre de 1939, tras acabar el bachillerato, mi padre me puso a trabajar un par de meses en un banco de Róterdam, y todo el mundo menos yo sabía que él era el propietario de aquella entidad financiera. Pienso ahora que, aunque no me diese cuenta entonces, los que trabajaban allí seguro que me miraban con cierta prevención porque creían que él me había mandado para espiarlos. Yo veía en el banco muchas cuentas a nombre de los Thyssen, pero no le preguntaba nada a mi padre porque sabía que no me iba a responder. Por eso me limitaba a cobrar los trescientos florines que me pagaban al mes.

En realidad, mi padre nunca me hablaba de sus negocios. Llegaba hasta un extremo tal que, cuando a mis veintitrés años me dijo que tendría que ponerme al frente de ellos, yo no sabía ni cuántas empresas teníamos ni en qué situación se encontraban, porque nunca habíamos hablado de nada relacionado con sus negocios y sus finanzas. Sin embargo, yo tenía la ilusión de hacerlo bien y estaba convencido de que lo podía conseguir, de que sería capaz de lograrlo a pesar de las dificultades.

De vez en cuando recibíamos la visita de personas muy importantes, incluida la reina Guillermina de Holanda, cuyo marido, el príncipe Enrique, era amigo de mi padre. En ocasiones así, Edda, mi niñera, me dejaba asomarme al rellano de la escalera para ver cómo iban llegando los invitados. Recuerdo que las mujeres llevaban vestidos largos muy elegantes y muchas joyas que brillaban; los hombres vestían todos de oscuro y se inclinaban para hacer una reverencia a las damas mientras les besaban la mano. Alguna vez había invitados que miraban hacia arriba y, al darse cuenta de nuestra presencia, nos saludaban con un gesto y nos sonreían.

Pero a pesar de todo, y en especial a pesar de la distancia que por entonces existía entre padres e hijos, mi infancia no fue una infancia triste. Yo la recuerdo con cariño, por más que me haya llegado envuelta entre la severidad de las *nurses* y la rigurosidad de la educación propia de aquellos años. Viví la realidad de mi época, de mi familia y de mi entorno.

Miss Voltz y Rafael Birnbaum

Antes de que yo naciera, mis padres contrataron a una niñera, una chica de veinticinco años que procedía de Ulm, una ciudad al sureste de Stuttgart. Se llamaba Edda Voltz y para mí fue una segunda madre. Mujer de ideas avanzadas, poseía una gran cultura, era muy cariñosa y, al mismo tiempo, muy estricta. Cuando los alemanes invadieron Holanda, colaboró con la Resistencia, e incluso participó en algunos sabotajes.

En el otoño de 1940, sin embargo, miss Voltz se suicidó porque no quería seguir viviendo bajo la dominación nazi. La mente se le llegó a obnubilar y un día, en nuestra casa de Scheveningen, convencida de que Hitler se quedaría para siempre en Holanda y de que yo, que había sido enviado por mi padre a Suiza para no tener que alistarme en el ejército nazi, no podría regresar nunca, abrió la espita del gas. Indudablemente, y junto a la de mi madre, la trágica muerte de Edda fue una de las pérdidas más dolorosas de mi vida.

Por aquel entonces, yo tenía un gran amigo llamado Rafael Birnbaum, que era judío y sobrino del gran rabino de la sinagoga de Berlín. Nos habíamos conocido en el colegio alemán de La Haya. Tras la llegada de Hitler al poder, las cosas comenzaron a ponerse mal en la escuela. A Birnbaum lo expulsaron del centro, pero yo procuré por todos los medios mantener la amistad que nos unía, aunque ya no nos fuera posible encontrarnos en clase o en los recreos. Rafael era muy inteligente y solíamos hacer los deberes juntos. Yo iba a verlo a su casa y jugábamos al ajedrez y a las damas; otras veces era él quien venía a la mía.

Cuando los nazis ganaron las elecciones, dicho acontecimiento se celebró en el colegio a bombo y platillo, y en uno de los actos conmemorativos estaba previsto descubrir un retrato del Führer, que a partir de tan solemne momento presidiría el centro de estudios. Nadie podía imaginar lo que se iban a encontrar cuando se corriera la cortinilla que ocultaba la fotografía, porque yo me había propuesto boicotear de alguna forma los actos que se organizaban a favor de los nazis. Antes del evento, logré trepar hasta una ventana, entré por ella y puse cabeza abajo el retrato, que estaba colocado en una especie de altar y tapado con la correspondiente cortinilla. Horas después, con toda solemnidad y con música de fondo, se procedió a descubrir el marco con la foto: ante la sorpresa de todos, Hitler estaba cabeza abajo. A raíz de mi travesura, los alumnos del colegio fuimos sometidos a un completo adoctrinamiento ideológico con mayor intensidad. Yo tuve la suerte de estar previamente alertado por mi padre, que mucho antes ya me había advertido del peligro que el nazismo suponía para Alemania y el resto de Europa.

En 1930, cuando yo tenía nueve años, y frente a un cuadro de Rembrandt, me dijo: «Hay un loco que anda suelto por Alemania y, si un día llega al poder, desencadenará una terrible guerra de la que ni siquiera Holanda va a salvarse. Ahora da mítines y hay gente que empieza a seguirlo y se entusiasma con él, pero, si un día llega al poder, ¡pobre Alemania!». Y Hitler llegó un día al poder. Lo que sucedió después quedó vivo para siempre en la mente de cuantos lo sufrieron.

En el colegio, pronto empezamos a recibir lecciones acerca de la supremacía de la raza aria. Una vez me preguntaron cuál sería para mí la mejor forma de lograr la auténtica pureza aria; mi respuesta fue: «Casarse muchas veces para mejorar la raza». Aquella broma me supuso como castigo tener que escribir un larguísimo texto sobre la reproducción de las moscas.

Fui bastante buen estudiante. Me gustaban las matemáticas y la física, pero en lo que más destacaba era en los idiomas, que me serían muy útiles a lo largo de mi vida. Tenía facilidad para ellos y, con el tiempo, llegué a hablar varias lenguas. Fueron años dedicados fundamentalmente al estudio y, ya en la última época, al trabajo en el banco de mi padre. Claro que también tenía mis momentos de diversión.

Recuerdo una anécdota que protagonicé la primera vez que asistí a una reunión social: tenía quince años y mi hermana Gaby me invitó a un cóctel que se daba en el hotel Des Indes de La Haya. Yo estaba encantado de poder asistir por fin a una fiesta de mayores. Muy contento, y ayudado por Edda Voltz, preparé un traje azul, una camisa blanca, corbata roja y zapatos negros. Nada más llegar, el uniformado portero del hotel extendió el brazo de forma claramente desdeñosa y me dijo: «Los músicos, por la puerta trasera». El equívoco se resolvió enseguida, pero aún sigo riéndome de la cara que pusimos los dos.

El 20 de noviembre de 1939, salí de Holanda para ir a estudiar a Suiza. Fue mi padre quien lo decidió porque sabía que corría el peligro de que me llamaran para alistarme en el ejército alemán. Antes de abandonar el país, me despedí de Rafael Birnbaum y nos pusimos de acuerdo para seguir nuestra amistad por carta.

Queríamos seguir sabiendo el uno del otro, mantener nuestra unión a pesar de la distancia, de la guerra y de cualquier otro obstáculo, por insalvable que pareciera. Recuerdo que, en el momento de despedirnos, Birnbaum me dijo: «Los nazis se han propuesto exterminar a los judíos... Acabarán también con mi familia, nos exterminarán». Recuerdo el temblor de sus ojos azules y el tono de su voz, entre la firmeza y la resignación. Yo le daba ánimos, le decía que no tenía que pensar en eso porque no iba a suceder.

Efectivamente, llegado el momento, los nazis pretendieron que yo fuera a luchar con ellos. Se lo dijeron a mi padre y amenazaron con confiscar sus tierras y negocios si yo no regresaba de Suiza. Él les respondió: «Mi hijo no irá a Alemania y sé que, de todas formas, las tierras y las empresas me las van a acabar confiscando». Si mi padre supo mantenerse firme mientras los invasores nazis imponían por la fuerza su arbitraria ley, no lo hizo a la ligera ni llevado por la insensatez, puesto que ello le habría podido acarrear consecuencias muy graves. Tenía un poderoso argumento y así se lo expuso: «Mi hijo nació en Holanda, pero tiene pasaporte húngaro. Por eso, aunque sea hijo de un alemán, no tiene por qué luchar con Alemania».

Mi amigo Birnbaum y yo sabíamos muy bien que no íbamos a poder comentar abiertamente por carta lo que estaba sucediendo en la zona ocupada por los nazis, ya que el correo, con toda probabilidad, estaría intervenido. Por eso decidimos contar las cosas en clave, como si se tratara de una partida de ajedrez por correspondencia. Cada figura y cada color eran una letra. Cada movimiento iba a tener también su significado.

Pero un día nuestra partida quedó truncada. La última carta la escribí yo, y fue una misiva que nunca obtuvo respuesta. A pesar de su silencio, seguí intentando saber de Birnbaum. Y toda mi vida lo seguí buscando. Sin embargo, nunca volví a saber nada de él.

Tal como soy

Siempre he sido un hombre muy tenaz, pero sobre todo he sido fiel a mí mismo para hacer y decidir en todo momento lo que he querido. Además, soy muy intuitivo, aunque mi intuición implica siempre reflexión profunda, nunca improvisación. Sin embargo, no tengo ni he tenido jamás una cohorte de consejeros: en mis decisiones me basto y me sobro porque me considero el mejor consejero de mí mismo.

En el emblema o escudo de los Thyssen, destaca esta máxima: «*La vertu surpasse la richesse*» (La virtud sobrepasa a la riqueza). Y, ciertamente, cada uno de mis antepasados le ha ido poniendo el listón más alto a su sucesor, lo cual me parece fantástico, porque creo que lo más importante en la vida es mantener siempre una conducta intachable, basada en unos principios de integridad, de dignidad personal y de caballerosidad. Respecto a mí, he procurado ser también conmigo mismo muy consecuente, y siempre he intentado exigirme mucho a lo largo de mi vida. Siento que soy un hombre con suerte, pero quiero añadir que la suerte hay que saber buscarla y aprovecharla para que te acabe dando cuanto lleva dentro. Se suele decir que el destino está escrito; lo único que quiero añadir es que debemos intentar encauzarlo con nuestro esfuerzo. De eso se puede concluir que somos nosotros los que en gran medida fraguamos ese destino. Esto era justamente lo que tenía muy claro mi abuelo cuando repetía una y otra vez: *«Wenn Ich rasten Ich rosten»* («Si descanso, me oxido»).

En otro orden de cosas, creo que he sabido mantener a lo largo de los años mis creencias y mis convicciones. Los humanos tenemos un algo especial que, cuando el cuerpo se muere, trasciende a la materia de que está formado nuestro organismo. A eso yo lo llamo —y lo llaman muchos— trascendencia.

Junto a todo esto, yo le sigo rezando cada día al Dios de mi niñez, que sé que nos mira, nos cuida y nos quiere. Lo hago, entre otros motivos, porque al rezar me siento mucho mejor, me siento más unido a esa trascendencia que nos envuelve.

CAPÍTULO 2

La saga de los Thyssen

La verdadera historia del imperio Thyssen comienza el 17 de mayo de 1842 con el nacimiento de August, el abuelo de Heini, un auténtico visionario que acertó a adivinar, como nadie de su época en Alemania, la revolución industrial que cambiaría radicalmente el mundo. August Thyssen, con su prodigiosa visión de futuro, supo además elegir el emplazamiento ideal para sus sueños empresariales: la confluencia de los ríos Rin y Ruhr, una zona donde había hierro, carbón y una vía fluvial que llega hasta el mar, lo que hacía posible la exportación de los productos. Pero toda historia, incluida la de una saga familiar, tiene también su prehistoria. En este caso, la de los orígenes del apellido que daría nombre a la dinastía.

El origen del apellido Thyssen se remonta a la mitad del siglo XVII. Nuestra familia procede de la zona del Ruhr, un afluente del Rin, concretamente de la ciudad de Aquisgrán, capital del imperio de Carlomagno. En alguna ocasión me contaron que el apellido procedía de un tal Mathias, que era campesino, y cuyo hijo se llamó Mathiasson (hijo de Mathias), de donde después derivaría a Thiasson para acabar en Thyssen. Pero de esto no hay constancia documental.

Lo que sí es verdad es que el primer Thyssen de quien se tiene noticia cierta y documentada es Isaac Lambert Thyssen, nacido a finales del siglo XVII y huérfano a los dieciocho años. Su padre era agricultor y él siguió el mismo camino hasta que un día su granja fue pasto del fuego. A partir de entonces, Isaac se convirtió en recaudador de impuestos en Aquisgrán, y fue así como pudo sacar adelante a los once hijos que tenía, uno de los cuales, de nombre Nikolaus, fue panadero, y tan querido por sus vecinos que con el tiempo lo pusieron al frente del consejo municipal.

Un nieto de Nikolaus, Johann Friedrich, se casó con una prima suya, Katherina, y tuvieron siete hijos, el mayor de los cuales fue August, mi abuelo, el fundador del imperio industrial y financiero de los Thyssen. Johann Friedrich simultaneó su trabajo en un banco con el puesto de director en una fábrica de cables de la localidad de Eschweiler, villa de Renania del Norte de Westfalia que para las generaciones posteriores se convirtió en la cuna de los Thyssen.

Mi bisabuelo Johann Friedrich Thyssen, católico de creencias muy arraigadas, pronto intuyó que su hijo August iba a ser un hombre grande, aunque, si alguien le hubiera dicho que llegaría a convertirse en una auténtica leyenda como industrial y en uno de los hombres más ricos del mundo, no se lo habría creído. Lo cierto es que desde niño mi abuelo ya mostraba una inteligencia, una fuerza de voluntad y un tesón muy poco comunes.

El padre de mi abuelo, que llegó a convertirse en un hombre rico, se dio cuenta de que sus hijos, en los que supo inculcar el sentido de la disciplina y la práctica de la austeridad, no podían limitarse a la formación escolar que por entonces recibían los jóvenes de clase media acomodada y también muchos de clase alta, sino que debían aspirar a mucho más. Y ese «mucho más» sólo se conseguía cursando estudios superiores. De ahí que el abuelo August, tras pasar por la escuela secundaria católica y por el instituto de Aquisgrán, ingresara, con diecisiete años, en la primera facultad politécnica de Alemania, la de Karlsruhe, donde estudió matemáticas, construcción, ingeniería estructural, dibujo técnico, química, mineralogía e ingeniería mecánica, con lo que se convirtió en el primer Thyssen que recibía una formación académica superior.

En el fondo, lo que mi bisabuelo intentaba era que sus hijos estuvieran preparados para ponerse al frente de la revolución industrial que, más de medio siglo antes, se había iniciado en Inglaterra, y en la que por aquel entonces empezaba a entrar Alemania. En 1861, con diecinueve años, y tras su paso por Karlsruhe, el abuelo August se matriculó en el Instituto Superior de Comercio de Amberes, un centro fundado en 1852 que gozaba de prestigio en todo el mundo. Fue allí donde adquirió una sólida formación en economía, tanto europea como mundial, y donde se especializó en administración de empresas.

De regreso en Alemania, mi abuelo trabajó durante dos años en el banco de su padre y en una pequeña fábrica de alambres que éste tenía, y posteriormente hizo el servicio militar en el ejército prusiano, dado que, por aquel entonces, cualquier joven de la alta sociedad que quisiera triunfar en la vida necesitaba que el paso por el ejército figurara en su trayectoria, y a ser posible con graduación. En concreto, el abuelo alcanzó el rango de teniente y el puesto de ayudante de campo en Intendencia. Sin embargo, tuvo la suerte de no participar en la guerra contra Austria. Hubo quien me dijo que sucedió así por su baja estatura, aunque otros me contaron que si no le tocó entrar en combate fue sencillamente porque aquella guerra casi había llegado a su fin.

La boda de Balbina, una hermana de mi abuelo, con un joven de la familia Bicheroux, empresarios de renombre en la industria alemana de la época, supuso para el abuelo la ocasión de colocar la simbólica primera piedra del imperio Thyssen, al asociarse con la familia de su cuñado para crear, en 1867, una empresa de laminado de acero bajo el nombre de

Thyssen Foussol & Co., de la que sería director comercial. Fueron tres intensos años en los que trabajaba dieciocho horas al día durante los siete días de la semana, con lo que dejaba claro que su tenacidad no conocía límites. Fue ahí donde convirtió en lema de su vida aquella frase «Si descanso, me oxido».

En 1871, mi abuelo renunció a su puesto de director, vendió a los Bicheroux su parte en la empresa y fundó la suya propia en Duisburgo, y después en Styrum, cerca de Mülheim, porque su situación geográfica era idónea. Creó el taller de laminado Thyssen & Co., en el que, con cinco hornos de fundición y un molino de laminado de bandas, dio trabajo a unas setenta personas. La empresa estaba situada en los terrenos de una vieja granja y el establo se utilizó, en un principio, como edificio principal. El primer año ya logró fabricar tres mil toneladas de producto, y muy pronto, tras incorporar el acero a su producción, empezó a explotar minas y fundiciones de hierro.

Con veintitrés años —los mismos que yo tenía cuando quedé al frente de los negocios de mi padre—, mi abuelo, convencido de que el futuro y la fortuna estaban en la siderurgia, fundó el imperio Thyssen, partiendo de veinte mil dólares que le pidió prestados a su padre y unos setenta trabajadores, y fue creciendo hasta tener intereses comerciales en los cinco continentes.

Comenzó con la fundición, después compró en Hamborn la mina de la que obtendría el carbón para sus propias fundiciones: el grupo industrial que se había propuesto ya estaba en marcha, al convertirse en proveedor de sí mismo. Más tarde vendrían los astilleros, donde se construían las barcazas para transportar el material; después los puertos, para el almacenamiento y el embarque. Y también la utilización de los subproductos, los residuos, el gas... Era un perfecto clarividente y tenía muy claro el concepto de lo que debía ser un negocio redondo: para que una fábrica de acero proporcionara beneficios altamente rentables era preciso tener, al mismo tiempo, minas de hierro y de carbón para abastecerla; astilleros en los que construir y reparar; remolcadores y barcos que pudieran transportar las materias primas y los productos acabados entre los centros de producción y de transformación; puertos propios en los que almacenar los productos y estibarlos antes de darles salida a sus destinos; líneas de navegación y distribución; entidades financieras y bancos con los que poder cubrir ese puente temporal que se genera entre la compra y la venta; y, finalmente, personas cualificadas para poder coordinar a la perfección las operaciones y lograr que éstas se realizaran en el momento y en el lugar adecuados.

La verdadera pasión del abuelo era crear sus propias empresas y hacer crecer la industria alemana. Sin embargo, no tenía preferencias políticas concretas. Estaba convencido de que la clave del éxito comercial radicaba en el trabajo duro, no en la afiliación política. Su opinión era que cualquier sistema político podía funcionar siempre que la nación y sus líderes estuvieran dispuestos a trabajar con ahínco. Su principal ambición fue siempre el desarrollo de sus empresas y de la industria alemana en general. Su objetivo primordial era la economía del país: como prueba de ello, ahí está su petición al gobierno alemán para que se asegurara el mineral de hierro francés y las materias primas ucranianas.

Las ideas del abuelo eran bastante osadas, pero siempre tenía el futuro en mente. Poseía un excelente ojo para las personas, y cuando contrataba a posibles colaboradores buscaba que tuvieran iniciativa, ya que, según él, sólo las mentes independientes eran capaces de asumir responsabilidades. No era dictatorial, sino convincente en sus métodos, y también le gustaba que lo convencieran a él. Las decisiones se tomaban con rapidez, sin reuniones tediosas, ni actas, ni votaciones. El camino que mediaba entre la idea y la acción era corto. En una ocasión, cuando le preguntaron a un empleado qué opinión tenía sobre los métodos de mi abuelo, respondió: «Es reservado, pero terrible». A su muerte, en 1926, las empresas ya contaban con decenas de miles de empleados en negocios de acero, hierro, construcción naval, compañías navieras, gas, minas de carbón y el puerto de Róterdam, que se convertiría en uno de los más importantes de Europa.

En realidad, mi abuelo dirigía sus fábricas, llevaba la contabilidad de éstas y a la vez era el viajante y el vendedor de sus productos. Potenció el Bank voor Handel en Scheepvaart (BVHS, Banco para el Comercio y la Navegación), que había fundado su padre y que agrupó el primer *holding* familiar. Este banco, que aglutinaba las compañías de transporte marítimo y los astilleros, tendría gran importancia en el futuro, ya que se convirtió en el primer refugio financiero de la familia y, por el hecho de ser holandés y no alemán, nos facilitó múltiples operaciones y nos ayudó a resolver muchos problemas después de la segunda guerra mundial.

La transformación del puerto de Róterdam

A mi abuelo, a quien le gustaba que lo llamaran «el Viejo» porque consideraba que tal apelativo le daba ante los demás mayor fuerza y madurez, se le ocurrió un día una gran idea: transformar el puerto de Róterdam, el mayor de Europa. Formado por puertos más pequeños y muelles que se extienden a lo largo de la costa, dársenas, almacenes, complejos portuarios y zonas industriales, el gran puerto de la ciudad holandesa había ido construyéndose sobre terrenos ganados al mar. El río tenía a esa altura cuatro o cinco metros de profundidad, y mi abuelo propuso hacer un calado de doce metros en el que pudieran atracar naves de hasta cuarenta mil toneladas. Nadie había oído hablar de algo semejante antes de la primera guerra mundial, puesto que el barco más grande que se había construido jamás era un buque cisterna de veinticinco mil toneladas.

Pero justo al acabar la guerra, en 1919, el abuelo decidió construir un puerto de ese calado dentro del gran puerto de Róterdam. La gente pensó que se le había ido la cabeza. Él, sin embargo, estaba convencido de que los holandeses aumentarían la profundidad del Rin hasta los doce metros, que fue exactamente lo que ocurrió. ¡Qué idea tan magnífica! El nuestro era el único puerto privado de toda la costa europea... Y se tenían que pagar derechos portuarios para entrar en él. Róterdam quedó destruido durante la segunda guerra mundial y nosotros lo reconstruimos por nuestra cuenta.

Yo dirigí durante un tiempo cuatro muelles en Róterdam, y hubo un momento en el que llegué a manejar cuatrocientas mil toneladas de carga y descarga anuales, un tercio del total gestionado por el puerto. Eran unas instalaciones inmensas, donde podían atracar barcos de doscientas mil toneladas. Sin embargo, a la larga, las operaciones no resultaban rentables, porque las fábricas de acero empezaron a construir sus propios puertos y apenas utilizaban nuestras instalaciones. Empecé a notar la crisis y vendí el negocio a una empresa de cereales.

August y Hedwig, una pareja desigual

El 3 de diciembre de 1872, con treinta años, el abuelo August contrajo matrimonio con Hedwig Pelzer, una joven de dieciocho, hija única de una adinerada familia de Mülheim cuyos orígenes se remontaban al siglo XV y que se dedicaba a la industria textil. La pareja tuvo cuatro hijos: Fritz, nacido en

1873; August, que nació el año siguiente; Heinrich, mi padre, en 1875; y Hedwig, que vino al mundo en 1878.

A pesar de ser una pareja prolífica, su forma de ver y plantearse la vida era bastante distinta: mi abuelo vivía fundamentalmente para su trabajo y tenía la austeridad por norma —la había heredado de su padre—, mientras que la abuela adoraba la vida social y el lujo. Esa fisura inicial, ocasionada por sus diferentes formas de vivir, desembocaría con el tiempo en la separación del matrimonio, en 1885.

Tras la ruptura con mi abuelo, la abuela Hedwig se dedicó a recorrer los balnearios más famosos de Europa y se volvió a casar dos veces, la última con un general belga que murió en Bruselas al inicio de la segunda guerra mundial. Allí fallecería ella un año después. Aunque la ruptura matrimonial se formalizó en 1885, el reparto de la herencia no se llevaría a cabo hasta bastante después.

Las complicaciones habían surgido desde un principio porque la dote de la abuela había sido destinada, en su día, a la ampliación de la empresa. Pero el propio abuelo se daba cuenta de que tal retraso en la partición de los bienes no era bueno para nadie, y así se lo hizo saber a mi padre en una carta que le escribió en 1919, a sus setenta y siete años: «Tengo la necesidad urgente de, en la medida de lo posible, reparar los males que por ello se han originado, a pesar de que yo sólo lo hice pensando en el interés de mis hijos».

Aunque mi abuelo había hecho testamento por primera vez en 1911, el acuerdo definitivo para el reparto de la herencia no se plasmó hasta bastante después. Fue entonces cuando Hedwig, su ya exmujer, decidió establecerse en Wiesbaden con una renta anual de sesenta mil marcos de oro.

No es cierto que el abuelo fuera un hombre tacaño, como algunos lo llegaron a calificar, y que retrasara tanto el reparto de la herencia precisamente por esa tacañería. Tampoco que, al pensar sólo en el trabajo, tuviera abandonada a su mujer. Ni lo uno ni lo otro. Lo que sí es cierto es que mi abuelo era muy austero y no veía con buenos ojos la afición por el lujo que, al parecer, tenía la abuela. Pero jamás fue un hombre obsesionado con amasar dinero; prueba de ello es el hecho de que, a la hora de hacer una inversión, sabía arriesgar como el que más y reaccionar como nadie ante las dificultades, tal y como demostró cuando, unificada Alemania por Bismarck, la economía entró en crisis en 1874 y él no dudó en viajar a Rusia para abrirse nuevos mercados.

Alguien llegó a afirmar que mi abuelo era el Napoleón del mundo de la industria, y no iba desencaminado, entre otras cosas porque demostró que su estrategia tenía el mismo punto de genialidad que la del corso. A fin de cuentas, los dos estaban librando, aunque en ámbitos muy diferentes, sus respectivas guerras. Lo que sí tuvo el abuelo fue una clara visión de futuro, y prueba de ello es el hecho de que pronto se embarcó en la aventura de la diversificación: se había dado cuenta de que, en momentos de inestabilidad económica, cuanto más diversificado estuviera su *holding* de empresas, más estable sería.

Con esa visión a largo plazo que tenía, abrió mercados en el extranjero, se introdujo en el mercado internacional de valores y fue uno de los pioneros en poner en práctica el sistema de garantizar la continuidad de sus suministros debilitando la de sus competidores, a la vez que adquiría de forma discreta participaciones mayoritarias en empresas de la competencia, para después tener un puesto en su Consejo de Administración.

El abuelo siempre reconoció los posibles recursos del carbón. Su interés en las minas del Rin lo llevó a adquirir acciones de Gewerkschaft Deutscher Kaiser y de varias minas, y en 1889 compró terrenos ricos en carbón, lo cual incrementó sus derechos de explotación a treinta y cuatro millones de metros cuadrados. Hay que tener en cuenta, sin embargo, que por aquel entonces la minería era un negocio extremadamente arriesgado y costoso, y fue por eso por lo que las acciones de la citada empresa experimentaron una caída drástica. Durante esos años, el abuelo fue elegido presidente de la Junta Directiva de la Minería y ahí se decidió a iniciar la prolongada expansión de su negocio. Como su plan maestro era procesar el metal utilizando su propio carbón, con esta idea en mente adquirió al final la totalidad de Gewerkschaft Deutscher Kaiser.

Algunos expertos veían con escepticismo la explotación de determinadas minas, ya que en ese tiempo la extracción de carbón presentaba problemas técnicos insalvables, y a veces daba la impresión de que los beneficios de otras empresas se veían totalmente absorbidos por el negocio de la extracción de dicho mineral. El éxito en este campo se conseguía a base de trabajo duro, un coraje tremendo y mucha previsión, tal y como asegura un viejo dicho de los mineros: «Detrás de la piqueta se abre la oscuridad».

Estas operaciones fueron financiadas en su mayoría mediante la emisión de acciones o letras de cambio a la vez que se buscaba efectivo para sufragar inversiones de las otras empresas en fase de expansión. La creación de reservas de pasivo y provisiones hasta alcanzar una cantidad equivalente a los beneficios netos anuales reflejaba la política del abuelo, que consistía en consolidar económicamente sus empresas. Le interesaba más la liquidez que los beneficios.

No obstante, su ambicioso plan necesitaba de un fuerte apoyo económico, y él lo tenía porque gozaba de credibilidad financiera. En este sentido, tomó una decisión genial cuando, en 1890, sus competidores, en una sucia jugada, filtraron a la prensa que mi abuelo estaba en aprietos pues no tenía crédito, lo cual llegó a sembrar una cierta alarma entre los bancos.

Su reacción fue una auténtica jugada maestra: insertó un anuncio en el *Kölnische Zeitung*, el principal diario de Colonia, en el que invitaba a todos aquellos acreedores que compartieran la opinión de sus adversarios a recuperar, en una determinada fecha, todo el dinero que les debía, recordándoles, a su vez, que quien optara por su oferta dejaría de tener automáticamente trato comercial alguno con él. No sé si mi abuelo habría podido pagar el dinero que debía si todos los acreedores se hubieran acogido a su oferta el mismo día y a la misma hora, pero lo cierto es que pudo pagar a todos cuantos quisieron cobrar. Por tanto, volvió a recuperar la confianza de los bancos, que, por otro lado, no es que fueran santo de su devoción, ya que no le gustaba depender en exceso de ellos. Su filosofía al respecto era: «Si puedes, no dependas nunca de un banco; pero, si te ves obligado a depender de él, hazlo de tal manera que, si un día tú caes, el banco también se venga abajo contigo».

Paso a paso, el abuelo vio cumplido el sueño de crear un gigante industrial, independiente y autosuficiente, con lo que se adelantó a los tiempos. En 1914, año del inicio de la primera guerra mundial, ya se había convertido en el más destacado fabricante de acero laminado de Alemania y en uno de los productores de hierro y acero sin tratar más importantes del país, dando trabajo a más de veintiséis mil empleados.

Las empresas del abuelo antes de la primera guerra mundial

El 6 de junio de 1979, tuve la ocasión de intervenir ante los consejeros de mi grupo de empresas reunidos en la localidad francesa de Divonne-les-Bains, próxima a Ginebra, y allí di detallada cuenta de cómo estaban estructuradas las empresas de August Thyssen en vísperas de la Gran Guerra:

En el sector de la minería, la sociedad Gewerkschaft Deutscher Kaiser era el centro de la organización, que también incluía Bohr und Schachtbau GmbH, dedicada a la construcción de minas; Gesellschaft für Teerverwertung, empresa de procesamiento de alquitrán en Meiderich, y otros terrenos ricos en carbón.

El sector metalúrgico incluía A. G. für Hüttenbetrieb, la fábrica de Bruckhausen, la planta de laminación de Dinslaken y las de Hagendingen y Caen, con un programa de fabricación que abarcaba, entre otros, productos semiacabados de alta calidad, material ferroviario, acero especial, tubos sin soldadura, placas metálicas y cables.

Además del carbón en Alemania, el sector de las materias primas incluía Rheinische Kalksteinwerke, una cantera de piedra caliza, explotaciones de minerales en Lorena y Normandía y participaciones en minas de Rusia, Noruega y el norte de África.

La fábrica central de Styrum era muy conocida por la sofisticada técnica de su programa de producción, e incluía grandes máquinas para elaborar moldes, motores con pistones a vapor, generadores de gas y plantas de laminación.

A estas empresas principales se añadieron, en distintos momentos, numerosas sociedades. Algunas de las compañías mineras en las que August Thyssen desempeñó un papel determinante fueron también Gewerkschaft Graf Moltke, Steinkohlenbergwerk Nordstern y Gelsenkirchner Bergwerks A. G. Junto con Hugo Stinnes, mi abuelo fundó Rheinisch-Westfälische Bergwerksgesellschaft y la planta de electricidad integrada Rheinisch Westfälisches Elektrizitätswerk (RWE), que es actualmente la mayor empresa de servicios públicos de Alemania.

Gracias a su asociación durante una década en el sector del acero, tanto con Schalker Gruben- und Hüttenverein como con la fábrica de acero Oberbilk, con la de prensado y laminado Reisholz y, más adelante, con la fábrica de acero especial Krefeld, quedó en gran medida instituido uno de los grupos empresariales del *holding* Thyssen-Bornemisza en todo el mundo.

A finales de siglo, August Thyssen también creó una sociedad mercantil europea que incluía Transportkontor Vulkan; N. V. Handels en Transportmaatschappij Vulcaan, en Róterdam, y algunas compañías navieras. También se establecieron sociedades mercantiles en Brasil y en México.

Mientras tanto, varios servicios, como las empresas de gas y de agua, la fábrica de cemento de Hagondange, las instalaciones portuarias de Mannheim y Estrasburgo y las líneas de ferrocarril privadas, se habían transformado en unidades independientes. También se construyó el oleoducto Bakú-Batumi a través del Cáucaso.

Desastres de la guerra

El 28 de junio de 1914, con el asesinato en Sarajevo del archiduque Francisco Fernando de Austria, se encendía la mecha que desencadenaría la primera contienda mundial, al declararle el Imperio austrohúngaro la guerra a Serbia. A partir de ese momento, las naciones se fueron alineando con uno u otro bando. El 3 de agosto, Alemania, gobernada por el káiser Guillermo II, invadía Bélgica y Luxemburgo, y Gran Bretaña, liderada por Jorge V, le declaraba la guerra al país germano. Nadie sabía cómo podía acabar aquella terrible conflagración, que se convertiría en la más devastadora jamás vivida hasta entonces.

Durante la guerra, al abuelo no le fue bien la explotación del carbón. Por el contrario, las cosas le marcharon viento en popa en las factorías de acero, porque la demanda puso el listón en lo más alto. La posguerra fue, obviamente, otro asunto, puesto que perdió muchas inversiones que tenía en el extranjero, se quedó sin numerosos campos de minerales y se vio afectado, como todo el mundo, por la inflación. Sin embargo, al tener en Holanda, país neutral, el BVHS, pudo acceder a las finanzas internacionales y conseguir un importante préstamo en Estados Unidos. Eso le posibilitó rehacerse y volver a crecer hasta llegar a convertirse, por ejemplo, en socio mayoritario de los astilleros Bremer Vulkan.

La Gran Guerra le hizo perder las propiedades que tenía en Normandía y Lorena. Concretamente, en esta segunda ubicación se quedó sin la gran planta de Hagondange, cuyo equipamiento ultramoderno constituía su orgullo empresarial.

El período de la posguerra resultó especialmente injusto para las empresas Thyssen: después de que se entregara a Francia la región de Lorena, todas las filiales francesas fueron expropiadas, incluida la fábrica de Hagondange, lo que representó una pérdida de cerca de doscientos cincuenta millones de marcos. Los disturbios políticos y la creciente inflación en Alemania debilitaron de forma considerable la posición de la empresa, que también vio afectada su productividad. Sin embargo, una vez más, mi abuelo reaccionó con su incansable espíritu emprendedor y continuó con sus inversiones: como ya he mencionado, a través del banco comercial y naviero BVHS, en 1918 empezó a sacar provecho del mercado monetario internacional. Consiguió un préstamo de doce millones de dólares en Estados Unidos a un tipo de interés del 7 por ciento y, en 1920, un crédito adicional de doscientos cincuenta millones de marcos en Alemania.

Los reveses nunca lo desanimaron y entonces, con las indemnizaciones que recibió en compensación por lo que le habían quitado, consiguió construir en la orilla izquierda del Rin otra nueva factoría. En 1920, a sus setenta y ocho años, la fortuna del abuelo se estimaba en mil millones de marcos. Había empezado a trabajar con unos setenta obreros y ahora tenía cincuenta mil.

En los momentos difíciles de la posguerra, se decidió a llevar a cabo una rigurosa reorganización: liquidó la Gewerkschaft Deutscher Kaiser y separó los negocios del acero y de la minería, manteniendo, sin embargo, una estructura combinada del capital. Cambió el nombre de la empresa minera por el de Gewerkschaft Friedrich Thyssen y el de la empresa de acero por el de August Thyssen Hütte. De esta forma se eliminaron algunos de los riesgos y se aseguró una buena posición de mercado, por más que la situación del conjunto del grupo no pudiera considerarse del todo sólida.

Debido al incremento de los índices de inflación y a la ocupación francesa de la zona del Ruhr en 1923, que encontró un fuerte rechazo, hubo huelgas y un consiguiente deterioro en la productividad. Como consecuencia de ello, a las empresas independientes apenas les quedaron posibilidades de sobrevivir.

Todo eso hacía que la fusión con otras empresas con líneas de producción similares fuera inevitable, y el abuelo August, cuyo ideal siempre había sido la independencia, tuvo que enfrentarse a la realidad, que era contraria a sus deseos, ya que, al fundar sus empresas, siempre había tratado de evitar la creación de una sociedad anónima por considerar que la intromisión de los accionistas y de los bancos que las financiaban resultaba perjudicial para la política de la empresa.

Sin embargo, a pesar de no estar convencido, a la vista de la situación admitió y defendió la necesidad de fundar una Asociación de la Industria del Acero. A su muerte, en 1926, una parte considerable de sus empresas estaba incorporada a la Stahlverein, la Asociación de Productores de Acero Alemanes. Además, el 14 de enero de ese año, Rhein-Elbe-Union, el Grupo Thyssen, Phoenix y Rheinstahl habían fundado Vereinigte Stahlwerke A. G.

Como la fundación de Stahlverein coincidió con el fallecimiento de mi abuelo, también surgió el problema del reparto de su herencia y del futuro de mi tío Fritz y de mi padre. Mientras que Fritz era partidario de la idea de un consorcio, mi padre opinaba que las empresas debían dirigirse de forma independiente.

Siguiendo este principio, surgieron dos grupos separados: la sociedad colectiva de Fritz Thyssen en Vereinigte Stahlwerke, que incorporó a Gewerkschaft Friedrich Thyssen y August Thyssen Hütte, y el negocio privado de Heinrich Thyssen-Bornemisza, en el que se incluyen varias empresas.

Junto al abuelo August, que era el jefe indiscutible del *holding* —aunque su padre fue copropietario hasta su muerte en 1877—, trabajaba en la empresa su hermano Joseph, dos años más joven que él, y que murió en un accidente sufrido en el centro de clasificación de la terminal ferroviaria de una mina de carbón. Esto sucedía el 15 de julio de 1915. Joseph, que había trabajado durante treinta y seis años al lado de su hermano mayor, tenía el 25 por ciento de las acciones; y sus hijos, Julius y Hans, también trabajaban en el *holding*.

Mi abuelo deseaba ardientemente que los suyos participaran en el negocio, sobre todo sus dos hijos y la familia de Joseph, pero tratar con alguien con una personalidad tan dominante no siempre era fácil, algo que, sin embargo, Joseph sí consiguió.

Mi tío abuelo se ocupaba por entero de los asuntos internos de la fábrica, mientras que el abuelo August, que tenía una total confianza en su hermano, con el que compartía incluso el despacho, se dedicaba a la expansión industrial con la que siempre había soñado. Se querían mucho. El abuelo August lo adoraba, y sintió enormemente su pérdida. Sus dos hijos continuaron en la empresa con diversos cargos en las juntas directivas y supervisoras, y realizaron una aportación considerable a su desarrollo. Cuando crearon su propia empresa, después de la Gran Guerra, fueron compensados por su participación en las distintas sociedades.

Este interés del abuelo por tener con él a su familia en las empresas se explica por algo que exponía poco antes de su muerte: «Un capitalista y propietario tiene poco a su favor, ni siquiera una vejez exenta de tristeza. Pero, sin exagerar, creo que la gente que está a mi alrededor gana más que yo mismo con el trabajo de mi vida, porque lo que yo he creado al final acabará siendo suyo».

El castillo de Landsberg

Cuando los abuelos se separaron y la abuela abandonó la casa, Fritz, el mayor de los hijos, tenía doce años; August júnior, once; Heinrich, mi padre, diez; y la pequeña Hedwig, siete. Los cuatro se quedaron en Mülheim con el abuelo, en la casa que éste había construido al lado de la fábrica. Se trataba de una vivienda cómoda, propia de gente adinerada, pero carecía de jardín y no brillaba precisamente por el lujo; podría decirse que casa y fábrica constituían una unidad.

Hacía tiempo, sin embargo, que el abuelo August estaba buscando un lugar en el que poder aislarse de vez en cuando sin tener que alejarse demasiado de Mülheim. Y al parecer, en 1902, ya tenía en mente el espacio que, tras su muerte, se convertiría en panteón familiar de los Thyssen, tal y como le escribía a Conrad Verlohr, su confidente y asesor en todo lo relativo a propiedades inmobiliarias, el 12 de octubre de 1902:

> Su información referente a Landsberg me ha deleitado. Landsberg es la única propiedad a la que se puede llegar en carruaje desde Mülheim. Tiene agua y unos bosques magníficos. También me agrada mucho el enclave en las montañas, tanto para sanatorio como para una residencia fortificada. En cuanto reciba una propuesta firme, deberíamos inspeccionar el castillo a fondo.

El castillo de Landsberg fue construido supuestamente por Adolf, quinto conde de Burg, entre 1276 y 1289. Como lugar estratégico que era, estaba destinado a proteger y controlar un importante puente sobre el Ruhr en la ruta comercial que conectaba Essen y Hellweg con Ratingen. Al parecer, el primer castillo fue arrasado durante la guerra de los Treinta Años, y no fue reconstruido hasta 1890. En abril de 1903, el abuelo adquirió por trescientos ochenta mil marcos el castillo de Landsberg, a unos quince kilómetros de Mülheim, donde estaba enclavado el núcleo más importante de sus empresas.

La estructura del castillo de Landsberg se muestra hoy tal y como estaba a finales del siglo XIII. Lo que sí hizo mi abuelo fue remodelar completamente su interior y rodear de jardines bien cuidados el exterior del edificio, al que trasladó su residencia dos meses después. Los días de fiesta solía invitar a familiares y directivos de la empresa con sus respectivas esposas; entre sus ilustres invitados estuvo el entonces alcalde de Colonia, Konrad Adenauer, que se convertiría en el canciller de la República Federal Alemana. Adenauer, que era muy amigo de mi abuelo, decía de él que era uno de los pocos empresarios alemanes que muy bien podrían desempeñar un gran papel en el mundo de la política.

La vida del abuelo en el castillo era sencilla, sin ostentación. No bebía, no fumaba y su alimentación era de lo más frugal. Era el suyo un estilo de vida casi monástico. Pero cuando había invitados todo cambiaba. Podría decirse que, aunque vivía como un monje, cuando se convertía en anfitrión sabía tratar a la gente como lo haría el más generoso de los príncipes.

A pesar de que estaban separados, la abuela Hedwig visitaba de vez en cuando el castillo para ver a sus hijos y a sus nietos, con los que no quería perder el contacto. Para el personal que trabajaba en Landsberg, ella seguía siendo «Su Excelencia».

En 1989, el castillo de Landsberg se convirtió en sede de la fundación con la que el abuelo siempre había soñado, tal y como consta en su testamento, que modificó el 26 de marzo de 1926, nueve días antes de su muerte. En éste, mi abuelo dejaba, a modo de compensación, una nada despreciable cantidad de dinero a una mujer, de nombre Maria Fromen, que mantenía con él una relación sentimental y a la que intentaba ayudar en una pequeña empresa que tenía. Con relación a este asunto, Fritz, el primogénito, consiguió convencer a su hermano Heinrich para evitar que la noticia de que su padre había tenido una amante saliera a la luz.

August Thyssen se inicia en el coleccionismo con Rodin

Fue mi abuelo quien inició la colección de arte de la familia. En un principio, él no aspiraba a poseer cuadros de gran valor, y por eso se conformó, durante un tiempo, con las obras de mediana calidad que colgaban de las paredes del castillo de Landsberg. Sus únicas adquisiciones de importancia fueron las esculturas de Rodin, de las que se enamoró durante un viaje a París. La inicial fiebre artística de mi abuelo pasaría a ser después una auténtica pasión en mi padre, el único de los hermanos que heredó la inclinación por el mundo del arte. Y fue mi padre quien me contagió esa bendita fiebre incurable del coleccionismo. Y yo se la contagié después a Tita.

En efecto, el abuelo fue el primer Thyssen cuyo nombre aparece relacionado con el mundo del arte, que le impresionó durante el viaje que hizo a París con motivo de la Exposición Universal que tuvo lugar en la ciudad del Sena en el año 1900. Concretamente, el mayor impacto se produjo en la visita que realizó al estudio de Auguste Rodin, tras la cual se estableció una interesante relación entre el genial escultor y mi abuelo, ya un magnate de la industria alemana.

En este viaje, August le encargó tres esculturas de mármol, que el 27 de abril de 1906 llegaron al castillo de Landsberg y que le costaron cincuenta mil francos franceses de la época. También le pidió a Rodin unas «notas aclaratorias» de cada una de las esculturas, y al final quien las escribió fue el poeta Rainer Maria Rilke, que trabajaba como secretario de Rodin. Sin embargo, al escultor no le gustó que Rilke mantuviera correspondencia con sus clientes y lo despidió de inmediato.

Entre 1905 y 1911, el abuelo mantuvo contacto por carta con Rodin, al que llegó a escribir en treinta y dos ocasiones, y entre ambos se fraguó una amistad que iba más allá del acuerdo al que el abuelo había llegado con el artista, a quien en total acabó comprando siete esculturas.

En una de las primeras cartas, August le decía a Rodin:

> Usted sólo podrá ejecutar u ordenar ejecutar, sea directa o indirectamente, dos ejemplares de las esculturas que le encargo, a saber: uno para mí y otro para usted, de manera que, además de la escultura que obra en mi poder, sólo exista y pueda existir en el mundo un único ejemplar. Me gustaría que me confirmase este punto expresamente, pues tiene para mí la máxima importancia saber que de mis obras de arte, que he adquirido de usted bajo esta condición implícita, sólo exista en el mundo una segunda réplica.

Lo verdaderamente sorprendente o, si se quiere, curioso fue que Rodin nunca llegó a esculpir para él ninguna réplica de las esculturas que le compró mi abuelo. Es decir: son piezas únicas, no existe duplicado alguno en el mundo.

Con posterioridad, mi abuelo encargó otras cuatro obras, y todas ellas fueron instaladas en el castillo de Landsberg. Durante algunos años, se pudieron admirar en la casa que, tras nuestra boda, adquirimos Tita y yo en La Moraleja (Madrid), y que hoy forman parte de la Colección Carmen Thyssen. Dichas esculturas son *La muerte de Atenas* o *Lamentación sobre la Acrópolis*, *Cristo y la Magdalena*, *El nacimiento de Venus* o *La Aurora* y *El sueño* o *El beso del ángel*. De la primera de ellas, Rainer Maria Rilke, sin contar, como he dicho, con la autorización de Rodin para hacerlo, escribía a modo de explicación o comentario artístico:

> La ciudad de Atenas, que vivía antaño como una bella mujer que atraía a causa de su belleza gloriosa las miradas atentas del mundo, ha dejado de existir. Su cuerpo, que subía de pie como la Acrópolis, ahora está tendido y no forma más que una montaña cuyos contornos acariciados por la luz vibran en líneas quejumbrosas y tristes. Del mismo modo duerme profundamente la dulce figura que reverdece recuerdos lejanos, posada en su mano derecha y con el brazo izquierdo perdido en su cabellera extendida. Y de su cuerpo y de su sueño conserva un pasado luminoso: los restos divinos de las estatuas adoradas, pies de héroes, senos de diosa, cabezas de efebos y la flora de los capiteles, donde la savia feliz circula todavía. Y desde el pie de esta montaña una multitud de flores jóvenes sube como si buscase las desaparecidas hermanas de antaño. Este mármol, ejecutado en un modelado que muestra los matices más finos, exhala una atmósfera de noche, que cae, infinitamente triste, en su dulzura de luna.

Las tres esculturas restantes que Rodin creó para el abuelo August fueron *Visita al doctor*, *Psiquis* y *Muchacha que confía su secreto a Isis* o *La naturaleza*.

El abuelo también estaba muy interesado en que Rodin le hiciera un busto. Así se lo hacía saber al escultor, en una carta fechada el 28 de julio de 1910:

> Tengo la intención de que usted, si se aviene a ello, me haga un busto. ¿Cuánto tiempo se necesita para hacerlo? ¿Cuántos días debo permanecer en París para que usted pueda tomar todos los detalles necesarios? ¿Y cuál será el precio, y el tiempo necesario para terminarlo?

Pocos días después, el escultor le respondía diciéndole que su salud estaba «un poco consumida por el exceso de trabajo». Y continuaba: «Ahora no veo fácil que pueda hacer retratos, porque tengo muchos trabajos entre manos y mis precios para este género de obras han aumentado considerablemente». El abuelo siguió insistiendo, aunque sin éxito, a lo largo de varios meses.

Al final, ni Rodin llegaría a convertir en objeto de arte la figura del que fue uno de los grandes empresarios de la época ni mi abuelo consiguió pasar a la posteridad en una obra firmada por uno de los genios artísticos del momento.

La muerte del abuelo

Meses antes de su muerte, que se produjo cuando iba a cumplir ochenta y cuatro años, mi abuelo dio el visto bueno para crear una de las grandes empresas de su *holding*, la Unión Metalúrgica, S. A., fruto de la unión de otras dos compañías, y que en poco tiempo se convirtió en la mayor de Europa y en la segunda del mundo.

El entierro fue una multitudinaria manifestación de duelo. La noticia de su muerte apareció en todos los periódicos. El sepelio tuvo lugar en la ciudad de Kettwig, próxima al castillo de Landsberg. Creo que el abuelo, un hombre al que siempre le había gustado pasar desapercibido, jamás se hubiera podido imaginar que la circulación se detendría durante cinco horas porque a su cortejo fúnebre iban a asistir más de veinte mil obreros de las factorías Thyssen. No era nada amigo de homenajes ni de distinciones. Incluso llegó a rechazar una condecoración que le había ofrecido el káiser, y que yo sepa tan sólo aceptó —porque se sentía fervientemente católico— una que le concedió el papa.

Yo era un niño, pero el recuerdo de aquel entierro ha quedado vivo en la familia, y también en la memoria de quienes asistieron a él. El hombre al que todos admiraban por la fuerza y el prestigio de su apellido, aunque nadie lo identificara con el viejo August que salía a pasear solo por la calle sin que nadie lo reconociera, tuvo una despedida digna de lo que fue: un luchador y, sobre todo, un visionario, un gran emprendedor. O lo que es lo mismo: un insuperable hombre de empresa.

Hoy August Thyssen, mi abuelo, descansa en la cripta del castillo de Landsberg, donde fue enterrado. Junto a él se encuentran también mi padre y mi tío Fritz.

Los hijos del abuelo August

A la muerte del abuelo, el hijo mayor, mi tío Fritz, tenía cincuenta y tres años, estaba casado con Amélie zur Helle, hija de un fabricante de Mülheim, que le dio una hija, de nombre Anita, y estaba considerado como el heredero del imperio industrial. El segundo, mi tío August, tenía cincuenta y dos años, y estaba convencido, puesto que era un *bon vivant*, de que había nacido para dilapidar la fortuna acumulada por su padre. El tercero, mi padre, casado con Margaret Bornemisza, de la que estaba a punto de divorciarse, había cumplido cincuenta y uno y vivía en Holanda dirigiendo los negocios que allí tenía mi abuelo. Y por último estaba Hedwig, que tenía cuarenta y ocho años y, alejada de los negocios, gozaba de una elevada asignación económica.

El abuelo fue mucho menos generoso con August y con Hedwig, pero, aun así, éstos recibieron cincuenta millones de marcos en oro y vivieron como reyes. Sin embargo, no obtuvieron acciones. Lo que sucedió fue que, después de la guerra, cambió la paridad del marco de diez a uno, con lo cual la tía Hedde, como llamábamos a Hedwig, se quedó con una décima parte de su riqueza. Obviamente estaba furiosa y se sintió engañada. Amélie, por el contrario, se hizo extremadamente rica, ya que las acciones que tenía Fritz subieron mucho.

Hay que decir que las dos cuñadas se llevaron muy bien hasta el día en que Amélie tuvo más dinero gracias a la empresa del tío Fritz.

La triste historia del tío Fritz

Mi tío Fritz, el hijo mayor del abuelo, lamentó amargamente durante más de media vida su decisión de hacerse miembro del Partido Nazi. Ello sucedía en 1923, y lo contó después con todo lujo de detalles en su libro *I Paid Hitler* (Yo pagué a Hitler).

Oficial del ejército alemán durante la primera guerra mundial, de la que Alemania salió derrotada, Fritz consideró, al igual que muchos industriales germanos, que el Tratado de

Versalles, que su país se había visto obligado a firmar, había sido una auténtica «humillación nacional», y que además era imposible de cumplir, al menos en el ámbito económico.

Explicaba también que, en un determinado momento, creyó que el único partido que podía hacer frente a los comunistas era el de Hitler. Lo cierto es que aquella decisión de afiliarse al Partido Nacionalsocialista también implicaba subvencionarlo con importantes cantidades de dinero, lo que en cierta medida ayudó a llevar al poder a los nazis y lo hundió a él. El mismo Fritz afirma en su libro: «Intenté convencer a los diputados del Partido de Centro Católico, al que yo pertenecía, de que era un gran error aceptar las condiciones que los aliados imponían. Y ciertamente casi todos ellos también pensaban que era imposible cumplir el Tratado de Versalles, pero ni siquiera se plantearon la negativa a firmarlo. Fue un error político total».

En 1923, la zona del Ruhr estaba ocupada por Francia, ya que los alemanes, tal y como Fritz había previsto, no estaban cumpliendo con los compromisos económicos que habían firmado en el Tratado de Versalles. En ese momento, mi tío abandonó el Partido de Centro Católico al que pertenecía y organizó una especie de resistencia (él la definía como «resistencia pasiva», de corte totalmente pacífico), razón por la cual fue detenido y juzgado. Fue por esas fechas cuando escuchó por vez primera un discurso de Hitler. Poco después se afiliaba al Partido Nacionalsocialista, formación que, mediante métodos democráticos, no hay que olvidarlo, llegaría al poder en 1933, después de haberlo intentado en 1924 mediante un golpe de Estado que fracasó.

Cuando yo estudiaba en Holanda, me invitó en varias ocasiones a su casa de Múnich. Por aquel entonces, yo solía verlo incluso más que a mi padre. Era ligeramente más alto que éste, su cara era delgada y tenía canas. Solía enzarzarse con frecuencia en discusiones políticas con Edda, mi niñera, y era muy simpático y amable, mientras que mi padre era más severo. Yo, que en aquellos años no tenía ni idea de cuántas empresas y centrales poseían mi padre y mi tío, también ignoraba que Fritz hubiese hecho donaciones económicas para el Partido Nazi. Recuerdo que mi padre y él no se llevaban bien y apenas se hablaban. Políticamente, no sintonizaban en absoluto. Poco antes de 1930, Fritz quiso crear una planta siderúrgica en Alemania y a mi padre eso no le interesaba, por lo que creó una empresa que le pertenecía únicamente a él. Al final siguieron caminos muy distintos.

Fritz se llevó la gran decepción el 23 de agosto de 1939, cuando se enteró de que Hitler y Stalin habían firmado un tratado de no agresión. Estaba de vacaciones en los Alpes austríacos y se le cayó el alma a los pies: se sintió consternado y moralmente hundido. Días después recibía un telegrama en el que, como miembro que era del Reichstag, se lo citaba para una reunión, y excusó su ausencia mediante otro telegrama en el que aprovechó para decir que se oponía a la invasión de Polonia que estaba empezando a producirse. Inmediatamente se sintió señalado por las palabras que Hitler pronunció durante aquella reunión del Reichstag: «El que no está conmigo es un traidor y será tratado como tal».

Mi tío comprendió entonces que había caído en desgracia y que a partir de ese momento su vida se iba a convertir en un calvario, por lo que huyó de inmediato a Suiza. Lo que no sabía era que su telegrama tardó en llegar al Reichstag y que ni Göring ni Hitler tuvieron conocimiento de él hasta días después. No obstante, por el hecho de haber dejado Alemania ya se había delatado. Se pusieron en contacto con él prometiéndole que, si regresaba, no pasaría nada, pero Fritz no confiaba en ellos; además, escribió una carta a Hitler y a Göring acusándolos de haber traicionado a su país. La suerte de mi tío estaba echada: la reacción nazi fue confiscar la fortuna que tenía en Alemania y desposeerlo de su nacionalidad.

Un día, después de que él se manifestara en contra de la invasión de Polonia, vi a mi tío en la Bahnhofstrasse, la gran calle comercial de la estación de ferrocarril de Zúrich. Fue mi padre quien lo descubrió allí por casualidad y me dijo: «No quiero verlo». Yo le repliqué: «Al fin y al cabo, es tu hermano».

Mi padre cedió y se encontraron, pero todo se limitó a un saludo muy frío y distante. Llevaban mucho tiempo sin verse. No todo quedaría ahí: un día mi abuela, que estaba muy delicada de salud, le hizo saber al tío Fritz que quería verlo. Era el año 1940. Él y Amélie, su esposa, salieron hacia Bélgica para encontrarse con ella, y al regresar ya no se les permitió la entrada en Suiza.

El calvario proseguía: Fritz y su familia se establecieron en Montecarlo con la idea de embarcarse rumbo a América. Amélie sufrió un ataque de nervios que obligó a retrasar el viaje y, entretanto, el gobierno títere que Hitler había puesto en Francia arrestó a la pareja, que fue entregada a los alemanes, al parecer a modo de intercambio por varios generales franceses que estaban encarcelados.

Göring le dio otra oportunidad: si confesaba su traición y se disculpaba, habría borrón y cuenta nueva. Fue entonces cuando, echándole valor, mi tío y su esposa dijeron: «Nuestro honor está por encima de todo, incluso por encima de nuestras vidas». A partir de ese momento, los nazis los confinaron en un sanatorio privado en el que permanecerían durante dos años y medio. Göring le hizo ver a Fritz que, en cualquier otro país del mundo, su traición hubiera comportado como castigo la pena de muerte, mientras que en Alemania, sin embargo, era tratado como un prisionero de lujo.

Mi tío sabía que lo que los nazis buscaban era que se doblegara y confesara públicamente su «desviacionismo». En el fondo, se trataba de un método similar a los que Stalin había implantado en la URSS con los suyos cuando caían en desgracia ideológica y eran «depurados», hasta el punto de que se los borraba de las fotografías oficiales.

Pero no cedió de ninguna de las maneras, entre otras razones porque ya había tenido ocasión de experimentar en su propia familia cómo se las gastaban los nazis: en agosto de 1939, su hermana —mi tía Hedwig—, que vivía en Múnich, le enviaba un telegrama comunicándole que Gustav Remnitz, su yerno, había muerto en el campo de concentración de Dachau. Hedwig se había casado en primeras nupcias con el barón Ferdinand von Neufforge, con quien tuvo tres hijos, y después se casó con el también barón Max von Berg, unión de la que nacieron dos hijas, Mignon y Maximiliane. Mignon, a su vez, se había casado con Remnitz, cuyo pecado, para los nazis, era que en la Austria que precedió a la anexión al Tercer Reich había sido líder de los legitimistas de Salzburgo, que intentaban restaurar la monarquía. Fue por eso por lo que, tras ser desposeído de sus bienes, fue llevado a Dachau, donde lo asesinaron. Mi tía Hedwig, que había enviudado en 1925, vivió durante un tiempo con sus hijos en el castillo de Landsberg y falleció en 1960.

Mis tíos Fritz y Amélie, aunque eran prisioneros de los nazis, recibieron un buen trato en el sanatorio en el que estaban confinados. Sin embargo, cuando la guerra empezaba a acercarse a su final y estaba muy claro que quien la iba a perder era Hitler, las cosas cambiaron radicalmente para ellos, pues fueron puestos bajo vigilancia de las SS en condiciones que nada tenían que ver con las comodidades de que habían disfrutado. De pronto, los empezaron a llevar de un campo de concentración a otro, junto con diversos prisioneros que, al igual que ellos, eran personalidades destacadas. Uno de esos campos de concentración sería precisamente Dachau, donde había muerto el marido de su sobrina Mignon.

En otro de los campos se les unió el joven Clement von Stauffenberg, sobrino del coronel Von Stauffenberg, que fue quien colocó una bomba en el cuartel general de Hitler, en un intento por acabar cuanto antes con el desastre hacia el que se encaminaba Alemania. El Führer dio inmediatamente orden de asesinar a toda su familia. Clement tenía sólo trece años y mis tíos lo protegieron día y noche. Pasados los años, trabajó para mí en un puesto directivo.

La última estación del doloroso peregrinar de Fritz y Amélie fue Niederndorf, en el Tirol, donde vivieron momentos cruciales porque las SS habían recibido órdenes de no permitir que las tropas norteamericanas rescataran con vida a los prisioneros. Por fortuna, uno de los presos consiguió escapar y dar la alarma. Al final, un grupo de élite del propio ejército alemán se enfrentó a las SS, evitó la masacre y poco después los prisioneros fueron rescatados por las tropas estadounidenses.

Pero Fritz tenía que rendir cuentas ante los aliados. De ahí que, después de liberar a su mujer, él fuera llevado a otro campo de concentración. Tiempo después lo juzgaban en Königstein, localidad próxima a Frankfurt. El 2 de octubre de 1948, mi tío era condenado a ceder el 15 por ciento de los bienes que tenía en Alemania tras ser declarado públicamente nazi y, en consecuencia, culpable.

Después de ser juzgado, el tío Fritz, en una entrevista concedida al *Daily Mail*, declaraba: «No niego que fui nazi y que confié en ellos. Pero ellos me traicionaron». En 1950, y después de recuperarse de una grave enfermedad en Bélgica, Fritz y Amélie se reunieron en Argentina con su hija Anita y el marido de ésta, el conde austríaco Zichy.

Mi tío falleció en Argentina en 1951, a causa de un infarto de miocardio. Desde aquel fugaz encuentro en Zúrich, el tío Fritz y mi padre, que murió en 1947 mientras su hermano estaba en la cárcel, no volvieron a verse. Fui a visitar a mi tío un par de veces cuando se encontraba en espera de juicio, y también lo visité en Argentina acompañado por mi primera mujer, Teresa de Lippe. Yo le tenía mucho aprecio.

Sin embargo, y en contraposición a la trayectoria de mi tío, mi postura con respecto a este asunto es la que me inculcó mi padre y en la que siempre me he mantenido firme y completamente convencido: había que plantarle cara al nazismo.

Esa actitud mía, y de mi familia, no sólo contra el nazismo sino también en favor de unos seres perseguidos como entonces lo eran los judíos, originó en 1983 la siguiente anécdota: Tita y yo estábamos en Omaha (Nebraska, Estados Unidos), la víspera de la inauguración de la exposición temporal de una de mis colecciones, cuando, de pronto, nos llega el inesperado —y absolutamente injustificado— aviso de que los judíos de la ciudad estaban molestos por nuestra presencia y por la exposición. Los dos nos miramos sorprendidos, conscientes de que debía de tratarse de algún malentendido que había que aclarar con urgencia. Me puse en contacto con mi abogado en Nueva York, y éste consiguió establecer comunicación con el doctor Simon Wiesenthal, famoso judío que había seguido por todo el mundo la pista de los nazis. En media hora quedó todo aclarado y al día siguiente todos aquellos dispuestos a mostrar su disconformidad ante el museo que albergaba la exposición estaban efectivamente allí, a sus puertas, pero para mostrarnos su simpatía, y algunos lo hicieron incluso con ramos de flores.

Mi tío Fritz fue un hombre que tuvo el valor de afrontar sus responsabilidades y sus convicciones personales. Su triunfo fue llevar a buen puerto la expansión empresarial; su tragedia, el hecho de que no reconcilió sus ideales con la verdadera evolución política. Poco antes de su muerte, aceptó renunciar a su fortuna y a su participación en la Unión Siderúrgica para que pudiera evitarse el cierre de August Thyssen Hütte y el despido de los trabajadores. Al final, sin necesidad de tener que aceptar su oferta, se eludió el cierre total.

Sin embargo, su mujer y su hija, deseosas de demostrar la vertiente más humana de Fritz, crearon la Fundación Fritz Thyssen, a la que aportaron acciones del grupo August Thyssen Hütte por un total de cien millones de marcos alemanes, cuyo valor en el mercado rondaba por aquel entonces los cuatrocientos millones. La citada fundación nació con el fin de ofrecer apoyo económico a la investigación científica en todos los campos en diversos países, especialmente en Alemania.

Después de la muerte de la tía Amélie, el control de las empresas fue asumido por un equipo profesional, ya que su única hija, Anita, que por desgracia padecía parálisis infantil, estaba incapacitada para realizar esta labor. En su día, el matrimonio de mi prima Anita con el conde Zichy terminó en divorcio, y sus dos hijos, Federico y Claudio, se quedaron a vivir en Sudamérica. Federico fue miembro de la junta directiva del grupo August Thyssen Hütte, que después pasó a llamarse Thyssen A. G. y que es completamente independiente de nuestro grupo. Anita falleció en 1990.

August júnior, el hijo pródigo

En todas las familias hay una oveja negra y en este caso el papel lo desempeñó mi tío August, quien, por otra parte, era una persona muy inteligente, además de imprevisible. Su alocada vida y su fama de *playboy* hicieron que en los ambientes frívolos de París se lo conociera como Lobo Blanco. Mi abuelo, aunque le fue dando dinero, algo que no hacía con los demás, se mantuvo en sus trece con respecto a no entregarle su parte de la herencia. El tío August se convirtió en un vividor profesional al que le gustaban los hoteles caros, los coches de lujo, el whisky y el sexo que no lo comprometiera a nada. Una vez se presentó en Los Ángeles y, actuando a modo de productor, prometió a algunas aspirantes a actrices contratarlas para rodar una película en Alemania. Mientras tanto, conseguía de ellas ciertos favores íntimos. Y es que August júnior tenía la intención de hacer realidad lo que se había propuesto desde muy pequeño: no trabajar.

El abuelo casi lo acaba desheredando a raíz de una pintada que hizo con letras blancas muy grandes en el muro de la fundición de acero. En ella se leía: «*Thyssen kann Pissen*» («Thyssen puede mear»).

Mi tío tenía una cosa muy clara: decía que para qué iba a hacer nada si la familia nadaba en la abundancia. No se explicaba por qué su padre trabajaba todo el santo día para sumar más dinero al mucho que ya tenía. Su teoría estaba muy clara: «¿Por qué tengo que esperar a que se muera mi padre para heredar?». La única filosofía de su vida era pasárselo bien.

Tuvo muchas mujeres pero no se casó con ninguna, y tampoco tuvo hijos. Era bastante divertido y un auténtico provocador; le gustaba escandalizar: en la boda de mi hermana Gaby, a la que asistieron personalidades de la nobleza europea, dijo delante de todo el mundo, incluido un grupo de damas de alto copete: «Una boda es siempre lo mismo. Da igual que se trate de Gaby o de una fulana. En el fondo es siempre igual: la fulana lo hace durante una hora y en el caso de mi sobrina es para siempre. Pero lo que se celebra es lo mismo: que se van a acostar juntos».

Poniendo como aval su futura herencia, el tío August consiguió créditos y se fue endeudando. No faltaron abogados que lo apoyaron, y al final el enfrentamiento entre padre e hijo acabó en los tribunales. El abuelo recurrió incluso a psiquiatras para intentar demostrar que su hijo estaba literalmente mal de la cabeza, pero no consiguió nada, y fue él quien casi llegó a volverse loco al no entender aquella actitud.

Mi tío era, a pesar de todo, una persona extraordinaria. Yo lo apreciaba mucho. Vivió como quiso y eso hay que respetarlo. En París todo el mundo lo conocía. Cuando yo iba a Carroll's, la gente me decía: «¡Ah, tú eres el sobrino de Thyssen!». Lo que siempre me sorprendió fue que con la vida de desenfreno que llevaba hubiera vivido tantos años: fumaba como un carretero, se bebía botella y media de whisky al día y se alimentaba casi exclusivamente a base de pasta italiana. También tengo entendido que llevaba una desenfrenada vida sexual.

Durante la segunda guerra mundial regresó a Alemania. La última vez que lo vi fue en 1936, en la feria de Düsseldorf. Estaba enfrascado en una conversación con un hombre vestido de uniforme con muchas condecoraciones y me dijo: «Éste es el mariscal de campo Milch, el segundo de Göring, que creó la Luftwaffe». El tío August acabó en una silla de ruedas, atendido por Ilyana, la exmujer de mi hermano Stephan, que era casi el único miembro de la familia con el que mantenía un trato normal y a quien nombró su único heredero.

Murió en extrañas circunstancias el 13 de junio de 1943 en el hotel Continental de Múnich. Al parecer, su médico personal sugirió hacerle la autopsia y, cuando se abrió el féretro, se pudo comprobar que lo que había en su interior no era el cuerpo de August júnior, sino los restos mortales de un joven soldado no identificado. No se llevó a cabo investigación alguna, porque se pensó que la muerte quizá hubiera podido producirse a causa de un ataque aéreo y tal vez sus restos habrían quedado desperdigados. En el certificado de defunción, August júnior consta como desaparecido.

CAPÍTULO 3

Heinrich Thyssen: un alemán que profetizó los horrores nazis

Los tres hijos varones de August Thyssen tenían caracteres totalmente diferentes. Fritz, el mayor, era apasionado y abierto; el segundo, August, bohemio e inconsciente; y Heinrich, el menor, una persona muy centrada y reflexiva y, a la vez, un admirador de la belleza, tanto artística como física, al que, por otra parte, le tocaría vivir momentos ciertamente decisivos en la historia de Europa —fue testigo de dos guerras mundiales—, y que fundaría una familia en el corazón del Imperio austrohúngaro. En él se iban a fundir tres dinastías: los Thyssen, los Price y los Bornemisza de Kaszon.

Mi padre nació el 31 de octubre de 1875, el mismo año en que en Francia se proclamaba la república y se establecía una Constitución. A los diecinueve años se fue a Inglaterra, donde vivió una época decisiva no sólo para su formación académica, sino también desde un punto de vista humano. En este sentido, a su muerte, encontré en Villa Favorita el pequeño letrero que había presidido su juventud en el King's College, y que decía: «El secreto de la vida no consiste en hacer lo que a uno le gusta, sino en lograr que a uno le guste lo que tiene que hacer».

La elegancia no me interesa demasiado, pero mi padre era extremadamente elegante, tenía algo de dandi y no soportaba a la gente desaliñada. Solía viajar con grandes baúles llenos de trajes y siempre era uno de los más elegantes en las carreras de caballos, que le apasionaban.

Pero, dejando a un lado el aspecto externo y entrando en la formación recibida, con la que se fue forjando su personalidad, mi padre estudió física, química y mineralogía en Múnich, Berlín y Bonn, y posteriormente se doctoró en química por la Universidad de Heidelberg. Después se fue a Londres, donde hizo el doctorado en filosofía y adquirió una visión del mundo muy británica. Este último aspecto tuvo siempre una gran importancia en la vida de mi padre.

Hubo, asimismo, otra circunstancia que marcó profundamente su vida, cambiándola de rumbo por completo: su extraña llegada en 1905 a Viena y después a Hungría, algo a lo que ni siquiera yo he conseguido encontrarle una explicación convincente, porque mi padre no llegó a contarme nunca las razones que, tras sus años en Inglaterra, lo llevaron a establecerse en el país magiar, donde después adquirió por adopción la nacionalidad, de la que tan orgulloso se sentía.

Mi padre, que ya era ciudadano húngaro desde 1907, fue perseguido de una manera brutal y humillante en Alemania, el país en el que había nacido y que abandonó para siempre en 1935, jurando que jamás regresaría a él. Ya desde mucho antes había espaciado sus visitas todo lo que fue posible. Rara vez iba a Alemania y, cuando lo hacía, no era tanto por negocios como por sus caballos de carreras, aunque en ocasiones le resultaba imprescindible viajar a Berlín porque era miembro del Consejo de Administración del August Thyssen Bank. Se alojaba en el hotel Adlon y acabó teniendo un problema grave con los impuestos por haber dejado allí uno de sus cuadros.

Según el derecho fiscal alemán, si tienes un lugar con tus objetos personales se te considera residente en el país, y mi padre tenía reservada siempre la misma habitación en el citado hotel. Sencillamente cometió la estupidez de dejar allí un cuadro suyo, lo que le trajo problemas con las autoridades tributarias. Un día me contó que en una ocasión lo cachearon en la frontera y lo obligaron a desnudarse. Fue en ese momento cuando juró no volver a Alemania. Y creo que fue una suerte que le ocurriera aquello, porque a raíz de tan desagradable incidente decidió sacar todos los cuadros del país. Unos años después habría sido demasiado tarde, porque los nazis se los habrían confiscado.

Cuando en 1926 falleció el abuelo, éste había cedido todas sus acciones a mi tío Fritz y a mi padre. Seis años después decidieron dividir sus activos, y el tío Fritz asumió la dirección y gerencia de las divisiones de hierro y acero, mientras que mi padre se ponía al frente de los bancos —el BVHS, el August Thyssen Bank de Berlín y el Union Bank de Nueva York— y asumía el control de la mayoría de las empresas de carbón, gas y transporte marítimo, así como del puerto de Róterdam.

Aunque se dijo repetidas veces que entre Fritz y mi padre había un claro enfrentamiento, y a pesar de que políticamente estaban muy distanciados, lo cierto es que nunca se enfrentaron en el ámbito de los negocios, por más que en la esfera de lo personal su último encuentro en Suiza dejara un reflejo y un resquemor de clara frialdad.

La saga de los Price

Muchas veces es la casualidad lo que marca el rumbo en la vida de las personas. Y eso es, sin duda alguna, lo que sucedió en el caso de mi padre. Su nunca explicada decisión de viajar un día a Viena iba a cambiar las coordenadas de su existencia, hasta el punto de que a la saga de los Thyssen se iban a unir en su persona —y, en consecuencia, en sus descendientes— otras dos: la de los Price y la de los Bornemisza de Kaszon.

Por azares del destino, mi padre conoció en Viena en 1905 a Margaret Bornemisza de Kaszon, con la que al año siguiente contraería matrimonio. Aquello cambió su situación social, pues ella era la segunda de las tres hijas de los barones Gábor y Louise Bornemisza de Kaszon. La familia de mi madre procedía por parte materna del país de Gales; y por el lado paterno, de Transilvania. Su bisabuelo materno, Samuel Harlan, tenía una compañía naviera en Wilmington (Delaware, Estados Unidos), y era descendiente de ingleses, como también lo era Thomas Price, el bisabuelo paterno, cuya familia había llegado a Estados Unidos en torno a 1690, es decir, con los pioneros.

Después de hacer una gran fortuna, los Price, que vivían en Filadelfia, decidieron viajar a Europa para que sus cinco hijas completaran su educación. Louise, mi abuela materna, era la tercera de las cinco hermanas; todas ellas, tras estar un tiempo en Londres, pasaron al continente y se quedaron un invierno instaladas en las más lujosas *suites* del hotel Imperial de Viena.

Las hermanas Price, Margaret, Susie, Louise, Annie y Mae, se embarcaron rumbo a Europa con sus padres en el *Republic*, el mejor barco de vapor que por entonces tenía la White Star Line. Lo que no se podían ni imaginar sus progenitores era que ninguna de las cinco iba a regresar a Norteamérica: todas se acabarían casando en Europa.

Se decía por entonces que la familia buscaba casarlas con jóvenes que tuvieran títulos nobiliarios, y éstos abundaban en el antiguo Imperio austrohúngaro. No voy a entrar en si ésas eran o no las intenciones de los padres, pero lo cierto es que al final todo resultó ser tal y como ese rumor apuntaba.

Efectivamente, Margaret se casó con el barón Wucherer; Susie, con Alexander Socec, oficial de la Guardia de Bucarest, que estaba haciendo un curso en la Escuela de Caballería de Viena; Annie, con Friedrick, príncipe de Hesse, al que conoció en Baden-Baden; Mae, con el barón Max von Berg, que vivía en Hungría; y Louise, mi abuela, contrajo matrimonio con el barón Gábor Bornemisza.

Un día, cuando asistía a la ópera, Louise vio que un apuesto joven, que era oficial húsar húngaro, no dejaba de mirarla. Poco después se conocieron y el joven, mi abuelo materno, le propuso rápidamente matrimonio. Al parecer, ella aceptó sin dudarlo. La boda se celebró el 16 de junio de 1883 en Viena y, tras una corta luna de miel, regresaron a Transilvania, dado que él debía incorporarse a su regimiento, en Sibiu.

Si los Price sólo tuvieron hijas, Louise Price, que como he dicho era la tercera de las cinco hermanas, y acabaría siendo mi abuela, siguió, por esas cosas del destino, la misma «tendencia familiar», y de su matrimonio con el barón Gábor Bornemisza nacieron tres hijas, la segunda de las cuales, Margaret, que sería mi madre, vino al mundo en Csetény, en el condado húngaro de Veszprém, cuando mi padre, que vivía en Mülheim, a más de mil kilómetros de distancia, estaba a punto de cumplir doce años. Con el tiempo, yo llegué a sentirme muy unido a mi tía Hilde, una de las hermanas de mi madre, que se casó con el príncipe de Aspira. Siempre se portó maravillosamente conmigo y durante un tiempo fue mi paño de lágrimas. Yo iba a verla con cierta frecuencia a Austria. La tía Hilde nunca me pidió nada, mientras que la mayor parte de mis familiares siempre esperaban de mí dinero o una pensión más alta.

Los Bornemisza de Kaszon

Para encontrar datos de la rama paterna de mi madre hay que trasladarse a Transilvania, altiplano cercado por los montes Cárpatos cuya capital era Cluj-Napoca, y que formó parte de la Dacia romana y del reino de Hungría hasta el año 1526, cuando quedó convertida en principado autónomo hasta su anexión al Sacro Imperio Romano Germánico, a finales del siglo XVII. Uno de sus últimos príncipes fue Miguel Apafi I, casado con Anna Bornemisza y que gobernó entre 1662 y 1690, según datos que aporta el historiador Mór Jókai en su libro *Érdely aranykora* (La edad de oro de Transilvania). Casi un siglo después, un Bornemisza se convirtió en destacado intermediario entre Austria y Hungría, tal y como consta en una placa que se encuentra en el santuario de Mariazell, centro mariano de peregrinación para los pueblos eslavos, donde en 1993 contrajo matrimonio mi hija Francesca Thyssen-Bornemisza con el archiduque Carlos de Habsburgo.

La familia de mi abuelo materno destacó por su lucha contra los turcos, además de dedicarse a la construcción de silos y grandes molinos. Ellos fueron los primeros en edificar un enorme almacén de acero, que con el tiempo pasó a ser propiedad de la Bethlehem Steel. Como mi abuelo materno, chambelán en la corte austrohúngara, no tenía hijos varones, adoptó como tal a su yerno, mi padre. De ahí que los apellidos Thyssen y Bornemisza vayan unidos por un guión. La madre de mi abuelo materno se llamaba Gabrielle Kornis y pertenecía también a una noble e ilustre familia de Transilvania. Los Kornis vivían en el castillo de San Benedicto, que anteriormente había sido un monasterio benedictino.

El 4 de enero de 1906, el obispo de Viena casaba en la Votivkirche de la capital del Imperio austrohúngaro a mi padre, Heinrich Thyssen, que por entonces tenía treinta años, y a Margaret Bornemisza, mi madre. El 4 de diciembre de ese mismo año, Gábor Bornemisza y su esposa Louise Price adoptaron legalmente a su yerno, que a partir de entonces pasó a ser Heinrich Thyssen-Bornemisza. Hay que mencionar que en aquella época se podía acceder a un título nobiliario a través de la línea de la mujer, mediante un complicado proceso de adopción, tal y como sucedió en el caso de mi padre.

El 22 de diciembre de 1907, mi padre obtenía, mediante una carta de nobleza firmada por el emperador Francisco José I, el nombre y el escudo de armas de los Bornemisza de Kaszon, así como el título de barón para él y para todos sus descendientes:

> Nos, Francisco José Primero, por la gracia de Dios, Emperador de Austria; Rey apostólico de Hungría, Bohemia, Dalmacia, Croacia, Eslovenia, Galitzia; duque de Lorena, Kama, Kumanien, Serbia y Bulgaria; Rey de Illyria, Jerusalén [...]. A ti, Heinrich Thyssen-Bornemisza, gran terrateniente y súbdito bien amado, salud y gracia [...].
>
> Siguiendo el ejemplo de nuestros venerados ancestros [...], considerando, en nuestra vigilante atención, que has cumplido siempre y en todas partes tus deberes patrióticos [...]. Te conferimos el título de barón húngaro, el apellido de Kaszon y los símbolos heráldicos de familia de tu padre adoptivo, el Barón Gábor Bornemisza de Kaszon, nuestro gentilhombre de cámara [...]. A ti y a toda tu descendencia conyugal y tus sobrevivientes de sexo masculino y femenino, decidiendo y permitiendo que a partir de ahora y hasta la eternidad, tú, Barón Heinrich Thyssen-Bornemisza de Kaszon, así como toda tu descendencia conyugal y los sobrevivientes del sexo masculino y femenino, según usanza de los barones y notables, podrán cerrar sus cartas con cera y estampar su sello.
>
> Y para que conste publicamos esta carta de nobleza firmada por nuestra propia mano y con el sello húngaro real y apostólico ordenando que te sea entregada como recuerdo perpetuo de este acto.
>
> Firmado,
> FRANCISCO JOSÉ

Fue por entonces cuando mi padre, ya barón y con nacionalidad húngara, compró el castillo de Rohoncz, que tenía trescientas sesenta y cinco ventanas y estaba situado en una finca de más de dos mil hectáreas, en los límites entre Hungría y Austria.

Mi padre compró Rohoncz a los Batthyány, una familia muy ligada a la historia de Hungría y relacionada con los Bornemisza desde 1551. El castillo se construyó cuando una Batthyány se enamoró del príncipe Eugenio de Saboya. Las trescientas sesenta y cinco ventanas permitían pasar un año en él viendo amanecer cada día desde una distinta. En virtud de lo estipulado después de la primera guerra mundial en el Tratado de Trianon, que rompió en dos el reino de los Habsburgo, el castillo y la finca que lo rodeaba fueron entregados a Austria, y aquella enorme mansión pasó a llamarse castillo de Rechnitz. Allí nacieron mis hermanos Stephan, Margit y Gaby, y yo solía pasar en él las vacaciones antes del estallido de la segunda guerra mundial.

Aunque yo soy el único de los hermanos que no nació en Hungría, he sido, sin embargo, quien más amor ha sentido por la tierra de mi familia materna. De ella me viene el corazón magiar, y creo que es de ahí, de mi sensibilidad cíngara, de donde, en buena medida, nace mi amor por el arte, un amor que después se acrecentaría junto a mi padre. Siempre he dicho que tengo en mi alma un latido de Transilvania. Esto último lo he podido comprobar recientemente, a la vuelta de uno de mis viajes a Moscú, con ocasión de mis intercambios de arte con los rusos. Sobrevolando Transilvania, que ahora forma parte de Rumanía, sentí algo especial, y se lo dije a Tita. Era como una fuerza magnética que me atraía hacia la tierra de mis antepasados. Y esa llamada de mis ancestros y la manera en que mi corazón comenzó a palpitar durante el vuelo me llevan ahora a recordar otra experiencia inexplicable que viví cuando tenía once años y contemplé la cara de Cristo proyectada en la pared. Fue una imagen que casi había olvidado pero que recordé cuando, muchos años después, la vi de nuevo en el cuadro de Durero *Ecce Homo.* Era idéntica. Me atrevería a decir que era la misma.

En realidad, desde el punto de vista emocional, siempre me he considerado muy holandés y muy húngaro. Para definirme bien, diría que a lo largo de mi vida he sido un «holandés errante» con alma magiar. Esa alma húngara la quise poner de manifiesto públicamente con ocasión de la boda, en 1993, de mi hija Francesca, cuando aparecí en la ceremonia con un llamativo uniforme de húsar húngaro, con capa llena de adornos de piel y botas hasta la rodilla. La vestimenta en cuestión había pertenecido a mi padre, el primer barón Thyssen-Bornemisza, y una tía abuela mía viajó hasta Madrid para arreglármela.

Lo único que quería con eso era molestar un poco a los Habsburgo recordándoles que yo me sentía húngaro, y que en Hungría ellos nunca habían sido bien aceptados por más que hubieran estado al frente del Imperio austrohúngaro. Todo se puede enmarcar dentro de una pequeña broma con un trasfondo de verdad. Me la permití porque fui yo quien les regaló la boda y quien compró en Salzburgo un palacio a los novios.

En 1919, y tras el nacimiento de sus tres hijos mayores, Stephan, Margit y Gabrielle, mis padres abandonaron el castillo de Rohoncz huyendo de la «amenaza roja» de Béla Kun, el líder comunista que acababa de tomar el poder y que se había propuesto nacionalizar las grandes propiedades rurales, amenazando de muerte a la aristocracia.

Mis padres y mis tres hermanos —yo nacería dos años después— se trasladaron en un primer momento al castillo de Landsberg, donde vivía el abuelo August. Según algunos, la salida de Hungría de mi familia fue una decisión precipitada porque no corrían peligro. Sin embargo, mi madre nunca lo vio así, y contaba las vicisitudes y el miedo que pasó durante la huida de su país. Lo cierto es que la revolución de Béla Kun no fue sangrienta, pero tampoco era cuestión de quedarse allí para comprobarlo. Además, duró pocos meses: su república fue derrocada y durante los veinticinco años siguientes estuvo al frente de Hungría el almirante Horthy, un político al que mi padre veía con buenos ojos.

Para mi padre no dejó de ser duro comprobar cómo, de hecho, y en virtud del Tratado de Trianon de 1920, se lo quería convertir en austríaco cuando tanto había luchado por conseguir la ciudadanía húngara. Sin embargo, bajo el nuevo régimen podía ir al castillo con motivo de alguna cacería. Por su parte, mi madre solía pasar en él dos o tres meses al año.

Yo estuve en varias ocasiones con Edda, mi niñera. Recuerdo que una noche se me ocurrió entrar en la iglesia y empecé a tocar el órgano, lo que asustó a todos porque creyeron que se trataba de un fantasma que decían que vivía en el castillo.

Finalmente, el lugar elegido como asentamiento de mi familia tras la salida de Hungría fue Scheveningen, un pueblo holandés que le recomendó a mi padre su amigo Eduard von der Heydt, que era diplomático.

Heinrich Thyssen, coleccionista

En la primera década del siglo XX, mi padre decidió formar una colección de pintura. Entre sus primeros cuadros estaban *Paisaje con el descanso durante la huida a Egipto*, pintado entre 1640 y 1645 por Jan Lievens, amigo de Rembrandt; *La Virgen dando de mamar al Niño*, de un maestro anónimo de los Países Bajos, datado en 1525, y *Retrato de una mujer*, pintado en 1480 por un maestro anónimo alemán.

Al inicio de los años veinte, y viviendo ya en Scheveningen, Eduard von der Heydt le dijo a mi padre que tras la primera guerra mundial había mucha gente que estaba prácticamente arruinada y que necesitaba vender obras de arte para subsistir. Fue entonces cuando él entró en contacto con el marchante Rudolf Heinemann, un joven judío nacido en Múnich que se puso a trabajar para él.

Además de con Von der Heydt, mi padre mantuvo continuos contactos con Jakob Goldschmidt, un banquero judío, coleccionista de pintura, a quien por aquel entonces los nazis empezaban a considerar una persona peligrosa. Fue precisamente mi padre quien le recomendó que dejara Berlín porque no sólo corría peligro su colección, sino también su propia vida. Aunque un poco tarde, Goldschmidt siguió su consejo y huyó a Suiza para establecerse después en Estados Unidos. Lo que no pudo salvar fueron sus cuadros, que serían confiscados por los nazis y sacados a subasta en 1941.

En 1929, tras la caída de la Bolsa de Wall Street, y con el inicio de la grave crisis económica que vivió el mundo entero durante la década de los treinta y parte de los cuarenta, mi padre tuvo la oportunidad de comprar importantes obras de arte pertenecientes a coleccionistas estadounidenses. Por esa época —entre 1928 y 1938—, él tenía ya una colección formada por unas cuatrocientas obras. Entre ellas había dos cuadros del Greco, dos Rembrandt y un Rubens.

Organizó la primera exposición en 1930 en Múnich, bajo el nombre de «Schloss Rohoncz», el nombre húngaro de su castillo, y tenía la intención de exponer sus cuadros en Düsseldorf de forma permanente. Por aquel entonces, mi padre ya tenía muy clara la idea de que las obras de arte no deben ser para el disfrute de uno solo, sino para el mayor número de personas posible.

Fue esa vocación pública de su colección privada lo que lo llevaría un día a construir un museo en Villa Favorita, que se abriría por primera vez al público en 1937, con la exposición de trescientos cincuenta cuadros. El museo contaba con los últimos adelantos de la época para la conservación de lienzos y tablas, y tenía, asimismo, un estudio de restauración y unas estancias perfectamente equipadas y acondicionadas para almacenar cuadros y exhibirlos.

A partir de 1934, compró cinco de las obras más destacadas de su colección: *Grupo familiar con un criado negro ante un paisaje*, de Frans Hals; *Santa Catalina de Alejandría*, de Caravaggio; *Retrato de Enrique VIII de Inglaterra*, de Holbein el Joven, adquirido al conde Spencer, abuelo de la princesa Diana, que tuvo la necesidad de venderlo para pagar algunas facturas y, de paso, comprarse un Bugatti; *Joven caballero en un paisaje*, de Carpaccio, y *Retrato de Giovanna Tornabuoni*, de Ghirlandaio.

El 3 de febrero de 1931, mi padre creaba en la ciudad suiza de Schwyz la Fundación Rohoncz para proteger, cuando llegara el momento, la titularidad y la sucesión de su colección de arte. La citada fundación se pensó para un período de cien años y amparada en la legislación de Hungría; el fin era mantener la colección unida y en el mismo lugar, como propiedad de los Thyssen-Bornemisza.

Pasados los años, una vez fallecido mi padre y con las obras de arte en Lugano, englobadas bajo el nombre de Colección Schloss Rohoncz, mis cuñados insistieron en que la fundación creada al amparo de la legislación húngara no tenía validez en Suiza, y propusieron repartir los cuadros entre los herederos. Como se verá más adelante, a mí me correspondería la mayor parte de las obras, que se convirtieron en el embrión de lo que más tarde sería la Colección Thyssen-Bornemisza, y que abrí con este nombre al público por primera vez en enero de 1948, en el museo construido por mi padre en Villa Favorita.

Él tenía una idea muy clara cuando empezó a coleccionar: hacerlo casi a escondidas para que los posibles vendedores no se dieran cuenta del interés que tenía por conseguir obras de arte importantes, lo que habría implicado una subida exagerada del precio de cada cuadro.

Además, a la hora de coleccionar obras de arte, se fijó una meta muy peculiar: romper con la tendencia del mercado, según la cual las obras de los artistas europeos solían acabar en manos de coleccionistas norteamericanos. Fue mi padre quien dio a esto un giro de ciento ochenta grados al empezar a adquirir en el mercado estadounidense cuadros de pintores del viejo continente. La obra de Frans Hals *Grupo familiar con un criado negro ante un paisaje* es una de las más claras muestras de su forma de actuar a contracorriente: el cuadro, que pertenecía al financiero norteamericano Otto H. Kahn, fue adquirido en 1934 por mi padre. Un año después sucedía lo mismo con la obra *Joven caballero en un paisaje*, de Carpaccio. El propietario era también Otto H. Kahn, y mi padre consiguió que la famosa obra regresara a Europa.

Las cuadras de caballos

Heredé también de mi padre una magnífica cuadra de caballos de carreras a la que dediqué durante un tiempo una especial atención, consiguiendo que sus colores —el rojo y el azul— obtuvieran importantes premios en los hipódromos más prestigiosos de Europa. La cuadra original estaba en Erlenhof, cerca de Frankfurt, y en el primer *derby* alemán celebrado en Hamburgo ya obtuvo un gran éxito, pues de los seis primeros caballos clasificados cinco pertenecían a mi padre. Era el comienzo de grandes días de triunfo para esta cuadra, que saldría vencedora de muchos hipódromos europeos.

Durante la guerra y antes de ella, había en Hoppegarten, en las afueras de Berlín, unos campos de entrenamiento donde se solían ejercitar los mejores ejemplares de las cuadras más selectas. Y al estallar la contienda allí se encontraban alrededor de veinte de los caballos favoritos de la cuadra Thyssen, bajo la tutela de su preparador, Von Bocke, quien, mientras mi padre se encontraba en Lugano, tuvo que afrontar los infinitos avatares de la guerra, intentando salvar en medio de grandes dificultades —bombardeos, escasez de alimentos...— a aquellos purasangres, algo que se consiguió. La única noticia agradable que recibió mi padre durante toda la guerra fue que sus caballos de carreras se habían salvado.

Sin embargo, después vendría lo peor: sacarlos de la zona rusa. Fue un penoso éxodo de quinientos kilómetros a pie, con los caballos llevados de las riendas por sus cuidadores a través de campos, cruzando ríos, evitando las zonas ocupadas, las alambradas, las trincheras y los enormes hoyos creados por los obuses... Fue una auténtica odisea, pero Von Bocke consiguió trasladar los caballos de Berlín a Erlenhof, ya en zona estadounidense. A pesar de las enormes dificultades y peripecias, el viaje fue un éxito. Los norteamericanos le ofrecieron una cantidad muy considerable de dinero por seis de los caballos que habían realizado aquella auténtica odisea. Pagaron por ellos algo más de un millón de *reichmarks*, que, a la larga, sirvieron para mantener al casi centenar de ejemplares que tenía la cuadra. Uno de ellos, *Northcliff*, se convirtió en un famoso semental en Estados Unidos.

Gracias a Von Bocke, nuestra cuadra era una de las mejores de Alemania, y tuve que hacerme cargo de ella al morir mi padre. Nuestro mayor rival era Gaby von Oppenheim y, por desgracia, teníamos los mismos colores como divisa, por lo que se hacía difícil distinguir a los caballos en una carrera. Tuvimos un ejemplar extraordinario llamado *Orsini* que lo ganó todo: el Grand Prix de Bruselas, el *derby* alemán, el Grand Prix de Francia, el *derby* sueco, el noruego, el de Epsom...

Yo no sé nada de criar ni de entrenar caballos. Durante un tiempo tuvimos un contrato con un alemán que se ocupaba en Erlenhof de los ejemplares de carreras, aunque con bastante mala suerte, ya que se le incendiaron las cuadras en dos ocasiones y murieron varios ejemplares. Se dijo que alguien había prendido fuego deliberadamente, pero no llegó a demostrarse nada.

Mi hermana mayor, Margit, una gran aficionada, me propuso comprarme los caballos, y yo me alegré de poder vendérselos, porque tenía otras cosas que hacer más importantes que ir a las carreras. Ya sé que es algo apasionante, sobre todo cuando ganas, pero también supone dedicar mucho tiempo a tus invitados. Para quien sea aficionado a las relaciones sociales, sin duda puede ser muy interesante ir a Baden-Baden, por ejemplo, pero a mí no me interesaba. Vendí toda la cuadra por muy poco dinero. Salía muy caro mantenerlos. Incluso cuando ganábamos medio millón de marcos seguíamos en números rojos.

Mi hermana siguió criando caballos y llegó a tener cuatro granjas de sementales: en Noruega, en Kentucky, en Irlanda y en Erlenhof. Sin embargo, se deshizo de Von Bocke y la cuadra empezó a decaer con rapidez. Contrató preparadores de Chile y Argentina, y aun así Erlenhof cayó al decimoquinto puesto en Alemania. Su marido, Ivan Batthyány, conocido como Ivy, era alérgico a los caballos y siempre estaba con rinitis porque Margit llevaba una manta de caballo en el coche. Era muy divertido porque, al mismo tiempo, él no podía resistirse a ver cómo ganaban los caballos de su mujer y siempre asistía a la entrega de premios. Y es curioso: en estos casos la alergia se le pasaba rápidamente.

Mis padrastros

El 30 de diciembre de 1931, mis padres firmaban un acuerdo de divorcio con el que ponían fin a una unión que en realidad ya estaba rota desde hacía bastantes años, incluso cuando aún vivían bajo el mismo techo. Si tardaron tanto en divorciarse fue, seguramente, para no ocasionarle un disgusto a mi abuelo August. A la muerte de éste, en 1926, lo que hicieron fue firmar de manera provisional, y como un paso intermedio, la separación que precedió al divorcio.

En cosa de un año me encontré con una madrastra y un padrastro, pues mi padre se casó con Maud Feller en 1932 y mi madre contrajo matrimonio, en julio de 1933, con János Wettstein, el encargado de negocios de la embajada de Hungría al que conoció precisamente el día de mi bautizo. Yo me llevaba bien con todos ellos y, por otra parte, a mis padres los veía ahora casi más a menudo. A mi madre la solía visitar en Berna, donde también viví y donde János desempeñaba el cargo de embajador, y a mi padre lo veía mucho en Villa Favorita. Para mí, la relación con ellos siguió siendo la misma.

Mi padre había conocido a Maud Feller un año antes, a través de su amigo Von der Heydt, quien además de experto en arte también era coleccionista y una destacada figura en los círculos bancarios. Maud era una rubia muy atractiva que había estado casada con un sargento apellidado Feller. Hija de una lavandera, su nombre de soltera era Else Zarske y había nacido en la Prusia oriental en 1909. Mi padre me la presentó en Berlín en 1933, cuando yo tenía doce años.

Este segundo matrimonio sólo le duró tres años. Maud tenía un año menos que mi hermano Stephan. La ruptura se produjo como consecuencia del gravísimo accidente de automóvil que Maud sufrió la noche del 31 de agosto de 1935, cuando, en compañía de su amante, el príncipe Alexis Mdivani —exmarido de la acaudalada Barbara Hutton, heredera de los Woolworth, de la que había recibido una millonaria compensación económica—, se dirigía en el descapotable del noble a la estación ferroviaria de Perpiñán para tomar el tren que la conduciría a París, donde tenía que reunirse con mi padre. Exiliado ruso de Georgia, y perteneciente a una familia muy relacionada con la alta sociedad de la época, Alexis Mdivani era el menor de los cinco hijos del general Mdivani, ayudante de campo del zar Nicolás II.

Todo sucedió a raíz de un viaje que mi padre tuvo que hacer para adquirir un cuadro. Maud quedó en reunirse con él dos semanas después en París, y, aprovechando su ausencia, dejó Villa Favorita y viajó a la Costa Brava con Alexis para pasar juntos unos días en Mas Juny, la masía que José María Sert y su esposa, Russie, hermana de Alexis, tenían en Palamós. Precisamente allí sería velado después el cadáver de Mdivani por la propia Russie y por Salvador Dalí, amigo de Sert, que en esos días se encontraba en Venecia acabando la decoración del antiguo convento de San Gregorio, ahora convertido en palacio y que Barbara Hutton le había dejado a Alexis como parte del acuerdo de divorcio.

Circulaban a gran velocidad y un bache hizo que Alexis perdiera el control del Rolls-Royce descapotable que conducía. El parabrisas lo decapitó y murió en el acto. Su cadáver fue trasladado provisionalmente a la morgue del cementerio de Albons, término municipal en el que tuvo lugar el trágico accidente. Mi madrastra salió despedida, se partió las piernas y sufrió numerosas heridas en la cara y en la cabeza. Mi padre, aunque la visitó en el hospital en diversas ocasiones, acabaría pidiendo el divorcio. Maud fue trasladada más tarde a Londres, donde le fueron practicadas varias e infructuosas operaciones de estética para intentar reconstruir la belleza rota en el asfalto de aquella carretera de Gerona. A consecuencia de la grave herida de la cabeza tuvo que llevar siempre gorro. Maud vivió posteriormente en Zúrich y murió después de la guerra.

Cuando aún no había pasado un año del accidente de Gerona y el consiguiente escándalo que la tragedia destapó, mi padre conocía en el *lobby* del hotel Carlton de Cannes a Gunhilde von Fabrizius, hija de un coronel alemán de caballería, ya retirado, con la que se casaría en noviembre de 1937. En 1944, esta unión también acabaría en ruptura.

En lo que se refiere a la vida de Gunhilde, la tercera esposa de mi padre, y contra la que tuve que pleitear durante largo tiempo, se comentaba que era una cantante de clubes nocturnos de segunda fila que fue decididamente a cazarlo. También se rumoreaba por aquellos días que Gunhilde había conquistado antes —también en el *lobby* de un hotel, en este caso en París— a August Thyssen júnior, la oveja negra de la familia. Al parecer, fue Gunhilde quien se acercó primero a mi padre para decirle que guardaba un enorme parecido con su hermano. La inicial coincidencia de ambos encuentros terminó, como es obvio, de forma muy dispar: mi padre acabó casándose con ella; August júnior, amante de la bohemia, no tuvo, que se sepa, relaciones duraderas.

Se dijo después que el mismo día de la boda Gunhilde hizo que mi padre redactase un nuevo testamento. No lo sé. Lo que sí es cierto es que meses más tarde hizo otro con un segundo anexo y después volvió a cambiarlo; que en 1941 redactó uno nuevo, con el que hubo problemas, y finalmente, en 1946, otro.

Quien de verdad arremetió siempre con fuerza contra Gunhilde von Fabrizius fue Hilde Bornemisza de Kaszon, una de las dos cuñadas de mi padre, que llegó incluso a aventurar que lo que aquélla quería era acabar con él. Sucede, sin embargo, que el testimonio de Hilde podría estar viciado de raíz, dado que en la familia se comentaba que ella siempre había sentido hacia mi padre un amor que nunca fue correspondido.

Sí es cierto, en cambio, que en una ocasión Gunhilde lo encerró en la enorme caja fuerte de Villa Favorita, y que fue Sándor Berkes, hombre de confianza de mi padre, quien lo rescató.

Villa Favorita

Nada más ver Villa Favorita, lujosa construcción del siglo XVII, mi padre reconoció en ella el paraíso con el que siempre había soñado para su colección de pintura, porque Lugano era un lugar por el que nunca iban a pasar los desbocados jinetes del Apocalipsis de la guerra.

En 1932, ya divorciado de mi madre, mi padre compraba Villa Favorita, la fantástica residencia que el príncipe Federico Leopoldo de Prusia tenía en Lugano y que se convertiría en el refugio de los Thyssen al borde del lago que da nombre a la citada ciudad suiza. El precio de la propiedad fue de 3,8 millones de francos suizos, pagados con el dinero que obtuvo mi padre por la venta de *El payaso*, de Watteau, que había comprado por ese precio en 1921 y que hoy se encuentra en la Galería Nacional de Arte de Washington.

El edificio principal era de color siena pálido, puro estilo toscano, con una gran entrada porticada decorada con grandes jarrones de piedra. En torno a la casa principal había un parque con exuberante vegetación que iba desde la falda de la montaña hasta el borde del lago, y ocupaba una extensión de unos treinta y cinco mil metros cuadrados.

Los Beroldingen estuvieron durante muchos años al frente de la Cancillería de Lugano, y uno de ellos, Carlo Corrado Beroldingen, decidió en 1647 construirse una villa en Castagnola, un pequeño pueblecito de las afueras de Lugano, en la orilla oriental del lago del mismo nombre, y al pie de la falda del monte Brè.

El nombre de «Villa Favorita» se lo dio un posterior propietario, el conde Giovanni Rodolfo Riva, que compró la propiedad en torno a 1800. Por esta época, la mansión fue reconstruida al estilo lombardo. En 1919, tras la primera guerra mundial y los acontecimientos que hicieron caer a diversas monarquías europeas, el príncipe Federico Leopoldo de Prusia adquirió la residencia, en la que vivió durante varios años. Al comprar la mansión, añadió el ala izquierda y el ala derecha e hizo llevar en tren desde Italia novecientos cipreses que plantó a ambos lados del camino de entrada, de casi un kilómetro de largo. Mi padre, por su parte, construyó la galería en la que fue instalando su colección, que se abriría por vez primera al público en 1937. Y fue a partir de la compra de Villa Favorita cuando los cuadros, que tenía dispersados por diversos lugares, empezaron a llegar a Lugano, ya con Hitler en el poder.

CAPÍTULO 4

Años de juventud

Cuando el 20 de noviembre de 1939 Heini llegó a Suiza, además de un amigo judío del que nunca más supo y de una niñera que colaboraba con la Resistencia y acabaría quitándose la vida, había dejado en Holanda a su primer amor, un romántico amor de adolescencia.

Pusch

Se llamaba Hannelore Schmidt, pero todos la llamábamos «Pusch», y tenía cinco años más que yo. Era mi compañera en el colegio alemán de La Haya y algo muy especial nos unía: nuestros respectivos padres se habían separado cuando nosotros teníamos seis años. Jamás olvidaré el verano de 1937, en que, a mis dieciséis años, ella estaba de vacaciones en Forte dei Marmi y yo en un hotel de Viareggio. Nos veíamos todos los días. Unas veces ella venía a comer a mi hotel, otras yo iba a verla a la playa. Una noche, para que Edda, mi *nurse*, no notara mi ausencia, metí ropa en mi cama de tal forma que pareciera que yo estaba dormido dentro, me escapé y entré por la ventana que previamente Pusch había dejado abierta. Así fue como pasamos toda la noche juntos. Lo difícil fue salir a la mañana siguiente, porque el chófer de Pusch estaba fumándose un pitillo apoyado en la pared de enfrente y tardó un rato en entrar en la casa, tiempo que yo me pasé temblando y muerto de miedo porque no veía la manera de volver a mi hotel.

Mi marcha a Suiza fue el inicio de nuestro distanciamiento. Cuando aún llevaba yo muy poco tiempo en Berna, Pusch ya me reprochaba por carta que la había empezado a olvidar:

> No sé lo que quieres decir con la frase «No estés triste por el pasado: ya no existe». Si eso significa que quieres trazar una línea debajo de todas nuestras experiencias, entonces esa línea está trazada de forma muy recta... Sabes que me costó mucho tiempo enamorarme de ti. ¿Cómo es posible que desees poner fin con una frase a todo lo que nos unió? ¿Por qué quieres transformar un adiós temporal en una separación definitiva?... Es una debilidad que nunca hubiera esperado de ti, Heini. Espero que nunca tengas que sufrir lo que tú me has hecho sufrir a mí.

Los presentimientos de Pusch se hicieron por desgracia realidad, lo que supuso para ella un importante golpe al que también se uniría el de ver truncado su sueño de estudiar periodismo en Roma.

Aunque el amor se acabó entre nosotros, la amistad continuó siempre. La última vez que nos vimos fue en España en el año 2000, con motivo de mi septuagésimo noveno cumpleaños. La guerra fue lo que nos distanció definitivamente, aunque, con el tiempo, conseguiríamos intercambiar alguna que otra carta. Pusch fue movilizada por la administración naval alemana, que la trasladó a París. Más tarde conoció a un joven que llegó a ser capitán de un submarino U-Boot y sobrevivió a la segunda guerra mundial. Se casaron y tuvieron dos hijos. En 1961, Pusch se quedaba viuda.

A los dieciséis años alquilé un descapotable rojo —mejor dicho, lo alquilaría por mí algún amigo que ya hubiera cumplido los dieciocho y tuviera carné de conducir— y Pusch y yo nos íbamos por las calles de Scheveningen para que nos vieran. En aquella época, mi coche preferido era el MG rojo.

A Pusch le encantaban los coches de carreras, que, por otra parte, eran la auténtica pasión de su padre, una pasión que lo llevó a arruinarse... y a que su mujer le pidiera el divorcio. Un día la madre de Pusch se casó con el barón Van Linden y se fueron a vivir a La Haya, lo que hizo posible que nos conociéramos. Tal vez, de no haber estallado la guerra, la vida hubiera tenido para ambos líneas distintas y con toda seguridad muy paralelas, pero yo tuve que salir casi precipitadamente camino de Suiza.

Todo se encadenó de forma fatídica. Hubo unos eslabones previos que empezaron a fraguar de modo inevitable la gran tragedia: el 7 de marzo de 1936, tres batallones alemanes atraviesan los puentes sobre el Rin y ocupan la zona desmilitarizada de Renania. Dos años después se vota el plebiscito del *Anschluss*, por el que Austria se incorpora al Reich alemán. Seis meses más tarde se firman los Acuerdos de Múnich y el ejército de Alemania marcha sobre Checoslovaquia. En agosto de 1939 se firma en Moscú el pacto germano-soviético de no agresión, que une a Hitler y a Stalin, y en virtud del cual unos días más tarde cincuenta y tres divisiones alemanas entran en Polonia. Ya no había marcha atrás en la imparable escalada: el sábado 2 de septiembre, Gran Bretaña y Francia ordenan la movilización general. El domingo, día 3, se declara la guerra.

Aquel histórico día en que se declaró la guerra y que iba a marcar tan profundamente nuestras vidas, yo, con dieciocho años, estaba en Scheveningen; Stephan, mi hermano mayor, de treinta y dos años, vivía en una granja de Hanóver y trabajaba en unas prospecciones petrolíferas; mi hermana Margit, de veintiséis años, ya estaba casada con el conde Batthyány y vivía en una casa construida en los terrenos del castillo de Rechnitz; Gaby, un año menor que Margit, casada con el barón Bentinck, se encontraba en Praga, donde su marido ocupaba el cargo de embajador de los Países Bajos; a su vez, mi madre, de cincuenta y dos años, vivía en Berna como esposa del embajador húngaro János Wettstein, y mi padre, de sesenta y cuatro, se encontraba en Lugano, con su tercera esposa, Gunhilde von Fabrizius, y con su colección de cuadros. En resumen: cada uno estaba por su lado.

Al dejar Scheveningen, me establecí en Berna con mi madre y mi padrastro. Muy bien podría haberme ido a Lugano con mi padre y su tercera esposa, pero él consideró que Villa Favorita era un lugar menos apropiado para un joven de dieciocho años.

En Berna estuve cuatro meses y me lo pasé fenomenal. Yo era un ciudadano húngaro y nunca me preguntaron por mis raíces alemanas, salvo el encargado de negocios alemán, que le hizo saber a mi padre que yo debería alistarme en el ejército del Führer o que, de lo contrario, confiscarían todas sus propiedades en Alemania.

Berna supuso para mí la presentación en sociedad. Me instruyeron en las normas básicas del protocolo y me animaron a asistir a todas las recepciones de la embajada, que era mi casa. Además, pude estar al lado de mi madre más tiempo del que hasta entonces había estado. Ella conservaba aún su belleza y, a medida que se iba haciendo mayor, se la veía menos extravertida y más reflexiva. En aquella época pude comprobar que era encantadora y muy inteligente. Y estaba muy enamorada de Wettstein, quien, a su vez, era muy afable conmigo, pero yo lo veía como un hombre bastante presumido. Sin embargo, lo verdaderamente importante para mí fue que mi madre se sentía feliz a su lado.

En un principio, Wettstein estaba del lado de los alemanes, y era lógico, dado que Hungría era aliada de Alemania. Sin embargo, a medida que avanzaba la guerra, vi cómo se iba desilusionando. Esa desilusión acabaría después en un cambio radical de actitud cuando el primer ministro húngaro permitió que las tropas nazis ocuparan su país. En ese mismo instante, Wettstein dimitió como embajador en señal de protesta. Fue muy contundente y muy claro: «No quiero tener nada que ver con ese país ahora que está ocupado por los alemanes». Fue entonces cuando mi madre se compró una casa en Ascona, Suiza, y ambos pasaron allí el resto de su vida. János falleció en 1968; tres años después, y a la edad de ochenta y cuatro, mi madre moría en Locarno, muy cerca de Ascona.

Aunque mi padre había intentado con anterioridad que lo hiciera en Oxford, en 1940 decidí matricularme en la Universidad de Friburgo, en Suiza. En realidad, lo que sucedió no fue que yo impusiera mi criterio sobre el de mi padre, sino que suspendí el examen de ingreso en Oxford. Y menos mal que fue así, porque, de lo contrario, tal vez me habrían deportado a Canadá como extranjero —húngaro, a fin de cuentas—, en caso de encontrarme en Inglaterra al estallar la segunda guerra mundial.

Fue un amigo inglés quien le habló de Oxford a mi padre. Recuerdo que una de las preguntas del examen de ingreso era si estaba a favor del servicio militar obligatorio. Como yo sabía que en Oxford estaban en contra, me manifesté a favor; también dije que los alemanes estaban a punto de iniciar una guerra y que teníamos que defendernos. Obviamente no me admitieron, y después supe que en mi lugar entró el hijo del embajador chino en Londres, Wellington Koo.

En Friburgo estudié derecho y filosofía, una carrera de cuatro años que me propuse tomarme muy en serio. A la vez asistí a clases de literatura francesa y de lenguas modernas.

Por aquel entonces, mi padre me pasaba quinientos francos suizos al mes; con ellos me las tenía que arreglar para pagarme los libros, la ropa y la matrícula, además del alquiler de la habitación de una pensión en la que me quedaba entre semana, pues los sábados y domingos los pasaba con mi madre y Wettstein.

No vivía mejor que el resto de los estudiantes. Lo que sí tenía era un coche viejo. La gasolina escaseaba, pero como hijastro de un diplomático recibía un cupo de veinte litros al mes. No podía llegar muy lejos con mi pequeño Fiat, pero sí me daba para pasar los fines de semana con mi madre en Berna.

Luis Villegas y el padre Gueydan

Fue en la pensión donde conocí a un estudiante español, Luis Villegas, que quería licenciarse en derecho internacional y cuyo padre era agregado militar en Roma. En realidad eran dos Villegas, pero el mayor, Manuel, no se portó nada bien conmigo y creo que tampoco con su familia. Luis, sin embargo, era muy diferente. Nos hicimos muy amigos. Al terminar los estudios no pudimos vernos con frecuencia porque su trabajo consistía en inspeccionar embajadas y tenía que estar viajando constantemente. Después empezamos a vernos con mayor asiduidad. Por desgracia, Luis murió de cáncer y dejó tres hijos. Yo era como un padrino para ellos y, al quedar huérfanos, decidí ocuparme de su educación.

Otro gran amigo al que conocí en la pensión fue Édouard Gueydan, que era protestante y estudiaba filosofía. Con él, Luis Villegas y yo manteníamos largas conversaciones sobre religión. Gueydan se acabó convirtiendo al catolicismo, después se hizo jesuita y durante un tiempo llevó a cabo su labor en Chantilly. En cierto modo, ha ejercido también como consejero espiritual y capellán de mi familia, pues cuando nos visita en Lugano celebra misa en Villa Favorita. Nos gusta recordar juntos viejos tiempos. Al morir nuestro compañero Villegas, ambos nos comprometimos a ocuparnos de sus hijos, apoyándolos en sus estudios, y por eso viajamos periódicamente a Madrid, unas veces él y otras yo, para interesarnos por ellos y ayudarlos a despegar en la vida. Uno se hizo diplomático, otro trabajaba en España para una compañía de seguros estadounidense y el tercero acabó sus estudios de manera satisfactoria.

Tuve otro amigo, el conde János Pálffy, que estudiaba económicas y era muy buen chico. Tan sólo cometió un error: presentarme a la princesa Teresa de Lippe, la mujer que se convertiría en mi primera esposa y que, por cierto, nunca acabó de convencer a mi amigo Gueydan.

Joseph Groh o la historia de una traición

Tuve otro amigo en Friburgo, Joseph Groh, que después estuvo muchos años a mi lado como secretario, pero que un día dejó de ser ambas cosas, secretario y amigo, porque descubrí que me había traicionado. Groh fue también mi asesor legal y me ayudó bastante a la hora de ejecutar el testamento de mi padre, ya que era un experto en legislación húngara. Durante la guerra, Josi, como lo llamábamos, participó en la campaña rusa y llegó hasta Vorónezh. Finalizada la contienda, regresó a Lugano, donde volví a verlo. Lo había perdido todo. Le dejé una habitación en la torre de Villa Favorita sin que lo supiera mi padre, que todavía vivía, y le di algo de dinero, ya que no le quedaba nada. Estuvo en mi casa durante bastante tiempo. Como era un buen estudiante, consiguió en Friburgo el doctorado en derecho; luego regresó a Budapest, donde se especializó en legislación húngara. Después de la segunda guerra mundial, regresó a Suiza y empezó a trabajar para nuestra familia.

Durante muchos años, mi relación de trabajo con Josi fue buena, o al menos eso era lo que yo creía. Pero poco a poco me fui dando cuenta de que tenía al enemigo en casa. Mis socios me aconsejaron que lo mantuviera apartado de mis asuntos porque creaba confusión en todo. Hablé con él, le dije que hacía demasiados negocios por su cuenta, y entonces Josi decidió montar un despacho de abogados en Lugano con un socio, en vez de trabajar sólo para mí. Me pareció bien, le dije que quería ser su mejor cliente, pero, pasado un tiempo, cambió de opinión y me dijo que prefería seguir conmigo y trabajar únicamente para mí.

Siempre se involucraba en mis divorcios, jugando a dos bandas y poniendo trabas a las dos partes. Era evidente que él y su mujer eran buenos amigos de Nina, mi segunda esposa. Y por lo visto él también era muy amigo de Teresa, mi exmujer, que quería averiguar qué ocurría en Villa Favorita y, sobre todo, qué hacía yo. Teresa siempre quería controlarlo todo. Groh todavía trabajaba para mí cuando me casé con Denise, mi cuarta esposa. Más tarde descubrí cosas que no me gustaron nada y decidí no tener más contacto con él. Cuando compraba acciones para mí no es que me robara dinero, sino que recibía una comisión del agente. Normalmente eran acciones de las que yo no había oído hablar nunca y de las que los *brokers* trataban de deshacerse. Yo no seguía el mercado, pero jamás habría comprado esas acciones. Nunca subían.

La invasión de Holanda

En aquel primer año de estudios en Friburgo, fui uno de los primeros de la familia en enterarse de que Holanda, la tierra en la que había nacido, acababa de ser invadida por las tropas de Hitler. Un hermano de la dueña de la pensión en la que nos hospedábamos, el coronel De Meyer, estaba en los servicios secretos del ejército, y un día, a las seis de la mañana, llamó para decirnos que los alemanes habían invadido Holanda y Bélgica.

Enseguida llamé a Wettstein, mi padrastro, para decírselo y pedirle que avisara a mi hermana Gabrielle, que se había casado poco antes con el barón Adolph Bentinck, encargado de negocios de Holanda en Budapest, y que en esos momentos estaban en Berna y se dirigían a Egipto. Hablé también con mi madre y le dije que no les permitiera proseguir el viaje porque los alemanes habían invadido Holanda. Me costó convencerla porque mi padrastro no paraba de decir que se trataba tan sólo de un rumor. Tanto insistí que finalmente —y menos mal que fue así— acabaron por creerme. La noticia de la invasión de Bélgica y Holanda no se haría oficial hasta las once y media de la mañana.

Yo me sentía feliz por el hecho de saber que mis padres estaban cerca de mí, en un país neutral como era Suiza y alejados de la tormenta que barría Europa. También sabía que debía tomarme muy en serio los estudios: en Suiza, por aquel entonces, cada tres meses tenía que renovar mi visado de estudiante; en consecuencia, si me echaban de la universidad o interrumpía los estudios, me podían expulsar del país. Yo me encontraba muy a gusto y no tenía intención alguna de poner en peligro mi situación. Además, mi padre ya me había expresado su deseo de que me pusiera al frente de los negocios cuando él se retirara, y eso hizo que creciera en mí el sentido de la responsabilidad.

Amores de película

Una de las primeras chicas que conocí en Suiza fue Rita Troesch. Era encantadora y pertenecía a una familia inmensamente rica. Todo el mundo la pretendía, pero ella llegó a enamorarse locamente de mí. Rita tenía veintisiete años, ocho más que yo, y estaba divorciada. Cuando la conocí, en un cóctel en Berna, vivía con otro hombre. La nuestra fue una relación basada casi al cien por cien en el sexo. Ella me enseñó a hacer el amor y fue una experiencia maravillosa. Íbamos al cine, a bailar, y, aunque por aquella época no se trataba de algo habitual, casi siempre era Rita quien pagaba, porque yo no podía permitirme tantos lujos, por más que, para estar un poco a su altura, llegué a vender mi pequeña colección de sellos. Fue una relación que duró casi dos años. La llevaba los fines de semana a casa de mi madre y, a su vez, la madre de ella me llegó a coger bastante cariño y estaba empeñada en que nos casásemos.

Una noche, su madre nos invitó a cenar a Rita y a mí al restaurante más caro de Berna, donde pidió caviar y champán. De pronto, veo que se pone de pie y anuncia a todos los comensales que su hija y yo nos acabamos de prometer. Me quedé de piedra y sin habla. Después atiné a decir que eso no podía ser porque yo era muy joven y estaba estudiando. Se enfadaron muchísimo y todo el restaurante presenció la escena. Yo estaba deseando que me tragara la tierra. Fue un verdadero desastre.

Después de aquello nos seguimos viendo, aunque ya no fue lo mismo. Creo que Rita estaba decepcionada.

Estando de vacaciones en Davos con mi padre, conocí a Eliane Keller, una chica muy divertida y deportista que desde el primer momento me dijo que lo que quería era acostarse conmigo. Reservé una habitación en un hotel cercano y su deseo quedó cumplido. Pasados unos días, me dijo que por qué no me quedaba a dormir en su habitación, puesto que nos alojábamos los dos en el mismo hotel, ella con su padre, yo con el mío. Me sorprendió su propuesta, pero me explicó: «Es

Margaret (Margit) Bornemisza de Kaszon, la madre del barón.

Retrato del barón Heinrich Thyssen-Bornemisza, padre de Heini.

El abuelo August, fundador del imperio Thyssen, en el castillo de Landsberg (Alemania), en cuya cripta hoy descansa junto a su nieto Heini.

El barón Thyssen de niño con sus padres, su hermana Gaby y su abuelo August.

Margaret (Margit), la madre del barón, durante un paseo por los alrededores del castillo de Rohoncz, que tenía 365 ventanas que permitían ver salir el sol desde una distinta cada día del año.

El padre del barón Thyssen montando a caballo con el castillo de Rohoncz de fondo.

Divertida imagen de un Heini niño al que le gustaba trepar por los árboles y subirse a las verjas de la casa de Scheveningen (Países Bajos).

Heini Thyssen, de niño, de la mano de su niñera Edda Voltz y de su hermana Gaby, durante un fin de semana en la nieve.

El barón Thyssen el día de su primera comunión (23 de abril de 1933).

Heini con Pusch (Hannelore Schmidt), cinco años mayor que él y su primer amor de adolescencia.

El caballo *Orsini*, uno de los ejemplares que más días de gloria cosechó para la cuadra del padre del barón Thyssen.

August Thyssen júnior (a la izquierda, con gabardina), el hijo rebelde del abuelo August, fallecido en Múnich en el año 1943 en extrañas circunstancias.

Gaby, la hermana menor de Heini, con su marido, el barón Adolph Bentinck, que fue subsecretario general de la OTAN.

Stephan, hermano mayor de Heini, que, tras vivir en Montecarlo y La Habana, falleció en Nueva York en 1981.

Fachada principal del August Thyssen Bank de Berlín. Situado en la zona rusa, Heini conseguiría sacar de él importantes documentos.

El *August Thyssen*, uno de los más importantes barcos construidos en los astilleros de la familia, y que llevó el nombre del fundador del imperio Thyssen.

El abuelo August (primero por la izquierda, sentado) durante una visita a una de sus minas de Alemania.

El barón Thyssen (segundo por la derecha) durante una visita a una de sus empresas en Alemania. El tercero por la izquierda es Clement von Stauffenberg, sobrino del coronel Von Stauffenberg, autor del atentado contra Hitler.

Boda de Margaret, hermana mayor de Heini, con Yvy Batthyány. Junto a la pareja aparece el barón Heinrich Thyssen, padre de la novia.

Maud, segunda esposa del padre del barón Thyssen, con la que se casó en 1932. La unión se rompió tres años después.

Retrato del barón Hans Heinrich Thyssen-Bornemisza, nacido el 13 de abril de 1921 en Scheveningen.

El esquí alpino fue uno de los deportes favoritos del barón.

Vista aérea de Villa Favorita (Lugano), la residencia del padre de Heini.

Boda del barón con la princesa Teresa de Lippe, en agosto de 1946 en Villa Favorita. El padre de Heini se negó a asistir al enlace.

El barón Thyssen a la salida del registro civil de Colombo (Ceilán) el día de su boda con Nina Dyer, el 23 de junio de 1954.

La pantera y el leopardo que adquirieron en Ceilán justo después de la boda.

El embalaje en el que, bajo el nombre de «cat» (gato), viajó de Colombo a Europa la pantera.

El barón Thyssen pasea el cachorro de pantera por el parisino bosque de Boulogne.

El barón con Fiona Campbell, su tercera esposa, madre de Francesca y Lorne.

Heini y Denise Shorto, su cuarta esposa, el día de su boda, el 13 de diciembre de 1967 en Lugano.

Primer plano de Yvy Batthyány, cuñado del barón.

Primer plano de Georg, hijo de Teresa de Lippe, primera esposa de Heini.

que papá se marcha mañana muy temprano y podremos estar los dos tranquilos hasta el mediodía». Lo que sucedió fue que su padre, antes de irse, llamó a la puerta de la habitación en la que estábamos porque quería despedirse de su hija. El susto fue tremendo. Mientras ella se hacía la dormida, yo me escondí desnudo detrás de un mueble. Como el padre seguía insistiendo, Eliane le abrió... Y él vio mis botas de esquí al pie de la cama. Empezó a buscar, dio conmigo y comenzó a pegarme. Conseguí salir de la habitación, y tuve la suerte de coger en el carrito de la limpieza una toalla, que me até a la cintura, para salir corriendo por el pasillo hasta llegar a mi habitación, que estaba en el otro extremo del hotel. En la huida me había dejado el mono de esquí y las botas en la habitación de Eliane, y tuve que esperar un par de horas hasta que una camarera me las trajo a mi habitación. Poco después, Eliane me dijo que su padre estaba hecho una furia y decidido a tomar represalias contra mí. Y me propuso: «Le podemos decir que estamos prometidos en secreto y que pensamos hacer público de inmediato nuestro compromiso. Después, cuando las aguas se calmen, rompemos la relación». Y así lo hicimos: para salvar el honor de su familia, nos prometimos en Cologny, Ginebra. Pasadas dos semanas, y alegando que no nos llevábamos bien, rompimos el compromiso y cada uno siguió su camino. Supe tiempo después que Eliane, con la que seguí manteniendo una buena amistad, se había casado con un banquero.

Recuerdo también a otra chica, de muy buena familia, cuyos padres eran muy amigos de Ivy Batthyány, el que sería marido de mi hermana Margit. Se llamaba Kit Muller y no era muy atractiva, pero también estaba enamorada de mí, aunque se negaba a mantener relaciones sexuales completas porque quería llegar virgen al matrimonio. Hicimos de todo lo que se nos ocurrió, excepto el amor. Durante el día jugábamos al tenis y ella tonteaba con Ivy, mi cuñado, que se jactaba de ello y decía que al día siguiente la iba a besar. Sin embargo, Kit se acabó acostando conmigo y yo, obviamente, no dije nada. El pobre Ivy no llegó a descubrirlo nunca.

Elegido por mi padre

La guerra seguía y llevaba camino de ser muy larga. Tanto que, cuando en una rueda de prensa le preguntaron al gran estadista Winston Churchill, *premier* británico, cuánto podría durar la contienda, éste respondió: «La guerra será larga, muy larga. Imagínense: aún la están ganando los que la van a perder». Efectivamente, en aquellos momentos iba ganando Alemania. Churchill ni se estaba equivocando ni se iba a equivocar.

El año 1942, en plena guerra, mi padre me encomendó una delicada misión: me dijo que tenía que viajar a Alemania para asistir, en el castillo de Landsberg, a un almuerzo con abogados y directores de las empresas de mi abuelo con motivo del centenario de su nacimiento. Me explicó muy claramente: «No quiero que me represente Stephan, tu hermano mayor: irás tú». Hice el viaje en tren con una acreditación que decía que yo era miembro del servicio diplomático de Hungría. Los controles en la frontera fueron muy estrictos y pasé mucho miedo porque pensaba que después no me iban a dejar salir de Alemania. Yo llevaba un traje negro y una maleta llena de chocolates suizos y de cigarrillos para regalar, porque eran dos cosas muy codiciadas en aquellos momentos por los alemanes.

En Landsberg estaban todos los directores de nuestras compañías y, por supuesto, mi hermano Stephan, que, a pesar de la oposición de mi padre, se presentó por su cuenta y mantuvo un enfrentamiento con uno de los abogados del abuelo

August, que le dijo: «Usted está aquí sólo por el dinero y, en realidad, ya no ha quedado nada que heredar». En cuanto terminó la conmemoración, me fui a la estación de tren para regresar a Suiza. Recuerdo que pasamos por Colonia dos horas antes de que un bombardeo destrozara por completo la estación de tren de la ciudad.

No puedo quejarme en absoluto de mi vida en Suiza. En el fondo, yo era un privilegiado por el hecho de vivir en un país alejado del conflicto bélico. Además, los años transcurridos en Friburgo y mis estancias en Lugano me dieron la oportunidad de ir conociendo un poco más a mi padre, lo cual no era fácil, dado que era un hombre bastante encerrado en sí mismo. Era muy estricto y bastante severo, la puntualidad le obsesionaba... Con el tiempo se fue volviendo más introvertido de lo que ya era. A los directores de sus empresas sólo los recibía una o dos veces al año. Incluso dejó de verse con su gran amigo, el barón Von der Heydt, a pesar de que vivían muy cerca. Por entonces nadie sabía quién trabajaba para los nazis y quién no, y mi padre no quería verse comprometido. Por eso se aisló y se encerró en sí mismo. A todo esto hay que añadir que su salud no era muy buena, dado que le habían diagnosticado una diabetes.

Mi padre me insistía una y otra vez en que yo sería el encargado de dirigir en el futuro su imperio empresarial. Sin embargo, todo se quedaba ahí, y no me explicaba en qué punto se encontraban sus negocios. De lo único que me hablaba era de arte. Pasaba mucho tiempo con sus cuadros. Me llevaba a ver la galería y me pedía mi opinión sobre algunas de las obras. Fue durante esas conversaciones sobre arte cuando me di cuenta de que mi padre no mostraba interés alguno por la pintura contemporánea. Estaba convencido de algo y me lo dijo un día: «El arte se acabó en el siglo XVIII».

En ocasiones, mi padre y yo dábamos largos paseos por el

monte; otras veces llegábamos hasta el hotel Splendid, situado al otro lado del lago, para tomar una copa de champán. Además, a él le encantaba la música clásica y se pasaba horas y horas escuchándola en su gramófono, al que yo tenía que dar cuerda una y otra vez. Recuerdo que, aparte de la música clásica, de todas las canciones que escuchaba había una que le gustaba más que ninguna: *La paloma*. Y que muchas noches lo veía sentado ante el retrato de mademoiselle Duthé que hizo Fragonard, con una copa de champán en la mano. Se pasaba largas horas delante de ella. La nostalgia impregnaba la estancia, pero nunca me atreví a preguntarle por qué sentía tal fascinación ante esa obra.

Divorcio de Gunhilde y muerte de mi padre

Mi padre vivió cinco años en paz y armonía con Gunhilde, su tercera esposa, que era treinta y tres años más joven que él. Luego comenzaron las desavenencias.

Aunque estaba encerrado en Villa Favorita, no vivía ni mucho menos en una burbuja: allí supo que su imperio se estaba derrumbando; que su hermano Fritz había sido detenido en Cannes por la policía francesa del gobierno de Vichy y entregado a los alemanes, que lo recluyeron en el campo de concentración de Dachau; y que su hermano August había fallecido, según decían, en un accidente...

Winston Churchill tenía razón: los que iban perdiendo la guerra empezaban a ganarla. El 10 de julio de 1943, los aliados desembarcaban en Sicilia; el 4 de junio de 1944, liberaban Roma; y dos días después, el día D a la hora H, siete mil navíos y quince mil bombarderos situaron a ochenta divisiones en las playas de Normandía. El nazismo se acercaba a su final. Acabada la contienda, y aparte de la enorme felicidad de saber que la guerra había terminado, mi padre también recibió la noticia de que se habían salvado sus caballos.

A veces daba la sensación de que empezaba a cansarse de vivir. En el invierno de 1944 sufrió una fuerte neumonía y tuvo que ser internado en un hospital de Locarno. Además, la diabetes que tiempo atrás le habían diagnosticado se seguía agravando.

Tiempo después solicitó la separación de su tercera mujer, de la que, a pesar de la convivencia bajo el mismo techo, cada vez estaba más distanciado. Gunhilde dejó Villa Favorita antes de que en ella se celebrara mi boda con la princesa Teresa de Lippe. El divorcio, sin embargo, tardaría mucho en llegar, e iba a hacerlo envuelto en serios problemas.

La tercera y última mujer de mi padre se embarcó en un largo juicio por la herencia. Para cubrir los gastos legales, sindicó el caso y formó una empresa con Goldberg, su abogado. Mi padre solicitó el divorcio en Hungría en 1946, y la resolución definitiva llegó una semana después de su muerte. Por lo tanto, en teoría ella era viuda y le correspondía una cuarta parte de la herencia. Gunhilde reclamó treinta millones de francos suizos, pero yo me negué a dárselos. Ella me llevó a juicio y perdí los dos primeros, pero gané el tercero. Su abogado se remitió a la ley bíblica y al deber de proteger a una viuda. El mío se conocía la Biblia de memoria y citó dos líneas en las que se afirma que a una viuda infiel se la conducía a la plaza pública, donde era lapidada. Y en el caso de Gunhilde, todo el mundo sabía que mantenía una relación con su abogado. Al final, perdió el caso.

Antes del juicio había sucedido algo curioso. Mi padre tenía pasaporte húngaro; el problema era que no contábamos con un libro de leyes húngaro para consultar. Un día envié a uno de mis abogados al consulado de Hungría en Zúrich, consulado que ya era comunista; él intentó consultar el libro, pero le dijeron que no lo tenían. Providencialmente, se le ocurrió ir a lavarse las manos y vio en la papelera unas páginas arrancadas de un libro. Y fue ahí donde, por una increíble coincidencia, encontró lo que había estado buscando. ¡El consulado comunista había roto aquel libro de leyes! Gracias a una increíble casualidad, gané una fortuna en aquel divorcio y en la herencia.

Mi padre estaba cada vez más postrado. Llegó un momento en el que sólo tenía ojos para mí y para sus cuadros. Aquel hijo no deseado se había convertido en su última esperanza. Y conmigo recorría todos los días las galerías de Villa Favorita, contemplando sus cuadros en silencio. Pero nunca decía ni comentaba nada. Ni aconsejaba ni juzgaba. Tan sólo quería escuchar lo que pensaba yo.

Mi padre murió en 1947, pero yo ya tenía pleno control en torno a 1944. Eso significa que me convertí en director de la empresa con veintitrés años. Mi abuelo estuvo en activo más de cincuenta; mi padre, sin embargo, dedicó tan sólo dieciséis a sus actividades empresariales.

Un día me dijo: «Nos lo han destruido todo. No nos queda prácticamente nada». Como ya me había elegido como sucesor al frente de las empresas, comprendí que había llegado el momento de ponerme a la cabeza de ellas.

Fue entonces cuando mi padre puso en mis manos el control de todo lo que no estaba en Suiza y me dio el correspondiente poder notarial.

En sus últimos tiempos tuvo una amiga, una especie de novia a la que llamaba Medicina y que vivía en San Remo. Cuando iba a verla solía llevarme con él. Un día, Medicina se trajo con ella a una amiga. Era una chica preciosa, y me sugirió que la llevara al casino. La orquesta empezó a tocar unos tangos muy sensuales. Bailamos juntos y nos empezamos a besar. Todo fue bastante rápido... y apasionado. Después nos sentamos, ella se puso a fumar un cigarrillo y me ofreció otro a mí, que acepté porque, aunque nunca había fumado, me pareció que era de persona mayor hacerlo y que resultaba elegante. Pero sucedió que, tras darle unas caladas, sentí que me mareaba y fue así como se me redujo la pasión que sentía.

Por supuesto, mi padre se enteró de aquello y, a partir de entonces, además de preguntarme mi opinión sobre sus cuadros, empezó a querer saber también qué opinaba sobre las chicas. Y en este tema, al contrario de lo que sucedía con las obras de arte, él también opinaba. Recuerdo que me decía: «La variedad es lo que hace interesante la vida, y el mejor afrodisíaco cuando te deja o te falla una mujer es otra mujer».

El 26 de junio de 1947 fue el último día en la vida de mi padre. Recibió cristiana sepultura en el cementerio de Lugano. Años después lo trasladamos al castillo de Landsberg, donde descansan los restos mortales del abuelo August y del tío Fritz. Pasado un tiempo, Sándor Berkes, que en su momento, como he dicho, lo rescató de la caja fuerte en la que Gunhilde lo había encerrado, adquiría la parcela del cementerio de Lugano en la que había estado enterrado mi padre para que un día fuera el lugar de su último y eterno descanso.

Sándor había sido mozo de cuadras en Rechnitz, con mi padre, que lo conoció durante una cacería y se lo llevó con él al dejar Hungría y marcharse a Holanda. Con el tiempo, se convirtió en su mano derecha: se ocupaba de la administración de la casa y de todo lo relacionado con el museo y las obras de arte de mi padre. El día de su muerte, que tuvo lugar a las doce de la mañana, Sándor estaba en la cabecera de su cama junto a mí y al resto de la familia.

CAPÍTULO 5

Al frente del imperio con veintitrés años

Con la muerte de su padre se cerraba un capítulo en la vida del barón; y otro nuevo, tremendamente difícil pero no menos apasionante, se abría. El primero se quedaba en una carpeta con la etiqueta «1921-1947»: desde el año del nacimiento de Heini hasta la fecha en que tuvo que tomar las riendas de la actividad empresarial y familiar.

Tres años antes había recibido plenos poderes, pero ahora me encontraba, por vez primera, sin la sombra protectora de mi padre. Estaba solo ante todos y obligado a librar una batalla que tenía tres frentes abiertos: el familiar, el de los negocios y el de la colección de pintura. Y esos tres frentes, aunque separados, formaban parte de la misma guerra: la del dinero. Yo, el benjamín de la familia, tenía que actuar como primogénito. Y no se trataba de un asunto precisamente fácil.

Pero creo que supe tomar las riendas con decisión, algo que no podían hacer ni mi hermano mayor, Stephan, que prefirió dedicarse a su labor como científico e investigador, ni mis hermanas Margit y Gaby, que no estaban preparadas para ello y a las que, por otra parte, se unía la ambición de sus respectivos maridos, el conde Batthyány y el barón Bentinck.

Después de la guerra yo no tenía liquidez, y además pronto empezaron los graves problemas con la herencia, ya que mi hermano y mis hermanas congelaron las cuentas suizas porque no querían que me gastara el dinero en viajes tratando de sacar información sobre las empresas confiscadas a mi padre, y yo carecía de poder notarial en Suiza, de modo que no podía hacer nada. ¡Mi situación era tan complicada que, para conseguir dinero en efectivo, compré cuatro relojes suizos y los vendí en Holanda la primera vez que fui!

A Holanda viajaba en coche. Empecé a hacerlo para buscar gente que quisiera ayudarme a recuperar nuestro patrimonio. Repito que tenía muy poco dinero por aquel entonces, ya que aún no había recibido mi herencia.

Mi padre me dio mil o dos mil francos y los gasté comprando gasolina en el mercado negro. Seguí vendiendo relojes de contrabando en mi país.

Y también vendí la casa de Scheveningen, en la que había nacido, porque ahí sí que tenía un poder de mi padre: todo lo que no se encontrara en Suiza me pertenecía. Por la casa me dieron ciento diez mil florines. Con eso pude cubrir mis viajes a Holanda y mi hospedaje.

Por suerte para nosotros, los holandeses y los húngaros olvidaron declararse mutuamente la guerra. El problema radicaba en que yo «aparentemente» también era alemán por mi padre, que había insistido en conservar la nacionalidad alemana cuando le concedieron la ciudadanía húngara. Sin embargo, conseguí demostrar que en aquel momento, en 1907, quien adquiría la nacionalidad húngara tenía que renunciar a su nacionalidad original. En consecuencia, mi padre no podía tener las dos. Su caso estaba muy claro: había sido adoptado y había adquirido un título nobiliario húngaro. Todo eso me ayudó mucho en aquel delicado momento en que tenía que recuperar y poner en pie lo que la guerra nos había arrebatado.

Un día me llevé una grata sorpresa cuando me puse en contacto con Brunner, director del BVHS, el banco holandés en el que yo había trabajado antes de establecerme en Suiza y que era de mi padre, aunque por aquel entonces yo no lo sabía. Después de preguntarle a Brunner si podría proporcionarme una lista completa de las empresas de mi padre, me quedé perplejo: entre grandes y pequeñas, me dio un listado de unas cien pertenecientes a la familia Thyssen. Estábamos prácticamente en todos los rincones del planeta. Jamás me habría podido imaginar que tuviéramos un imperio así. Se abría ante mí un panorama lleno de posibilidades, responsabilidades y obligaciones. La tarea que se me presentaba era enorme, pero estaba ilusionado y convencido de que lo iba a sacar todo adelante.

Mi padre tenía empresas distribuidas por todo el mundo, unas de mayor y otras de menor importancia. Ahora a mí me correspondía reconstruir aquel grandioso puzle de miles de piezas. Unas empresas estaban en Holanda; otras en Alemania del Este; otras en Alemania del Oeste; otras en Inglaterra, en Canadá, en Estados Unidos, en Brasil... Era un gigantesco y a la vez apasionante rompecabezas.

Misión casi imposible

La segunda guerra mundial, igual que la primera, fue muy negativa para nuestra familia. En la Gran Guerra se perdieron los negocios de Francia; con la segunda, lo que no nos habían confiscado los alemanes lo confiscarían después los aliados. Mi labor, al final de la contienda, era muy clara: rescatar lo que nos pertenecía. Pero de entrada me encontré con un grave problema: no me dejaban entrar en Alemania porque no querían que empezara a plantear problemas. Los aliados, por su parte, pretendieron imponerme su criterio, y yo no lo acepté: siempre he dicho que a un Thyssen nadie le puede decir «Usted no pasa por aquí, no puede ir a tal sitio». Me había propuesto ir a Alemania para recuperar nuestras empresas y lo conseguí... «alistándome» en el ejército holandés. Recuerdo que me tocó ir como conductor de camiones.

Jamás me había imaginado que me iba a tocar convertirme en protagonista de una auténtica película de aventuras. Los nazis habían firmado el 7 de mayo de 1945 en Reims la rendición incondicional, y mi padre decidió que viajara a Alemania para comprobar en qué situación se encontraban las empresas. El mayor de los problemas radicaba en que había que demostrar que los Thyssen éramos los propietarios de los *holdings* que se reclamaban. Había, además, un obstáculo que se presentaba como insalvable: los documentos que avalaban la propiedad de las acciones estaban en el August Thyssen Bank, en la zona este de Berlín, ahora ocupada por los rusos, y que había quedado parcialmente destruida.

Era, en apariencia, una misión imposible, pero había que intentarlo. Y lo hicimos gracias al comandante Coert, un joven abogado que servía en las fuerzas de ocupación holandesas en Berlín Oeste y que era hijo, a su vez, de un abogado que teníamos en Holanda. Fue Coert quien sugirió la genial idea de que yo me hiciera pasar por su chófer, un tal Hartman, para lo cual me dio el pasaporte del conductor y me mandó ponerme el uniforme de guerra. El primer contratiempo surgió cuando, conmigo al volante, al camión se le pinchó una rueda. Habría sido muy sospechoso que la cambiara el comandante Coert y no su chófer, que era yo. Por tanto, tuve que ingeniármelas para cambiarla. Era la primera vez en mi vida que hacía tal cosa, pero lo conseguí.

Nuestro primer objetivo era llegar a Duisburgo, donde estaba una de las sedes de las empresas familiares. Allí permanecí dos o tres días, y recuerdo que llegó la policía británica y que los empleados de mi padre tuvieron que esconderme en un armario. Gracias a Dios no me descubrieron. Pero la verdadera dificultad estaba en cómo entrar en el Berlín de los rusos. Sin embargo, allí estaba otra vez Coert para resolverla. No sé cómo, pero se hizo amigo de un general de origen polaco del que consiguió un salvoconducto para entrar en Berlín Este. Y lo cierto fue que llegamos al banco, sacamos todos los documentos, los cargamos en camiones y nos los llevamos a Berlín Oeste y, desde allí, a la zona de Alemania Occidental.

El banco había sido destruido, pero la caja fuerte era sólida y resistió. Cuando conseguimos abrirla, encontramos en su interior todas las acciones de la empresa. Teníamos la esperanza de hallar varios cuadros que mi padre, en 1942, había permitido trasladar a Berlín por consejo de uno de sus banqueros alemanes, quien lo había convencido de que allí estarían más seguros que en el frente occidental. Pero de los cuadros en cuestión no apareció rastro alguno.

El verdadero problema surgió donde menos nos lo esperábamos: al llegar a la frontera holandesa, se negaron a dejarnos pasar.

Me enfadé mucho y les dije: «Resulta que ustedes me exigen los documentos que prueban que soy un accionista. Ahora llego con las pruebas y me retienen en la frontera el camión en el que están esas pruebas». Estaba muy claro: lo que buscaban era quedarse con todo. Ellos sí que intentaban pescar en el río revuelto de la guerra. Y por si fuera poco, algunos de los directores de nuestras empresas se mostraban reacios a colaborar conmigo porque tenían sus miedos. Recuerdo que uno de ellos, un tal Kouwenhoven, era partidario de que los activos pasaran a ser propiedad de Holanda porque los Thyssen éramos alemanes y, en consecuencia, no teníamos derecho a reclamar nada.

Cada vez se me complicaban más las cosas, pero yo no desfallecía. Tuve que demostrar que mi padre, cuando se hizo ciudadano húngaro, había perdido la nacionalidad alemana, y que yo también era húngaro.

Un día me informaron de que mi padre tenía una deuda de treinta millones de florines con el banco de su propiedad y que, como estaban intentando nacionalizarlo, ese dinero constaría como deuda que había que pagarle al gobierno de Holanda. Era todo un despropósito. Mi padre había utilizado los treinta millones de florines para financiar su inversión en obras de arte, y los había registrado en la contabilidad del banco como un préstamo. Ahora resultaba que, de pronto, los holandeses interpretaban la operación como una forma de sacar dinero del país. Era algo absurdo. Y luego estaba lo más inexplicable: Hungría nunca le había declarado oficialmente la guerra a Holanda. ¿A qué venía entonces que los holandeses intentaran confiscar nuestros activos?

En cualquier caso, había algo que estaba muy claro: cuando mi padre murió, yo heredé una deuda de treinta millones de florines que había que pagar. No tenía dinero, y menos mal que en su día, y como por arte de magia, pude negociar directamente con el ministro de Finanzas.

Una historia determinante

El asunto se solucionó de la manera más inesperada: en 1947 tomé un avión en dirección a Nueva York. Era la segunda vez que viajaba a Estados Unidos, e hicimos escala en Canadá para repostar. Fui al lavabo para refrescarme y empecé a charlar con el caballero que tenía a mi lado y que hablaba holandés. Era muy amable y me preguntó a qué me dedicaba. Le dije que estaba en la banca y me contestó que él también. En realidad era Pieter Lieftinck, ministro holandés de Finanzas que en 1955 sería nombrado director del Fondo Monetario Internacional. Tras presentarnos, pasamos el resto del viaje hablando. Me indicó que podría ayudarme, pero que no dijera a nadie que lo había conocido.

Tiempo después yo estaba en Gstaad y recibí una llamada desde Holanda diciendo que el ministro de Finanzas deseaba verme por un asunto urgente. Yo, por supuesto, nunca le había contado a nadie aquel encuentro casual en Canadá. Me llevé conmigo a Klaus, mi asesor. Él y yo éramos responsables de ejecutar el testamento de mi padre. Nos hicieron pasar al despacho del ministro y el hombre al que había conocido en aquel viaje me saludó con una sonrisa: «Heini, ¿cómo estás?». Mi asesor enmudeció. El ministro prosiguió: «Sé que no se lo has dicho a nadie, y ahora me gustaría hacerte un favor. ¿Qué te parecería si considerara el dinero que pidió prestado tu padre para comprar cuadros, esos treinta millones de florines, como dividendos de preguerra, y lo gravara al 10 por ciento?». Le dije que la oferta me parecía excelente, pero que estaba falto de fondos y necesitaba dinero para seguir viviendo; por lo tanto, no podía aceptarla. Entonces Lieftinck me dijo que el gravamen se podría cubrir con los dividendos pagados por nuestras acciones de Royal Dutch Shell. El acuerdo significaba, además, que yo podría comprar la parte de mi hermano y todavía me quedaría dinero para vivir. De hecho, estaba cancelando la deuda de mi padre. La operación fue totalmente limpia.

Por supuesto, yo podía haber vendido los cuadros para pagar la deuda, pero no quise. Tuve mucha suerte con aquel encuentro. Era un hombre muy agradable y le caí bien. Fue, sin duda, uno de los mayores golpes de fortuna que me han sucedido en la vida. Si el ministro hubiera insistido, habría significado el fin de la colección u otros diez años de negociaciones.

Teníamos otros frentes abiertos: para obtener un porcentaje mayoritario de la planta siderúrgica, mucho antes de la guerra nos habíamos endeudado con un préstamo de nuestro banco en Holanda. Sin embargo, los alemanes ofrecieron un reembolso de uno a diez, es decir, que sólo se habría pagado una décima parte del préstamo en marcos alemanes. Nuestro primer problema era garantizar que el banco holandés recuperara totalmente su préstamo de treinta millones de marcos alemanes. Tenía que convertirse a una divisa diferente. Además, estábamos lidiando con muchos izquierdistas: los trabajadores, los sindicalistas y el vicepresidente de la empresa, que era alcalde de Colonia y pertenecía a la extrema izquierda. La primera reunión fue muy tensa. También resultó bastante ridícula: el alcalde se levantó, pero al ser un hombre tan menudo no cambió gran cosa... Pese a todo, después de seis horas de conversaciones conseguí que la empresa que fabricaba tubos y cañerías se fusionara con August Thyssen Hütte. Teníamos un 50 por ciento de todo lo que fabricaban en el mismo sector, ya que existían otras seis plantas. La primera estaba en Düsseldorf y el resto en el Ruhr. Más tarde nos fusionamos con Mannesmann, que también fabricaba tubos especiales, y reunimos un total de cerca de nueve mil trabajadores. Teníamos un 50 por ciento de las acciones, pero las ventas estaban en manos de Mannesmann. Recuerdo que él mismo me dijo que sería más fácil que le vendiera nuestro 50 por ciento. Tenían razón, ellos eran los líderes. Llegamos a un acuerdo por cuarenta millones de marcos alemanes.

Primer viaje a América

Después de la guerra era preciso desbloquear también los bienes que teníamos en Estados Unidos, y en noviembre de 1946, recién casado con Teresa de Lippe, emprendí con ella un viaje a Nueva York. La fecha prevista, el 20 del citado mes, no se borrará jamás de mi mente. Y no sólo porque fuera el primer miembro de la saga que cruzaba el Atlántico, a pesar de que tenía empresas en EE. UU., sino porque estuve a punto de no llegar jamás a mi destino.

Teresa y yo íbamos a salir de Ámsterdam en un DC-4 de KLM. Teníamos billete para el 20 de noviembre, pero tuvimos que posponer el viaje porque mi abogado me dijo que quería estar un día antes que nosotros en Nueva York, y a él le era imposible viajar el 19. Decidimos entonces cambiar la reserva y marcharnos el 21. Horas después supimos que el que iba a ser nuestro avión el día 20 se había estrellado en Schiphol. Tres pasajeros, Teresa, otro señor y yo, nos habíamos salvado porque a última hora cambiamos el billete. No obstante, al día siguiente salí hacia Nueva York. Teresa no me acompañó.

En Estados Unidos todo se hizo muy cuesta arriba, ya que después de la guerra nuestras propiedades se habían puesto bajo custodia a consecuencia del estúpido director que teníamos en Holanda y que me acusó de nazi. Mis activos quedaron ingresados en el Fondo de Excombatientes, por lo que resultó imposible sacar algo de allí por motivos políticos y prácticos.

Iba a ver a banqueros y abogados, pero no pudieron ayudarme. Un agente me habló de un estadounidense de origen ucraniano que era uno de los jefes de Alien Property Custodian, el Consejo General de Bienes Extranjeros. Él me devolvería mi patrimonio si pagaba un millón de dólares en concepto de comisión. Yo le dije a la organización: «O me devuelven mis propiedades o se las quedan, pero no me las den sólo porque haya pagado un millón de dólares».

Había algo que no entendía y lo denuncié a la organización. Y resulta que alguien me habló de una persona, cuyo nombre no me quisieron revelar, que viajaría desde Düsseldorf hasta París, donde pasaría la noche antes de partir hacia Nueva York. Me dijeron que esa persona sería la que recibiría el dinero y que sólo pasaría una noche en la capital francesa. Naturalmente, yo tendría que estar allí ese día. Averiguamos enseguida los nombres de los pasajeros de ese vuelo Düsseldorf-París. Una mujer rumana vino y me pidió el dinero. Yo le pregunté cómo se llamaba el hombre y ella respondió que no podía decírmelo.

Todo aquello era demasiado misterioso. Entonces exclamé: «Si no piensa decírmelo, yo lo haré: se llama...». Y le dije cómo se llamaba. Ella se asustó. Ese mismo día me reuní con él en París. Era un hombre importante, y tal vez tuviese influencia suficiente para ayudarme, pero yo no quería que eso sucediera mediante un pago. Fue entonces cuando preferí, una vez desenmascarada la jugada, quedarme sin nada.

Al final llegué a un acuerdo con los estadounidenses. Yo tenía un pequeño banco holandés en Estados Unidos que también poseía activos en Holanda. Decidimos que ellos podían quedarse con los activos que había en Norteamérica y nosotros recuperaríamos los fondos en Holanda.

El hecho de que yo interpusiera una demanda para recuperar las empresas que me habían confiscado dio pie a una situación bastante cómica. Mi abogado norteamericano pidió una declaración jurada de un notario del cantón suizo de Schwyz para demostrar que las fundaciones habían existido de hecho. Y ahí surgió el problema, porque teníamos que ir a Schwyz a controlar la fundación que había creado mi padre para las obras de arte.

Allí había un divertido hombrecillo que padecía gota. Lo encontramos sentado sobre una pila de libros para parecer más alto. Le dijimos que estábamos buscando información sobre una fundación creada en 1926. Él dijo: «Sí, lo recuerdo. Había un grupo de holandeses que vinieron aquí a crear una fundación. De hecho, creo que estoy sentado encima de ella». Sacó un libro que resultó ser los estatutos de la fundación y firmó todos los documentos que quisimos. Le pregunté si nos podía acompañar a Zúrich, puesto que debía testificar ante el cónsul general de Estados Unidos allí para que se emitieran documentos oficiales. Su respuesta fue: «Llevo sesenta y seis años en Schwyz y jamás he puesto un pie fuera del cantón. No pienso hacerlo ahora ni por todo el té de China. Y, aparte de eso, los de Zúrich son protestantes y yo católico. Me niego a ir». No hubo manera.

Me acompañó Von der Heydt. El hombrecillo que había redactado los estatutos se llamaba Reichlin. Le preguntamos al cónsul qué firma requería y le dijimos que aquel hombre no iba a moverse. Nos pidió que consiguiéramos que el secretario de la cancillería certificara la firma de Reichlin, así que volvimos, se lo dijimos al hombrecillo y éste a su vez nos explicó: «Es que se da el caso de que el secretario de la cancillería soy yo, y lógicamente no puedo certificar mi propia firma». Al final, fuimos a ver al jefe del departamento financiero. Reichlin hizo todo lo que quisimos, pero se negaba a abandonar el cantón. Firmó tres documentos distintos. Seguimos yendo y viniendo de Zúrich. Era difícil demostrar que los veintidós millones que el banco había transferido iban a ser utilizados contra los nazis, que era de lo que se trataba. Teníamos que aportar pruebas. Menos mal que, por suerte, las cuentas todavía existían.

En otros países recuperé gran parte de mis propiedades después de la guerra: en Brasil, un 90 por ciento; en Canadá, el 50 por ciento; y en Inglaterra, el ciento por ciento. Sin contar Holanda y Alemania.

El oro de Inglaterra

Mi padre tenía una gran fortuna en Inglaterra, millones de libras esterlinas en lingotes de oro. El oro había sido transportado a Londres en 1939 desde Frankfurt, y estaba destinado a apoyar a un posible gobierno antinazi —formado por Goerdeler, el general Beck, Canaris...—, pero tuvimos que demostrarlo ante un tribunal una vez acabada la guerra. Hubo que tomar medidas contra la Corona, ya que, al ser mi padre ciudadano húngaro, estaba de por medio el tratado de paz entre Gran Bretaña y Hungría. Dicho tratado estipulaba que las propiedades de ciudadanos húngaros en el Reino Unido podían ser expropiadas. Por desgracia, mi cuñado, el barón Adolph Bentinck, entonces embajador de Holanda en Gran Bretaña, convenció a las autoridades británicas de que, si le devolvían directamente su parte a su mujer, él conseguiría que yo perdiera el caso.

Fui a ver a mi amigo el ministro holandés de Finanzas, y le dije que mi cuñado me había traicionado. Y añadí: «Lo que sucede es que nosotros hemos desgravado el oro en nuestros libros, y eso significa que el gobierno holandés tiene derecho a un porcentaje de lo que se nos reembolse. Un 55 por ciento iría al contribuyente, es decir, que el gobierno holandés recibiría un 55 por ciento. Sin embargo, si su embajador indica a los británicos que sólo le paguen a mi hermana y se queden el resto, eso sería fraudulento: estaría robando dinero al gobierno holandés. De hecho, usted debería detenerlo».

Al final todo salió bastante bien, porque descubrimos una ley del siglo XVII que prohibía al Parlamento desautorizar las decisiones tomadas por el rey, y esa ley sigue vigente. En virtud del tratado de paz, el Parlamento había endurecido las disposiciones al estipular que los activos poseídos en nombre de un ciudadano húngaro o perteneciente a una empresa con accionistas húngaros también estaban sujetos a la confiscación. Yo me opuse a la medida, asegurando que el Parlamento había sobrepasado claramente el decreto real, y gané el primer juicio. Aduje que mi padre había aportado de manera voluntaria el oro para la campaña bélica británica, e insistí en la devolución de la cantidad correspondiente con intereses, ya que el gobierno había dispuesto de ella durante mucho tiempo.

Aceptaron pagarnos intereses. El proceso siguió adelante y me exigieron pagar impuestos por dichos intereses. Me negué, alegando que el oro se sumaba a la renta en el Reino Unido y que además había estado en poder de la Corona, y ésta no estaba sujeta a impuestos. Y también gané ese caso.

Cuando el asunto llegó a la última instancia, hubo un cambio de gobierno y los conservadores volvieron al poder. En mitad de la vista, Morton, uno de mis abogados, recibió una llamada telefónica. Volvió y dijo: «Me acaban de nombrar ministro de Trabajo. Me temo que tengo que dejarlo. Ahora estoy en el otro bando». Media hora después, se produjo otra llamada a otro de mis letrados: «Señor Foster, ha sido usted nombrado vicesecretario de Asuntos Coloniales». Foster también abandonó el caso. Eso nos dejó con un joven aprendiz, Littman. Decidí darle el caso y ganamos.

El proceso contra la Corona duró tres o cuatro años. Cuando fui a Inglaterra, el agente de aduanas me preguntó, como hacen con todos los extranjeros, cuál era el objeto de mi visita. Yo respondí: «Voy a denunciar a la Corona». El agente se mostró escéptico y me devolvió el pasaporte sin mediar palabra.

Poco a poco —entre 1945 y 1948—, fui consiguiendo establecer la propiedad de las empresas en Holanda y en Alemania. Cuando lo logré, mi padre ya no estaba en este mundo: había muerto en 1947. Mi lucha por recuperar el patrimonio perdido y reflotar los restos del naufragio que había provocado la guerra fue tremenda.

Lo que conseguí recuperar en Alemania no llegó ni al 50 por ciento, a lo que hay que añadir el dinero que teníamos en Suiza y lo que nos devolvieron por el oro que nos habían confiscado en Inglaterra. Con todo esto pude salir adelante y comenzar a reconstruir y a generar de nuevo riqueza para invertir, y así poner en marcha nuevas empresas que a su vez crearían más puestos de trabajo.

La genial idea de la botella de champán

De pronto me convertí en el presidente de los consejos de todas las empresas y, en consecuencia, estaba obligado a presentar una extensa memoria anual de cada uno de los negocios para que mis hermanas las estudiaran y discutieran. Es decir: en las compañías que rescataba, ponía a flote y saneaba, tan sólo gozaba de una especie de libertad vigilada. Pero un día tuve un golpe de ingenio y de humor que me devolvería la independencia. Mientras redactaba el largo rendimiento de cuentas de una de las compañías —unos noventa folios a máquina—, se me ocurrió incluir en la página cuarenta y dos, entre el amasijo de cifras y balances, un párrafo que decía: «El que haya leído hasta esta página tiene derecho a una botella de champán». Pues bien: se celebró el Consejo de Administración y al final hubo una comida para sus miembros. Al llegar los postres, pregunté qué les había parecido la idea de la botella de champán. La respuesta fue: «¿De qué botella hablas?». Yo les aclaré: «He escrito en la memoria que quien hubiera leído hasta la página cuarenta y dos tenía derecho a una botella de champán, y me extraña que nadie la haya reclamado. Lo cual pone de manifiesto que nadie ha leído el informe que tanto me ha costado redactar». Lógicamente, mis hermanas se volvieron contra sus respectivos maridos, ya que éstos les habían asegurado que lo habían estudiado y revisado todo punto por punto. Mis cuñados, a su vez, se volvieron contra sus consejeros, acusándolos de que les pagaban por leer los informes y no los habían leído; y, por su parte, los consejeros les echaron la culpa a los abogados. Fue entonces cuando yo zanjé la cuestión: «Todos me habéis rendido un gran servicio y todos recibiréis la botella prometida. Pero eso sí: lo que no vais a recibir de ahora en adelante son esas memorias que tanto trabajo me cuesta elaborar y que no sirven para nada, puesto que no las leen ni los que cobran por hacerlo». Desde entonces, siempre estuve a disposición de mis hermanas para aclararles cuanto quisieran saber de la marcha de las empresas, pero no volví a redactar ningún informe más.

Fiel a mí mismo

Cuando alguien me pregunta por las razones de mis éxitos empresariales, suelo decir que tal vez radiquen en que he hecho siempre las cosas a mi manera, sin dejarme llevar por nadie. Ni siquiera por las modas o las tendencias que, en determinada época, hubiera en el ámbito de las finanzas.

Creo que la verdadera clave de mi éxito ha estado en que siempre he sabido vender y comprar en el momento justo, que es lo verdaderamente difícil y donde se esconde la clave de cualquier triunfo empresarial y financiero. Ni antes ni después: comprar y vender en el momento justo. Al mismo tiempo, yo hacía correr la idea de que dominaba esa técnica de saber cuándo vender y cuándo comprar, con lo cual evitaba que mis posibles compradores —o vendedores— pudieran darse cuenta de que una operación determinada la hacía porque me veía obligado a ello o porque me encontraba en un trance financiero delicado.

Precisamente el hecho de que yo hiciera las cosas como creía es lo que, en ocasiones, ha motivado que entre algunos grandes empresarios hayan surgido ciertos recelos y envidias respecto a mi persona. Recuerdo ahora un almuerzo de hace unos años con la gran patronal alemana. En un determinado momento, la persona que lo presidía se levantó y dijo: «Yo vivo exclusivamente con la intención de destruir al señor Thyssen». Sin inmutarme, levanté mi copa y le respondí de la forma más educada posible: «Espero que sea usted lo bastante fuerte como para poder destruirme». El destino quiso que semanas después aquel hombre falleciera de un ataque al corazón. Quiero añadir que lo sentí: jamás me he alegrado del mal ajeno y mucho menos de la muerte de nadie.

En otra ocasión, y siguiendo con el tema de mis empresas alemanas, Konrad Adenauer, gran amigo de mi abuelo y una de las grandes figuras políticas de la posguerra, me envió, estando ya en el poder, a uno de sus colaboradores para convencerme de que no volviera a Alemania. Si cumplía con su deseo, me prometía indemnizarme generosamente, incluso por lo que el Tercer Reich me había expropiado. Fui tajante e inflexible: «Ni Adenauer ni nadie me puede pedir que no vuelva a Alemania, país en el que todavía hay muchos obreros que trabajan en las factorías creadas por mi familia. Ni pedírmelo ni mucho menos intentar prohibirme la entrada». Le hice saber, además, que no toleraría ni la más mínima coacción en ese sentido, entre otras cosas porque nuestro imperio empresarial ha dado más trabajo a los alemanes que ningún otro.

Es por todo eso por lo que hoy la imagen que tengo en Alemania es muy favorable. Se me respeta mucho, incluso desde la izquierda, porque siempre he intentado ser —y creo que lo he sido— justo con mis empleados. En las cinco grandes empresas que he tenido en Alemania nunca hubo conflictos, por la sencilla razón de que sindicatos y dirección estábamos de acuerdo. Y cuando se planteaba un punto de fricción, procurábamos limarlo y superarlo, y siempre encontrábamos una solución. Además, en todas mis empresas alemanas he incorporado un sistema de pensiones en virtud del cual, si por cualquier percance el negocio se va a pique, los empleados tienen la seguridad de que percibirán un dinero en calidad de pensión. Hace precisamente unas dos décadas una de mis compañías quebró, y yo destiné de inmediato a esas pensiones varios millones de marcos que, en circunstancias normales, habría dedicado a la adquisición de obras de arte, y no a solucionar el problema que tras esa quiebra tenían que afrontar los obreros. Y creo que ésta era la primera vez que en Alemania alguien pagaba de su bolsillo a sus empleados tras la quiebra de una empresa. Los socialistas alemanes saben muy bien lo que estoy diciendo.

Siempre he tenido muy buena relación con los sindicatos. Una mina que abrió mi padre en su día y que creó seis mil puestos de trabajo en un pueblo de sesenta mil habitantes, y que arrojaba una producción diaria de doce mil toneladas de carbón con capacidad para generar electricidad para dos millones de personas, me vi obligado a vendérsela, presionado por el gobierno alemán, a Rhur Khole. En una de las reuniones previas a esa venta, los representantes de los obreros votaron en contra de mi decisión de llevarla a cabo. Les pregunté: «¿Por qué en esta ocasión votáis contra mí, si hasta ahora siempre lo habíais hecho a mi favor?». La respuesta fue clara e inmediata: «Hemos votado en contra porque contigo sabemos lo que tenemos, pero lo que no sabemos es lo que podremos tener con el gobierno». Me quedé profundamente impresionado y emocionado con tal respuesta.

Me he puesto sentimental hablando de la mina que tuve que vender a Rhur Khole, y voy a seguir por ese camino y en ese tono: hace años le cedí al gobierno mis astilleros de Bremen, tradicional zona socialista de Alemania. Estos astilleros, que tienen más de ciento ochenta años, pertenecieron en un 30 por ciento a mi abuelo. Posteriormente mi padre se llegó a hacer con el 90 por ciento, un porcentaje que yo conseguí mantener tras comprarles a mis hermanos sus respectivas partes. No puedo olvidar que nací junto al mar y que siento una especial atracción por los barcos, que para mí tienen una especie de magia. Como es lógico, me gustan también los astilleros, que es el lugar en el que se fraguan los barcos.

Tal vez fuera por eso por lo que, a pesar de que la construcción naval no pasara por un buen momento sino todo lo contrario, yo la mantuve hasta que doné mis acciones al gobierno para salvarla, aunque sigo ocupando el cargo de presidente honorario y vitalicio de la Bremer Vulkan, una de las empresas insignia de nuestra familia. Hoy tan sólo tengo, casi como detalle simbólico, un 2 por ciento de ella. Sin embargo, sé que se tiene en cuenta mi opinión y que confían en mí, hasta el punto de que creo que mi influencia moral es la misma o mayor que antes.

Como empresario siempre he tenido claro un objetivo: mantener los puestos de trabajo. La consideración hacia los trabajadores fue siempre enorme en nuestra familia. Ya en plena guerra mundial, cuando otros utilizaban en sus empresas a los judíos que estaban en los campos de concentración para hacerlos trabajar casi como esclavos, nuestras empresas hacían las cosas de tal manera que, pasada la contienda, nos concedieron medallas por el buen trato dispensado a los judíos. Durante la dominación nazi, tuvimos trabajadores rusos y polacos, y nuestro trato hacia ellos fue lo más correcto posible. También tuvimos escondidas en nuestras fincas y cuadras —haciéndolas pasar por cuidadores de nuestros campos y de nuestros caballos— a muchas personas que luchaban en la Resistencia.

CAPÍTULO 6

El entramado empresarial de los Thyssen

Fue en 1930 cuando Heinrich, el padre de Heini, rompió con su hermano Fritz. Eran dueños entre los dos de todas las acciones del abuelo August, quien se las había cedido con la condición de que, según la ley alemana, saldaran cuentas con sus otros dos hermanos, August júnior y Hedwig. Fritz soñaba con devolverle a Alemania el esplendor y la gloria de los mejores tiempos, que se habían perdido en la primera guerra mundial, y las cosas iban de mal en peor en el país, con un 25 por ciento de desempleo, la amenaza del comunismo, los disturbios y el incendio del Reichstag, el Parlamento alemán. Heinrich, por el contrario, estaba volcado en diversificar las empresas. Eran totalmente opuestos.

Más o menos por esa época, mi padre estaba al cargo de Thyssengas, de la empresa de tuberías y de los astilleros. También poseía una gran planta de cemento (Mörtelwerke) en Rüdersdorf, cerca de Berlín. La perdimos por completo, puesto que se encontraba en la Alemania Oriental. Mi padre era también el dueño de los activos holandeses: el puerto de Róterdam, un banco en esta misma ciudad —el BVHS—, las sociedades mercantiles, las minas de carbón y de minerales, y una planta fertilizadora. El tío Fritz poseía la fundición de acero. También producíamos acero mediante electrolisis (hornos eléctricos) en el Oberbilker Stahlwerk, y fabricábamos aceros especiales en Düsseldorf. Poseíamos asimismo el

75 por ciento del Thyssenbank, y teníamos contratos para vender gas y comprar agua.

Fritz vivía en Mülheim, y en Essen estaban los Krupp. Mi padre nunca llegó a verlos; se los consideraba rivales y enemigos porque recibían los encargos del equipamiento del ejército. Mi abuelo también tenía encargos militares; sin embargo, Krupp era amigo del káiser y mi abuelo no lo era.

Nosotros somos advenedizos en comparación con los Krupp, que llegaron una generación antes que nosotros. Si no fabricábamos armas no era porque fuésemos mejores o más éticos, sino tan solo porque el ejército se las encargaba a ellos.

Obviamente, nosotros no nos podíamos poner a fabricar armamento sin recibir un pedido. Y hablando de armas: en una ocasión, antes de la guerra, visité una de nuestras fábricas de herramientas y descubrí estupefacto que estaban fabricando metralletas para el ejército holandés sin pedirnos permiso. Resultó que un director holandés había tomado tal iniciativa sin consultárnoslo. Durante la guerra, algunos de nuestros astilleros de Bremen y Flensburgo fueron confiscados por el alto mando de la Wehrmacht para la producción de submarinos.

El complicado mundo de la construcción naval

Cuando mi padre me puso al frente de las empresas mediante un poder notarial que me dio en 1944, escribí al que había sido mi superior en el banco donde trabajé en Róterdam tras dejar el colegio. Me dijo que me pusiera en contacto con Groenniger, un alemán que había adquirido la nacionalidad holandesa. Éste me dio una lista de empresas que nos pertenecían, pero también me dijo que lo habían confiscado todo porque sospechaban que yo era alemán además de húngaro.

Entre esas empresas se encontraba un astillero antiguo que modernicé. Recibimos un pedido de un barco de veinticinco mil toneladas que alquilé a un noruego llamado Ness. La operación era muy rentable y cubrió el coste de la restauración. También teníamos talleres de reparación de vehículos y tanques del ejército, pero no sé a ciencia cierta si funcionaban bien o no. Vendí los talleres a una compañía que quebró. Unos años más tarde, conseguimos un contrato con Mobil Oil que nos permitió modernizar el astillero de Bremen, y comenzamos a construir fragatas. Mi padre también era miembro del Consejo de Administración de Bremer Vulkan, aunque sólo había estado en los astilleros un par de veces.

Bremer Vulkan era el único astillero cubierto de Alemania que contaba con calefacción y aire acondicionado. La historia del astillero de Bremen también tuvo su lado emotivo. Se fundó, como he dicho, hace unos ciento ochenta años en una región tradicionalmente socialista, y mi abuelo August tenía una participación del 30 por ciento, que mi padre triplicaría después y que yo he intentado conservar. Más adelante se fusionó con otros astilleros de reparación, incluidos dos de los Krupp y el de North Lloyd.

Nosotros reparamos el *Queen Elizabeth II*, algo que desagradó mucho a los británicos y levantó protestas. Sin embargo, el equipo eléctrico procedía de Inglaterra. Era lo único que no funcionaba tan bien en Alemania. Teníamos que rehacer todos los motores y el barco se equipó con siete u ocho ingenios diésel, que son mucho más económicos que las turbinas. Fue un trabajo enorme. Un transatlántico debe estar terminado a tiempo y Bremer Vulkan tenía fama de puntualidad.

Construí también un tercer astillero en Vlaardingen, Holanda —el segundo era el de Flensburgo—, para producir barcos pequeños, de hasta cuatro mil toneladas. El puerto que había construido mi padre era tan grande que disponía de espacio suficiente para un astillero. También construíamos barcos para Rhinemeir: barcazas, lanchas neumáticas y remolcadores. Teníamos el 50 por ciento de las acciones de otra empresa, lo que nos convertía en la mayor compañía de navegación fluvial hasta Frankfurt. Además, poseíamos buques cisterna transatlánticos y barcos de carga, con un total de casi un millón de toneladas. Vlaardingen, que como he dicho era nuestro tercer astillero, lo construí después de la guerra para ofrecer puestos de trabajo a la población local, altamente cualificada. No tuve problemas para obtener los fondos, ya que proporcionaba trabajo en una región en la que había mucho desempleo. Se trataba de una pequeña empresa con una plantilla de entre ochocientos y mil trabajadores. Se la vendimos al director, que no tenía suficiente capital y por lo tanto podía solicitar subvenciones públicas. Todos los astilleros de Róterdam estaban subvencionados por el Estado holandés excepto el mío: pensaban que Thyssen tenía suficiente dinero. En general, el objetivo de las subvenciones es el de bajar los precios en lugar de mejorar las instalaciones.

Los astilleros fueron, con el tiempo, un desastre. Teníamos planes para construir un transatlántico llamado *Europa* en colaboración con los astilleros Krupp. En el último minuto, los Krupp se retiraron, lo cual fue un caso claro de incumplimiento de contrato. El transatlántico debía costar ciento cincuenta millones de marcos, pero la operación ascendió a trescientos. Perdimos los astilleros. Sin embargo, las acciones se vendieron muy bien y no tuvimos que pagar los otros ciento cincuenta millones de marcos.

Nuestra rama naviera se fundó en 1918, en la época de mi abuelo. Teníamos barcos de mil quinientas toneladas, una flota comercial y cargueros que viajaban a Odesa pasando por Gibraltar. Antes de la guerra había una docena de barcos que transportaban carbón y mineral metalífero. Todos fueron requisados por los aliados, incluido el barco que todavía se encontraba en construcción en Holanda.

Durante la guerra, la flota al completo fue hundida por los submarinos alemanes, incluida una tripulación de unos cuatrocientos hombres. La empresa fue confiscada por los holandeses, que utilizaron el dinero del seguro para renovar la flota después del conflicto. También completaron el barco que seguía en construcción y compraron varios barcos Liberty que más tarde me devolvieron.

Uno de los directores de los astilleros tenía dos hijos adolescentes que murieron a manos de los alemanes, abatidos en una carretera holandesa sin motivo alguno. Todos nos sentimos deprimidos por este hecho, nos hicimos muy buenos amigos y acabamos construyendo cinco barcos juntos en Flensburgo, astillero que fue destruido durante la guerra y que yo reconstruí utilizando cemento. Lo financié con un barco de veintiséis mil toneladas construido con mi dinero, alquilándolo durante diez años a Ness, un naviero noruego a quien conocí en Saint Moritz. Recuerdo que aquel día nevaba tanto que no pudimos ir a esquiar y los dos nos pusimos a charlar. Le ofrecí construir un barco para alquilárselo. Cerramos un acuerdo y de esa manera pude modernizar los astilleros.

El astillero de Bremen acabó siendo bombardeado por los estadounidenses a plena luz del día y destruido por completo. Lo repararon, pero el resultado fue insatisfactorio.

Después de la segunda guerra mundial llegó la de Corea, en 1950. Justo antes, Mobil Oil decidió construir cinco grandes buques cisterna, de cuarenta y cinco mil toneladas cada uno. Les expliqué que eso era imposible a menos que invirtieran dinero en la planta, con la condición de que yo seguiría teniendo dos cargos de importancia en el astillero. Mobil Oil envió una delegación con varios expertos y al director general de Alemania, que había sido capitán de un submarino nazi durante la guerra. Querían que renunciara a mis dos cargos en los astilleros. Les dije que me dejaran construir dos barcos para alquilar y que ellos podían construir los otros tres, pero insistieron en que ellos se encargarían de los cinco.

Para mí los dos cargos que me reservaba valían una fortuna, y no comprendía por qué debía cederlos. Insistieron en que era un gran proyecto y daría mucho trabajo; sin embargo, yo no estaba dispuesto a ceder. Para colmo, durante las conversaciones se celebró una cena a la que asistí con Fiona, con la que estaba casado en aquella época. El director de Mobil Oil, que había estado al mando de un submarino durante la guerra, nos contó que había pasado un tiempo destacado en La Spezia, Italia, y que allí solían hundir barcos ingleses sólo por diversión. Fiona estalló y se puso a gritar indignada: «Mi padre estaba allí, en la flota británica del Mediterráneo, justo frente a la costa de La Spezia». Estaba furiosa, y con razón. Yo le dije: «¿Cómo puede decir delante de mi mujer que disfrutaba hundiendo barcos ingleses?». La cena terminó de repente y me negué a darles los dos puestos que querían. Se marcharon enfadados y el capitán ni siquiera se disculpó.

Sin embargo, fueron incapaces de encontrar otro astillero en el que construir sus buques cisterna, y volvieron a hablar conmigo un tanto avergonzados. Les dije: «Es muy sencillo: tendréis que darme tres o cuatro años para construir los barcos». En aquellos días había tantos encargos que éramos incapaces de entregarlos rápidamente. También insistí en cobrar un plus por adelantado, que consistía en un 10 por ciento del precio de construcción en concepto de modernización del astillero, lo cual aceptaron. Doblé mi capital, coseché grandes beneficios y nunca más volví a ver al capitán de submarino.

Nuestra política en los once años anteriores había sido la de vender gradualmente el sector de construcción naval. Flensburgo fue el primer astillero en venderse. Teníamos el 60 por ciento de las acciones y yo fui presidente durante muchos años. Se vendió muy bien, porque después de la guerra le habíamos añadido una sección de reparación de vehículos militares. Lo compró el Senat, el gobierno de Bremen, que hizo tan mal trabajo que el astillero quebró. Seguía yendo bien cuando nosotros decidimos venderlo, pero nos anticipamos a la recesión.

No en balde, en su día, fui quien primero apostó de una manera decidida por los barcos de doble casco. Con el tiempo, la legislación internacional empezó a imponerlos, dado que, al poseer una barrera de separación doble a lo largo de toda la eslora de carga, son barcos menos sensibles a sufrir daños y a provocar vertidos, bien sea en accidentes por colisión con otros buques o en un embarrancamiento.

El sector de la construcción naval sufre una recesión en todo el mundo y yo siempre he intentado apoyarlo por razones sentimentales, pues amo profundamente el mar. Siempre tuve mucha fe en los barcos porque pensaba que, si había otra guerra o una revolución, todo quedaría bloqueado excepto el transporte marítimo. Eso explica por qué empecé a construir mis propios barcos de modo independiente, a fin de tener cierta seguridad si algo salía mal.

Más problemas a causa de Fritz

En 1941, mi padre tuvo problemas con el director del BVHS porque se enteró de que éste trabajaba también para su hermano Fritz. Como ya hemos visto, mi padre había roto con Fritz en 1930, y no quería tener nada en común con él en el ámbito de los negocios y las finanzas; sin embargo, el director mantuvo a mi tío como cliente en contra de la voluntad de mi padre, quien se enfureció tanto que lo despidió de inmediato.

Se apellidaba Kouwenhoven y lo conocí antes de la guerra. Fue sometido a una estrecha supervisión por parte de los alemanes debido a los bienes de mi tío. Mi padre decidió echarlo porque se sintió traicionado. Pertenecía a una estricta secta protestante y, al final, les contó a los alemanes todo lo que sabía sobre las posesiones de mi tío y las cuentas de mi padre. Fue un desastre. En 1942 fue sustituido por un hombre llamado Vevlen, que se ocupaba de los intereses en Alemania: la mina de Walsum y Thyssengas. Era buen gestor e hizo un excelente trabajo en la reconstrucción de la empresa después de la guerra. Sin embargo, pidió una comisión por cada tonelada de carbón que producíamos, tanto si se obtenían beneficios como si no. Entonces tuve que cambiar las condiciones de su contrato, que eran completamente irrazonables, y él se molestó mucho. Era bastante mayor y murió poco después. Con todo, hizo mucho por el grupo.

Finalizada la contienda, Kouwenhoven decidió tomarse la revancha y se alió con el gobierno holandés contra los anteriores accionistas del banco. A menudo tuve que asistir a las reuniones del Behers Institute, responsable del asunto. Kouwenhoven me acusó de mentiroso y de haber formado parte de las Juventudes Hitlerianas. Todo era ridículo. El banco tenía aún activos en Estados Unidos y Canadá que no habían sido confiscados por los aliados. En 1947, Kouwenhoven quería volar a Estados Unidos para solucionar el tema. Yo pensé que se encontraba en un estado mental peligroso y me opuse al viaje. Él se fue de todos modos y yo planteé el asunto ante el comité. Le enviaron un telegrama a Nueva York diciéndole que estaba despedido. Cuando lo recibió le dio un infarto. Lo sentí mucho.

A Vevlen lo sucedió un holandés, Lübke, que era exdirector del August Thyssen Bank de Berlín y que desapareció en Alemania Oriental. Lubke desempeñó un papel vital durante la guerra, al igual que Roellen, el director de la mina de carbón de Walsum. Mi padre fundó la mina hacia 1908, pero ésta tardó mucho en ponerse en pleno funcionamiento. La idea de la mina era reinvertir nuestros beneficios en Alemania en lugar de transferirlos al extranjero. Era una gran empresa con muchas tierras y trabajadores y una magnífica productividad, aunque en un momento dado hubo problemas para vender toda nuestra producción. Tuvimos que decidir si produciríamos gas o electricidad, y optamos por esto último. Construimos la mayor turbina de carbón de Alemania, que consumía seis mil toneladas diarias y proporcionaba electricidad a dos millones de hogares.

Era 1954 y tuve que someterme a un tratamiento médico en Colonia a causa de las secuelas que me produjo un accidente de coche que, estando casado con Teresa, sufrí volviendo de Milán, adonde, en compañía de un amigo y una modelo, había ido a cenar. Dicho tratamiento coincidió con una importante reunión empresarial para decidir si íbamos a construir o no una central eléctrica. Como si ya no tuviera bastante, en el hospital me dieron una inyección de penicilina, a la que soy alérgico, y tuvieron que cortarme el yeso que llevaba desde la cintura hasta el cuello de tan hinchado que lo tenía todo. En semejante estado me encontraron los miembros de la junta cuando entraron en mi habitación, con caras muy serias, para tratar allí mismo aquel asunto.

Uno de ellos era abogado y amigo mío. Me aconsejó que dijera que tenía un contrato con una gran distribuidora eléctrica. En realidad, no era así. Cabía la posibilidad de que nosotros les suministráramos, pero también podía suceder lo contrario. Sin embargo, si lo conseguíamos, sería un contrato de por vida. La junta decidió seguir adelante con la turbina si se negociaba un contrato en firme. El proyecto implicaba varios millones de marcos y fue financiado por los bancos. Cuando esperábamos a que se despejaran las dudas, el hombre de la compañía eléctrica me tranquilizó: éramos los primeros en la cola y teníamos prioridad sobre los demás candidatos. Al final, todo el mundo coincidió en seguir adelante.

Ahora tenemos las máquinas más grandes de Alemania. Empezamos con la Siemens de doscientos cincuenta megavatios y hemos pasado a la de trescientos cincuenta. Aseguramos el equipo para cubrir posibles pérdidas de producción en caso de avería, ya que yo tenía que reembolsar los préstamos bancarios. El seguro era desorbitado, con una prima anual de seis o siete millones de marcos. El primer año se produjo una avería: al parecer, una cuchilla había cortado el acero. El seguro pagó y nos dijo que incrementarían la prima a doce millones de marcos al año. Acepté, ya que nos habían abonado treinta y seis millones.

En la actualidad, la producción de carbón en Alemania se ha reducido en un 30 por ciento. Lo mismo se puede decir de la fábrica de acero y los astilleros. Sin embargo, el gas y la electricidad se producen en grandes cantidades. La minería del carbón está subvencionada y se utiliza sobre todo para la producción de coque, no para calefacción. Los trenes se mueven con electricidad. Por eso usamos la mitad del carbón que fabricamos para producir electricidad.

Estados Unidos y Sudáfrica todavía poseen grandes reservas. Ahora que los ecologistas tratan de cerrar las centrales nucleares, vuelve a haber demanda para el carbón. Nosotros tenemos todo el carbón que necesitamos. Si no es en el Ruhr, lo importaremos de Estados Unidos y Sudáfrica: para ello están mis barcos.

En nuestra sociedad hay industrias florecientes, pero las empresas poco productivas no tienen la más mínima oportunidad. Defender esta clase de medidas no contribuye a hacerme popular, pero todos los sectores rentables de mi empresa siguen operativos. El astillero de Krupp, por ejemplo, se ha cerrado, y una vez cerrado se lo vendí a Flensburgo. La fábrica de acero se la vendí a Averbek, de Mannesmann.

Teníamos dos acerías en Düsseldorf: una estaba equipada con hornos eléctricos y la otra producía tubos, contenedores y rotores para turbinas. Fusionamos estas empresas con Thyssen Hütte y conservamos el 50 por ciento de las acciones. Asimismo, había otras seis empresas, que fusionamos con Mannesmann para racionalizar la producción de tubos especiales.

Al año siguiente nos vimos obligados a vender al gobierno la fábrica de Düsseldorf. Hoy en día ya no tengo industria pesada en Alemania: en un momento dado vendí todas mis empresas en este país.

Los reveses también existen

En 1954 abrimos en Düsseldorf una sucursal del August Thyssen Bank, que durante la guerra había sido destruido en Berlín, y el resultado fue óptimo porque prosperó rápidamente, ya que esa ciudad es un gran centro comercial y financiero. Sin embargo, el gobierno alemán me pidió, por razones de prestigio, que estuviese abierta también la oficina principal en Berlín. Acepté, y años después me tocaría pagarlo muy caro. Tras convencernos de que teníamos que seguir en Berlín, mantuvimos allí la sede principal con empleados que tenían poderes.

Lo que sucedió fue que estos empleados procedieron a participar en transacciones ilegales en las que había unos ochocientos millones de marcos alemanes de por medio. Tenían cuentas secretas que no fueron descubiertas aunque había un director al mando del banco. Nos hicieron perder cuarenta y cinco millones de marcos, que representaban mis activos, además de las reservas. ¡Todo desapareció en un abrir y cerrar de ojos! Mis hermanas, o más bien mis cuñados, alentados por ellas, no fueron muy amables conmigo: «No sabes dirigir tus negocios o, mejor dicho, nuestros negocios. Te han tomado el pelo», me dijeron. Después se celebraron reuniones de las diversas empresas en presencia de miembros de la familia asociados en el banco.

Justo antes de la bancarrota, yo me encontraba en Jamaica. Todo el dinero había desaparecido... Cuando me lo comunicaron, partí de inmediato hacia Frankfurt. Era invierno, toda mi ropa estaba en Nueva York y no tenía tiempo de recogerla, así que me subí al avión en pantalones cortos y una camisa de colores con palmeras. Los directores me estaban esperando en el aeropuerto. Hacía un frío terrible y estaba nevando. Tuve que ir directo al Bundesbank vestido de aquel modo. Blessing, el director, y todos los directivos llevaban traje oscuro y corbata y tenían un semblante serio y digno. Le dije a Blessing: «Supongo que esta reunión me va a costar mucho dinero...», y él se echó a reír. Intenté divertirlos y ganármelos. Recuperamos parte del capital, pero no mucho. Incluso tenemos una grabación de todo el acontecimiento. Aquel escándalo fue portada de todos los periódicos.

Durante mucho tiempo, el tío Fritz tuvo el 25 por ciento de las acciones y yo el resto. En 1947, adquirí su parte a la empresa que administraba sus bienes, ya que mi pobre tío todavía seguía en prisión. Eso significaba que yo era el propietario único del banco cuando se produjo el desastre.

La quiebra del August Thyssen Bank fue incluso el tema de una película, según me contó un día mi asesor, Wilhelmus Groenendijk, quien una noche, estando en Berlín, vio la fachada del edificio toda iluminada y a un montón de gente yendo de un lado para otro con cámaras. En Alemania sigue siendo una historia muy conocida. Los que estaban al frente de aquella entidad eran unos completos ladrones. Incluso habían gastado el dinero en desarrollar una silla de whisky automática, una completa idiotez. Te sentabas en ella y una palanca te levantaba la copa. Además, estos individuos financiaron un envío de armamento al Frente de Liberación Nacional (FLN) de Argelia sin informarme de ello. El asunto también trajo consecuencias políticas muy graves.

Tuve que ir a París a ver a Louis Joxe, ministro de Asuntos Argelinos. Le expuse la situación, ya que no quería que pensara que yo estaba de parte de los argelinos o que había adoptado una postura en el asunto. Le dije que no era responsable de lo ocurrido. Al final, me dijo muy amablemente: «No se preocupe, lo sé todo. Usted no ha hecho nada malo».

Volviendo al asunto del banco: se portaron como auténticos bandidos llevando el August Thyssen Bank a la quiebra. No fue culpa mía, pero aun así yo era el responsable. Había dos personajes en el banco de Berlín que se unieron y empezaron a operar por su cuenta. Uno era empleado de la familia desde hacía treinta y cinco años; el otro, desde hacía quince. Dirigían el negocio usando el membrete del banco y su poder de representación. Sus transacciones llegaron a ochocientos millones de marcos alemanes. Fui víctima de unos desfalcadores.

El problema era que también estaban involucrados varios bancos judíos y otros pequeños bancos de Berlín, con activos de entre uno y dos millones de marcos alemanes. También tuve que avalarlos. Al parecer, se trataba de un asunto político serio, y Alemania no podía permitir que bancos judíos quebrasen en Berlín. Yo dije que quería cubrir parte de la pérdida y buscamos una solución. No sabíamos con exactitud a cuánto ascendían las pérdidas, posiblemente a sesenta millones de marcos... Tuvimos que aplicar una inyección de veinte millones y después vendimos un 50 por ciento del capital social a Berliner Handelsgesellschaft Frankfurt, que en 1971 acabaría adquiriendo todo el capital.

Creando fondos de inversiones para arreglar algunos reveses

También me tocó pasar por otras calamidades económicas, por momentos muy decepcionantes en algunos de mis negocios. El peor de esos momentos, además de lo sucedido con el August Thyssen Bank, fue cuando quebró Pintsch Bamag, una empresa ubicada cerca de Frankfurt. Teníamos aproximadamente el 80 o el 90 por ciento de las acciones, pero el 10 por ciento estaba en el mercado. La empresa todavía cotizaba en Bolsa. Nosotros la compramos por mucho dinero.

Era una empresa diversificada, con seis mil empleados, que fabricaba luces y farolas para Berlín y otras ciudades. Fuimos a la bancarrota. La gente nos había engañado sobre su valor real y pagamos mucho más por ella.

Al cabo de un tiempo decidí dejarla. Cuando una empresa va a la bancarrota en Alemania, las pensiones se incluyen en sus bienes, lo cual significa que los pensionistas quedan privados de ellas. Tuve que pagar varios millones de marcos para crear otro fondo de pensiones. Los trabajadores jubilados ahora reciben un 75 por ciento de su pensión.

En realidad, de no haber actuado como acostumbro siempre en todas mis empresas, a los pensionistas sólo les habría quedado un 35 por ciento del fondo de pensiones. En el estado de cuentas era una deuda: era un fondo separado que formaba parte de nuestro capital en Alemania. Eso significaba que los trabajadores jubilados no recibirían su pensión completa y que les quedaría muy poco. Tuve que complementarlo pagando el 60 por ciento de mi bolsillo. En lugar de obtener menos, los pensionistas acabaron recibiendo un 10 por ciento más. Si, por ejemplo, cerrasen los astilleros, sería un desastre para los trabajadores jubilados. La quiebra fue un duro golpe, y me costó varios millones de marcos, pero hice lo que debía.

Lo que sí conseguimos fue vender las diversas filiales a otras empresas alemanas a condición de que no despidieran a ningún trabajador. Por supuesto, perdimos nuestro capital, pero me quedé satisfecho. No obtuvimos mucho dinero por la empresa, aunque fue suficiente para cubrir el 35 por ciento que teníamos que pagar. Los sindicatos lo apreciaron porque normalmente, en una situación así, lo que sucede es que se producen despidos a gran escala.

De Holanda a Alemania

En relación con la idea de llevar el gas de Holanda a Alemania, Rolf, mi cuñado, me advirtió de que el proyecto era demasiado grande y ambicioso, y de que yo tenía que tomar en cuenta sus opiniones, porque seguía siendo accionista. La empresa podría haber aumentado por lo menos tres veces su tamaño actual si yo no hubiera sido tan comedido en aquel entonces. Durante los primeros cinco años funcionamos con pérdidas porque tuvimos que construir los gasoductos. Hacíamos inversiones, pagábamos intereses y amortizábamos las instalaciones sin ganar dinero. Todo eso requirió una gran dosis de confianza en nosotros mismos. Si hubiera ampliado el proyecto a Frankfurt, nos habríamos endeudado en exceso.

Para el gasoducto había que crear un depósito bancario de quinientos mil marcos, pero Shell y Esso se negaban a pagarlo. Yo no estaba dispuesto a invertir el dinero por mi cuenta y estuve a punto de suspender el proyecto. No me apetecía ir yo solo a la cárcel e insistí en que participaran en toda la operación. Al final conseguí ganármelos. Los detalles del acuerdo se resolvieron en Bonn, donde cada *land* tiene una delegación.

La idea de llevar gas natural a Alemania desde unas reservas encontradas en Holanda generó una protesta en aquel país, donde me consideraban un traidor para la economía. En Düsseldorf se celebró una asamblea especial, a la que tuve que asistir, para promocionar el carbón alemán. Yo estaba a favor del uso combinado de gas y carbón para una mayor eficacia. Los industriales alemanes estaban destrozados, y creían que sería un desastre para el sector del carbón de su país. Mis directores eran suizos y no les importaba lo que pensaran sus homólogos alemanes. Yo tenía un director alemán que también estaba a favor de la compañía de agua, un gran proyecto para purificar agua del Rin con fines de consumo. Mi gerente alemán contestó que él sólo era responsable del suministro de agua y que el resto no le concernía. Nos estuvieron gritando por lo menos durante dos horas. Tenía su gracia, pero también resultaba un tanto penoso. Les dije que su comportamiento era ridículo. Les había propuesto que nos asociáramos porque era reacio a embarcarme en el proyecto por mi cuenta, pero lo habían rechazado. La ubicación de mi empresa cerca de la frontera me convertía en el destino evidente para el gas natural holandés. Fueron un episodio y una reunión tremebundos.

Firmé también un contrato para suministrar gas a Düsseldorf. Cada vez cubríamos más territorio y el proyecto era extremadamente rentable. Sin embargo, tenía miedo de que Esso-Shell y Ruhrgas me expulsaran del negocio. Habría sido imposible si hubiera tenido el 40 por ciento de Frankfurt, pero el 50 por ciento era de Esso-Shell, que tenía participación en Ruhrgas... Si caían las importaciones de gas holandés, era probable que Rusia abasteciera a Alemania a través de Ruhrgas, que, de este modo, tendría el control sobre los precios. Yo estaba todo el tiempo bajo presión porque algunas cantidades podrían significar varios millones de marcos. Evidentemente, Ruhrgas era libre de imponer sus precios en una economía de mercado.

Un día decidí vender la empresa por quinientos millones de marcos. La gente pensó que estaba loco y al principio me ofrecieron cien millones. Las negociaciones se prolongaron durante un año más y finalmente me ofrecieron doscientos cincuenta millones. Insistí en mi precio, haciendo hincapié en que ganaba sesenta millones de marcos anuales y no tenía prisa por vender.

Al final conseguí el dinero que pedía, pero tuve que liquidar con mis hermanas y sus maridos. Utilizamos una parte para comprar empresas en Estados Unidos. Me negué a implicarme en ningún otro proyecto con la familia porque Ivy y Rolf eran unos completos idiotas y encima deshonestos.

De Europa a América

A principios de los años setenta tomé una importante decisión: invertir en Estados Unidos parte del capital de mi grupo, que hasta entonces había estado orientado principalmente a Europa. Para ello, compré en Norteamérica el ciento por ciento de una gran compañía industrial, la Indian Head, y le cambié el nombre por el de Thyssen-Bornemisza Incorporated. Hoy día, el 70 por ciento de las ventas del grupo se hacen ya en América y el 30 por ciento restante en Europa.

En Estados Unidos, establecí seis áreas o divisiones: tecnología de información, manufactura de bombas (de agua, aceite...), electrónica, embalajes, productos metálicos para automoción y *leasing* de contenedores. A su vez, en Europa las empresas tenían básicamente dos líneas: maquinaria agrícola y movimiento de mercancías en puertos.

El grupo estableció oficinas centrales en Nueva York, Ámsterdam y Mónaco, y la dirección quedó compuesta por dos americanos, un inglés, un alemán y un holandés, con Georg Thyssen-Bornemisza como director general y con un Consejo de Administración que, presidido por mí, lo supervisa todo. En otras palabras: yo no he dejado de llevar las riendas hasta que me las ha quitado Georg, nacido en mi matrimonio con Teresa de Lippe, mi primera mujer, y quien posteriormente me crearía numerosos problemas empresariales.

Siguiendo una idea establecida por Georg, todos los negocios familiares pertenecen a un *trust* desde octubre de 1983. Fue entonces cuando perdí el control empresarial, dejando a la vez de ser el propietario. Por otra parte, y por una cuestión de continuidad, la familia ya no participa en el nombramiento o la renovación de la directiva.

De vez en cuando visito nuestras fábricas y comento nuevas posibilidades. Siempre me han asombrado la rápida modernización de la maquinaria y la automatización cada vez mayor de la producción en todas las ramas. El cambio es extraordinario. Antes comprabas una máquina y esperabas que funcionara veinte años; estaba amortizada en siete y el resto era beneficio neto. Hoy en día, una máquina se queda anticuada al cabo de dos o tres años, y tienes que sustituirla. Si no estás al día de las últimas novedades, los acontecimientos te superan. No puedes nadar a contracorriente, aunque la automatización tal vez sea una causa de desempleo. No puedes sentarte y ver cómo se modernizan tus competidores.

Quizá sea una lástima, pero así es como funciona el sistema. No puedes ignorar la automatización, que también tiene sus ventajas para el consumidor: por ejemplo, para lograr unos precios estables o más bajos para los artículos de consumo.

Hay algo de lo que me arrepiento mucho, y es de no haber comprado una cuarta parte de las acciones de las filiales extranjeras de todas las empresas químicas de Alemania, entre ellas Bayer y Hoechst. Fue Georg quien me aconsejó que no lo hiciese. Por otro lado, compré las acciones de mi hermano y mis hermanas en la empresa por un precio razonable estipulado por los contables. Fue un buen acuerdo financiado mediante un tipo de interés bajo durante un período de veinte años. Animé a mi hermano a comprar unas acciones que subieron mucho, pero por desgracia las vendió y perdió el resto de su dinero en Cuba.

La idea de comprar a la familia fue buena, aunque el potencial de la empresa cayó en un 40 por ciento durante ese período. Pero yo, en lugar de invertir más, preferí comprar sus acciones. Mis hermanas estaban casadas con unos individuos tan conspiradores que me veía incapaz de trabajar con ellos. Al principio siempre consultaba a mi hermano y a mis hermanas cuando hacía negocios, ya que todos habíamos heredado las empresas de mi padre. Más adelante, ellos también se beneficiaron del dinero que gané.

Nuestra principal inversión en este momento es una empresa que fabrica bombas de aceite. También fabricamos estas bombas en Estados Unidos e Inglaterra.

Poseíamos la mayor compañía de fertilizantes con actividad al por mayor, y además éramos los mayores minoristas agrícolas de Holanda. También tenemos una planta de cartón y fabricamos máquinas y herramientas agrícolas en Holanda y Bélgica.

Las empresas de transporte dependían mucho de la demanda en el Ruhr. Transportaban mineral metalífero de Noruega, Brasil y Mauritania. Yo fui el primero en importar mineral metalífero de Brasil, lo que al principio resultó bastante complicado. Antes de la guerra incluso vendimos carbón a los canadienses.

Por aquel entonces, no podíamos transferir nuestros beneficios fuera de Alemania: todo estaba bloqueado. También tenemos la Rhine Shipping Company en el Rin, que ahora incluye remolcadores fluviales. La primera vez que vi remolcadores fue en el Misisipi y me pregunté por qué no se utilizaban en el Rin como un medio económico para propulsar barcazas. Más tarde creamos una empresa que fabricaba remolcadores para el transporte de productos químicos.

Todavía enviamos gas y mineral metalífero desde Róterdam hasta Colonia a través del Rin, destinados al sector químico alemán. El negocio ha crecido y es muy lucrativo.

Asimismo poseemos parte de Eurogas, que tiene la central más grande de Europa para el almacenamiento de gas licuado de petróleo (GLP). El gas natural líquido se licua en los contenedores a baja temperatura. Ahora contamos con un 5 por ciento de las acciones de Eurogas y un 50 por ciento de Mundogas. También tenemos una línea de transportes que comercializa GLP. Es la empresa más grande del sector. Compramos el gas a Arabia Saudí y lo vendemos en el Mediterráneo (España y Turquía) y en el norte de Europa. En Holanda hemos comprado una empresa que fabrica maquinaria agrícola; es una empresa familiar. Asimismo, hay una gran empresa llamada Vulkan con filiales por todas partes, incluidas una planta y dos oficinas en España. Todo se ha desarrollado desde Holanda. En Bélgica tenemos una empresa de embalaje de huevos que ofrece diferentes clases de envases. Poseemos un 75 por ciento del mercado mundial en ese sector. Sorprendentemente, nuestros clientes más importantes se encuentran en Irán, Oriente Próximo, Argelia, Egipto e India, ya que los huevos son la fuente de proteínas más económica del mundo. Adquirimos la maquinaria en Estados Unidos y estamos desarrollando una granja totalmente automatizada. A las vacas se les colocará un termómetro que indicará cuándo presentan una temperatura baja y deberían ser fecundadas, y cuando la presión arterial alcance cierto nivel serán ordeñadas automáticamente en una línea de montaje. También contamos con tractores automatizados que giran solos. Ha costado mucho dinero desarrollar todo esto, pero será un éxito.

¿Por qué lo hago? Lo hago por mí mismo, y no por el poder o por el dinero. Hay que desarrollar una empresa bien gestionada, necesitas ideas, desarrollar nuevos productos, y tienes que mirar al futuro. Los directores siempre están sobre el terreno con expertos que inventan nuevas máquinas. No es sólo un desafío, sino que es indispensable. Tienes que mantenerte al día, modernizarte, innovar, o de lo contrario estás acabado. El tiempo corre y no se puede detener.

No nos queda nada en Alemania, excepto el 50 por ciento de una gran empresa que fabrica bombas industriales. Hay dos plantas, una cerca de Hamburgo y otra en el centro del país. Tenemos una similar en Estados Unidos. En este momento, nuestro Sterling Fluid Systems ocupa el segundo puesto en el mercado mundial, y nuestra intención es crecer más. Incluso teníamos una planta cerca de Teherán.

Existe una división llamada Greenland que fabrica maquinaria agrícola como cosechadoras de trigo y equipos para gallineros. Luego hay una división de bombas y un departamento de cristalería en Estados Unidos que se dedica a las botellas y los envases. El centro de cristal ahora se encuentra en Indiana, pues nos hemos fusionado con otra empresa. Nueva York es demasiado cara, pero todavía conservamos una oficina allí. Los exdirectores decidieron trasladar la administración de la empresa a Mónaco. Eso no cambia nada, ya que el *holding* se encuentra en las islas Bermudas con el nombre de Thyssen-Bornemisza Group Management. Si una de nuestras empresas anda escasa de efectivo, puede pedir un préstamo localmente en Nueva York, California u Holanda. No recuerdo cuántas divisiones tenemos, pero también hay una rama en Dallas que supervisa centrales nucleares. Además somos propietarios del Interpool Container Leasing System.

Estamos desarrollando la empresa Information Peddling System, que se dedica a la producción de datos en discos de ordenador. Hay empresas que fabrican estos discos por todas partes, en Alemania o el Reino Unido. Tenemos un sistema de procesamiento de datos electrónicos para librerías: cuando se vende un libro, el ordenador realiza automáticamente la factura y el mantenimiento del inventario. Utilizamos el mismo sistema en hospitales. Cuando acudes a ellos, el ordenador almacena tus datos: información personal, medicación, etc.

En definitiva, toda mi actividad empresarial se ha fundamentado en recuperar y sacar adelante la parte que heredé y luego en diversificar la actividad y el riesgo buscando nuevos mercados y productos, aceptando retos y, con ellos, los cambios inevitables a los que siempre hay que adaptarse, lo cual no significa aceptarlos sin más, sino incluso ir por delante de ellos.

CAPÍTULO 7

Mis hermanos y el reparto de la herencia

En Mas Mañanas, en plena Costa Brava, repasábamos un día el capítulo referente a sus hermanos y a la herencia que su padre dejó a los cuatro hijos.

En líneas generales, la familia de mi padre estaba dividida y unos no confiaban en los otros. Es sabido que él estuvo enfadado con su hermano Fritz durante muchos años. Hoy todos ellos descansan en el panteón familiar, pero probablemente se pondrían furiosos si se dieran cuenta.

Fritz, Heinrich y August, los hijos varones del abuelo August, eran muy distintos. Mi tío Fritz y mi padre tenían ideas políticas irreconciliables, y no se llevaban nada bien. En cuanto a August, al que consideraban, como ya he dicho, la oveja negra, los asuntos familiares —avenencias y desavenencias incluidas— ni le iban ni le venían.

Con la siguiente generación pasó algo parecido: éramos también muy distintos. Sin embargo, nunca nos llevamos abiertamente mal, aunque no dejara de haber fuertes fricciones entre nosotros cuando llegó el momento de repartir la herencia, siguiendo la última voluntad de nuestro padre.

Yo confiaba en mis hermanas, pero ellas no se fiaban de mí. Los principales responsables eran mis cuñados, porque querían parecer importantes y se oponían al papel fundamental que yo desempeñaba. Después, con los años, nuestra relación ha mejorado sólo con mis hermanas.

Con quien menos problemas tuve fue con mi hermano Stephan, a pesar de que se encontraba en el polo opuesto al mío a la hora de intentar recuperar las empresas familiares. Pero yo lo quería. Y no me gustaba que se lo comparara con nuestro tío August diciendo de él que era el segundo «hijo pródigo» de la familia.

Yo confiaba en mi hermano porque siempre estaba satisfecho con lo que recibía y nunca se quejaba. Sentía mucho afecto por él y nunca tuvimos ningún problema. Lo perdió todo y el final de su vida fue bastante doloroso y triste.

Stephan, el segundo de los hermanos y catorce años mayor que yo, era un chico muy inteligente que, tras acabar los estudios de bachillerato, se fue a estudiar a Estados Unidos, donde consiguió ingresar en la Universidad de Harvard y en el Instituto Tecnológico de Massachusetts. Pasó muchos años en Cuba, donde llevaba una vida muy peculiar y completamente relajada. Cuando Fidel Castro entró en La Habana, Stephan abandonó la isla y dejó aparcado cerca de la puerta del hotel Nacional su precioso Rolls-Royce negro, que en su día hizo que le llevaran a Cuba en barco y que ya nunca reclamaría. Al parecer, los castristas le regalaron años más tarde al embajador británico el Rolls-Royce que Stephan sólo usaba para presumir cuando iba a la playa.

Stephan fue siempre una persona muy especial, bastante problemática y con un acentuado punto de extravagancia. Sin embargo, no hay que olvidar que su infancia fue difícil, pues tuvo que ser alimentado artificialmente durante varios años. No quiso saber nada ni de los negocios familiares ni de la colección de arte de mi padre. Durante un tiempo fue jefe de Seísmos GmbH, una empresa dedicada a fabricar maquinaria para prospecciones petrolíferas, y llegó a inventar el gravímetro Thyssen, un aparato que se utilizó mucho para buscar yacimientos de petróleo y que recibió un premio en la Exposición de París de 1937.

Si como físico fue un hombre brillante, en el terreno sentimental no fue afortunado. Pero tal vez no sea yo la persona más indicada para hablar de la mala suerte de los demás en este aspecto, ya que tampoco la he tenido en mis cuatro primeros matrimonios. Menos mal que lo doy todo por bien empleado por el hecho de que, al final, encontré a Tita y eso me lo compensó todo.

Mi hermano se enamoró primero de una chica texana, hija de padres multimillonarios, con la que se casó durante un viaje a California. Mi padre consiguió más tarde que aquel matrimonio se anulara. Creo que fue porque en aquella época él era menor de edad.

Mi padre quería que Stephan estudiara en la universidad húngara y que se hiciese oficial. Y, efectivamente, al volver se graduó en físicas y obtuvo un doctorado en química mientras hacía el servicio militar en el ejército húngaro, del que fue oficial. Fue entonces cuando conoció a la baronesa Marie Foerster, una chica preciosa que, al parecer, le presentó mi abuela materna, la baronesa Louise.

Un día, durante una excursión en barca que hicieron acompañados por la madre de Marie, sucedió la tragedia: Stephan y la chica manipulaban una pistola con la que habían estado disparando y que se había quedado encasquillada, y entonces el arma se disparó, con tan mala suerte que perforó el estómago de Marie. La fatalidad radicó después en que tardaron cuatro largas horas en llegar al hospital más próximo, donde los médicos nada pudieron hacer para salvarle la vida. Marie fallecía al día siguiente y, como mi hermano estaba haciendo el servicio militar, el ejército lo arrestó mientras se llevaba a cabo una investigación. Stephan, según me contó mi madre, estaba destrozado: se había vuelto medio loco y tuvieron que ingresarlo en un hospital psiquiátrico, donde sólo lo pudieron calmar a base de potentes sedantes. Poco después quedó en libertad y se determinó que la causa de la tragedia había sido un desgraciado accidente. Pero Stephan ya no volvió a ser el mismo.

Pasado un tiempo se encontró con una antigua novia, diez años mayor que él, que se llamaba Ilyana Kugla y trabajaba en una pastelería. Kugla era algo vulgar, pero se portaba muy bien con Stephan, estaba muy pendiente de él. Se casaron en Budapest el 24 de mayo de 1932, justo el mismo año en que mi padre compró Villa Favorita. Aunque éste en un principio se opuso a la boda, Stephan y Kugla fueron felices un tiempo, pero se divorciaron durante la segunda guerra mundial. Supe después que Kugla se fue a vivir a Nueva York y que seguía haciéndose llamar baronesa Thyssen, para fastidio de mis esposas, aunque nunca llegué a entender por qué se molestaban. Finalizada la contienda, Stephan se casó con Ingeborg Müller, una señora también divorciada que tenía una hija llamada Birgit.

En una ocasión comí con mi hermano para hablar de la herencia. Me dijo que sólo estaba interesado en uno o dos cuadros para su apartamento, y que quería el resto en efectivo porque andaba escaso de dinero. Se proponía trasladarse a Montecarlo y, en última instancia, a Cuba, y me dejó muy claro que no tenía ningún deseo de implicarse en las empresas. Por eso le di las acciones de Royal Dutch Shell. Si se hubiera quedado con ellas, habría ganado por lo menos treinta millones de dólares. Sin embargo, vendió las acciones y se gastó el dinero. Yo le pasaba a Stephan una pensión mensual y, tras su muerte, aún les sigo pasando a su mujer y a su hija una asignación.

Mi hermano, que era ingeniero, físico y profesor de geología, no tuvo suerte. Con todo el dinero que poseía habría podido tener una vida agradable, pero su última mujer se comportaba como una emperatriz. Durante algún tiempo, cuando todavía eran ricos, vivieron en el lujoso hotel Métropole de Montecarlo. Salían todas las noches a cenas de gala, con esmoquin y traje de noche. En Cuba tenían mayordomos, criados y guardaespaldas. Todo era pura apariencia.

En Montecarlo no se perdieron ninguna de las fiestas que se celebraban en el Principado. Tras un tiempo sin saber de él, un día me enteré de que había llegado a Cuba con su mujer y se habían instalado en el hotel Nacional de La Habana. Más tarde supe que el motivo por el que abandonaron Montecarlo fue porque el hotel Métropole, donde vivían, iba a cerrarse para proceder a su restauración. En un principio, mi hermano se negó a dejar las *suites*, que eran en realidad su vivienda, puesto que llevaba en ellas tres años. Finalmente, no le quedó más remedio que dejar el Métropole.

Yo les enviaba a Montecarlo una pensión importante, cantidad que les sobraba para pagarse la factura anual del hotel. Tengo entendido, por otra parte, que ganaban mucho dinero en la Bolsa. Lo verdaderamente curioso fue que en La Habana se volvió a repetir la misma historia que en Montecarlo: un día la dirección del hotel le pidió a Stephan que lo abandonara porque iban a hacer reformas y él se negó. Acompañado por Fiona, mi tercera esposa, volé a Cuba e intenté convencerlo de que dejara el hotel, pero no conseguí doblegar su empecinamiento. Supe después que se quedó en su *suite* y que, tras la toma del poder por parte de Fidel Castro, hecho que motivó el cierre de los bancos, la dirección del hotel le pidió un préstamo para superar el mal momento por el que se pasaba en La Habana, y Stephan les dejó doscientos cincuenta mil dólares. Mi hermano dejó Cuba en 1961 y se estableció en Palm Beach (Florida). El 22 de enero de 1981, Stephan fallecía a los setenta y tres años en el hospital de Saint Claire de Nueva York, víctima de una sobredosis de vitaminas. Nunca tomaba nada de comida y su única fuente de alimentación eran esos comprimidos. Después de un tiempo, su cuerpo se negó a asimilar nada y perdió veinte kilos en una semana. Parecía un esqueleto y se pasaba todo el día en la cama. Vivía en un hotel —siempre los hoteles— y, al agravarse su deterioro físico, lo llevaron a un hospital. Cuando me enteré de que estaba muy grave llamé a varios médicos para que se interesaran por él, pero ya era tarde: al final le falló el corazón.

Margit y Gabrielle

Margit, la mayor de mis dos hermanas —y diez años mayor que yo—, se casaba el 17 de junio de 1933 con el conde húngaro Ivy Batthyány, con el que tuvo dos hijos: Ivy, que en 1970 perdió la vida en accidente de aviación, y Christoph. Cinco años después, cuando Hitler entró en Viena y anunció que Austria ya formaba parte del Tercer Reich alemán, mi padre le regalaba a Margit el castillo de Rechnitz con su correspondiente finca.

Sin embargo, mi padre no trataba bien a mi hermana mayor. Recuerdo que en Rechnitz, cuando era pequeña, le había colocado un letrero alrededor de la cintura que decía: «Soy una mentirosa». Una vez casada, no le demostró su cariño, y a veces hasta he pensado que acaso era porque Ivy, su marido, era una persona en la que no se podía confiar. Por su parte, mi madre estaba un poco celosa de Margit y ésta, a su vez, les tenía terror a los dos, a mi madre y a mi padre, quien en cambio sentía mucho cariño por Gaby, la pequeña.

En 1985 fallecía Ivy Batthyány y, con ocasión de su funeral, se produjo un desagradable incidente entre Margit, ya viuda, y Teresa de Lippe, mi primera esposa, quien, como se verá en su momento, estuvo durante muchos años unida sentimentalmente a Ivy. Lo que sucedió fue que, mientras Margit y otros familiares, vestidos de riguroso luto, estaban tomando café en Villa Favorita, llegó Teresa vestida con una apretada minifalda color turquesa con topos blancos y una blusa blanca transparente.

Mi hermana, que era muy clara y muy directa, se levantó y, sin cortarse en absoluto, dijo: «¿Qué está haciendo aquí esta mujer? Yo no la he invitado al funeral de su examante». Qué pena que Margit no hubiera sido siempre tan clara y tan directa con su marido, que tenía millones en el banco, dinero que le había ido quitando a ella. Lo verdaderamente curioso —¡ironías del destino!— fue que, tras su muerte, nadie pudo hacerse con ese dinero, porque nadie sabía dónde estaba. Lo tenía en cuentas numeradas de las que nunca más se supo. Además, Ivy trataba bastante mal a Margit. Ella, por su parte, decía: «Ivy me ha utilizado; lo que sucede es que, como soy católica, sé que debo cuidar de él hasta que se muera». Por desgracia, su actitud hasta el final fue un acto de fe, no de amor.

Gabrielle, mi otra hermana, de niña era la preferida de mi padre, quien fue con ella menos severo que con ninguno; una severidad que, por otra parte, era algo habitual en aquella época. Seis años mayor que yo, Gaby nació el 20 de diciembre de 1915 y falleció el año 2000 en Mallorca. Estuvo casada con el barón Adolph Bentinck van Schoonheten, un prestigioso diplomático que en 1956 desempeñó el puesto de subsecretario general de la OTAN y que fue embajador de Holanda en Londres y otras capitales. La pareja tuvo dos hijos: Henriette, nacida en 1949, y Steven, que nació en 1957, cuando el matrimonio llevaba, al parecer, muchos años haciendo aguas en lo que a fidelidad se refiere.

Durante la segunda guerra mundial, Gabrielle y su marido vivieron en El Cairo, donde, según se dijo, ella mantuvo una relación sentimental con el conde polaco Mieczyslaw Pruszynski, piloto de la RAF.

En marzo de 1970, mi sobrino Steven Bentinck, a la edad de trece años, encontraba muerto a su padre en la habitación de la embajada de Holanda en París. La muerte del padre dejó una profunda huella en el muchacho, quien no conseguiría centrarse en la vida en nada más que en ir gastando la fortuna de su madre. Intentó ser muchas cosas y no llegó a brillar en ninguna. Pero no le preocupaba. Se justificaba así: «Nunca me ha faltado dinero. Mi madre siempre está dispuesta a financiar todos mis proyectos». Pasado un tiempo, y tras dilapidar gran parte de la fortuna de su madre, Steven se casó con una mujer de cincuenta años. El comentario que, ante la noticia, le hice a mi hermana Gaby fue: «¡Menos mal! Así no va a tener herederos».

Por su parte, Henriette, la hermana de Steven, se casaba en 1967 con el multimillonario Spencer Douglas David Compton, conde de Northampton, del que se decía que todas las noches tenía largas conversaciones con su difunto padre. Lo que sucedió fue que se unieron dos personas completamente excéntricas, porque la verdad es que mi sobrina también lo era.

Gaby murió sola en Can Melchett, su residencia mallorquina, con su fiel criada Silvia y su mayordomo, José. Fue enterrada en Klosters, no en la cripta del castillo de Landsberg, donde descansan nuestro padre y nuestro abuelo, ni en París, donde un día fue enterrado su marido, el barón Adolph Bentinck.

El testamento de mi padre

En junio de 1947, mi padre fallecía en Villa Favorita rodeado de sus hijos a excepción de Stephan, que no pudo llegar a tiempo. Se abría una nueva etapa en nuestras vidas: era la hora del reparto de la herencia.

Con mi padre y mis dos hermanas yo había llegado al acuerdo de que me encargaría de mi madrastra, Gunhilde, con independencia del resultado de la demanda judicial presentada por ella, que, como ya he dicho, acabó perdiendo, lo cual fue una suerte para mí. Sin embargo, el resto de la familia cuestionó la validez del testamento de mi padre porque había un error en las fechas, lo que, entre otras cosas, ponía en cuestión la validez de la fundación de arte. Se había redactado en Lugano, pero estaba firmado y sellado en Zúrich. Había dos fechas distintas, y eso lo invalidaba. Tuvimos que revisar todos nuestros documentos para descubrir cuándo me había declarado mi padre su principal heredero. El testamento, que había sido registrado en el año 1941, estaba redactado en los siguientes términos:

> Mi único heredero será mi hijo menor, Hans Heinrich. Mis hijos Stephan, Margit y Gabrielle sólo recibirán la participación obligatoria, de manera que no serán coherederos, sino que percibirán la mitad del valor monetario de la participación legal de la herencia en dinero, mitad que, dentro de lo posible, deberá permanecer invertida en las empresas, y sólo podrá ser retirada después de un tiempo, de acuerdo con la voluntad de todos los interesados.

Otro documento, en este caso un codicilo fechado en 1946, venía a establecer prácticamente lo mismo.

Cuando mis hermanas —Stephan no estaba presente— leyeron el contenido del testamento, se quedaron de piedra: yo no sólo había recibido cinco octavas partes de la herencia, sino que me quedaba también con el control sobre las partes que les correspondían a mis hermanos. Tanto Gabrielle como Margit entregaron sendas copias a sus respectivos abogados para que las estudiaran, y éstos les aconsejaron impugnar el testamento. Al final hubo numerosas reuniones, conversaciones, disensiones y discusiones en las que mis cuñados lucharon abiertamente contra mí.

Al año siguiente de la muerte de nuestro padre, los cuatro hermanos —en esta ocasión también estuvo presente Stephan— nos reunimos en Villa Favorita y fui muy claro: les dije que si no aceptaban la validez del testamento me vería obligado a suspender los pagos de las asignaciones que puntualmente recibían Margit, Gaby y Stephan. Tres días después, todos firmábamos ante un notario de Zúrich un acuerdo en el que se estipulaba: «El patrimonio de Heinrich Thyssen-Bornemisza se distribuirá en 1/8, 1/8, 1/8 y 5/8 tan pronto como sea posible. El activo y el pasivo de Kaszony y Rohoncz serán incluidos en el patrimonio, y los hermanos reconocerán definitiva e irrevocablemente la validez del testamento del 11 de diciembre de 1941 y del codicilo del 1 de mayo de 1946».

Kaszony era la fundación que englobaba las empresas; Rohoncz, la que agrupaba la colección de pintura, que, sin embargo, quedaría dividida porque mis hermanas la impugnaron y la justicia suiza les dio la razón, al no reconocer la ley helvética tal fundación. Lo que reclamaban era, por tanto, legal, pero al mismo tiempo quedaba sin cumplir la voluntad de mi padre, quien, ante todo, quería que la colección no se dividiera.

Poco después nos volvíamos a reunir para firmar otro acuerdo sobre la colección. Se trataba de repartir las obras de arte. Yo recibí 363 cuadros; Gaby, 104; Stephan, 33; y Margit, 31. La colección de Heinrich Thyssen-Bornemisza quedaba, por desgracia, dividida. Comenzaba entonces para mí la ardua labor de volver a reagruparla en la medida de lo posible. Además del empresarial, se me abría un nuevo frente: el artístico.

Antes de la muerte de mi padre, mi hermano le pidió mucho dinero, que acabó recibiendo de una u otra forma. Mi hermana Margit se quedó con Rechnitz, y Bentinck recibió una suma considerable al casarse. Yo sólo obtuve cien mil francos suizos que estaban guardados en una caja fuerte. Más tarde, y sin motivo aparente, me acusaron de saberlo todo sobre las cuentas de mi padre en Suiza. Les dije que tenía información, pero que me negaba a revelarla. Iniciaron investigaciones por todo el mundo, incluso en Hong Kong y Taiwán. Aquello iba a costarles una fortuna. Les dije que, si continuaban así, no los informaría de nada: o bien me creían, o mala suerte.

CAPÍTULO 8

Mis cuatro primeras esposas

Así de claro y así de convencido habla, a modo de prólogo, el barón Hans Heinrich Thyssen-Bornemisza a la hora de hacer un detallado repaso de su trayectoria sentimental:

He contado alguna vez que desde hace bastantes años hago cuatro solitarios al día, dos de los cuales me enseñó mi madre: con ellos intento leer y descifrar lo que me va a suceder. Hacerlos me ayuda a pensar y a recapacitar en mis decisiones. Debo confesar que, aunque en asuntos de negocios a menudo las cartas me han «aconsejado» bien, en lo que se refiere a mi vida sentimental no he sabido leer mi futuro. Al menos en lo que respecta a mis primeros cuatro matrimonios. Cuando analizo mi vida sentimental, siempre llego a la misma conclusión: hasta que conocí a Tita, no tuve suerte en el amor.

Respecto a mi actitud frente a las mujeres, lo cierto es que siempre he sido un romántico. Si me he casado cinco veces es, ni más ni menos, porque he creído en el amor. Y yo no puedo vivir solo, necesito tener a alguien a quien amar. Creo en el amor a primera vista y soy muy sentimental. Al principio se trata normalmente de atractivo físico, pero no siempre es así. No tengo un tipo especial de mujer.

Al principio yo no tenía mucho dinero, y las chicas guapas nunca me miraban. Para impresionarlas, hacía que en los bares preguntaran en voz alta por mí utilizando el nombre de duque de Puchmatif.

En aquellos años todo el mundo se daba la vuelta. Siempre hacía cosas así cuando era joven. Entonces era importante tener un coche llamativo.

Me encantaba perseguir a las chicas: admirarlas y piropearlas. Cuando era joven, salí con Pusch. Fue la primera. También estaba una chica de mi clase medio judía y muy guapa. Salí asimismo con varias chicas holandesas; incluso iba a los bares y coqueteaba con las camareras.

Al final me casé varias veces y lo hice buscando siempre el amor verdadero.

Cuando alguien me comentaba que yo era un inconstante, solía responder que sucedía todo lo contrario: que el hecho de volver a casarme era prueba de mi constancia y de mi fe en el matrimonio.

El catolicismo ve el matrimonio como un sacramento inalterable, para toda la vida. Yo me siento católico, pero lo que no puedo es seguir casado porque exista un papel, ni seguir viviendo con alguien que ya no me quiere. En el momento en que las mujeres pierden el interés o conocen a otro se vuelven desagradables y egoístas. Uno siempre piensa que la mujer con la que está es diferente; sin embargo, suele suceder que sólo son leales cuando las cosas van bien.

Toda mi vida he tenido necesidad de afecto y estabilidad. ¡Y no sé por qué, pero hasta ahora nunca ha funcionado! Mis relaciones siempre fracasaron porque las mujeres me eran infieles.

Mis matrimonios no duraron mucho tiempo, pero al principio yo creía estar enamorado. ¿Para qué iba a casarme si no hubiera sido así? A lo mejor a mis mujeres, después, les parecía que me distanciaba de ellas debido al trabajo y a los viajes, a los que ni se molestaban en acompañarme, porque eran viajes de negocios. Uno nunca sabe lo que piensan las mujeres. Quizá ya no estaban seguras de sí mismas o de mí. Eran todas muy diferentes.

En los momentos finales de cada uno de mis matrimonios pasados, mis esposas han tenido como común denominador la infidelidad.

Quiero resaltar, por otra parte, que, siempre que supe que una de mis esposas había dejado de serme fiel, automáticamente dejaba de significar algo para mí. Comenzábamos de inmediato a tener habitaciones separadas en la casa, aunque de cara al exterior seguía siendo mi esposa.

Vuelvo a repetir que no he tenido suerte con ninguna de mis esposas anteriores. En consecuencia, las rupturas fueron llegando, por mi parte, como la única salida a un fracaso; y eran, en el fondo, el público reconocimiento de un error, a la vez que la constante tarea de volver a empezar, siempre en busca del verdadero amor. Es curioso: las primeras cuatro veces que me casé creí que había encontrado el amor y, sin embargo, sólo lo encontré de verdad cuando dejé de buscarlo.

Teresa de Lippe, un matrimonio de conveniencia

El 29 de agosto de 1946 —yo tenía veinticinco años y seguía estudiando en Friburgo—, me casaba en Lugano con Teresa Amalia Francisca Isabel Ana María, princesa de Lippe Biesterfeld Weissenfeld, de veintiún años, estudiante residente en Lausana, nacida el 21 de julio de 1925 en Viena, hija del conde Alfred Lippe y de la princesa de Lippe, de soltera Francesca Anna Maria, condesa Schönborn-Buchheim.

Mi padre no quiso asistir a la boda. El verdadero y principal motivo de su ausencia fue que no estaba de acuerdo con el enlace porque en el círculo familiar se comentaba que la princesa se casaba conmigo sólo por mi dinero. Debo decir que con ella la atracción no fue nada física: sencillamente, se trataba de un matrimonio de conveniencia porque ella era católica y de buena familia, y parecía sensato casarse; pese a ello, yo me casé queriendo ser un buen marido.

La conocí durante la guerra, cuando ella estaba en el internado de Lausana. Provenía de una familia arruinada y era cuatro años más joven que yo. Nos presentó mi amigo el conde Pálffy, que iba a la universidad conmigo. Teresa era una chica austríaca alta y atractiva, pero algo regordeta para mi gusto. En realidad no estaba enamorado de ella, pero sentía que no podía continuar indefinidamente con la vida que había llevado hasta entonces. No me pareció mala idea casarme, ya que Teresa tenía una buena educación. Tampoco sé con seguridad si ella estaba enamorada de mí. Un día se la presenté a mi padre, al que no le gustó nada. Creo que me casé por motivos religiosos. No quería convertirme en un mujeriego inmoral que tiene que confesar sus pecados.

Cuando me casé, mi padre me dijo que yo era demasiado joven, que primero tenía que ver mundo y después casarme, pero, desde luego, no con ella. Mi padre volvió a insistir en que esperara hasta cumplir los treinta y cinco años, pero Teresa, al igual que yo, rechazó tercamente su consejo. Repito que me casé con ella porque era muy católico y quería dejar de tener líos. Más de una vez he tenido problemas de conciencia al acostarme con una mujer. Ella lo hacía todo por interés y sólo quería conseguir un lugar en el mundo empresarial. Entonces yo no tenía mucho dinero, pero estaba la perspectiva de la herencia y de la colección de cuadros de mi padre.

Nuestra boda se celebró en la sala gótica de Villa Favorita; y mi padre, además de no asistir a ella, seguía sin querer saber nada de Teresa, sobre todo cuando se enteró de que había hecho comentarios muy desagradables sobre él y sobre mí. Me decía que era una persona non grata, que mentía y liaba las cosas.

Encima, un día se puso a pintarse las uñas de los pies delante de él en el salón de Villa Favorita. Mi padre tenía setenta años en aquel momento, y aquello, por supuesto, no le pareció nada bien. Sabía que ella lo hacía para humillarlo.

No hicimos el amor antes de casarnos. En aquella época no se hacía. Pasamos nuestra luna de miel en Pully, cerca de Lausana, en una preciosa casita junto al lago. Pocos días después se unieron a nosotros veinte primos suyos austríacos y húngaros.

Teresa se comportaba como una emperatriz. Cuando nos casamos me consideraba un advenedizo y se sentía socialmente superior porque ella era princesa. Puede que ahora suene pasado de moda y ridículo, pero no era fácil para un hombre sentirse humillado sin cesar. Ella tenía una personalidad fuerte y era muy autoritaria y tiránica. Tenía amistades masculinas, todas aristócratas.

La madre de Teresa era una dama muy distinguida que había nacido en Schönbrunn (Viena) y que se casó con el príncipe de Lippe, un completo caradura, que sin embargo era muy divertido. Teresa tenía, a su vez, un hermano que era un perfecto imbécil y que, siendo responsable de los refugiados en Naciones Unidas, se aprovechó de su posición para pasar de contrabando obras de arte. Al final lo pillaron y lo expulsaron de la ONU.

En una ocasión viajé a Nápoles para conocer a la familia de Teresa. Su madre era una Schönborn, y su abuela, a la que me querían presentar, provenía de la familia Frasso. A una de las tías de mi mujer, queriendo gastar una broma, se le ocurrió la idea de que me disfrazara de Teresa, dado que, por un lado, la abuela no me conocía, y, por otro, no había visto a su nieta en mucho tiempo. Tuve que ponerme la ropa y un chal de Teresa, que, aunque no se encontraba bien, vino y se escondió detrás de las cortinas. Medíamos lo mismo, así que me puse sus medias y una falda. Nadie se dio cuenta: fue una escena muy divertida. Había mucha gente, toda la familia napolitana se había reunido para la ocasión. Cuando entré en el salón, todo el mundo me miró. Algunos pensaron que Teresa era muy atlética por el tamaño de las pantorrillas. La gente me besaba la mano y yo hablaba con un tono de voz agudo. Media hora después, la tía, que era mi cómplice, se echó a reír. Yo también. Nunca me he reído tanto en mi vida. Simplemente no podía parar de hacerlo. El abuelo de Teresa dijo: «¿Qué pasa?». Yo confesé, todavía entre risas: «Soy yo, su marido, Heini», y Teresa salió desde detrás de las cortinas donde se había escondido. Él se puso furioso y dijo: «Jamás le había besado la mano a un hombre... A partir de ahora, para mí siempre serás Teresa». Era un auténtico macho napolitano. Yo seguía poniendo voz de falsete y, en el ascensor, los italianos me miraban e intentaban tocarme. Tuve que volver a toda prisa al hotel a cambiarme de ropa.

En plena discusión sobre la herencia de mi padre con mis hermanas y mis cuñados, Teresa se entrometía tanto y les causó tantos problemas a dos de mis abogados, letrados de prestigio, que se negaron a continuar con el caso si ella seguía de por medio. Teresa interfería en todo y me decía que mis hermanas trataban de engañarme. Además, se ocupaba de advertirle a mi cuñado Ivy que yo estaba intentando robarle su parte. La situación se agravó tanto que le prometí todo lo que ella quisiera, pero insistí en divorciarme. Sólo estuvimos casados cuatro años.

Teresa me dio bastantes problemas. Era una mujer muy difícil de llevar. La experiencia de mi primer matrimonio fue muy dura para mí. Pensándolo fríamente, llego a la conclusión de que aquella unión me hizo bastante daño. Cuando me di cuenta de que no podía seguir a su lado, se lo dije. Analizando después las cosas, concluí que yo nunca había estado enamorado de verdad de Teresa, y ella de mí tampoco.

El colmo de todo llegó cuando me enteré de que mi mujer mantenía una relación sentimental con Ivy Batthyány, el marido de Margit, mi hermana mayor. Según iba pasando el tiempo, iba viendo las cosas cada vez más claras. En una ocasión, mientras yo estaba en Holanda realizando unas negociaciones con el gobierno, Teresa e Ivy se fueron juntos a París. Si me enteré de ello fue porque sufrieron un accidente de automóvil cerca de Lausana y ambos acabaron en el hospital, al que, por cierto, yo fui a interesarme por su estado de salud. En realidad, me estaba sucediendo exactamente lo mismo que le había pasado a mi padre cuando Maud, su segunda esposa, y el príncipe Alexis Mdivani tuvieron aquel trágico accidente.

Un día, mi hermana Margit, muy triste y llorando, me contó que había sorprendido a Teresa y a Ivy juntos... A Margit le dijeron, al parecer, que estaban enamorados y que querían casarse. Mi hermana les preguntó de qué pensaban vivir, ya que ninguno de los dos tenía dinero. Después supe que, desde antes de casarnos, ambos estaban viviendo ya un romance en Ascona, donde tenían un apartamento.

No hace mucho mi compañero de estudios, el hoy jesuita padre Gueydan, me sugirió que Teresa y el marido de mi hermana tendrían un plan perfectamente trazado: él se casaba con Margit y ella conmigo, y así podrían controlar la fortuna de los Thyssen.

Georg —en su momento yo supe que no era hijo mío— nació el 19 de marzo de 1950, casi cuatro años después de la boda, cuando nuestra relación ya estaba rota. De hecho, antes de que Teresa se quedara embarazada, yo ya había anunciado mi intención de divorciarme, y poco antes de nacer Georg inicié los trámites para poner fin a mi matrimonio. Entretanto, Teresa siguió viviendo en Villa Favorita. Ella ya me ignoraba hasta el punto de que solía salir por su cuenta y muchos días ni siquiera me hablaba. Yo pensaba por entonces que, una vez tomada la determinación de separarme, los papeleos serían un puro trámite y todo podría resolverse en pocos días. Pero, evidentemente, las cosas no eran así: los jueces daban, si cabe, mucha mayor importancia a la ruptura de una sociedad conyugal que a la de una sociedad mercantil con quinientos obreros.

En una ocasión se celebró un elegante baile en Venecia organizado por Carlos de Beistegui, un multimillonario mexicano que quería inaugurar el palacio Labia, que acababa de comprar. Yo me negué a asistir porque no quería participar en nada relacionado con Teresa. Ella acudió con su padre y unos amigos. Me quedé en Lugano con mi amigo Pierre de Malleray, que trabajaba conmigo. No teníamos nada que hacer y él conocía a una chica muy atractiva que era modelo en Milán, así que la llamamos y aceptó salir con nosotros. Fuimos a recogerla a Milán y cenamos en el Villa d'Este, a una media hora de Lugano. Estaba guapísima. Después de cenar tuvimos que llevarla de nuevo a Milán, porque, por aquel entonces, vivía en casa de Biki, un conocido diseñador de la ciudad, y, como la Cenicienta, tenía que estar de vuelta antes de medianoche.

En aquella época del año, las carreteras todavía se encontraban en malas condiciones. Llovía y el asfalto estaba muy resbaladizo. Yo conducía mi Jaguar y, de repente, la rueda delantera se clavó. El coche empezó a dar vueltas y se salió de la carretera. Caímos junto a un puente situado debajo de la vía. Fue un golpe tremendo. El coche quedó boca abajo. La chica se golpeó en la cabeza. Pierre estaba bien, y yo tenía una vértebra cervical fracturada. Cometí el error de no visitar a un médico enseguida y seguí jugando al tenis pese al dolor, hasta que quedé paralizado por completo. No podía andar y tuve que llevar un corsé durante un tiempo.

Posteriormente tuve que seguir llevando otro tipo de corsé durante bastantes meses más, y me dijeron que buscara un especialista para realizar ejercicios de espalda. Encontré al doctor Kraus, de Nueva York, con quien tuve que pasar un mes y medio. Me indicó que hiciera veinte minutos de ejercicio todos los días, lo cual es bastante poco. Todavía los hago. Son una mezcla de yoga y ejercicios del ejército suizo. Consisten en estiramientos de espalda, abdominales y piernas.

En Suiza, para conseguir un divorcio, siempre tienes que llegar a un acuerdo sobre los aspectos económicos. Lleva mucho tiempo, y con Teresa supuso mucho más. Ella tenía sus abogados y yo los míos. Recibió una pensión para el resto de su vida, con independencia de si volvía a casarse o no, y, dado que se casó conmigo antes de la muerte de mi padre, también se llevó un porcentaje de la herencia, es decir, se benefició de un incremento de mi patrimonio. Todo era bastante confuso, pero en cualquier caso tenía derecho a ese tanto por ciento, y al final recibió una cantidad que era extraordinariamente considerable.

En el acuerdo de divorcio, Teresa se llevó la mejor parte. Por un lado, el futuro de Georg quedaba asegurado casi de por vida y en mejores condiciones que las que fueran a tener los hijos que yo pudiera tener en el futuro. En segundo lugar, a ella le quedaba una pensión vitalicia que, por cierto, siguió percibiendo a pesar de haberse casado poco después con un Fürstenberg, propietario por entonces de una importante fábrica de cerveza.

La enigmática Nina Dyer

Después del divorcio, Teresa continuó su relación con Ivy Batthyány durante un tiempo, hasta que conoció al príncipe Friedrich de Fürstenberg, con quien se casó y tuvo dos hijas y un hijo. Sin embargo, yo ya me había adelantado a ella, ya que once meses antes, y cuatro años después de estar separado de hecho de Teresa, me casaba con la famosa modelo británica Nina Dyer, de veinticuatro años, a la que conocí en 1951 durante una fiesta en París. Nina era una mujer extraordinariamente bella y también extraordinariamente excéntrica. Todo lo contrario a Teresa de Lippe. La boda se celebró en Colombo (Sri Lanka, entonces Ceilán) el 23 de junio de 1954.

Cuando nos conocimos, yo tenía veintinueve años y estallaba dentro de mi cuerpo, incapaz de resistirse a las tentaciones que la vida me ofrecía. Una noche en París caí en un error que iba a trastornar, durante un tiempo, mi existencia. Se llamaba Nina. Una espectacular maniquí que desfilaba para Schiaparelli, Jacques Fath y Maggy Rouff.

En aquella fiesta, que se celebró cerca de la plaza de l'Étoile, había dos mujeres que me deslumbraron. Una era rubia y la otra morena. La primera era la actriz Kim Novak, que se encontraba en sus inicios como estrella; la segunda, Nina Dyer. Fue un auténtico flechazo, al menos para mí. Sé que se dijo que ella, cuando supo que yo era el multimillonario barón Thyssen, decidió, sin más, seducirme. No sé si sería así o no. Además, en aquel momento me hubiera dado lo mismo. Hacer el amor con ella era maravilloso. Yo pensaba que Nina podía convertirse en la reparación de mi primera desdicha sentimental. De su mano conocí un mundo totalmente diferente y, debo reconocerlo, bastante frívolo. Pero yo era aún muy joven y acababa de salir de un solemne fracaso matrimonial.

Aunque reconozco que a su lado viví la época más loca de mi vida, por Nina, aparte de cariño, llegué a sentir en un principio mucha pena. Además de sufrir el acoso de los hombres que pululaban a su alrededor, estaba muy sola en la vida, y había perdido a su madre en un accidente cuando ésta viajaba en coche con su tercer marido. Nina culpó de la muerte a su padrastro, quien según ella quería quedarse con unas plantaciones que la madre tenía en Ceilán, e incluso llegó a asegurarme que él la había asesinado.

La madre de Nina se había casado en Inglaterra. El padre había desaparecido y nunca se supo más de él, por lo que la madre, una vez abandonada, se fue a vivir a Ceilán con un viejo oficial inglés llamado Dyer, que poseía allí unas plantaciones de té y le dio el apellido a Nina. Tras la muerte de su segundo marido, la madre de Nina, que heredó las tierras, se casó con un aventurero sudafricano que a la larga demostró más amor por las plantaciones que por ella. En el extraño accidente de coche en el que la madre de Nina perdió la vida, su tercer marido salió milagrosamente ileso.

Nina me insistió siempre en que no había sido un accidente, y afirmaba que su segundo padrastro hizo todo lo posible para que lo pareciera. Tal vez, de tener Nina razón, lo calculó todo muy bien. Lo que sí es cierto es que la policía lo estuvo buscando.

Con Nina viví durante tres años y, cuando me divorcié de Teresa, nos casamos. Podría haber seguido con ella sin casarme, pero estaba enamorado. La vida con Nina también fue difícil. Al principio, creí que iba a ayudarme a olvidar mi desdichado matrimonio, porque entonces era muy ingenuo y muy inocente. Las cosas fueron a peor para mí. Recuerdo que mi tía Amélie, la viuda de mi tío Fritz, vino a verme poco antes de que Nina y yo nos casáramos. Estaba convencida de que yo iba de cabeza hacia otro desastre y me sugirió que fusionáramos nuestras empresas, con la condición de que abandonara la idea de casarme con ella. Me insistía en que, si nos uníamos, podríamos formar el *holding* industrial más poderoso de Europa. No quise escucharla. Repito que estaba muy enamorado de Nina y no le hice caso. Hoy me arrepiento de no haber aceptado su propuesta empresarial. Pero de lo que no me arrepiento, a pesar de que acabara en desastre, es de haberme casado con Nina.

El matrimonio sólo duró un año. Antes de casarnos, le pedí que rompiera todo tipo de trato con el actor y modelo francés Christian Marquand, con el que tenía una relación, y quien años más tarde se casaría con la hija de la actriz Maria Montez. Cuando se lo dije, rompió con él. Sin embargo, pasado un tiempo, volvieron a verse y, en consecuencia, yo rompí con ella. Nina me había llegado a proponer una «unión de tres», incorporando a Marquand a nuestro matrimonio. Por supuesto, me negué.

Nina era una persona totalmente inestable y, en cierta medida, llenó de inestabilidad mi vida por aquellos años. Pero a la vez tenía un fondo de bondad y era bastante generosa. Por otra parte, todo el mundo la quería.

Se marchaba de vez en cuando a ver a Christian y era incapaz de elegir a uno de los dos, así que rompí el matrimonio. Ella, al final, no se casó con Marquand, a quien sin embargo le había regalado un deportivo descapotable que tenía la llave de contacto de oro macizo, pero que él tuvo que acabar vendiendo porque no tenía dinero para ponerle gasolina.

Lo que estaba muy claro era que Nina era una mujer profundamente excéntrica y que, durante los cuatro años que vivimos juntos, hizo que yo cometiera también muchas excentricidades. Como la de tener que sacar a pasear por las mañanas por el bosque de Boulogne de París a la pantera y al leopardo que adquirimos en Ceilán nada más casarnos y que se fueron haciendo enormes a medida que pasaban los meses.

Llegué a tal extremo porque quería agradarla siempre. Tuve por aquella época una paciencia infinita. Tanto la pantera negra como el leopardo la apasionaban e iban con nosotros a todas partes. Nina jugaba mucho con ellos y en ocasiones la arañaban. De ahí que muchas veces apareciera en público con la espalda, los hombros y los brazos llenos de rasguños. Recuerdo que, en una ocasión, la actriz francesa de origen ruso Odile Versois me preguntó directamente si era cierto que yo era un sádico... Lamenté decepcionarla, pero le dije que yo no era el causante de tales arañazos.

La pantera y el leopardo, que compramos en Colombo cuando eran pequeñitos y metimos en una caja que ponía «gatos», para después, ya en el aeropuerto, llevar a uno de ellos en cabina con nosotros hasta Zúrich, causaban enormes destrozos en las *suites* de los hoteles en los que nos alojábamos. Esto a mí no me hacía ninguna gracia porque, además de parecer una pareja que viajaba con un zoológico portátil, me veía obligado a pagar auténticas fortunas. A la pantera y al leopardo había que añadir una *troupe* de perritos que nos seguía a todas partes.

Reconozco que, de haberle hecho caso a mi tía Amélie, nada de aquello hubiera sucedido. Pero ése fue el precio que tuve que pagar por tener a mi lado a una de las mujeres más atractivas y más deseadas del momento y, sobre todo, por poner el amor por delante de los negocios.

La reacción de Nina Dyer cuando vio que nuestro matrimonio se acababa fue irse de tiendas. Fue el 14 de abril de 1956 y se gastó 2,4 millones de francos franceses en Balenciaga. Los días siguientes se gastó cuatro millones más en diversas *boutiques*. Fue precisamente Givenchy quien me alertó de lo que estaba sucediendo. Por otra parte, había adquirido joyas por valor de un millón de dólares. Al final, mi paciencia se agotó y el 3 de julio solicité el divorcio. El juez determinó que Nina se quedaba con la casa de Jamaica, el apartamento que teníamos en París, todas las joyas que le había comprado y un cuadro del Greco. A mí me tocó pagar todas las facturas de cuanto había gastado aquellos últimos días en casas de alta costura de París. Yo tenía treinta y tres años cuando me divorcié de mi segunda mujer.

En el caso de Nina, casi todo lo que dijeron por aquella época los periódicos era completamente falso. Para el divorcio ella contrató a un abogado inglés que era agresivo y desagradable. No recuerdo cómo se llamaba.

El día del juicio yo tenía muchos dolores a causa de las secuelas del accidente que tuve volviendo de Milán, y me administraron una inyección de morfina. En un determinado momento, Nina se dio cuenta de que yo no me encontraba bien y le dijo al juez: «Mi marido tiene dolores, aceptaré lo que él quiera».

Nina perdió la condición de baronesa, pero tal vez lo que menos le importaba era el título. Sobre todo porque poco después adquiriría uno de más alto rango al convertirse en princesa, ya que no fue con el actor Christian Marquand con quien se casaría, sino con el príncipe Sadruddin Aga Khan, hermano menor de Ali Khan, el que había sido marido de Rita Hayworth. La familia le pidió insistentemente a Sadruddin que no se casara con ella. Algo de mujer irresistible debía de tener, sin embargo, Nina Dyer, porque Sadruddin, al igual que había hecho yo antes, desoyó a los suyos, que formaban una familia bastante estricta desde el punto de vista religioso, y perdió sus derechos dentro del islamismo.

Nina tuvo una segunda oportunidad, que, de hecho, fue una auténtica ocasión de oro: Sadruddin, hijo del Aga Khan III, se enamoró de ella. Sadry, como se lo conocía, no hizo caso ni a su hermano Ali Khan ni al resto de la familia. Al parecer, incluso le recordaron la posición que podía tener, pues se podría convertir en el líder religioso de los ismaelitas si abandonaba la idea de casarse con Nina. Sin embargo, él, que a diferencia de su hermano nunca había estado casado y llevaba una vida discreta en Suiza, no los escuchó.

Sadruddin y Nina contrajeron matrimonio en agosto de 1957 en Bellerive (Suiza) y me invitaron a la boda. Ella se convirtió al islam y tomó el nombre de Shirin, que significa «dulzura». Vivían en una fantástica casa de campo a las afueras de París. En uno de los cumpleaños de Nina, Sadry, según me contó él un día, le dijo: «Tengo un regalo para ti. Asómate a la ventana y elige». Ante la fachada principal de la mansión había un Rolls-Royce y un Bentley. «¿Cuál quieres?» La respuesta estuvo en perfecta consonancia con su proverbial excentricidad porque, tras decidirse por el Bentley, Sadry le dijo: «¿Te gusta este color o prefieres otro?», y ella respondió: «Son demasiadas decisiones para tomarlas en un solo día».

Cinco años después, él pidió el divorcio porque Nina se había ido de casa con el médico que le suministraba calmantes, y que ejercía un poder absoluto sobre ella. Al parecer, le daba pastillas que a veces la hacían dormir durante una semana. Se marcharon juntos a Jamaica.

Un día regresó a Francia. La vi en París una semana antes de que se quitara la vida. Yo no creía que pudiera hacerlo. Me contaron después que en los últimos años tenía tendencia a sufrir depresiones, algo que cuando estaba conmigo nunca le había pasado. La verdad es que cuando volví a encontrarla había cambiado mucho.

Según supe después, se había enamorado. Su amante era un joven estúpido que estaba casado y tenía hijos. Habían planeado irse a la Costa Azul juntos y, en el último momento, él le dijo que no iba a dejar a su mujer. Nina se quedó destrozada. Se dio cuenta de que estaba perdiendo su control sobre los hombres. Según me dijeron, fue a ver a una amiga suya, Betty Estévez, para refugiarse en ella, pero ésta la echó y le dijo que ya estaba harta de sus historias. Entonces Nina se fue a su casa y, al parecer, tomó las pastillas. Al día siguiente, 3 de julio de 1965, día en que se cumplía el noveno aniversario de nuestro divorcio, Nina Dyer, que tenía treinta y seis años y vivía en el Manoir de Buzenval, en la localidad francesa de Garches, a las afueras de París, fue encontrada muerta en la cama por su ayuda de cámara cuando éste le subía el desayuno a su habitación. Nina dejó todo su dinero para una fundación dedicada a proteger a los animales.

La versión oficial fue clara: sobredosis de barbitúricos. Pero después se empezó a formar la leyenda, se empezaron a hilvanar hipótesis y, de paso, surgieron preguntas, algunas de las cuales no tenían respuesta: ¿cómo una mujer con dos indemnizaciones millonarias, la de Sadruddin y la mía, podía quitarse la vida?, ¿qué motivos tenía para renunciar a una existencia de lujo y ociosidad? Y había algo más: ¿cómo es que una mujer que se piensa suicidar va horas antes a la peluquería? Y, sobre todo..., ¿por qué compró un pasaje de avión a Suiza para el día siguiente de su muerte?

Mi opinión es que nunca se sabrá la verdad. Todo lo que se dijo después han sido suposiciones. Por otra parte, creo que al interior del alma de Nina no consiguió llegar nunca nadie.

Fiona Campbell, mi tercera esposa

Aquella llamativa mujer a la que conocí cuando regresaba un día de Saint Moritz en el pequeño tren que, serpenteando por la montaña, lleva a Zúrich se iba a convertir poco después en la nueva baronesa Thyssen. Lo que yo no me podía imaginar era que a la tercera tampoco llegaría para mí la vencida. Sucedía esto cuando había transcurrido poco más de un mes de mi divorcio de Nina Dyer. Era el año de los Juegos Olímpicos de Melbourne y del alzamiento popular de Hungría contra los rusos; el año en que Mistinguett moría en París y Raniero se casaba en Mónaco con la estrella cinematográfica Grace

Kelly. Se llamaba Fiona Campbell y su padre era marino de guerra en la Armada británica.

Precisamente aquel día, ella iba a visitarlo. De familia angloescocesa, me dijo que era modelo y que vivía en París. Era bastante atractiva. De nuevo, el flechazo. Yo no acababa de aprender. Era una mujer muy poco inteligente, algo de lo que me fui dando cuenta con el tiempo.

Quiso el destino que ambos viajáramos el mismo día y en el mismo vagón del mismo tren. Y que, sin presentación alguna, empezáramos a hablar. Había un pequeño problema: Fiona estaba comprometida con un *playboy* italiano, un tal Ernesto, al que yo conocía, pero que no acababa de casarse con ella, aunque le iba a regalar, al parecer, un Ford Thunderbird, coche que por aquel entonces era el último lujo sobre cuatro ruedas.

Por lo del coche no había ningún problema: le regalé enseguida uno igual, color gris perla. Lo compré con la intención de impresionarla, y, cuando se busca impresionar a una mujer, significa que también se está intentando seducirla. Poco después, ella me confesó que también se había enamorado de mí. Por tanto, el *playboy* italiano quedó fuera de la circulación. Le propuse matrimonio y Fiona aceptó.

Recuerdo que en el tren que nos llevaba a Zúrich Fiona me contó que en el pasaporte de su padre ponía «nacido en las sombras del Himalaya», porque había venido a este mundo en algún lugar de la India colonial del Imperio británico, pero no se sabía en concreto dónde. De ella sí que se sabía: había nacido en Takapuna, una maravillosa aldea de Nueva Zelanda, un auténtico paraíso romántico con una espesa selva y una gran cascada en la que brotaban millones de orquídeas salvajes. Eso fue, al menos, lo que me contó. Tiempo después, los dos visitamos Takapuna, que en realidad era una aldea perdida en la carretera de Auckland, sin vegetación alguna, que no se distinguía precisamente por la belleza del paisaje. Lo que sí había allí era el hospital militar de la Marina donde había estado destinado un tiempo su padre.

El 26 de agosto de 1956, Fiona Francesca Campbell-Walter y yo firmábamos en Villa Favorita la pertinente separación de bienes, y en septiembre nos convertíamos en marido y mujer, en una ceremonia íntima celebrada en la casa consistorial de Castagnola. Fiona empezó a ocupar muy pronto portadas de revistas. Le encantaba promocionarse, le gustaban las entrevistas y la prensa cada día la hacía más objeto de su atención, al igual que el mundo de la moda.

Fiona, que tenía una hermana muy agradable y dos hermanos bastante tontos, era una mujer bella pero que hablaba, hablaba, hablaba... y hablaba. Recuerdo que un día me preguntó no sé qué y, al no responderle, me dijo que no le prestaba atención. Le respondí: «Tienes una voz tan maravillosa que no me puedes pedir que, a la vez que la estoy oyendo, cosa que me encanta, preste atención a lo que me dices».

He dicho antes que lo de Fiona fue un amor a primera vista. Yo sé que esto puede ser un defecto muy claro en mí. Sé también que a las mujeres es conveniente darles, de vez en cuando, celos. Pero a mí me resulta difícil no ceder a sus caprichos, y mis cuatro primeras mujeres han tenido muchos. En lo que respecta a Fiona, uno de sus fallos fue haberse tomado muy a pecho el papel de baronesa. Daba la sensación de que creía que el título había sido creado expresamente para ella. Por eso se sentía muy en el papel cuando le tocaba ejercer de madrina a la hora de bautizar algún barco de nuestra naviera. En general, le encantaba la vida social. En 1958 nació nuestra hija Francesca. Enseguida me dio a entender que ella no se había casado con uno de los hombres más ricos del mundo para quedarse encerrada en casa ejerciendo tan sólo de madre.

En junio de 1963 nacía Lorne, el segundo hijo, y poco después Fiona declaraba que estábamos más unidos que nunca. La realidad era, por el contrario, muy diferente, hasta el punto de que puse en duda que yo fuera el padre del niño. Pedí incluso una prueba de paternidad. No sé cómo se las arregló ella pero el resultado se manipuló, algo que Lorne y ella misma me confirmaron años después.

Llegó, de pronto, un momento en el que vivir juntos se nos hizo insoportable. Para entonces, mi mujer me engañaba y un día me pidió el divorcio, añadiendo que pensaba casarse con un americano. Se trataba del director de cine Sheldon Reynolds, un estadounidense con el que llevaba unos años viéndose y con quien al final no se llegaría a casar. Sin embargo se lo concedí, tal y como me había pedido. Recuerdo que la noticia de que nos divorciábamos la dimos los dos en un hotel de Madrid en el que estábamos alojados. Puedo decir ahora que el día que comunicamos tal decisión yo sentí una completa sensación de alivio y felicidad.

Sin lugar a dudas, el mundo es muy pequeño. Quién hubiera pensado que la primera vez que Tita oyó hablar de mí iba a ser a través de su marido, Lex Barker. Fue en Barcelona, donde Lex estaba rodando como protagonista la película *Un lugar llamado Glory*, dirigida por Reynolds, el hombre con el que Fiona quería casarse. Fiona había ido a la Ciudad Condal a reunirse con él. Al parecer, Lex estaba muy molesto con la situación y le dijo a Tita que había conocido a Fiona, la esposa del barón Thyssen, y que no conseguía entender a las mujeres: «No puedo comprender cómo alguien, estando casada con un hombre tan excepcional como Heini Thyssen, al que conozco, lo esté engañando con Sheldon, que no merece mis respetos ni como director de cine ni como persona». También le había dicho que estaba bastante molesto aquellos días mientras rodaban la película porque Fiona se metía en todo y quería ser más importante que el director y que los actores e interrumpía constantemente el rodaje.

Fiona al principio era muy amable, pero ella y una de sus mejores amigas, también modelo, no pensaban en otra cosa que en salir y divertirse a su manera. En un determinado momento, sus nombres se vieron relacionados con escandalosas fiestas en las cálidas noches de Roma y otros lugares. Incluso una vez apostaron a ver quién conseguía conquistar a más hombres..., y fue Fiona quien ganó la apuesta, según ella misma me confesó cuando, afortunadamente, ya estábamos en trámites de divorcio.

Nos divorciamos, pero mi exmujer no se casó con el director norteamericano. Y no porque ella cambiara de idea, sino porque él se echó atrás en el último momento. A mí me dio la sensación de que prefería ser el amante de la baronesa Thyssen que el marido de Fiona Campbell, dos cosas muy distintas y con un cierto matiz de morbo.

Pero, además, después del divorcio, Fiona me pidió mucho dinero para financiar una película que él quería dirigir. Intentó convencerme de que iba a ser un proyecto fantástico y de que ganaría muchísimo dinero. Le dije que no tenía nada en contra de Reynolds y que estaba dispuesto a ofrecerle un café, pero no a invertir en su película.

Un día, la alta sociedad europea se despertó con una sorprendente y desagradable noticia: Fiona Campbell estaba saliendo con Alexander, el hijo de Onassis. En 1967 recibí una llamada de Tina Onassis: «No me explico cómo Fiona puede estar saliendo con mi hijo Alexander, a quien conoció cuando era un niño, en tu casa». Le dije que no estaba en mis manos solucionarle el problema que me planteaba. El romance levantó una enorme polvareda. Onassis se puso hecho una furia. Lo entiendo, porque la diferencia de edad era muy considerable: Fiona tenía por entonces treinta y cinco años y Alexander tan sólo dieciocho.

Su breve historia de amor quedó trágicamente truncada cuando Alexander perdió la vida en un accidente de avión.

Fiona no era una mujer insegura: era tonta. Creía que lo sabía todo y en realidad no entendía nada. No tenía lógica, pero en ocasiones se esforzaba. Fue mi tercer fracaso matrimonial. Se diferenciaba de los dos anteriores en el hecho de que en éstos fui yo quien pidió el divorcio. En el caso de Fiona, ella fue quien solicitó la disolución del matrimonio, sin que en ningún momento yo intentara oponerme. Sin embargo, a pesar de ser ella la solicitante y pese a que, antes de casarnos, habíamos firmado un acuerdo de separación de bienes, Fiona salió magníficamente beneficiada en el aspecto económico, pues recibió una compensación que le permitía pasarse el resto de su vida con un estatus de millonaria, sin tener que trabajar ni preocuparse de nada salvo de los hijos.

No obstante, hubo una época en la que Fiona no hacía más que quejarse y me decía que yo la había tratado mal, ya que en el acuerdo de manutención había quedado colocada a la altura de los divorcios de las actrices de segunda fila. Sin embargo, la sentencia definitiva de divorcio decía todo lo contrario. Y además, los hijos, Francesca y Lorne, recibirían una manutención mensual importante hasta que cumplieran veinticinco años. Aparte del arreglo millonario, Fiona se quedó con el chalet de Saint Moritz, que después le vendería a Agnelli, y con numerosas joyas de incalculable valor.

Fiona Campbell pudo seguir manteniendo el mismo tren de vida que llevaba cuando era mi esposa. Los veranos los pasaba en Grecia, y los inviernos en Suiza. Y en cierta ocasión declaraba a una revista: «Cuando has llevado un cierto nivel de vida durante siete años, de repente no puedes dejar de hacerlo. Necesito tener el mejor coche, el mejor avión, la mejor comida y los mejores vestidos para que me sea posible vivir».

Denise Shorto, el cuarto error

Mi cuarta esposa fue la brasileña Denise Shorto. Me casé con ella en 1967 y tuvimos un hijo. Creo que jamás llegué a importarle algo. De nuevo me equivoqué.

A comienzos de ese año yo estaba en Gstaad, con una amiga de origen árabe llamada Nana, que era la novia de Franco Soldati, un amigo mío que vivía en Buenos Aires. Los Shorto, una familia bastante extensa, celebraban una fiesta en un restaurante.

De pronto apareció Denise, nos presentamos y, durante la conversación, mostró interés en saber si eran ya cuatro las veces que me había casado. Le aclaré que una menos y, al día siguiente, le envié un ramo de flores.

De nuevo la manía del flechazo, porque poco después le propuse matrimonio y no se lo pensó dos veces. Sin embargo, antes de casarnos, mis abogados le pidieron a Denise que firmara el acuerdo prematrimonial de separación de bienes que se hace normalmente en Suiza, y ella se negó. Fue en esto en lo que de verdad me equivoqué, en aceptar aquella negativa.

No había pasado un año desde que nos habíamos conocido y, de pronto, se convertía en mi cuarta esposa. La boda se celebró en Lugano el 13 de diciembre de 1967. Yo nací un 13 de abril y siempre he dicho que el 13, un número tan denostado, era mi número de la suerte. Está muy claro, una vez más, que no hay regla sin excepción. En mi caso, la excepción a esa regla fue la fecha de mi boda con Denise.

Hija de una pareja de ascendencia británica —el padre de Londres, y la madre escocesa— que se había instalado en Brasil, Denise había nacido en São Paulo y, tras asistir al colegio en Montreux, se fue a vivir con sus hermanas a Ginebra, donde un día conoció a Tita cuando ésta estaba estudiando en Lausana. Allí se dio el caso de que, sin Tita quererlo, se enamoró de ella un novio que tenía Denise.

Al final del invierno de 1974, Denise se quedaba embarazada, y el 20 de noviembre daba a luz a su hijo Alexander, por el que siempre he sentido una gran ternura.

A mi lado, Denise tenía el lujo y todo lo que una mujer podría o puede soñar, pero le faltaba, al parecer, un amante. Y no tardó en tenerlo. Se trataba del *playboy* italiano Franco Rapetti, que incluso la visitaba en Villa Favorita.

Infiel me fue prácticamente siempre. Pero tenía una virtud: era tan clara que lo admitía y hasta me lo contaba. No le daba miedo nada, porque estaba convencida de que yo había decidido no pasar por más trámites de divorcio y se lo iba a consentir todo. Hacía tiempo que ocupábamos habitaciones separadas. Una de las cosas que más me enfurecían, y ante la que yo cedía para no tener que discutir constantemente con ella, era cuando me echaba de mi propio yate alegando que lo tenía ocupado con sus amistades.

Rapetti era un genovés de treinta y tantos años, alto y simpático, que formaba parte de la *dolce vita* romana de las noches de Hippopotamus, el Club 84 y Number One, y al que los amigos llamaban *Capriccio per Signora*. Pero, de pronto, aquel donjuán cuyo único oficio conocido era el de jugar al póquer desapareció un día de la circulación y desembarcó por sorpresa en el mundo del comercio de las obras de arte instigado por Denise.

Durante los trámites de divorcio de Denise, me enteré por los diferentes marchantes y galeristas de arte de que, cuando yo tenía fijada en mi agenda una visita para realizar alguna adquisición, unas horas antes y por indicación de ella, que sabía lo que yo iba a hacer, Rapetti visitaba la galería para pedir un porcentaje sobre lo que yo comprara. Tengo pruebas de que cobraba comisiones. Unas veces del 20 por ciento, otras del 30 y en alguna ocasión hasta del 50. Obviamente, se la repartían. Cuando algún galerista o algún marchante se negaban a dársela, Denise y Rapetti intentaban convencerme por todos los medios para que no fuera a ese lugar, cosa que, aunque yo no estaba al tanto de lo que ellos urdían por detrás, no conseguían fácilmente, porque cuando yo quiero algo o decido ir a un sitio es muy difícil convencerme de lo contrario.

La noche del 8 de junio de 1978, me encontraba en Inglaterra, hospedado concretamente en el hotel Claridges de Londres, y recibí la noticia de la trágica muerte en Nueva York de Franco Rapetti. Aquella noche yo había ido al teatro con la princesa Firyal, que tenía un Rolls-Royce con los colores de la bandera jordana. A la salida regresamos por una autopista y recuerdo que nos adelantó un enorme camión cisterna que no nos golpeó por milímetros.

Después fuimos a cenar al Mark's Club. Y fue ahí donde conocimos la noticia: Denise me telefoneó para decirme que Rapetti había fallecido. Me explicó que cuando, bajo los efectos de algunos sedantes que había tomado, intentaba abrir una ventana del undécimo piso en el que estaba, se había caído a la calle.

No hubo investigación policial tras la muerte de Rapetti, ya que era extranjero. Como supe después, su cuerpo sin vida apareció encima de un coche aparcado. En este caso, el consulado italiano debería haber sido informado, lo cual habría llevado a formalidades interminables. Pero Denise, llorando, dijo que debíamos llevarnos el cuerpo de inmediato porque, como averigüé más tarde, según las leyes de Nueva York, pasados tres días la policía estaba obligada a realizar una autopsia y a abrir una investigación. Tuve que fletar un avión de Swiss Air para devolver a Denise a Europa con el ataúd de su amante. Creo que fue enterrado en la zona suroeste del lago de Lugano, concretamente en Morcote.

Nunca descubrimos qué había sucedido. Estoy seguro de que no fue un accidente porque me dijeron que en aquel edificio no podían abrirse con facilidad las ventanas. Además, había tomado sedantes. Rapetti le había pedido a un abogado francés que lo protegiera de Denise. Incluso se había planteado someterse a una operación de cirugía estética para escapar de ella. Denise había prendido fuego una vez a la cama de Rapetti y le había destrozado sus cuadros. Él quería dejarla, pero no podía porque tenían una cuenta conjunta en Ginebra. Ella lo tenía sometido, y todo aquello no podía resultarle muy agradable.

Cuando Rapetti murió, él y Denise tenían bastantes millones de dólares en un banco de Ginebra. Es bastante probable que los ganaran en concepto de comisiones.

Nuestro matrimonio no funcionó desde muy al principio, para mi tristeza, pero yo no pensaba en el divorcio por Alexander, nuestro hijo. Cuando Rapetti murió, pensé que las cosas mejorarían. Por el contrario, Denise siguió teniendo amantes: tres, cuatro o cinco, no lo sé. Entonces decidí que se había terminado. Ella apenas me hablaba y yo me sentía muy solo. De repente, desaparecía varios días, y si yo recibía alguna llamada de ella era para contarme mentiras. Aun así, me resistía a divorciarme por el cariño que le profesaba a Alexander. Por otra parte, ella organizó una especie de conspiración contra mis otros hijos. Empezó a acusar a Georg, Francesca y Lorne de comportamientos poco convenientes y por eso no los dejaba entrar en Villa Favorita. Conmigo no hablaba y no hacía más que mentir. Ya no era posible seguir así.

Denise y yo estábamos separados de hecho, pero había que afrontar la larga batalla del divorcio. En abril de 1982, inicié los trámites en Suiza. Ella, a su vez, decidió presentar la demanda en Inglaterra, pensando que en ese país podría salir más beneficiada.

Una vez presentada la solicitud de divorcio, me pidió poder ir al *Hanse*, mi barco, para recoger sus cosas, para lo cual necesitaba también que le prestase el avión. Accedí a ambas peticiones, pero cuál fue mi sorpresa cuando mister Gartman, uno de mis tres pilotos, me dijo que estaba furioso porque él y los otros dos habían tenido que cargar con interminables cajas con aquel sofocante calor de agosto y, para su vergüenza, en mitad de la pista una de ellas se abrió y cayeron cantidades de cajas de kleenex, toallas, etc. Así, el *Hanse* quedaría casi desvalijado, al igual que ya había sucedido con las casas que Denise compartía conmigo. Pero ése no era el problema más grave: lo que quería Denise era nada más y nada menos que mi fortuna. No sabía, sin embargo, que tal posibilidad iba a quedar hecha trizas el 18 de abril de ese mismo año, una semana después de iniciar yo los trámites de divorcio, cuando firmé con Georg, que estaba al frente de mi *holding* de empresas, el acuerdo del Continuity Trust (fideicomiso de continuidad) en las Bermudas. Dicho acuerdo aseguraba la estabilidad del Thyssen-Bornemisza Group, que, en consecuencia, quedaba fuera del alcance de Denise. Sin embargo, hasta años después no me di cuenta de que la insistencia de Georg en formar el Continuity Trust se debía no tanto al peligro que Denise podía suponer para las empresas como al obstinado deseo de él de quitarme también a mí el control total de mis compañías, como fue siempre el deseo de Teresa, su madre.

En realidad, Georg temía a Denise y, más allá de su codicia, lo que buscaba era que mi divorcio llegara lo antes posible. De ahí que, según se dijo, viera en principio con buenos ojos la llegada de Tita a mi vida. De forma sorprendente, Denise me acusó de adulterio con Tita, lo que tanto a ésta como a mí nos ocasionó una cierta hilaridad cuando ella se vio obligada a reconocer ante un tribunal que me había sido infiel con Franco Rapetti y con el príncipe Hugo de Windisch-Graetz.

A principios de agosto de 1985, la justicia británica dictaba sentencia definitiva de divorcio.

El divorcio de Denise fue el más difícil. El juicio empezó en Suiza, pero unos meses después ella quiso tramitarlo en Inglaterra. El inconveniente era que, si no funcionaba allí, yo no podría esgrimir los mismos argumentos por segunda vez. Para mí era arriesgado, pero, aun así, lo llevamos a cabo en Inglaterra. El tribunal de apelaciones confirmó la decisión. Luego, Denise inició de nuevo el juicio en Suiza. El juez suizo ratificó el veredicto inglés, pero tardó mucho tiempo. Denise presentó otra apelación y, una vez más, el tribunal suizo confirmó el dictamen. Insistí en que una parte de las joyas que había adquirido como inversión, con un valor de bastantes millones de dólares, siguieran en posesión de mi familia. Pero, al ver que ella se negaba, le propuse que las pusiera a nombre de Alexander. Inexplicablemente, también se negó a aceptar mi propuesta.

CAPÍTULO 9

Tita y yo: el destino

Estamos en 1981 y nos encontramos en Cerdeña. Tita había estado casada una vez; él, cuatro. Ella tiene un hijo y cuatro son los que Heini tiene. Sin embargo, aquella noche, en la casa de unos amigos comunes, ni Tita ni él se podían imaginar lo que el futuro podía tener preparado para ellos.

La primera vez que vi a Tita fue en Cerdeña y no hubo palabras: los ojos lo dijeron todo.

Coincidimos en casa de Peter y Brigitte Notz para una cena con un cóctel previo. Al verla llegar, me quedé impactado. Estaba radiante y desbordaba vitalidad y belleza, algo innato en ella según he podido comprobar a lo largo de los años que llevamos juntos. Cuando nos presentaron, sentí en mi interior que algo muy especial podía suceder en mi vida por el hecho de haberla conocido. Tita y yo hemos recordado muchas veces aquel primer encuentro y hemos llegado a la conclusión de que hubo una especie de magia en la que quedamos atrapados. Ella me confesaría más tarde que había sentido exactamente lo mismo que yo.

Algo me llevó a intuir que la felicidad que había estado buscando a lo largo de mi vida —y que ya estaba prácticamente convencido de que no me iba a ser posible encontrar— podía estar al alcance de mi mano. A partir de entonces, no quise perderla: sólo quería estar a su lado.

Me la presentaron como Tita Barker, viuda de Lex Barker, actor al que yo admiraba porque, después de adquirir fama universal como Tarzán, había protagonizado en Alemania una serie de películas del Oeste, basadas en las novelas de Karl May, uno de los escritores alemanes más leídos de la época, quien, sin haber estado jamás en el Oeste americano y gracias a su poderosa imaginación, había logrado recrear perfectamente el ambiente del *western*.

En mi juventud siempre tuve una especial predilección por los libros de May —de hecho, aún los conservo—; por eso, de vez en cuando vuelvo a ver las películas que sobre sus obras protagonizó Lex Barker.

Yo sabía perfectamente quién era Tita porque había sido la mujer de uno de mis actores preferidos y los había visto fotografiados juntos muchas veces. Lo que no sabía es que era aún más especial de lo que se adivinaba en la prensa.

Por su parte, ella también sabía quién era yo: yo era aquel barón del que un día le había hablado Lex Barker, su marido, en Barcelona. Sabíamos cada uno quién era el otro, y yo me di cuenta de que, a pesar de su timidez, los dos nos habíamos mirado como si tuviéramos mucha felicidad que compartir.

Después de cuatro bodas, que se habían traducido para mí en cuatro desastres, no había perdido por completo la esperanza de ser feliz. Lo que tengo claro es que Tita llegó a mi vida en el momento justo, cuando yo me encontraba en una situación en la que todo me daba ya igual y pensaba que no valía la pena divorciarme de mi cuarta esposa para volver a sufrir un nuevo fracaso amoroso. Y precisamente en esas horas tan bajas apareció ella. Yo, que en mis anteriores uniones sólo buscaba lo que no acababa de encontrar, me enamoré de Tita, una mujer que tiene una enorme fe en la vida y que consiguió contagiármela. Por eso, cuando me preguntan qué es lo que más me gusta de ella, siempre digo lo mismo: todo. Con ella soy inmensamente feliz, algo que ya no sabía que existía. Para mí los días empiezan y terminan de la misma manera: con el permanente deseo de estar siempre con ella.

Empezó la cena y a ella no la habían sentado a mi lado ni frente a mí, sino en diagonal. Después me enteré de que una señora que se acababa de divorciar del dueño del hotel Richmond de Ginebra tenía un interés especial en mí, pues sabía que mi matrimonio con Denise estaba roto. Y justamente la sentaron a mi derecha. Más tarde supe que todo lo habían preparado los anfitriones, ya que consideraban que la señora en cuestión podría ser la mujer ideal para mí.

Durante la cena no pude apartar los ojos de Tita, aunque cada vez que la miraba ella volvía la vista en otra dirección. Sin embargo, una idea se había fijado en mi mente: no podía perderla. Así que en un determinado momento me levanté de la mesa, me acerqué a ella y le dije: «Me gustaría invitarte a almorzar mañana en mi casa». Ella me respondió: «Sí, pero si podemos ir todos».

Al día siguiente, Tita, con cuya mirada estuve soñando toda la noche, llegó con los amigos en una lancha; yo ya la estaba esperando en el embarcadero. Nada más llegar, la cogí del brazo y subimos caminando hasta la casa, donde Denise, como de costumbre, sentada en un sofá del salón con una pierna apoyada en el respaldo, hablaba por teléfono y no se levantó a saludar a nadie.

Había un bufet preparado; cogí dos platos, serví primero a Tita y después me serví yo, y la llevé a una de las mesas. Hablamos de mil cosas, nos reímos mucho y debo decir que me sentí muy a gusto con ella. Al terminar de comer, le pregunté si le apetecía jugar al *backgammon*. «Me encantaría», respondió. Empezamos la partida y terminé de convencerme de que estaba ante la mujer de mi vida: su forma de jugar demostraba que los dos nos compenetrábamos en las decisiones del juego y que nuestro sentido del humor y nuestra rapidez iban a la par. Te puedes dar cuenta de cómo piensa y actúa tu adversario. Después de unas partidas geniales y muy divertidas, le pregunté si quería darse un chapuzón en la bahía. Dijo que sí, la acompañé al bungalow de invitados y esperé a que se cambiara. Siempre recordaré cuando apareció con su biquini blanco. Estaba esplendorosa. Fuimos caminando hacia la pequeña cala de arena blanca y nos zambullimos en las preciosas aguas de Cerdeña. Nadábamos uno muy cerca del otro, y le propuse avanzar un poco de lado para mirarla mejor. Ahí sucedió algo, un momento mágico..., y no pude evitar darle un beso en los labios. Puedo decir que en ese instante sentí como si hubiera sido el primer beso que daba en mi vida.

Y cuando yo creía que en aquel momento y en aquella cala sólo existíamos Tita y yo, de pronto vi cómo Brigitte Notz, una auténtica campeona de *windsurf*, se caía al agua justo en el momento de pasar en su tabla a nuestra altura de tan sorprendida como se quedó al vernos.

Al parecer nos estaba siguiendo, y cuando vio que nos besábamos perdió el equilibrio. Iba llena de collares, ya que, como buena campeona, no esperaba caerse. Tita y yo no pudimos contener la risa. Por lo visto, sólo quería saber qué pasaba con nosotros. Lo cierto fue que durante unos días no se habló de otra cosa en toda Cerdeña: en los últimos tiempos yo me había ganado fama de solitario, y de pronto una señora se caía al agua de la sorpresa al verme besar a Tita.

Después del baño, le dije: «Te invito a cenar», y de nuevo se puso el escudo: «Bueno; si cenamos con los amigos, sí». No tuve más remedio que aceptar.

Por la noche la fui a recoger. En el *Hanse*, después de la cena, le dije que quería enseñarle las vistas que se veían desde la cubierta superior del barco.

El cielo estaba estrellado. No recuerdo si había luna o no, pero lo cierto es que en aquel momento Tita brillaba en la oscuridad como la misma luna. No pude evitar besarla otra vez. Y de nuevo toda Cerdeña se enteró. A las pocas horas, todos estaban de cuchicheo en cuchicheo. Era divertido. Insistí en vernos al día siguiente. Mi ilusión era estar con ella, y mi alegría fue inmensa al saber que el día después los dos estábamos invitados al mismo almuerzo.

A la mañana siguiente, de nuevo la estaba esperando en el embarcadero cuando llegó la lancha con los invitados, y otra vez me apresuré para sentarme a su lado y, durante la comida, le dije que teníamos que seguir viéndonos.

Yo tenía que viajar horas después a Lugano. Le ofrecí que me acompañara, pero me contestó que no. Entonces le pedí que se quedara unos días más en Cerdeña, pues yo volvía al día siguiente. Me dijo que tampoco, porque tenía que regresar a la Costa Brava, donde estaban su hijo Borja y su madre. «Yo quiero seguir viéndote —insistí—. Si no vienes a Lugano ni te quedas en Cerdeña, iré yo a verte. ¿Me puedes invitar?» «Sí», me respondió. Dos días después, yo llegaba a Mas Mañanas. A mí, que nací al borde del mar, el lugar me pareció maravilloso. Pasamos unos días inolvidables. Al despedirme, le dije: «Ahora tienes que venir tú a Lugano». Me lo prometió, lo cumplió y ya nunca más nos separamos.

Una cacería muy peculiar

Poco después de conocernos, mi hermana Margit nos invitó a cazar en su finca de Rechnitz. Al día siguiente de nuestra llegada, salimos muy temprano con el ojeador: íbamos a dedicar la mañana a la caza del ciervo.

Al cabo de dos horas, apareció un ejemplar. Alcé mi rifle y en ese momento noté la presencia de Tita detrás de mí. Iba ataviada con una capa y un sombrero, bien equipada, pero sin llevar arma alguna; antes me había dicho que el primer día prefería no llevarla. Noté el susurro de la tela, miré hacia atrás y allí estaba: se había quitado la capa y la estaba agitando al viento, momento que naturalmente aprovechó el ciervo para salir corriendo. Y así nos quedamos, yo mirando a Tita y el ojeador mirándome a mí con cara de estupefacción. No se lo podía creer: se había pasado varios días cercando al ciervo para mí y ahora lo dejaba escapar. Yo sonreía pero no le comenté nada, y nunca más quise ir de caza. Tita es así y creo que me enamoré más en ese momento.

Boda en el castillo de Daylesford

Aunque vivíamos separados, Denise y yo seguíamos siendo legalmente marido y mujer. Un día, estando con Tita en el castillo de Daylesford, supe que Denise me había denunciado por adulterio. Me lo comunicó enseguida un abogado y mi reacción fue echarme a reír porque, por mi parte, ya había empezado los trámites de divorcio.

Yo daba por supuesto que Tita y yo nos íbamos a casar. Un día le dije: «Sí, porque cuando nos casemos...». Ella me miró con expresión divertida y replicó: «No sé, no sé». Me asusté. Tenía claro que nos íbamos a casar, pero en ese momento la miré y vi su cara. Con guasa, me preguntó: «Pero ¿es que me has pedido que me case contigo?». Enseguida me di cuenta de que había olvidado que Tita es muy romántica. Entonces le dije: «Te quiero como nunca he querido a ninguna mujer. ¿Te quieres casar conmigo?». Se echó en mis brazos y me contestó: «Sí». Y ya riéndonos los dos, nos dimos un beso. La verdad es que nunca habíamos hablado de boda.

El divorcio tardó cuatro años en llegar. El proceso se inició en Suiza y siguió en Londres, porque Denise había cambiado de residencia. Era como si estuviera huyendo de algo que inexorablemente iba a llegar, y ella lo sabía. Cuando Tita y yo ya llevábamos tres años juntos, mis abogados me dijeron: «Si pagas lo que pide, Denise te concede el divorcio mañana mismo». Era una cantidad desorbitada, pero yo estaba dispuesto a dársela para acabar con todo de una vez. Sin embargo, Tita me habló con toda la claridad y sinceridad del mundo: «Heini, ni se te ocurra. Tú y yo ya no somos dos niños. He estado casada antes, y tú también. Si estamos viviendo juntos es porque nos queremos, y el hecho de que estemos o no casados no debe preocuparnos».

Por fin, a principios de agosto de 1985, conseguí el divorcio. En pocos días pude arreglar los trámites para casarme con Tita y fijamos la boda para el día 16 de ese mes. Al ser verano, muchos de los amigos se encontraban de vacaciones, por lo que decidimos invitar a los muy íntimos y hacer una fiesta el 20 de septiembre para celebrarlo. Entre los presentes estaba el duque de Badajoz, Luis Gómez-Acebo, de cuyo brazo entró Tita en el lugar de la ceremonia, que se celebró en la localidad inglesa de Moreton-in-Marsh. La madrina fue la duquesa de Marlborough, que, curiosamente, la víspera de la boda apareció en la biblioteca de nuestra casa, donde Luis estaba tomando un café y leyendo la prensa. Se acercó a él y empezaron a hablar. Al cabo de un rato, ella le comentó sorprendida: «¡Qué silencio para ser un día de boda!». Luis le respondió: «Bueno, hoy es la víspera». «Pero ¿no es dentro de una hora?» «No, es mañana.» Fue entonces cuando la duquesa se levantó muy deprisa y le pidió: «Por favor, no le digas a nadie que he venido... y vestida así, porque es lo mismo que me voy a poner mañana».

Entre los invitados al enlace se encontraban Henry Ford, que fue mi padrino de boda, con Kathy, su esposa; Ann Getty, madrina de Borja; y, por supuesto, Borja, nuestro hijo;

Carmen, la madre de Tita; y mi cuñado Guillermo, el hermano de mi mujer, a quien yo también quiero como a un hermano.

Finalizada la ceremonia, nos trasladamos todos al castillo de Daylesford. Al llegar, y mientras un cuarteto de cámara interpretaba la *Marcha nupcial* de Mendelssohn, tomé a Tita en brazos y entramos en la casa. Después, almorzamos todos bajo una carpa.

El 20 de septiembre hicimos la gran celebración, también en el castillo de Daylesford, a la que asistieron unas trescientas personas, entre las que se encontraban el conde de Spencer, padre de la princesa Diana, con su esposa; los duques de Badajoz, los príncipes Thurn y Taxis, los duques de Marlborough y otras personalidades. En el momento de entrar en la carpa donde esperaban los invitados, un grupo de violinistas llegados de Hungría para interpretar música popular tocó *Granada* en homenaje a España y a Tita. Siempre quise que los emotivos violines magiares estuvieran presentes en los momentos importantes de mi vida.

En 1977 había comprado el castillo de Daylesford, escenario del banquete de boda y la gran fiesta celebrada al mes siguiente, al vizconde de Rothermere. Daylesford, situado en el condado de Gloucestershire, a treinta y cinco kilómetros de Oxford, fue en sus inicios una casa construida en el siglo XII que seiscientos años más tarde sería convertida en una mansión solariega.

Uno de sus propietarios, Warren Hastings, fue primer gobernador general de Bengala y gobernador general de la India. En 1785, a sus sesenta y dos años, regresó a Inglaterra y cumplió el sueño de su vida: demolió la casa que existía allí y que pertenecía a su familia, compró varios terrenos colindantes y edificó un castillo en torno al cual construyó pequeños estanques que confirieron a la propiedad un toque mágico.

Tras su muerte, Daylesford pasó por diferentes manos, y durante la segunda guerra mundial fue utilizado por el ejército británico. En 1946 lo compraron los vizcondes de Rothermere.

Adquirí el castillo a instancias de la duquesa de Marlborough, la madrina de nuestra boda. Tardé varios años en reformarlo. La propiedad, además del castillo, tenía unas cinco mil hectáreas que lo rodeaban y en las que había varias casas para empleados, que también fueron remodeladas. Por otra parte, se construyeron cuadras para los caballos. El edificio principal fue acondicionado por el decorador italiano Renzo Mongiardino. Asimismo, se adquirió maquinaria agrícola y el entorno del castillo quedó convertido en una verdadera granja. Años después, y más empujado que aconsejado por Georg, vendí Daylesford con gran tristeza por mi parte.

Con Tita estoy feliz en cualquier lugar del mundo

Estando con Tita me siento bien en cualquier lugar del mundo. Ella se ha convertido en parte esencial de mi vida. Me cuida y se ocupa de que todo esté a punto en las diversas casas que tenemos. Lo hace porque disfruta con ello y porque es absolutamente perfeccionista. También he de decir que casi nunca discutimos, y, si alguna vez me enfado con ella por alguna tontería, desaparece y ya no la encuentro hasta que sabe que se me ha pasado.

A diferencia de mis anteriores mujeres, siempre está a mi lado no porque yo se lo pida sino porque sale de ella, que sabe muy bien que es lo que más deseo. Nuestros momentos más felices tienen lugar por la noche, cuando estamos solos. Nos quedamos hablando hasta altas horas de la madrugada, en muchas ocasiones escuchando música y bailando, aunque sabemos que al día siguiente nos tenemos que levantar temprano. Nuestras conversaciones se centran en la vida, en el arte, en nosotros y en nuestros seres queridos. Siempre he sabido que Tita y yo —y se lo digo muy a menudo— *«we are both made of the same pattern»*: estamos hechos de la misma esencia.

Por otra parte, los dos somos creyentes y rezamos juntos muchas veces. Precisamente lo que también admiro de Carmen es su fe. Su fe en Dios, que es tan fuerte como la mía.

Alguna vez Tita me ha llamado «el holandés errante». Creo que hay mucho de verdad en ello si le damos a la historia el sentido cariñoso que, por encima de todo, ella le da al llamarme así, y del que carece, por supuesto, el legendario barco fantasma condenado a navegar por los mares de los cinco continentes. Yo la entiendo muy bien cuando me lo dice. Antes de conocerla, siempre iba de un lado a otro y no tenía apego por ningún sitio en especial: todo dependía de mis negocios, de mis empresas... Ahora sigo viajando igual, pero con ella.

En los desplazamientos relacionados con los negocios, mientras yo me reúno, sé que ella es feliz paseando por su cuenta por las ciudades en las que estamos. Además, a los viajes por motivos empresariales se han unido los ocasionados por nuestras colecciones de arte, que son muchos. Lugano es un lugar maravilloso donde muchas noches Tita y yo recorremos las galerías de Villa Favorita, en medio de un silencio que sólo rompen nuestras pisadas y en el que parece que los cuadros adquieren, si cabe, una mayor sensibilidad y misterio, y nosotros también. En Sant Feliu de Guíxols me siento muy identificado con el mar. Soy feliz en nuestra casa de Mas Mañanas envuelta en la brisa que llega del acantilado al que se asoma, rodeada por el aroma de los pinos y las flores que Tita siempre cuida cuando le dejo tiempo. No he visto a nadie podar y remover la tierra como ella —ya sea un árbol o una planta— con sus herramientas y sus guantes. Si les falta algo, Tita habla con ellos y los entiende. Lo cuida todo en este exuberante jardín. Estas plantas se parecen a mí porque, estando con ella, rápidamente nos recuperamos. De hecho, y por curioso que parezca, desde que me cortó el pelo una vez, ya no he dejado que nadie más lo haga, de modo que puedo decir que mi mujer, entre poda y poda, también me poda a mí.

Soy feliz en cualquier lugar del mundo... con Tita. Cuando me enamoré de ella, todo se me presentó como brillante y vital, todo era posible. Su fe en la vida es contagiosa, y me ayudó a encontrar de nuevo la alegría de vivir. Ella es inagotable.

Me ha animado a mantener mi pasión por el arte, a ampliar mi colección y a organizar exposiciones por todo el mundo. También he viajado con ella a Saint Moritz, que para mí resultaba la más divertida de todas las estaciones de esquí. Allí teníamos mucha vida social, porque Freddy Heineken, uno de mis mejores amigos, también tiene casa en los alrededores, como los Agnelli o los Niarchos. Por otra parte, siempre me gustó mucho esquiar, aunque en los últimos años prefería el esquí de fondo, modalidad que también le gusta a Tita, y caminar por los senderos nevados acompañados por Borja, a quien también le encantaba ir en su pequeño trineo.

En Saint Moritz solíamos pasar las Navidades y el Año Nuevo. Pasado un tiempo, en 1986, a Georg le gustó tanto nuestro chalet que al final consiguió quedárselo.

La casa de Jamaica y el fantasma Dappy

Hay un lugar muy especial para Tita y para mí: Alligator Head, la propiedad de Jamaica en la que siempre me he sentido a gusto y a la que procuramos ir una vez al año. La adquirí para Nina, pero, tras nuestro divorcio, ella prefirió otra casa ubicada enfrente y yo se la regalé.

Alligator Head, situada en una especie de pequeña península en la parte oriental de la isla, está rodeada de una exuberante vegetación. Allí vino a estar con nosotros en varias ocasiones nuestro gran amigo S. A. R. el conde de Barcelona, al que yo conocí durante la segunda guerra mundial, en Lausana. «Es el Rey de España», me dijeron la primera vez que coincidí con él, un domingo a la hora de misa. Después solía encontrarme a menudo con don Juan, que vivía en el hotel Royal, y nos hicimos grandes amigos. Además de haber estado con nosotros en Jamaica, el conde de Barcelona nos acompañó a Japón y fue, por otra parte, el último gran personaje que pernoctó en el castillo de Daylesford, poco antes de que lo vendiéramos. Por cierto: a su hijo, S. M. el Rey Don Juan Carlos, lo conocí también en Suiza cuando era príncipe. Fue concretamente en Saint Moritz. En Madrid hemos tenido el honor de pasar momentos muy agradables con él. Hemos hablado mucho de mi colección y, aunque como es obvio él no participó en las negociaciones que mantuve con el gobierno español, debo decir que la figura del Rey fue determinante para que la colección Thyssen esté hoy en España.

Una de las dos casas de Alligator Head, muy próxima a una preciosa selva, que se ilumina por las noches y da a un acantilado, tiene una historia no exenta de misterio. Esta propiedad, conocida como Main House («casa principal»), la compré, como he dicho, para Nina. Vivimos en ella poco tiempo. Cuando me casé con Fiona, ella quiso decorarla y encargó el trabajo a unos amigos suyos, quienes la destrozaron porque pusieron muebles de hierro *art déco*, que a los pocos meses se oxidaron por completo. Además, le quitaron el aire romántico del Caribe y la convirtieron en una especie de fría oficina. Tuve la suerte de que un vecino canadiense me vendiera una casa próxima (a la que empezaríamos a llamar Casa Blanca) en la que cada vez que iba a Jamaica me quedaba a vivir mientras no dejaba de mirar con nostalgia la Main House, que, situada a unos cien metros, permanecía cerrada.

La primera vez que Tita vino conmigo a Jamaica, la Main House continuaba en el mismo estado, y ella me preguntó por qué. Le dije que durante más de veinte años había intentado abrirla, que le había pedido a Denise que la redecorara y ella no me había hecho caso, y que, en fin, por una cosa o por otra seguía cerrada.

Entonces Tita me respondió que era una pena que estuviera así y que había que rehabilitarla. Le contesté: «A mí también me gustaría recuperarla».

Si la Main House es hoy lo que es, muy bonita, hay que agradecérselo a Guillermo, el hermano de mi mujer, que para mí es también, como he dicho, mi hermano del alma. Guillermo, que además de ingeniero es arquitecto, quiso hacernos un regalo de bodas muy especial: reconstruir la casa principal de Jamaica, algo que le supuso un enorme trabajo. Durante seis meses estuvo viajando a la isla cada cuatro o seis semanas para supervisar la marcha de las obras. Puso todo su empeño en el proyecto, porque tanto a su hermana como a mí nos quería mucho. Pasado ese tiempo, se terminó la restauración y la Main House volvió a quedar como era en tiempos de Nina, con la veranda alrededor de toda la casa, que Fiona había quitado y bajo cuya sombra me paso horas enteras leyendo y haciendo mis solitarios.

De la decoración se encargó Tita, que decidió darle un ambiente totalmente caribeño pero sin utilizar elementos ni objetos decorativos, ni tampoco telas importadas de otros países. La hizo muy acogedora y fresca, con cortinas blancas de lino transparente, muebles de mimbre, bañeras y duchas de barro cocido, los materiales típicos del lugar, a todo lo cual añadió muchas flores y palmeras. Allí todas las horas del día y de la noche son especiales. Esa luz del Caribe es para mí algo único. En relación con la restauración de la Main House por parte de Tita y su hermano, debo añadir otra cosa muy importante: en la época de Fiona y en la de Denise, lo malo no era que estuviera hecha una ruina. Había algo peor, de lo cual yo nunca había tenido oportunidad de darme cuenta, y era la zona destinada a los empleados que trabajan en la casa. Vivían en condiciones precarias y fue Tita quien me lo hizo ver. Así que les proporcionamos habitaciones bien acondicionadas y una sala de descanso con televisor incluido, algo que en la cercana localidad de Port Antonio no existía por entonces, y que en el resto de la casa tampoco hay, ya que ni Tita ni yo queremos televisor cuando estamos en Jamaica. A Alligator Head se va para aislarse del mundo. Pero aunque la Main House ofrece ahora todo el confort para nosotros y para los empleados domésticos, la primera vez que viajamos a Jamaica tras las obras realizadas la encontramos cerrada.

Días antes de llegar, Tita había pedido que la prepararan. Sin embargo, llegamos y seguía cerrada. Nos habían preparado la otra, la de siempre, la Casa Blanca. Entonces ella le preguntó a Sadi, el mayordomo: «¿Por qué nos preparáis la Casa Blanca en lugar de la Main House?». Él le respondió: «Mam, no podemos abrirla porque llevaba tanto tiempo vacía que ahora hay un fantasma viviendo en ella. Cuando hicieron las obras, el fantasma se marchó porque había mucho ruido, pero ahora ha vuelto y está dentro». Tita le dijo: «Y tú, ¿qué solución le ves a esto?». Él le respondió: «Pues hacer lo que se hace en mi país... si a ustedes les parece bien». En resumen: hacían falta tres gallinas blancas y dos botellas de ron blanco. Mi mujer y yo lo miramos y dijimos: «De acuerdo, respetamos vuestras creencias...», y los dejamos hacer. No quisimos saber nada y esa noche nos quedamos a dormir en la Casa Blanca. Por la mañana temprano los encontramos a todos muy contentos en la Main House, y nos dijeron que ya nos podían llevar el equipaje allí.

Por cierto, el fantasma se llama Dappy. Ahora Tita y yo sólo oímos hablar de él cuando se rompe un plato o un vaso. Entonces siempre hay alguien que se disculpa diciendo: «Ha sido Dappy». El resto del tiempo el fantasma vive, según ellos, en el jardín, y no molesta a nadie.

Tita y yo siempre hemos vivido muy buenos y divertidos momentos en Jamaica. Es una isla mágica. Muchas veces, en las cenas que organizamos bajo ese cielo con unos colores que sólo existen en una isla tan bonita como ésa, hacemos venir a tocar a un grupo de músicos para bailar calipso y reggae. La mayor parte del día la pasamos nadando en nuestro embarcadero, y a veces vamos a San San, una playa casi desierta que tenemos cerca y frente a la cual está la pequeña isla que en un principio le había comprado a Nina, y a la que con mucha frecuencia me acerco nadando.

Jamaica es el único lugar en que nos olvidamos de que existe otro mundo. Allí caminamos entre el esplendor de su vegetación, nos zambullimos en sus aguas transparentes, cenamos acompañados de música local y jugamos a las cartas y al *backgammon*. Mientras yo me dedico a mis solitarios o a leer, ella, feliz, se entrega a su gran pasión: pintar. La miro de reojo, está en nuestra veranda totalmente ensimismada, le da timidez cuando le pido que me lo deje ver, pero me pone excusas como si estuviese profanando un mundo sólo para unos privilegiados. Me dice que sólo pinta para saber qué ocurre cuando uno se coloca ante un lienzo vacío. Es su pretexto, pero la veo feliz, e intuyo que si yo le dejara más tiempo, cosa que no tenemos casi nunca, ella estaría pintando siempre.

En 1992 expuso por primera vez sus cuadros en la Wally Findlay Galleries de la avenida Matignon de París, junto a acuarelas del príncipe Carlos de Inglaterra y del delfín Enrique de Francia, cuadros de la princesa Radziwill y dibujos de la princesa D'Arenberg. Fuimos juntos a la inauguración y me sentí muy orgulloso de mi mujer.

CAPÍTULO 10

Temple de acero y alma de artista

Si por un lado el barón supo reconstruir el imperio industrial que había heredado, también acometió la difícil tarea de reunir las obras de arte que, sin respetar la voluntad del padre, los hermanos de Heini se empeñaron en repartirse.

Hoy su fabulosa colección habla por sí misma, a la vez que él nos habla de ella durante un recorrido por el museo de Villa Favorita.

He dicho muchas veces que el amor por el arte lo heredé de mi abuelo y de mi padre. Cuando este último murió, mi vida se centró en dos intereses: las empresas y el coleccionismo. Si las primeras pasaron por una etapa muy delicada durante la guerra y la posguerra, la colección de arte de mi padre también vivió un momento difícil con la partición debida a la herencia. Mis hermanas, en contra de la voluntad de él, presionaron y presionaron hasta conseguir que las obras se repartieran. A mí me fueron adjudicados 363 cuadros.

A partir de ese momento, me vi obligado a empezar otra vez de cero. Tuve que comprarles a ellas cuantos cuadros pude o, más exactamente, los que consideré obras maestras, además de adquirir nuevas obras en el mercado internacional. En la actualidad tengo más de mil trescientos cuadros, y debo decir que a medida que los compraba me iba dando cuenta de que las obras de arte tienen un sentido social, porque el arte es patrimonio de la humanidad. Quiero decir con esto que mi colección no es para mi deleite personal, sino para ser admirada por todos, de ahí que, desde hace muchos años, las puertas del museo de Villa Favorita estén abiertas al público.

Desde hace tiempo se vienen dando cifras sobre el valor de mi colección. Se asegura, por otro lado, que es la colección privada más importante del mundo. Entre los que barajan cifras no faltan quienes apuntan que una colección como la mía supone una fabulosa inversión. No digo que no lo sea. Pero tengo que añadir que, además de constituir una fabulosa inversión, si poseo la colección que poseo es sencillamente porque la pintura me apasiona. No sé crear, pero sí sé admirar lo que artistas geniales han creado. Pienso que mi contribución al mundo del arte consiste en permitirme el lujo de abrir las puertas de mi museo e invitar al público a entrar y admirar lo que, de otra manera, acaso no tendría nunca la posibilidad de ver.

Muchas veces me preguntan por el valor de mis cuadros. Algunos afirman que la cifra es incalculable. En lugar de detenerme a hacer cálculos, yo sigo adelante en busca de nuevas obras y, si sé de una que merece el calificativo de «maestra», la compro si puedo. Cuando me gusta un cuadro siento dentro de mí un *shock* especial, como si me recorriera un impulso eléctrico que me empujara a adquirirlo.

Hay una historia detrás de cada cuadro. No sólo artística sino también sentimental, relacionada siempre con la peripecia que supuso su adquisición. Muchas compras se efectúan a través de intermediarios, mediante complejos sistemas para salvaguardar el anonimato tanto del comprador como del vendedor. Fue por ejemplo el caso de *La virgen del árbol seco*, de Petrus Christus, que adquirí en 1965. Esta obra había pertenecido a mi tío Fritz y a su mujer, Amélie. Konrad Adenauer vio un día el cuadro con ocasión de una ceremonia oficial para condecorar a la tía Amélie por la creación de una fundación benéfica. Alabó tanto la obra de Petrus Christus que mi tía acabó regalándosela. No podía salir del país. Sin embargo, no sé cómo, Adenauer consiguió sacarla hacia Suiza.

Un día decidió vender el cuadro, pero con dos condiciones: que los Thyssen no supieran nunca que había decidido deshacerse de él y que permaneciera durante un año en una caja fuerte. A mí me había costado mucho seguir la pista a *La virgen del árbol seco*, pero ante las obras de arte que de verdad me interesan soy como un perro de presa y es muy difícil que se me escape alguna, así que un día di con su paradero. No voy a explicar cómo logré descubrirlo —hay cosas que, en el ámbito del coleccionismo, deben mantenerse en secreto—, pero lo cierto es que la encontré y la compré, no sin antes desembolsar una considerable cantidad de dinero a unos americanos que me condujeron a la pista buena.

La operación fue de auténtica película. Recuerdo que había una puerta giratoria por la que se llevaron a cabo simultáneamente la entrega de la obra y la del dinero. Por uno de los lados entregué el cheque, que pasó a terreno de los vendedores, y por el otro el cuadro llegó a mis manos. Pasado un tiempo, Adenauer vino un día a Lugano a visitar mi museo... y se encontró con la obra de Petrus Christus colgada en la galería. Su único interés se centró en saber cuánto había tenido que pagar yo por ella. Sentí la tentación de darle un precio mucho más elevado que el real para hacerle sufrir un poco, pero me contuve. Por supuesto, tampoco le dije el precio real. De lo que Adenauer se dio perfecta cuenta, aunque no me comentó nada, fue de que yo sabía que él había sido el anterior propietario de la obra.

Fue muy curioso también lo que sucedió en los años cincuenta, cuando adquirí el boceto en pequeñas dimensiones de *La Anunciación* del Greco, la gran obra que se guarda en el

Museo del Prado. Lo compré en la galería Knoedler de Nueva York. Tras dos semanas de negociaciones, llegué a un acuerdo y regresé a Lugano sin poder traerme conmigo el cuadro, que ya era mío. Sin embargo, estando en Villa Favorita recibí una llamada que me alarmó bastante.

Una de las condiciones que había puesto a los vendedores era que, hasta que el boceto de *La Anunciación* no estuviera en mi museo de Lugano, nadie podía saber que yo estaba en tratos para adquirirlo, y mucho menos que ya lo había comprado. Pero la llamada en cuestión era para ofrecerme cincuenta mil dólares si renunciaba a aquella compra. Les dije tajantemente que no, y que la obra ya era mía. Pocas horas después insistieron: cien mil dólares si cambiaba de opinión. Volví a decir que no, y zanjé el tema asegurando que el boceto era mío y que seguiría siempre conmigo.

Pasado un tiempo, sentí curiosidad por saber qué había detrás de aquella tentadora llamada, y al final logré desvelar el misterio: los dueños de la galería, que, eso sí, mantuvieron en secreto mi nombre, habían recibido una llamada del armador Niarchos, quien pensaba que el comprador anónimo era Onassis, no yo.

¿Una rivalidad? ¿Un capricho? Ambas cosas: los dos grandes armadores griegos siempre fueron enemigos naturales. Estaban casados con las hermanas Livanos: Stavros Niarchos con Eugenia y Aristóteles Onassis con Tina. El primero, como se sabe, se divorció y se casó con Charlotte Ford; el segundo, tras su tormentosa historia con Maria Callas, contraería matrimonio con Jacqueline Kennedy. Hasta aquí, todo bien. Pero después Niarchos se divorció de Charlotte y se casó con Tina, la exmujer de Onassis.

A Niarchos lo que menos le interesaba era el boceto que yo acababa de comprar: lo único que pretendía era que Onassis no se hiciera con él. Pero a mí, como coleccionista, todo lo demás me daba lo mismo: mi único interés se centraba en el boceto del Greco, que al final acabaría en Villa Favorita.

En efecto, dejé de ganar cien mil dólares. Pero yo no comercio con el arte, tan sólo soy una persona que ama profundamente la pintura y que adquiere las obras que lo hacen vibrar en lo más íntimo.

Una anécdota curiosa se esconde detrás de *Una mujer y dos niños junto a una fuente*, de Goya. En 1984, en vísperas del bautizo de Borja, Tita y yo lo compramos en Nueva York debido a su relación con el bautismo (el agua, el niño...). Recuerdo que dijimos: «Algún día el cuadro será para él», y nos lo llevamos a nuestra *suite* del hotel Pierre, que da a la Quinta Avenida. Allí, tras sacar una de las litografías que decoraban la pared, lo colgué. Y colgado permaneció durante días, mientras nosotros paseábamos por Nueva York. Fue la mejor solución porque, si hubiera llegado al hotel y hubiera dicho que acababa de comprarme un Goya, se habría organizado un verdadero revuelo: habría tenido que declararlo, depositarlo en dirección para su custodia... En resumen: un lío.

Peculiar es también la historia del famoso *Retrato de Enrique VIII de Inglaterra*, de Hans Holbein el Joven. La obra había sido propiedad del rey Carlos I de Inglaterra y mi padre tuvo mucha suerte cuando se la compró al conde Spencer, abuelo de lady Diana. Tuvieron que coincidir dos cosas: que el director de la National Gallery de Londres estuviera de vacaciones y se enterara de la venta cuando ya no había vuelta atrás —de lo contrario, la obra no habría salido de Inglaterra—, y que al abuelo de la princesa le chiflaran los Bugatti, los coches deportivos más de moda en la época, y quisiera comprarse uno.

Otra de las grandes obras de la colección es el *Joven caballero en un paisaje* (1510), de Carpaccio, considerado el primer retrato de cuerpo entero pintado en Europa. Era el cuadro más importante de la colección de Otto H. Kahn, quien, con el hundimiento de Wall Street en el crac del 29, tuvo grandes pérdidas y acabó vendiéndoselo a mi padre.

A veces, cuando me detengo ante este cuadro, pienso que, al igual que el personaje que en él aparece, yo también tuve que enfrentarme de joven a un panorama similar: mi padre había muerto y una de las pasiones de su vida, su colección de cuadros de maestros antiguos, estaba amenazada. Teniendo en cuenta la forma en que la guerra había afectado a las propiedades familiares, los cuadros representaban para los herederos la única posesión con un valor tangible. En comparación con las empresas que habían sido disueltas, destruidas o confiscadas, los cuadros estaban ahí y tenían un precio. Por eso los herederos centraron su atención en la colección.

El hecho de que nuestro padre construyera para ella el museo de Villa Favorita no sirvió para nada, como tampoco sirvió que creara la fundación Schloss Rohoncz con el fin de mantenerla unida y la pusiera a mi cargo. Los herederos —mis hermanas y sus maridos, más en concreto— impugnaron la validez de la fundación y la colección fue dividida y repartida.

Como el joven caballero con la mano en la empuñadura de su espada, yo estaba dispuesto a luchar por una de las más grandes ilusiones de mi padre. No era mi intención quedarme cruzado de brazos y contemplar cómo dividían su colección por motivos puramente económicos. Pero todavía tenía mucho que aprender acerca de cómo iniciar y mantener una colección de esa importancia en nuestros tiempos. El cuadro de Carpaccio y su historia tenían muchas cosas que enseñarme.

Podría también hablar de *El tío Paquete*, de Goya, un popular mendigo que estaba ciego y se sentaba a pedir limosna en las escaleras de la iglesia de San Felipe el Real de Madrid. Cuando se dividió la herencia de mi padre, Stephan, mi hermano, se quedó con el cuadro y se lo llevó a Cuba. Años más tarde se lo compré, y volvió a Villa Favorita en avión: un lujoso medio de transporte para un mendigo, no cabe duda.

Pero, puestos a hablar de viajes, mi cuadro más viajero, el que ostenta el récord de idas y venidas, es el *Retrato de Sarah Buxton*, de Gainsborough: cruzó el Atlántico cuatro veces por cambio de propietario. Menos mal que en 1983 lo compré yo y le di descanso aquí, en Villa Favorita.

Y aún otro detalle más, a modo de breve apunte. El *Retrato de un hombre con documentos*, de Van Der Helst, tiene una divertida connotación: mi padre, que lo compró en 1929, jamás pudo imaginarse que diecisiete años después yo me casaría con la hija de quien se lo vendió, es decir, con Teresa, hija del príncipe de Lippe.

Seguiría hablando horas y horas de pintura sin cansarme. Es un tema y un mundo que me apasiona. En el mundo del arte y del coleccionismo juega mucho lo subjetivo, no caben los dogmatismos. Yo no soy nada dogmático; por el contrario, amo la libertad, respetando ante todo la de los demás. Y admiro más que nada el ingenio, esa llama creadora que, de pronto, surge un día en un ser humano.

La pintura es la pasión de mi vida. Piotrovsky, el conservador jefe del Hermitage, en San Petersburgo, me comentó en una ocasión que el arte siempre ha sido una apuesta por la paz, y estoy de acuerdo con él.

Reparto y vuelta a empezar

Como ya he dicho, heredé cinco octavas partes del patrimonio familiar, según la ley monárquica de Hungría. Conforme a la legislación que todavía estaba en vigor por aquel entonces, un padre era libre de disponer de la mitad de su patrimonio como quisiera, y podía otorgarle esa mitad a su mujer, o a su novia..., o a uno de los hijos.

Los cuadros se repartieron sin ninguna dificultad. Me dije a mí mismo que, si mis hermanas destruían la fundación, intentaría convertirme en propietario de todos los cuadros y, por lo tanto, sería libre incluso de venderlos. Unos expertos tasaron las obras de arte mediante un sistema de puntos, y cada uno de nosotros tenía derecho a un número concreto de ellos.

Se elaboró una lista que indicaba el número de puntos por cada artículo: tres, cinco, cien, doscientos, mil, etc. A partir de ahí, era asunto nuestro acordar la distribución, siempre que todos acabáramos con el mismo número de puntos. Había una pequeña *Madonna* del siglo xv que todo el mundo quería. Decidimos jugárnosla a los dados. Yo saqué un seis y gané. Mis hermanas jugaron antes que yo.

Fui testigo de esta dolorosa forma de destrozar un sueño. La tasación del experto, el reparto de puntos, los regateos y los intercambios, la frivolidad del proceso de selección, el futuro de una valiosa obra de arte dejado en manos de la suerte de los dados. No podía sentirme orgulloso al presenciarlo. La única consecuencia positiva que salió de la impugnación de la fundación fue que los cuadros que recibí cuando se repartió la colección se convirtieron en mi propiedad personal, libre de todo control externo, lo cual no habría sido posible de haber existido un consorcio familiar. Por otra parte, a la larga hubo otra ventaja: la fundación de mi padre prohibía expresamente sacar los cuadros de Suiza, de modo que, al quedar invalidada, pude trasladar los cuadros a España al cabo de los años.

En 1993, mucho tiempo después de aquel reparto, a Tita, que siente la misma pasión que yo por la pintura, y a mí nos ocurrió lo mismo con los herederos: de nuevo, sueños destrozados por los regateos y las tasaciones. Menos mal que por fin, gracias a mi mujer, se consiguió que la colección permaneciera unida en un museo excepcional y así pudo verse cumplido el sueño de mi padre y el mío.

Lo primero que compré fueron bastantes cuadros de mis hermanas, para volver a unir la colección. En un principio actué por consejo de Heinemann, mi asesor, que era uno de los expertos que tenía mi padre. Él me localizó el Holbein, el Caravaggio, el Ghirlandaio, el Hals y otras grandes obras que mis hermanas ya habían vendido. Era un hombre muy entendido, pero sólo de pintura clásica, y despreciaba el arte contemporáneo. Es una pena, porque podrían haberse adquirido excelentes cuadros impresionistas antes de la guerra, cuando todavía no eran tan caros. Después tuve que pagar mucho más por ellos.

Mi padre tenía un Renoir y algún impresionista más que le robó su última mujer. Su segunda esposa, Maud, también desapareció con varias obras. Las mujeres siempre se han llevado cuadros. Teresa me pidió algunos cuando nos divorciamos, a pesar de que consiguió un buen acuerdo. Tuve que prestárselos a la fuerza por el pacto al que llegamos, pero me entristeció bastante. En el caso de Denise, yo no se los di: se los llevó ella.

Pero, en fin, volviendo a Rudolf Heinemann, él y mi padre se pelearon en 1938 y Heinemann emigró a Estados Unidos. Era muy inteligente y se jactaba de no haber cobrado nunca una comisión, aunque en realidad compraba los cuadros y los vendía con un margen de beneficio. Cuando yo viajaba a Estados Unidos, me monopolizaba completamente con comidas y cenas, y me impedía ver otras galerías. Todos sabían que era mi marchante, y que era muy listo. Trabajaba con Knoedler y con todas las grandes galerías. A menudo me enfadaba con él porque no me enseñaba todos sus cuadros y se los vendía a otros. A veces ponía precios astronómicos. Vendía a muchos museos: al de Cleveland, al de Toledo (EE. UU.), a la National Gallery y al Metropolitan. Tenía un enorme piso en la Quinta Avenida y una casa de campo en Mount Kisco, que antes había sido propiedad de Rodolfo Valentino. Al final nos peleamos y yo empecé a interesarme por el arte contemporáneo. Recuerdo que se enfadó mucho cuando me compré un barco, porque quería que lo invirtiera todo en arte. Con Heinemann sucedió también que los marchantes estadounidenses lo fueron aislando. Trabajaban en régimen de exclusividad absoluta y no le dejaban asomar la cabeza.

Vida como coleccionista

Cuanto más iba aprendiendo y adentrándome en el mundo del arte, más imposible se me hacía no estar al tanto de lo que había ocurrido después del siglo XVIII, y comencé a adquirir obras contemporáneas. Esto representaba una ruptura con la regla que mi padre había impuesto en la colección. Sus criterios y los de Heinemann situaban el punto de corte en el siglo XVIII, puesto que creían que cualquier obra posterior carecía de todo valor artístico. No les reconocían a los artistas posteriores la habilidad que tanto admiraban en los maestros antiguos. Las obras del siglo XX las tenían completamente descartadas. Mis primeras compras representaban una ruptura que se había ido gestando en mi mente durante varios años.

El interés por las obras de los siglos XIX y XX no era repentino: corría paralelo a mi experiencia en el mundo del arte. A medida que me interesaba cada vez más por los artistas y su obra a través del conocimiento de la historia y sus distintos períodos, empecé a formar mis propios criterios y opiniones. El inicio de lo que más tarde llegaría a ser la Colección Thyssen-Bornemisza de Maestros Modernos representaba mi mayoría de edad como coleccionista. Ya no se trataba de reagrupar la colección desperdigada por la división del patrimonio de mi padre, ni de seguir el consejo de Heinemann y ampliarla siguiendo las mismas pautas. Una vez más, mi natural instinto rebelde pasó a primer plano y empecé a buscar una forma de hacer mía la colección.

En 1961 compré *Fränzi ante una silla tallada*, de Ernst Ludwig Kirchner, a quien considero un gran exponente del expresionismo alemán. Los expresionistas fueron los primeros artistas modernos que atrajeron mi atención. Su obra alimentó mi interés por sus antecedentes y su historia, el modo en que había surgido, qué y quiénes los habían inspirado y su evolución posterior. Con esto en mente, no tuve otra alternativa que introducirme en casi todos los estilos de los siglos XIX y XX. Mi interés no era puramente teórico y me llevó a comprar cuadros impresionistas, postimpresionistas, de la vanguardia rusa, del vorticismo, del arte abstracto, del cubismo, del futurismo y de otras tendencias. Hablando en sentido figurado, la colección creció en círculos concéntricos.

Kirchner pertenecía a Die Brücke, y fue el primero en revelar el contenido del expresionismo alemán. Die Brücke fue fundado en 1905 por cuatro estudiantes de arquitectura en Dresde: Erich Heckel, Karl Schmidt-Rottluff, Fritz Bleyl y el propio Ernst Kirchner. Su relación iba más allá del hecho de compartir las mismas ideas sobre el arte. Trabajaban en el mismo estudio y compartían modelos y clientes. Eran una especie de comunidad que viajaba y pasaba junta las vacaciones. No era sólo un estilo artístico, sino más bien una forma de vida o una filosofía vital que compartían. En 1906, más artistas se unieron a ellos, Max Pechstein y Emil Nolde, por ejemplo, y en 1911 se trasladaron a Berlín. Aunque el grupo empezó a desintegrarse en 1913, sus ideales ya se habían difundido ampliamente.

Fränzi ante una silla tallada, pintado por Kirchner en 1910, refleja los principios pictóricos compartidos por Die Brücke en sus primeros años, en especial su fascinación por la simplicidad, la pureza y la fuerza del arte primitivo. Fränzi era una niña de once años que a menudo posaba para ellos y de vez en cuando los acompañaba en sus viajes. En esta obra aparece sentada en una silla tallada por el propio Kirchner. El respaldo tiene forma de máscara africana y la cara verde de Fränzi contrasta con el rosa de la máscara. La mirada extremadamente lánguida de sus ojos nunca deja de asustarme.

Los expresionistas alemanes se convirtieron en mi puerta de entrada a la pintura de los siglos XIX y XX. Ésta era una nueva etapa para mí como coleccionista, que terminaría convirtiendo mi colección en una de las más destacadas del mundo también en cuanto a este período.

Otro de los cuadros de esta época que compré fue *Una joven pareja*, de Emil Nolde, pintado entre 1931 y 1935. Adquirí la pintura en una subasta en el Stuttgarter Kunstkabinett dirigido por Roman Norbert Ketterer, un marchante prestigioso que tenía clientes como Stavros Niarchos, David Rockefeller y Gianni Agnelli. Todo el mundo hablaba muy bien de él. En los años siguientes se convertiría en mi principal proveedor de cuadros de artistas del siglo XX, ya que esta primera compra despertó mi deseo de concentrar mis esfuerzos en reunir una colección de arte moderno.

Hace algunos años expliqué los motivos de esta actitud en un artículo titulado «Expresionismo alemán. Una opción personal», publicado en el número 257 de *Apollo*, en 1983. Aparte de que su postura ideológica me resulta muy atractiva, coincido plenamente con sus convicciones antimilitaristas y antiautoritarias. Intentaban cambiar el modo de pensar de su tiempo, pero, por desgracia, no pudieron impedir la contienda mundial.

A pesar de este nuevo campo de interés, no abandoné la pintura del siglo XIX. También en 1961 compré mi primer cuadro impresionista, *Campo de trigo*, de Renoir (1879), y seguí adquiriendo obras del realismo, el impresionismo y el postimpresionismo.

Aunque con mis compras de obras de los siglos XIX y XX pretendía poner de relieve los cambios que estaban produciéndose dentro de la colección, seguía adquiriendo importantes cuadros de maestros antiguos tan fundamentales como Duccio, Petrus Christus, Lorenzo Monaco, Robert Campin o Antonello da Messina.

Durante el período 1947-1961, había limitado mis compras a la Colección de Maestros Antiguos por respeto a la labor de mi padre. Mi preferencia inicial era el paisajismo holandés, pero gradualmente me fui interesando por el manierismo italiano. Mi padre ya poseía algunas obras de Bronzino y otros artistas de esta época. Los pintores manieristas no son del todo clásicos, tienen una cierta manera de exagerar la composición y el color. Supongo que por eso me gustaban: eran casi precursores del impresionismo moderno. También sentía predilección por los retablos con fondo dorado de la pintura italiana antigua, que narraban una historia en diferentes escenas.

En los años setenta, la colección empezó a crecer a velocidad vertiginosa. Mis negocios, sobre todo la construcción de barcos, iban excepcionalmente bien, aunque la crisis del petróleo estaba provocando una recesión mundial. Al igual que durante la Gran Depresión de 1929, de la que mi padre se aprovechó, ahora era un buen momento para comprar. Llegaban al mercado muchas obras de colecciones privadas y supongo que tuve suerte. A finales de los años setenta ya no podía considerarse que la Colección Thyssen-Bornemisza abarcase tan sólo maestros antiguos. Por eso empecé a emplear las denominaciones «Maestros Antiguos» y «Maestros Modernos».

A medida que crecía mi interés por la pintura de los siglos XIX y XX, lo hacía también el deseo de Heinemann de proteger la colección de ese vicio. Una vez, en una subasta en una de las salas de Sotheby's en Nueva York, tuve que pujar sin que él se diera cuenta... ¡y estaba sentado a mi lado! Yo estaba muy interesado en la *Bailarina verde* de Degas, pero no quería enfurecer a mi obstinado asesor. Cuando la subasta terminó, Heinemann se quedó asombrado al descubrir que yo era el nuevo propietario. Haciéndole una señal discreta al subastador, había sido capaz de pujar por la obra.

Conseguí dos cosas con aquella compra: adquirí el cuadro que quería y asesté un golpe inolvidable a Heinemann. Cada vez se hacía más difícil escapar a su estricto control, porque estaba constantemente alerta.

En Nueva York, tras almorzar con él, Gianni Agnelli y yo nos separamos sin especificar adónde nos dirigíamos ni qué íbamos a hacer. Incluso cambiamos de taxi varias veces para despistarlo. Fuimos a la galería de Sam Salz, un marchante judío de origen húngaro que estaba especializado en los impresionistas. En esta visita, decidí comprar *El deshielo en Vétheuil*, de Monet, y un cuadro de Berthe Morisot. Cuando nos reunimos con Heinemann para cenar, tenía desplegado sobre la mesa un mapa de la ciudad de Nueva York que mostraba las galerías de los principales marchantes. Al vernos llegar, miró el reloj y consultó el mapa: «Ahora veamos: con el tiempo que han tardado, la única que pueden haber visitado es...». Gianni y yo nos miramos perplejos. Heinemann había adivinado nuestras intenciones, y no sólo eso: también estaba decidido a averiguar a quién habíamos visitado. «¡Ese viejo zorro estafador, Sam Salz!», concluyó.

Todas nuestras precauciones habían sido en vano. Heinemann era un auténtico sabueso. Nuestro propio Sherlock Holmes particular cumplía con la función habitual de los marchantes: la de ser el único proveedor e impedir que otros invadieran su territorio.

La pintura estadounidense

Si mi revolución moderna empezó en 1961 con los impresionistas, los postimpresionistas y los expresionistas alemanes, mi decisión de iniciar la colección de pintura estadounidense fue otro momento revolucionario. Ya había comprado alguna que otra obra de artistas estadounidenses, como Pollock o Tobey, pero la idea de coleccionarlas no tomó forma en mí hasta que asistí a la subasta de la colección de Edith G. Halpert. En esa subasta, celebrada en 1973, compré pinturas de O'Keeffe, Sheeler y Demuth, y en otra galería de Nueva York adquirí cuadros de Davis y Weber.

Poco a poco, ampliaba mi abanico de interés en dirección a la pintura estadounidense. Visité galerías de arte y museos, pero lo que me causó más impresión fue un libro de Barbara Novak, *Nature and Culture*. Todo ello me animó, en 1979, a empezar a comprar también obras de los artistas estadounidenses del siglo XIX. Asesorado por Novak, empecé a interesarme por el paisaje romántico de Cole y la escuela del río Hudson, y por el luminismo de otros artistas que eran aún más líricos. Conté, asimismo, con el asesoramiento de Ira Spanierman, que tiene una importante galería en Nueva York donde adquirí y sigo adquiriendo bastantes cuadros, al igual que en otras galerías como la de Larry Fleishman, que también me conseguía obras importantes.

Subastas, galerías y marchantes de arte

Las diversas formas que tiene un coleccionista de llegar a la adquisición de una obra pasan sin remedio por las subastas, las galerías de arte o los marchantes; pero a veces también pueden comprarse directamente los cuadros de manos privadas.

En 1971, Arthur Sachs puso en venta un Goya, *Retrato de Asensio Julià* (1798). En cuanto me enteré, lo llamé a París para hacer una oferta. Llegué demasiado tarde: ya se lo había entregado a una casa de subastas de Londres. Este cuadro era muy importante para mí, así que cogí de inmediato un avión y, una vez en la capital británica, no tardé en comprobar que la subasta, tal y como yo sabía, era sólo para marchantes que habían estado jugando conmigo. Mi interés por el Goya no era ningún secreto para ellos, y la expectación era grande. Por mi parte, no estaba dispuesto a permitir que me obligaran a subir mi oferta. Así que decidí dirigirme a ellos: «Caballeros, es muy simple. Ustedes saben exactamente quién soy y por qué estoy aquí. Quiero comprar el Goya. Les ruego se abstengan de pujar».

Una vez estaba interesado en una pintura de Sweert que se subastaba en Christie's, en Londres. Allí estaba para pujar por el cuadro el por entonces conservador de mi colección, Simon de Pury, quien me dijo que algunos expertos le habían desaconsejado la compra dado el mal estado de la pintura, y que en realidad no era una obra muy importante. Pero yo confié en mi instinto y le pedí que subiera el precio más de lo que había establecido al empezar. Me adjudicaron el cuadro y los mismos pájaros de mal agüero lo felicitaron por la adquisición de una obra clave como ésa.

Aprendí mucho en las subastas, pero quizá la lección más

importante fue que el precio no lo es todo. Cerrar una venta de la forma más ventajosa no necesariamente significa hacerlo al precio más bajo. A veces, si la pintura vale la pena de verdad, es mejor asegurarse la compra pagando más. En 1971 pude poner esta teoría en práctica.

El pintor Francis Bacon, del círculo de Lucian Freud, me ofreció uno de sus cuadros, *Retrato de George Dyer en un espejo* (1968). En el plazo de unos pocos días, me dio dos precios diferentes, el segundo un poco más alto que el primero. «Normalmente —le dije—, cuando la gente quiere vender algo, rebaja el precio para convencer a los clientes de que compren. Usted es el único que conozco que sube el precio. En cualquier caso, dicho esto, lo compraré al precio más alto». Esto sorprendió a Bacon de forma considerable: «El raro es usted —dijo—. Todo el mundo quiere comprar al mejor precio, ¿por qué no quiere regatear?». Le respondí: «Porque, si seguimos hablando, se sentirá obligado a subir el precio otra vez, ¡así que me quedaré con éste!». Y fue una buena compra.

También aprendí que en ocasiones hay que saber qué precio imponerse, aunque a veces te pases o no sigas y luego, dependiendo de la obra, te arrepientas de no haber continuado la puja. En 1971 me encontré con dos viejos amigos y compañeros de *bridge* en la galería Lefevre de Londres. Estaban en medio de una acalorada discusión. Uno de ellos, Basil Goulandris, se las había arreglado, tras considerables conversaciones con la galería, para que rebajasen el precio del cuadro de Derain *Puente de Waterloo* (1906) de 300.000 a 270.000 libras. «¿Sabes lo que ha hecho mi amigo? —exclamó en cuanto me vio mientras señalaba a Louis Frank—. ¡Ha tenido el descaro de ofrecerles 275.000 libras por el cuadro!». Me entristeció ver a dos caballeros peleándose de esta manera y me sentí obligado a intervenir: «Creo que tengo la respuesta. Jugáis juntos al *bridge* a lo largo de todo el año, y sería una pena estropear una amistad por esto. Si tiene que haber un distanciamiento, sería mejor que fuese conmigo, ya que yo sólo juego en invierno. Así que ofreceré 280.000 libras por el Derain y podemos considerar el asunto zanjado», y conseguí el cuadro.

Algunas anécdotas

En 1982, Tita y yo estábamos en París. Sotheby's subastaba ese mismo día en Nueva York un cuadro magnífico de Mondrian, *Composición n.º XIII / Composición 2* (1913). Decidimos intentar adquirirlo, pero la subasta nos coincidía con una cena en la Embajada de Estados Unidos, por lo que necesitábamos establecer una línea directa con Sotheby's a fin de pujar por teléfono. Durante la cena hubo un corte de electricidad y me vi obligado a pujar mientras Tita sujetaba una vela. A pesar de las cómicas circunstancias, conseguí el cuadro. Aquello había que celebrarlo, así que después de la cena fuimos a Moscow, un famoso club nocturno de París, donde un grupo húngaro nos acompañó con sus violines hasta las cinco de la madrugada.

Pero las cosas a veces eran más difíciles. Para poder comprar *La escalera (Segundo estado)* (1914), de Fernand Léger, tuve que cruzar Nueva York toda una tarde durante una tormenta de nieve. Era el invierno de 1977, e iba acompañado por una mujer italiana que Franco Rapetti (el amante de Denise, mi mujer) había enviado para que me mostrase exactamente dónde estaba el cuadro, en Wall Street. Tuvimos que atravesar la ciudad con más de medio metro de nieve. Mereció la pena.

En otras ocasiones, tuve que superar obstáculos legales y burocráticos. En 1982 compré en París *Hombre con clarinete*

(1911-1912), de Pablo Picasso, e iban a enviármelo a Lugano. Pero no permitían que la obra saliera del país. No sé lo que mi marchante le prometió al presidente Mitterrand, pero nos concedieron un permiso oficial para que el cuadro saliera de Francia. Cuando llegó a Lugano, Tita y yo nos encerramos en mi despacho, donde brindamos con champán y nos quedamos contemplando el cuadro casi hasta el amanecer. A menudo es sólo cuestión de paciencia, pero este Picasso había necesitado gran cantidad de esa virtud. *El sueño* (1912), de Franz Marc, fue un caso similar: tuve que esperar años antes de poder adquirirlo.

Pero a pesar de algunos contratiempos y experiencias poco gratas, el coleccionismo ha sido para mí una actividad gratificante. La imposibilidad de adquirir un cuadro se ha debido por lo general al precio, pero nunca he dejado que estas decepciones me deprimiesen. Alguna vez la suerte ha hecho que pasaran a estar disponibles en una fecha posterior, cuando yo me encontraba en situación de comprarlos.

En los años cincuenta me ofrecieron un cuadro de Lorenzo Monaco a un precio que yo no podía pagar en esa época; y más adelante, en los ochenta, a un precio muy superior, pero que estaba dentro de mis posibilidades. No fue así en el caso de un Rembrandt que representa a Aristóteles. La pintura acabó en el Metropolitan Museum de Nueva York por sólo una pizca más que mi puja máxima, lo que fue una gran lástima. En otras ocasiones, aunque raras, he cometido el error de no comprar una obra que no ha vuelto a salir a la venta (recuerdo una en particular, un espléndido cuadro de Matisse).

En todo caso, con estos fracasos y dificultades o sin ellos, siempre he intentado rodear mi colección de un sentimiento de placer personal y permitir que otros sientan lo mismo. Una experiencia muy satisfactoria.

A lo largo de los años, aparte del placer de la compra y de

mi deseo de mostrar los cambios de una parte de la historia del hombre tal como se refleja en las obras del Museo Thyssen-Bornemisza de Madrid, que abarcan desde el siglo XIII hasta nuestros días, he descubierto un nuevo motivo para coleccionar cuadros. Nos lo reveló el embajador soviético en Bonn, Semjonov, durante unas conversaciones que condujeron a la organización del histórico intercambio de exposiciones temporales con la URSS: los cuadros, a diferencia de otras obras artísticas, pueden simplemente descolgarse y ya están listos para viajar y convertirse en embajadores del arte.

Aunque había organizado exposiciones por todo el mundo durante muchos años, nunca había reflexionado sobre las inmensas posibilidades que posee el arte para facilitar la comunicación entre países. Naciones separadas por barreras políticas, en conflicto por motivos ideológicos, pueden encontrar un terreno común y un camino hacia el entendimiento a través del lenguaje universal del arte. Pude ver con bastante claridad que el hecho de convertirme en una especie de embajador del arte, llevar mi colección a donde otros no se atreverían a poner el pie, podía ser un modo de fomentar el diálogo entre los distintos países.

Éste era mi objetivo con el intercambio cultural con la antigua Unión Soviética, y la gran exposición de una parte de la colección privada de mi mujer, la Colección Carmen Thyssen, en Shanghái y Pekín en otoño de 1997, que un año antes había sido inaugurada por el Rey Juan Carlos en España. Al igual que antes la Unión Soviética, China es hoy un país donde, por motivos históricos, la comunicación y el intercambio de ideas han estado muy limitados. Las exposiciones son nuestra aportación a un posible entendimiento entre las naciones.

Alguna vez he dicho que ante un cuadro puedo entrar en una especie de ensimismamiento, pero esto no proviene, ni mucho menos, del hecho de que yo sea su propietario. Me sentiría igual de feliz con mis cuadros si fuera el único habitante de una isla desierta. Es una satisfacción personal, muy íntima. Decididamente, sé que llevo dentro de mí la pasión del coleccionismo. Y quiero añadir que Tita tiene el mismo sentimiento que yo: es una de las pocas personas con las que puedo estar hablando de arte horas y horas..., y nos entendemos a la perfección.

Los expertos no son infalibles

A finales de los años cincuenta, en uno de mis viajes a Vaduz, la capital de Liechtenstein, compré dos grandes pinturas de Canaletto (al menos yo las tenía por tales). Las llevé a Villa Favorita para mostrarlas en el transcurso de una cena a la que asistieron Heinemann, mi asesor artístico; Morassi, un experto en Canaletto que ha escrito algunos libros sobre él; y sir Philip Hendy, que era director de la National Gallery de Londres. Todos estuvieron de acuerdo en afirmar que los cuadros estaban muy bien, pero que no eran Canalettos, sino que estaban pintados un poco antes o un poco después de los setenta años que vivió el veneciano. «Debería venderlos; no puede exponerlos en su galería», me aconsejaron. «No pienso venderlos —respondí—: los he comprado para mi comedor y me encanta tenerlos aquí.» Estaba muy decepcionado y por eso decidí encerrarme en mi tozudez, a la vez que albergaba la esperanza —remota o no— de que los expertos se pudieran equivocar.

Curiosamente, un año después, la National Gallery hizo una exposición de sus Canalettos más importantes, y me dijeron: «Quisiéramos también sus dos Canalettos». «Pero ¿de qué Canalettos me están hablando ustedes?», pregunté. «Pues de los que tiene en el comedor de Villa Favorita.» «¿Los dos que ustedes me dijeron que... no eran de Canaletto?» Su respuesta fue equívoca, nada directa: «Bien, pero sería magnífico poner esos dos grandes cuadros al comienzo de la exposición. Quedarían muy bien».

La exposición duró casi tres meses y, al terminar, fui a Londres para visitarla. Y ahí surgió lo inesperado: Philip Hendy me dijo que la National Gallery quería comprarme los dos grandes Canalettos. Y añadió: «Fije usted mismo el precio». Mi respuesta fue: «Me siento muy halagado, ya que esta oferta que me están haciendo supone un homenaje a mi instinto artístico. Pero, sencillamente..., no vendo». Y regresé a Villa Favorita con mis cuadros, que hoy están en el Museo Thyssen de Madrid como unos Canalettos de primera magnitud.

En síntesis: cualquiera puede equivocarse, incluido el mejor experto. Y, por supuesto, no hay cuadros falsos que, por arte de magia, un día se conviertan en auténticos: si son auténticos, lo son desde el momento en que un maestro pone sus pinceles sobre el lienzo. Lo que falla es simplemente la interpretación de los expertos. Y la sorpresa siempre es posible. En un sentido y también en el otro. Yo heredé de mi padre *San Miguel expulsando a Lucifer y a los ángeles rebeldes*, obra atribuida a la escuela de Rubens. Con el tiempo se demostraría que era del propio Rubens. Se trataba, en concreto, de uno de los últimos cuadros que pintó, y hasta se pudo acreditar con exactitud la fecha.

En otra ocasión compré un Rembrandt a un comerciante de Nueva York, pero más adelante la Comisión Rembrandt de Holanda no dio su visto bueno. La verdad es que yo no creo mucho en ese tipo de instituciones, y desde luego no son los únicos expertos, no tienen exclusividad ninguna en ese aspecto. Es más, en alguna ocasión han dado por buenos algunos cuadros que creo que son falsos.

Otras veces sucede justo lo contrario. Eso fue lo que pasó

con otro Rembrandt, *Paisaje con ciudad lejana*, que mi padre adquirió y que tenía en su dormitorio. Hubo quien, considerándose un experto, se empeñó en atribuírselo a Koninck. Sin embargo, para mi padre y para mí siempre fue un Rembrandt y tenemos documentación de la época que así lo acredita, al tiempo que el comité de expertos lo acabó avalando como tal.

Otro cuadro de Rembrandt, un autorretrato que adquirí en 1976 en Basilea, estuvo durante varios años colgado en Villa Favorita y posteriormente en el Museo Thyssen de Madrid como «atribuido» al pintor. Pero, en diciembre de 1999, la Comisión Rembrandt de Holanda lo reconoció como obra auténtica, declarando a la vez que es uno de los autorretratos más importantes del autor.

Los mercaderes del templo

En Lugano, tuve al pie de la escalera durante un tiempo un cuadro de Giovanni Domenico Tiepolo, *La expulsión de los mercaderes del templo*; cuando me pedían que explicara su significado, respondía que el cuadro me representaba a mí arrojando a las personas no deseadas fuera de Villa Favorita, la broma típica del anfitrión cuando se marchan sus invitados no gratos.

Durante mis primeros años en el mundo del coleccionismo, tuve que acostumbrarme a la presencia de algunos mercaderes a los que me hubiese encantado expulsar del templo del arte. Se hacen llamar expertos y a veces no hacen otra cosa que intentar desprestigiar. En torno a la venta de obras artísticas hay siempre personajes sin escrúpulos que corrompen el mercado y, de este modo, lo desprestigian, proyectando la imagen de un negocio proclive al engaño y al fraude. A medida que me fui metiendo más en el mundillo, aprendí a detectarlos y a eludir sus intrigas. No soportaba a los intermediarios que se aprovechaban de su posición.

En 1959 le compré a Guy de Rothschild *Retrato de una mujer joven llamada la Bella*, de Palma el Viejo. Tras largas negociaciones, acepté el precio que me pedía la galería de Nueva York encargada de la venta. Unos días después, recibí una llamada de la esposa de Guy preguntándome cuánto había pagado. Se enfureció cuando se lo dije, porque ella sólo había recibido una cuarta parte de esa cantidad. Le contesté que yo no podía hacer nada al respecto y que sería mejor que llamara a la galería para resolver el asunto. Debido a la mala gestión de intermediarios como aquél, no tengo en mi poder obras de algunos artistas.

Podemos hablar también del comportamiento de algunos marchantes, que llegan a pelearse y enturbian el mundo del arte para conseguir derechos exclusivos sobre sus clientes. Monopolizan a los artistas y las diferentes escuelas impidiendo que se compren sus obras a menos que sea con su intermediación, o suben entre varios marchantes a artistas de dudosa calidad para tener obras en el mercado del arte. Mi asesor, Heinemann, estaba totalmente fuera de juego por culpa de los marchantes estadounidenses, que trabajaban sobre una base exclusiva. No hay mercado libre en el mundo del arte, y el espíritu corporativo de algunos de los marchantes puede alcanzar límites insospechados. A veces se ponen de acuerdo en sus pujas antes de la subasta para mantener a la baja el precio final. De este modo pueden efectuar una venta posterior entre ellos o proporcionársela al marchante, que a su vez cuenta con un comprador para la pieza en cuestión.

La expresión máxima de la arrogancia suprema de los marchantes me la hizo ver Ketterer, a quien compré obras de los expresionistas alemanes. El embajador brasileño, buen amigo mío, me vendió en 1967 un cuadro de Karl Schmidt-

Rottluff, *Paisaje de otoño en Oldenburg*, y Ketterer me dijo que iba a presentar una querella contra él por intromisión. Yo no podía tolerar que alguien detentara los derechos exclusivos de venta sobre las obras de sus clientes y pretendiera utilizar los tribunales para proteger su territorio. El pleito habría seguido adelante si yo no lo hubiera amenazado con no hacer tratos nunca más con su galería si persistía en tomar medidas legales contra mi amigo.

En Rusia y con alfombra roja

En 1983, pudimos dar un paso de gigante al cruzar con mis cuadros el Telón de Acero, tras establecer, ante la sorpresa de todos los museos de Occidente, un por entonces inimaginable intercambio cultural con la URSS. Gracias a él, diversas obras de los museos Hermitage y Pushkin que no habían salido nunca llegaron también a Villa Favorita. Lo cierto es que las colas en el museo fueron interminables durante todo el tiempo que duró la exposición.

No es la primera vez que me preguntan por el origen y el secreto de mi amistad con los rusos, dado que ningún país ni museo del mundo ha conseguido, antes que yo, lo que he logrado. Una vez más, tengo que decir que no hay ningún secreto, aunque sí debo reconocer que el trato que mantuvimos Tita y yo con las autoridades soviéticas fue de auténtico privilegio y que siempre que íbamos a la URSS nos recibían con alfombra roja, a mí como a un jefe de Estado, y a mi mujer como a una primera dama.

Puede parecer increíble, pero todo surgió en Alemania de la forma más natural. Nos encontrábamos Tita y yo en Colonia inaugurando la exposición de una de mis colecciones cuando, de pronto, Semjonov, el embajador soviético en

Bonn, se me acercó y empezó a hablar conmigo largo y tendido: «Para mí —me contó—, la pintura comienza a adquirir carácter universal cuando, en lugar de pintar sobre un muro, los artistas plasman su arte en una tabla o en un lienzo, que pueden ser transportados de un lugar a otro. O bien cuando el arte paralítico, condenado a la inmovilidad, se arranca (si fuera posible) del muro de una iglesia y se le dice, como al bíblico Lázaro, "Levántate y anda", otorgándole la facultad humana de recorrer el mundo. La Capilla Sixtina es como la reunión en cautividad de los más bellos animales del mundo, encerrados entre barrotes en los jardines del Vaticano. Hay que arrancar los frescos de las paredes, enmarcarlos y darles vida propia para que puedan ser admirados en cualquier parte por todos. Es un pecado tenerlos presos en un espacio cuando han logrado sobrevivir al tiempo». Yo asentía a todo. De pronto me dice: «Si hace usted exposiciones en Norteamérica, ¿por qué no hacerlas también en la Unión Soviética? El arte no tiene fronteras y estoy seguro de que el pueblo ruso estaría encantado de conocer sus obras».

La pregunta me cogió por sorpresa, pero reaccioné rápidamente porque intuí que ante mí se abría un amplio panorama de expectativas y posibilidades. Sin dudarlo, le respondí: «Sucede así por la misma razón por la que ustedes no dejan salir sus obras del Hermitage de Leningrado y del Pushkin de Moscú. Sus varios Van Gogh, Gauguin y Matisse están colgados allí como si fueran frescos pintados en los muros, sin movimiento, paralizados. Establezcamos, si usted quiere, un intercambio. Yo llevo cuarenta obras, veinte a Moscú y veinte a Leningrado, y ustedes traen cuarenta obras para exponer en Villa Favorita». «¡Perfecto! Podría ser como un intercambio de prisioneros», fue su respuesta. Le dije entonces: «Algo parecido. La diferencia estriba en que mis cuadros no necesitan más que un permiso para viajar, el mío, mientras que los suyos necesitan la autorización del Politburó».

A Semjonov todo aquello le pareció excelente, y se puso en movimiento con mucha ilusión. A los pocos días me telefoneaba para decirme que el Politburó había aprobado de forma unánime el proyecto. Entonces le dije: «De acuerdo, pero me reservo el derecho a elegir, uno por uno, los cuarenta cuadros que vendrán a Lugano. Y lo hago porque no quiero dejarlos a ustedes en mal lugar: lo que traigan a Villa Favorita ha de ser lo mejor de lo mejor». «Naturalmente —corroboró el ruso—. Será una exposición y, al mismo tiempo, una exhibición. No le quepa la menor duda.» Así, sencillamente, fue como empezó todo, seis años antes de que cayera el Muro de Berlín y ocho antes de que se derrumbara la antigua Unión Soviética.

Tita y yo comenzamos a viajar a la URSS, presidida entonces por Andrópov. La primera visita duró tres días. Desde el principio, se nos asignó en Moscú la *suite* 101 del hotel Nacional, que en su momento había sido la de Lenin. Por otra parte, contábamos con coche oficial y escolta motorizada que nos abría camino.

Derribo del avión surcoreano

Todo marchaba sobre ruedas, pero de pronto, y a modo de maleficio, un día ocurrió lo imprevisible: el miércoles 31 de agosto de 1983, pocos días antes de la inauguración en Moscú de la exposición de mis cuadros, las agencias de información del mundo entero tocaron a rebato: un Boeing 747 de la Korean Airlines, que hacía el vuelo 007 procedente de Nueva York y, tras una escala en Anchorage, Alaska, se dirigía a Seúl con 269 pasajeros a bordo, entre ellos 61 norteamericanos, desviaba su ruta por causas desconocidas y, mientras sobrevolaba la península de Kamchatka acercándose a una base de misiles soviéticos instalada en Sajalín, era derribado por un grupo de cazas soviéticos.

La guerra fría alcanzaba de golpe una temperatura comparable a la crisis de los tiempos de Kennedy y Jruschov y los misiles soviéticos de la URSS en Cuba.

Todo esto sucedía cuando mi mujer y yo estábamos prácticamente viajando a la capital soviética para inaugurar la exposición «Maestros Antiguos» en el museo Pushkin. El momento no podía ser más delicado. La tensión estaba al límite. Parecía claro, en principio, que los embajadores occidentales no asistirían a la inauguración. En consecuencia, supe que me iba a encontrar solo ante el peligro.

Repito que nos disponíamos a volar hacia la URSS, y no lo dudamos: realizamos el viaje. Georg, que en un principio quería acompañarnos, dándose cuenta del riesgo que suponía que las embajadas occidentales en la Unión Soviética cerraran sus puertas temporalmente en señal de protesta, decidió no viajar con nosotros.

Días después se inauguraba en el museo Pushkin de Moscú la exposición de una parte de mi colección, en concreto cuadros de maestros antiguos, en un intercambio con obras impresionistas del citado museo, que se expusieron en Villa Favorita. Había mucha tensión aquel día en la capital soviética, pues efectivamente las embajadas occidentales habían cerrado en señal de protesta por el avión derribado. Sin embargo, a última hora, los embajadores decidieron acudir a la inauguración, en la que también estuvo presente el ministro ruso de Cultura.

Cuando me llegó el turno de hablar, lo hice de manera clara y contundente. Dije justo lo que en aquel momento sentía: «Por desgracia, otra vez negros nubarrones han cubierto el cielo de la paz debido a los fatales acontecimientos en las fronteras Este-Oeste. Es absolutamente necesario encontrar procedimientos más eficaces y menos brutales para evitar tensiones y equívocos. Desearía que la Unión Soviética fuese, en adelante, más eficaz y, a la vez, menos brutal a la hora de defender sus fronteras». Mi intérprete —me lo confirmó después el embajador suizo en Moscú— tradujo con total exactitud mis palabras. No sucedió nada de nada.

Como final de mi intervención, también dije, entre otras cosas: «Nada como un intercambio de obras de arte para contribuir en todos los terrenos a nuestro común objetivo, que es asegurar la paz. La escritora Caroline Schelling escribía a su hermano en Leipzig: "Repítete a ti mismo que la vida es corta y que sólo existen en ella las obras de arte... La crítica desaparece, las generaciones se extinguen, los sistemas cambian. Pero si el mundo ardiese como un pedazo de papel, las obras de arte serían las últimas chispas vivientes que llegarían a la mansión de Dios. Después sólo quedarían las tinieblas...". Con los intercambios culturales, todas esas aristas que muchas veces ocasionan tragedias, como la que hace días tuvo lugar, pueden ser limadas y eliminadas». De hecho, en aquel instante, y con el dolor de las víctimas muy presente, en cierto modo se estaba intentando eliminar esa tragedia: el cierre de las embajadas occidentales se había suspendido durante cinco horas con motivo de la exposición de mis cuadros en el Pushkin. Fueron, a fin de cuentas, cinco horas sin hostilidades en torno a unas obras de arte. De acuerdo que las espadas estaban en alto y que la tensión se mascaba en el ambiente, pero no era menos cierto que esas espadas se habían detenido por un breve espacio de tiempo. Tras quedar abierta la exposición, Occidente volvía a cerrar sus embajadas en Moscú.

Popov, el viceministro de Asuntos Culturales, también estaba presente. Insistí una vez más en que el arte debía unir a las personas, no dividirlas, y en que no había espacio para el conflicto en nuestro pequeño planeta. Dije asimismo que el

Muro de Berlín era una estructura artificial y que, en consecuencia, tenía que caer. Los franceses no aceptarían un muro que dividiera París, y tampoco los británicos uno que rompiera Londres en dos. Cuando me senté, añadí en broma que quizá podría cambiar mi colección por el desmantelamiento del Muro. El embajador alemán pensó que iba en serio, y le preguntó a Popov si estaba dispuesto a hacer el cambio. Anna Semionova, mi intérprete, pudo confirmar que hice el comentario después y no durante mi discurso.

De aquel complicado día, Tita y yo —aunque en especial ella— guardamos, sin embargo, una emotiva anécdota: el genial pianista Richter agasajó a mi mujer interpretando el Concierto número 2 en do menor de Rajmáninov: el virtuoso intérprete se había preocupado de averiguar que ésa era una de las piezas favoritas de ella.

El intercambio resultó un éxito total. Fue difícil romper el hielo, pero después todo estuvo rodeado de cálidas acogidas. Tita y yo viajamos a Leningrado y a Moscú, y tuvimos la oportunidad de recorrer la Rusia oculta al turismo hasta el momento. Desde parte del océano congelado, pasando por la base secreta de Novosibirsk, donde al lado de naves espaciales hay también un museo de pintura, hasta Riga. Fuimos unos invitados de excepción y pudimos conocer un país tan espectacular más allá del Telón de Acero.

Uno de los puntos culminantes de aquella gira fue la experiencia que tuvimos el privilegio de vivir en el teatro Bolshói, donde nos ofrecieron el palco del Politburó —sin la presencia de ninguno de sus miembros— y nos sirvieron, durante el entreacto, un espléndido bufet a base de caviar y vodka, tan acorde con nuestros gustos como discorde con los usos y recomendaciones de los sóviets.

La amabilidad de Raisa Gorbachova

Sin duda alguna, nuestro viaje más inolvidable a Rusia fue el que realizamos estando al frente de la URSS Mijaíl Gorbachov, el hombre de la Perestroika. Por aquellas fechas, una fotografía daba la vuelta al mundo como testimonio del encuentro de ambos matrimonios: la que mostraba a Raisa, la esposa de primer mandatario soviético, y a Tita de la mano. Debo decir que me quedé impresionado no sólo por la visión de futuro que descubrí en el líder soviético, sino también por la distinción, el talante y la amabilidad de Raisa.

Cuando Gorbachov y su esposa nos invitaron a su residencia privada, al poco de entrar se abrió la puerta de enfrente y apareció Raisa Gorbachova, que me miró directamente a los ojos. Iba muy elegante. Le besé la mano y luego ella le dio un abrazo a Tita. Se dirigía a nosotros en ruso y nos comunicamos a través de un intérprete. Raisa era muy inteligente, rebosaba energía y además era muy atractiva. Nos dijo que acababa de ir a Múrmansk con su marido y que el viaje le parecía bien, pero también percibía que había elegido el camino correcto y que el apoyo de la población más joven era una fuente de valor y confianza para el futuro. Lo que decía era muy interesante. La televisión rusa grabó todo el encuentro y nos dedicaron un amplio programa que se emitió a las nueve de la noche y a la mañana siguiente. La pintura que donamos a la fundación de Raisa era un Magnasco titulado *Monjes en el campo*.

A Raisa le regalé un broche diseñado por Cartier hacía cincuenta años. Estaban allí también el presidente y el vicepresidente de la fundación que lleva su nombre, pero ella se mantuvo en primer plano y no dejó de decirnos cosas muy interesantes. Nos ofreció un té, para el que hizo venir a pasteleros de las diferentes regiones de Rusia con el fin de que cada uno de ellos elaborara un dulce típico de su zona. Tras comernos unos diez pastelitos diferentes, Tita le dijo a Raisa que no quería ofender a ninguno de los reposteros y que por eso lo mejor sería llevarse los que no había llegado a probar. Nos reímos mucho y se los acabó llevando en una cestita que la propia Raisa le preparó. Fue una merienda extremadamente abundante. También nos obsequió con varios regalos: un magnífico jarrón, varios libros y un samovar de Siberia central que decoró durante años Villa Favorita. El ambiente fue muy cordial.

Popov, que estaba presente, anunció su intención de celebrar una exposición en Novosibirsk, una región que constituye una zona prohibida para los occidentales, porque es una base militar secreta en la que se fabrican aviones. También tienen un museo, y prometí organizar una exposición allí al año siguiente. Me autorizaron a ir en mi avión privado y me dieron libertad para volar por toda Rusia sin obstáculos. Eso hizo posible que pudiéramos ir hasta el lago Baikal y también tener libre acceso a la pintura rusa moderna. Al año siguiente, y acompañados por el príncipe Alfonso de Hohenlohe, inauguramos la exposición en Novosibirsk tal como habíamos acordado.

Raisa era encantadora, y nos habló también de un posible viaje a Lugano. Nos pidió que adivináramos cuál era su cuadro favorito de mi exposición de cuatro años antes. Se me ocurrió decirle, en broma, que el *Joven caballero en un paisaje*, de Carpaccio, porque el desarme es una cuestión de actualidad y constituye también un recordatorio de otra época. A ella le gustó la explicación, pero su favorito, según nos dijo, era un bodegón de Kalf. Lo describió con sumo detalle, aunque hacía ya cuatro años que lo había visto.

Tita y yo nos sentimos orgullosos de haberlos conocido: formaban una pareja que transmitía una gran sensación de ternura. Me fascina la idea de crear lazos culturales entre la Unión Soviética y Occidente. Es un esfuerzo sin precedentes, y la exposición de Leningrado tuvo también un éxito excepcional. Recuerdo que pasé un día frente al Hermitage a la hora de su apertura, las diez y media de la mañana, y había una cola de más de kilómetro y medio. Eso, sinceramente, me emocionó.

De Grassi a Simon de Pury

En 1979 se había producido un cambio en el puesto de conservador de mi colección, que hasta entonces había desempeñado Grassi, un gran restaurador italiano afincado en Nueva York que realizó una magnífica labor junto a Sándor Berkes, persona de confianza de mi padre. Encomendé el puesto a Simon de Pury, un profesional que procedía de Sotheby's, y muy conocido en los ambientes artísticos. Coincidía esto con el inicio de las exposiciones itinerantes de las grandes obras de la colección, lo que suponía un nuevo impulso para la galería. El currículo de De Pury, junto al hecho de que fuera ciudadano suizo, me gustó. Por eso un día, tras leer los informes pertinentes, me entrevisté con él y le ofrecí el puesto.

El primer reto al que De Pury tuvo que enfrentarse fue la gira de dos años que la exposición «Maestros Antiguos» hizo por Estados Unidos y que debutó a principios de los ochenta con una solemne apertura en el Metropolitan de Nueva York y otra en la National Gallery of Art de Washington. Simon de Pury salvó a la perfección las dificultades y salió airoso.

En 1986, De Pury decidía regresar a Sotheby's. Su marcha vino a coincidir con la idea —nacida en sus inicios en la mente de Tita, aunque la guardaba para ella sola— de que mi colección encontrara su destino definitivo en España.

Simon me sugirió para el puesto vacante de conservador a Susanne Thesing, amiga de Georg y de él. La entrevisté y me pareció bien. La contraté y le dije que teníamos un compromiso importante con la Real Academia de Bellas Artes de San Fernando en Madrid, ya que, cuando hicimos la exposición en Lugano «Goya en las colecciones privadas», la Real Academia había sido clave para poder llevarla adelante junto con el Ministerio de Cultura, con Javier Solana al frente.

Un día, sobre la hora del almuerzo, Carmen Jiménez, la persona enviada por el ministro Javier Solana, llamó a Tita y le dijo que estaba desde las diez de la mañana en las oficinas del departamento de arte, que había venido a Lugano para hacer una selección de los cuadros para el Museo de la Real Academia de Bellas Artes de San Fernando y que llevaba allí dos horas sin que nadie le hubiese hecho ningún caso.

Ese mismo día, Tita y yo teníamos previsto volar a Moscú con nuestro avión para continuar nuestros acuerdos culturales pese a que Susanne nos había informado de que ese viaje no lo deseaban mucho en el Politburó ruso; sin embargo, como no era oficial, puesto que no teníamos nada que lo confirmara por escrito, decidimos ir de todas formas, tal como estaba programado. Susanne no nos lo había hecho saber, de modo que le pedimos disculpas a Carmen Jiménez y le dijimos: «Ven a almorzar con nosotros; saldremos después hacia Moscú. Invitaremos también a Susanne, la conservadora, para que luego puedas visitar la galería con ella y así hacéis juntas la selección». Almorzamos los cuatro y dimos las instrucciones pertinentes para que pudiera llevarse a cabo aquella importante exposición temporal en Madrid.

Lo que ocurrió luego con Carmen Jiménez y lo que pasó en Moscú fue muy desagradable. Al aterrizar nos esperaba, como siempre, Anna Semionova, persona de confianza de la Unión Soviética, muy competente, que además nos hacía de traductora. Cuando llegamos, en lugar de saludarnos, le dijo a Tita que el ministro de Cultura no quería recibirnos. Desde nuestro despacho en Lugano le habían hecho saber que para nosotros era una gran pérdida de tiempo ir a Moscú y que no teníamos ganas de más intercambios culturales con ellos.

Tita le dijo rápidamente: «Anna, sabes lo a gusto que siempre nos hemos sentido en Rusia. Por favor, pídele al señor ministro que nos reciba mañana sólo un momento, para explicarle que esto no es cierto, que la conservadora de nuestra galería sólo lleva dos meses con nosotros y que no entendemos lo que ha pasado». Anna consiguió que el ministro nos recibiese en su despacho al día siguiente de nuestra llegada. Nada más vernos y escuchar nuestras razones, accedió a almorzar con nosotros en el restaurante del hotel National. Todo se aclaró y acabamos brindando al estilo ruso con vodka y estrechando aún más nuestra amistad.

Pero aún nos quedaba otro problema, del que no supimos nada hasta nuestro regreso a Lugano. Tita recibió una llamada de Javier Solana, quien le dijo: «Estamos tristemente sorprendidos. Habíamos adquirido un compromiso con vosotros para realizar el intercambio, la exposición de Goya en colecciones privadas y vuestra exposición en Madrid, en el Museo de la Real Academia de Bellas Artes de San Fernando. Mantuvisteis a Carmen Jiménez encerrada y sola en vuestro museo durante horas sin posibilidad de saber qué cuadros se podían prestar, y luego se las tuvo que ingeniar dando gritos a un guarda desde una ventana. Cuando por fin pudo salir, tuvo que ir caminando dos kilómetros por la nieve y de noche hasta llegar a un hotel».

Empezamos a darnos cuenta de que todo estaba planeado para, primero, poner fin a nuestro trato con la Unión Soviética, y, segundo, enturbiar nuestras buenas relaciones con España. Mi mujer le contó a Javier Solana lo ocurrido en Rusia y le dijo que, con respecto a las negociaciones que estaban empezando a gestarse con España, nuestro mayor interés era procurar la máxima transparencia y cordialidad posibles. Tita y yo nos dimos cuenta entonces de que Susanne, la conservadora que nos habían recomendado Simon de Pury y Georg, no estaba siendo leal, y de que la colección y nuestro prestigio estaban por encima de todo, y ambas cosas parecían correr peligro. Al día siguiente se le rescindió el contrato.

Breve historia de la colección

En los años veinte, mi padre empezó a coleccionar obras de los maestros antiguos de la pintura. En un principio se dedicó a comprar cuadros de la escuela alemana (Hans Holbein el Joven, Alberto Durero, Altdorfer, Hans Baldung, Lucas, Cranach el Viejo...) y también de la escuela holandesa (Jan van Eyck, Hans Memling), y, a partir de 1930, adquirió obras maestras de los italianos (Ghirlandaio, Carpaccio, Caravaggio...). Al mismo tiempo, añadió a la colección esculturas, joyas, orfebrería y esmaltes. Con los ojos cerrados y sólo con el tacto de sus manos sabía si el objeto que estaba tocando tenía calidad.

Las convicciones personales y políticas de mi padre influyeron en la idea que tenía del coleccionismo. Su profundo sentido ético quedó reflejado en su colección, y no resulta difícil encontrar ejemplos de ello. En 1935 compró uno de los cuadros más significativos para él, *Retrato de Giovanna Tornabuoni*, de Domenico Ghirlandaio, a la biblioteca Morgan, que en aquella época necesitaba desesperadamente fondos para ampliar sus reservas bibliográficas. Debajo del delicado perfil femenino, Ghirlandaio había copiado un epigrama del poeta latino Marcial, que resume sus razones para realizar el retrato: «*Ars utinam mores, animum que effingere posses, pulchrior in terris nulla tabella foret*» («Oh, Arte, si fueras capaz de representar las costumbres y el alma, no habría pintura más hermosa sobre la Tierra»), unas virtudes morales que mi padre nunca deseó compartir con sus enemigos. Incluso negó la existencia de dos de sus cuadros, pintados por Hans Cranach, para evitar tener que prestarlos para una exposición en la Alemania nazi, y llegó a rechazar la oferta del propio Hitler, quien, a cambio de un hipotético perdón, quería recibir *La ninfa de la fuente*, de Lucas Cranach el Viejo.

Mi padre no compraba los cuadros al azar o por capricho. Sabía exactamente el tipo de colección que quería y lo que pretendía conseguir con ella, y su modelo era la pinacoteca de Múnich. Los cuadros representarían los diferentes períodos y la evolución de los conceptos, con ejemplos de los grandes estilos y sus principales exponentes.

La tenacidad de mi padre era proverbial. Un buen ejemplo de su determinación fue su empeño en buscar los paneles de una de las obras de Derick Baegert, ejecutada en 1477 y que probablemente se dividió para poder sacarla de la iglesia o venderla con mayor facilidad, ya que nadie podía permitirse comprar la obra completa. A lo largo de los años, mi padre fue capaz de adquirir cinco secciones y, después de su muerte, yo localicé otra más. Hacia 1930, la Colección del Castillo de Rohoncz, que es como la bautizó mi padre, alcanzó suficiente valor como para arriesgarse a una exposición pública. Y qué mejor lugar para ello que su venerada Neue Pinakothek en Múnich. La exposición «Sammlung Schloss Rohoncz, Plastik und Gewerke», producto de muchos años de esfuerzo y trabajo duro, se abrió al público. Fue la única exposición organizada por mi padre.

Cuando heredé la colección, también heredé el significado que ésta tenía para mi padre. Él me consideraba el guardián de todos sus deseos, sus pasiones, sus temores, sus éxitos, el orgullo y la sensación de bienestar que todas estas obras proporcionaron a su vida. Cuando los cuadros pasaron a mi poder, yo no entendía nada de pintura; sólo recordaba lo mucho que mi padre se había empeñado en transmitirme y contagiarme su amor por el arte durante nuestros paseos por el museo.

Sin embargo, al principio, no fue el amor por el arte lo que me incitó a reagrupar la colección. Sentía que se lo debía a mi padre, pero no tenía verdadero interés en convertirme en coleccionista. Iba a recomponer un sueño que seguía sin ser mío. Ni siquiera cuando decidí abrir el museo de Villa Favorita al público lo hice por razones relacionadas con el arte, sino tan sólo porque creí que debía compartirla con la gente. Lo que sí tengo hoy muy claro es que había subestimado la influencia que mi padre ejerció en mí durante los últimos años de su vida, aunque después descubrí que otro legado bastante recóndito de mi padre estaba a punto de dar frutos: yo ya era un coleccionista, aunque no fuera consciente de ello.

A su muerte, mi padre dejó alrededor de quinientos treinta cuadros; hoy, la colección se compone de unos mil quinientos. Poco a poco, fui añadiendo obras de los más importantes maestros de los siglos XII al XX, y aún hoy compro siempre que se me presenta la oportunidad.

Probablemente, el deseo de todo coleccionista es preservar para la posteridad los frutos de una vida dedicada a ello y ver su colección completa e intacta. Tal como mi padre quiso hacer, y no le dejaron, creé la Fundación Thyssen-Bornemisza a fin de dar cobertura legal y estructura administrativa a mi colección. Mi mayor interés durante los últimos años ha sido encontrar las vías y los medios para conseguir un lugar permanente en el que exhibir, si no la totalidad de mi colección, al menos su mejor y mayor parte. Cuando el Reino de España me ofreció un amplio palacio que se podía convertir en museo donde albergar con la máxima dignidad, capacidad y seguridad los 775 cuadros de mis maestros antiguos y modernos, acepté lleno de alegría.

En octubre de 1992, después de protagonizar el mayor traslado de obras de arte efectuado en la historia, el Museo Thyssen-Bornemisza fue inaugurado en lo que había sido el palacio de Villahermosa. Era la primera vez que tenía la increíble experiencia de ver con mis propios ojos la mayor parte de mis cuadros colgados unos junto a otros. He de reconocer que aquello me causó la más viva impresión: se había cumplido el sueño de mi vida, un sueño que, gracias a la incansable dedicación, el trabajo, el entusiasmo y el amor de Tita hacia mí, he tenido la dicha de ver convertido en realidad.

El castillo de Daylesford, residencia de los barones Thyssen en el Reino Unido, donde, al mes siguiente de su boda, Heini y Tita celebraron una gran fiesta.

16 de agosto de 1985. Boda del barón Thyssen y Carmen Cervera en Moreton-in-Marsh, con Ann Getty y el duque de Badajoz como padrinos.

Los barones Thyssen, con Borja en brazos de su madre, brindan el día de su boda.

Los barones Thyssen en otra de las fiestas que dieron con motivo de su boda.

Bautizo de Borja en la catedral neoyorquina de San Patricio, en 1983, con Ann Getty y el duque de Badajoz como padrinos, Alexander Papamarkou, Tita, el barón y la madre de Tita.

Don Juan de Borbón, conde de Barcelona, y Tita Cervera en la celebración del bautizo de Borja.

Los barones en el Vaticano, el día en que fueron recibidos por el Papa.

Los barones Thyssen, con su hijo Borja y Carmen Fernández de la Guerra, madre de Tita, recibidos en audiencia privada por Juan Pablo II en el Vaticano.

El *Hanse,* el yate que el propio barón diseñó y que fue construido en los astilleros de Bremen.

Borja, la madre de la baronesa y Heini en el *Hanse.*

El barón, Guillermo Cervera (hermano de Tita), Henry Ford y la baronesa, a bordo del *Hanse*.

La Main House, mansión principal de los barones en su propiedad jamaicana de Alligator Head.

Heini y Tita en Alligator Head.

Los barones en su casa de Jamaica, con un cuadro de la pintora Mercedes Lasarte como fondo.

Los barones en uno de los viajes que realizaron a Moscú con ocasión del intercambio cultural con la URSS.

Hans Heinrich Thyssen-Bornemisza en uno de sus primeros viajes a Moscú. Al fondo, un gran retrato de Lenin.

Los barones Thyssen recibidos por Raisa Gorbachova en la residencia privada del presidente de la URSS, Mijaíl Gorbachov.

Hans Heinrich Thyssen-Bornemisza y Tita en una gran fiesta celebrada en Venecia.

Francesca Thyssen, la hija del barón, que se casaría con el archiduque Carlos de Habsburgo.

El barón con Georg, Lorne y Alexander Thyssen-Bornemisza.

Visita del príncipe Carlos de Inglaterra al museo de Villa Favorita.

La princesa Margarita de Inglaterra con la baronesa Thyssen, con motivo de una exposición en Villa Favorita.

Firma de la cesión de los cuadros a España. De izquierda a derecha: Tomás Gui Mori, Jaime Rotondo, el duque de Badajoz, los barones Thyssen, Javier Solana, Miguel Satrústegui y Rodrigo Uría.

Los barones Thyssen con los Reyes, el presidente Felipe González con su mujer, Carmen Romero, Javier Solana y los duques de Badajoz, en la cena que estos últimos ofrecieron en su casa de Madrid con motivo de la cesión de los cuadros a España.

El Rey con el barón Thyssen, a quien en 1988 entregó la Gran Cruz de la Real y Distinguida Orden de Carlos III, y su esposa, la baronesa, que ese mismo día recibió la Banda de Dama de la Orden de Isabel la Católica.

El prestigioso fotógrafo australiano Helmut Newton retrata a los barones en Villa Favorita. Tita luce el mismo espectacular vestido que poco después llevaría en una fiesta.

La baronesa Thyssen el día de la inauguración de la exposición «Goya en las colecciones privadas».

Los barones con S. A. R. la infanta Pilar, Luis Gómez-Acebo, duque de Badajoz, y Carmen Fernández de la Guerra, madre de la baronesa, en Villa Favorita.

El barón Thyssen en el hall de su museo de Villa Favorita.

El barón posa con los cuadros ya embalados para su traslado a Madrid en 1992.

El barón y la baronesa, en sendos retratos realizados por Ricardo Macarrón que están expuestos en el vestíbulo del Museo Thyssen-Bornemisza de Madrid.

El Rey Juan Carlos saluda al barón en presencia de la Reina Sofía, la baronesa Thyssen y el entonces ministro de Cultura, Jordi Solé Tura, el día de la inauguración del museo.

Los barones con su hijo Borja en Pekín, donde Tita expuso una muestra de la Colección Carmen Thyssen.

CAPÍTULO II

Mis descendientes

Heini nunca pudo disfrutar de sus hijos como hubiera deseado. Tampoco consiguió que éstos, tanto en su niñez como en su adolescencia, pudieran contar con su presencia cotidiana, su cariño y su calor, debido a que sus matrimonios, a excepción del último, acabaron todos en divorcio, y eran las exmujeres quienes se quedaban con la guarda y custodia. Tampoco pudo, por una u otra razón, estar con ellos cuando se hicieron mayores.

El hecho de haberme divorciado tantas veces me ha impedido ser un padre constante, en el sentido de que no conseguí tener junto a mí a mis hijos como me hubiera gustado. Se iban siempre a vivir con sus madres. Por otra parte, y en las breves temporadas que pude estar a su lado, jamás he sido partidario de abrumarlos con consejos. Del mismo modo, tampoco me gustó actuar con ellos de forma permisiva. Lo único que intenté siempre fue darles ejemplo con el trabajo, el sentido de la responsabilidad, la disciplina y también la austeridad. Lo que siempre supieron mis hijos es que yo estaba ahí y que podían contar conmigo.

Georg, el mayor

Georg, el mayor, nació en casa en el año 1950, cuando ya habíamos comenzado los trámites del divorcio y sabiendo yo que no era hijo mío. Yo le había dicho a Teresa que no hay nada mejor que una clínica para dar a luz, pero ella insistió en que el niño tenía que nacer en el hogar de sus padres y no en el ambiente impersonal y frío de la habitación de una clínica. No tuve más remedio que aceptar sus argumentos aunque, a mi modo de ver, no se sostenían. Y ciertamente fue un parto difícil que duró cinco horas, en el que me vi convertido en ayudante de comadrona trajinando agua caliente y toallas. Atendida como estuvo en el parto por el doctor Graus, al final todo salió bien.

Como consecuencia de la lucha que su madre mantuvo conmigo durante el proceso de divorcio, Georg pasó a ocupar, cuando tenía cuatro años, un puesto de privilegio frente a los posibles hijos que yo pudiera tener en adelante: se estableció que recibiría como herencia un 25 por ciento más que sus hermanos. Por otro lado, y además de quedarse con la custodia del pequeño, Teresa, para proteger los intereses de su hijo, tenía derecho a supervisar cualquier decisión trascendental que, en el ámbito de los negocios, yo pudiera tomar. Lo único que yo deseaba era terminar con la infelicidad y la amargura que era estar con ella sabiendo de su relación con Ivy Batthyány, mi cuñado.

Indudablemente, Teresa consiguió dejarlo todo atado y bien atado, incluso después de casarse en segundas nupcias. Con la custodia del niño en poder de ella, Georg iba creciendo bajo su atenta mirada y siguiendo siempre sus consejos.

A Georg se lo llevó Teresa de Villa Favorita antes de cumplir los tres años, y creo que él todavía no lo ha superado del todo. Lo veía muy poco, porque su madre lo puso en contra de mí toda su vida. Cuando Georg estuvo yendo a la universidad en Zúrich lo empecé a ver un poco más, pero su madre estaba siempre de por medio. Yo solía pasar la Navidad y la Semana Santa en Saint Moritz, y a veces él venía a verme un rato porque Teresa también tenía allí una casa, que tuve que comprar para ella durante el proceso del divorcio.

A los veintiséis años, tal y como estaba acordado con Teresa, Georg se incorporó al negocio familiar y empezamos a vernos más. Yo soy demasiado confiado; Georg, por el contrario, es muy reservado y creo que no confía en mí. Nos dábamos abrazos, aunque más por costumbre o protocolo que por otra cosa. Empujado continuamente por su madre, se preparó para llevar mis empresas y empezó a trabajar con mucha discreción a mi lado. Y pese a que Denise no confiaba en él, me dio muestras de ser un consejero delegado de bastante talento. Por eso me fié de él y le di todas las oportunidades.

Georg se había establecido en Mónaco y yo, como habíamos convenido en el divorcio, lo había puesto al tanto de la fundación Kaszony, como primer paso para que fuera tomando contacto con el entramado de empresas, el *holding* Thyssen-Bornemisza Group, en el que empezaría a trabajar de manera oficial en 1978. Dos años más tarde, al cumplir Georg los treinta, quise celebrar una reunión en el castillo de Landsberg y le di un puesto en el consejo de supervisión del grupo, pues aunque, como he dicho, apenas tuvimos convivencia, Teresa se había ocupado muy bien durante esos años de tenerlo asesorado en todo por las cláusulas pactadas en nuestro divorcio.

En 1983, y tras haberme convencido insistentemente Georg de que era lo mejor, se creó el Continuity Trust de las Bermudas para proteger al Thyssen-Bornemisza Group de la desmedida ambición de Denise, mi cuarta esposa, que tenía muchas cartas en su mano al no haberle exigido yo, antes de casarnos, que firmara un acuerdo de capitulaciones matrimoniales. Georg había quedado en una posición privilegiada gracias a las exigencias de Teresa en nuestro divorcio, ya que él heredaría un 43,75 por ciento, mientras que cada uno de sus hermanos recibiría un 18,75. Me había explicado que la palabra *continuity* era clave porque garantizaba que, después de mí, todo seguiría igual. Por desgracia, no fue así.

Tiempo después llegaría el día en que empecé a arrepentirme de muchas cosas. Ni remotamente podía intuir yo que la decisión de crear el *trust* como se creó iba a convertirse años más tarde en la semilla de una discordia que llevaría a un duro enfrentamiento que la prensa definiría como el caso «Thyssen contra Thyssen». El asunto acabó en los tribunales de las Bermudas en los años noventa; al final, por suerte, después de interminables sesiones con abogados, todo finalizaría con un pacto familiar que se firmó en Basilea. Pero de todo esto se hablará más adelante. El caso es que, después de conseguir que yo firmara este *trust*, Georg venía continuamente a verme, no importaba dónde estuviera yo, para convencerme de que había que crear otro, el Art Trust, que al final firmé en 1986 para proteger mi colección, según él. Todavía no habían salido a la luz las consecuencias del Continuity Trust.

Con el tiempo empecé a comprobar que no se estaba cumpliendo el acuerdo de las Bermudas. Éste establecía que yo recibiría anualmente el 30 por ciento de los beneficios netos del Thyssen-Bornemisza Group, cantidad que, aunque yo falleciera, seguiría vigente hasta 2049 con el fin de sufragar los gastos de mantenimiento de mi colección en Villa Favorita, puesto que ya estaba proyectado un concurso de arquitectos para ampliar la pinacoteca.

Jamás me pude imaginar los problemas a los que tendría que enfrentarme, hasta el punto de tener que verme obligado a pleitear contra Georg. Nunca se me había pasado por la cabeza lo que se avecinaba. Creo que todo esto me sucedió porque, en aquellos momentos, tan sólo pensaba en tres cosas: divorciarme de Denise sin perder una parte de mi fortuna familiar, que era lo que ella intentaba conseguir; un futuro feliz al lado de Tita, algo que creo que tenía bien merecido; y dedicar más tiempo a mi colección, reunida a través de los años. De esas tres circunstancias se aprovechó Georg. Desde 1986, año en que se crearía el segundo *trust*, el de arte, hasta 1993, Georg lo decidía todo: a mí cada vez se me consideraba menos en las decisiones, y no se me tenía al corriente de lo que ocurría en mis empresas ni de lo que un día se había pactado.

En el ámbito personal, Georg se unió sentimentalmente a Katharina von Meran, con la que tuvo un hijo llamado Simon. Katharina estaba divorciada y era madre de otros dos hijos.

Francesca, la única mujer

Nacida el 7 de junio de 1958 en Lausana, Francesca, la hija que tuve con Fiona, se convertiría en 1993 en archiduquesa de Habsburgo al casarse en el santuario austríaco de Mariazell con Carlos, primogénito de Otto de Habsburgo, que fue miembro del Parlamento Europeo y abdicó en su hijo cediéndole los derechos dinásticos.

El nacimiento de Francesca fue muy complicado. El doctor Rochat asistió el parto en la clínica de Montchoisy. Le pusimos el nombre de su abuela materna y comenzamos a llamarla Chessie. Ella también se fue muy joven de casa, y cuando cumplió dieciocho años se estableció en Londres, en un *loft* que yo le compré en el barrio de Chelsea. En realidad, todos mis hijos se fueron marchando de casa antes de cumplir los cinco años: todos ellos crecieron sin mí. Tras el nacimiento de Francesca, las cosas entre Fiona y yo empezaron a ir muy mal. Yo no paraba de viajar y ella se sentía, según parece que comentaba, como un cuadro de mi colección, colgado en Villa Favorita, esperando a que yo regresara de mis interminables viajes para admirarla.

Creo que no fue justa al decir eso: ella, lo mismo que Teresa e igual que años después Denise, podría haberme acompañado en mis viajes sin ningún problema. Si no lo hizo ninguna fue tan sólo porque eran viajes de trabajo, no de placer. A este propósito, me viene a la cabeza lo que un día me dijo un amigo, que me culpaba en cierto modo del fracaso de mis matrimonios: «Lo que tenías que haber hecho con tus mujeres era colgarlas junto con tus cuadros». Sin duda, mi amigo era muy vehemente, a la par que un admirador de... Enrique VIII.

Pero volvamos a mi hija: Francesca cambiaba mucho de colegio y empezó a frecuentar compañías poco recomendables. Es una historia triste. Su madre estaba muy ocupada con sus amistades y sus compromisos sociales. Una anécdota puede confirmar a la perfección lo que estoy diciendo: un día, mi hija me dijo que pensaba casarse. Su novio era un guitarrista. Le dije: «Tendrá que ganar mucho dinero, porque cuando te cases será él quien te mantenga y deberá obtenerlo todo de su guitarra». Tras hablarle así, el novio desapareció.

Años después, en febrero de 2002 —en la última firma relacionada con la herencia—, entre las condiciones previas que Francesca y Georg pusieron para firmar estaba la de que se le diese a ella el lugar que en la Fundación del Museo Thyssen-Bornemisza ocupaba su hermano Alexander. Y en esta ocasión no tuve más remedio que aceptar, aun sabiendo que no podía confiar en Francesca porque no era capaz de ocupar el cargo de patrona en el museo sin presentar cantidad de problemas por los que yo no deseaba que tuviera que pasar la fundación, dada su forma irregular de ser y por haber heredado de su madre la misma torpeza.

Francesca nunca demostró cariño ni preocupación por mí. Una de las cosas que más me dolieron de mi hija fue la carta que un día me envió y en la que hacía continuas referencias a sus pretensiones debido a mi delicado estado de salud, pero la verdadera motivación no estaba en mí, sino en la herencia. Me dio mucha pena que me escribiera en esos términos una hija que ya había recibido en vida bastantes millones de dólares gracias a la venta de la colección, una operación en la que Tita se había esforzado como nadie. Georg, Lorne y Francesca se habían opuesto desde el principio a que mi colección se estableciera en España y permaneciera unida, como era mi deseo. Fueron años muy difíciles para mí, años perdidos. Además, Tita había renunciado, porque se lo pedí yo, a lo que legítimamente le pertenecía. Para conseguir traer la colección, incluso todos los regalos que yo le había hecho fueron tasados, y tuvo que abonar el importe si los quería conservar. Yo me sentía frustrado, pero Tita me decía: «Adelante, quiero que se cumpla tu sueño y el deseo de tu padre».

Ironías del destino: casi por las mismas fechas en las que Francesca atacaba continuamente a Tita y a España, ella y su marido, el archiduque Carlos de Habsburgo, se veían «envueltos» en graves problemas. Los medios destaparon la noticia de que, en una de las instituciones de caridad de cuya junta directiva Carlos formaba parte, World Vision, y que se ocupa de ayudar a los niños necesitados del Tercer Mundo, faltaban unos quince millones de chelines austríacos. Poco después intervenía la justicia y el archiduque reconocía ante un tribunal de Viena que parte del dinero que tenía como destinatarios a los niños necesitados se había desviado para su campaña política. Una campaña que le había salido bien, puesto que había conseguido formar parte del Parlamento Europeo. El año 1998 se acercaba a su final, el escándalo estaba servido y la carrera política de Carlos, jefe de la Casa de Habsburgo, quedó arruinada por completo.

Lorne, a su manera

Lorne Johannes Thyssen Campbell nació en Lausana el 15 de julio de 1963 bajo la sombra de la duda acerca de mi paternidad, de modo que tuve que pedir que se practicaran las pruebas pertinentes. Para mi sorpresa, las citadas pruebas me atribuyeron la paternidad de Lorne. Tiempo después, sin embargo, sería la propia madre, Fiona, quien apuntaría en otra dirección al hablar del verdadero padre de su hijo.

De nuevo, un engaño en mi vida. Y de nuevo un hijo cuando las cosas ya estaban mal en mi matrimonio. Como me había sucedido con Teresa.

Fiona y yo estábamos mal y apenas nos hablábamos, pero un día me dijo que estaba de nuevo embarazada. Fiona se puso de parto inesperadamente una tarde y no dio a luz en el coche de pura casualidad, ya que el tráfico hasta la clínica Santa Ana, en la localidad de Sorengo, pueblecito próximo a Lugano, estaba imposible. El parto se había adelantado y nos pilló a todos por sorpresa. Lorne, que parecía llegar para estabilizar la situación, acabó por desestabilizarla, porque con él llegaron también los rumores que señalaban que su padre era Sheldon Reynolds.

Fue el mismo Lorne quien, muchos años después y durante una de mis estancias en Nueva York, me llamó y me dijo que quería almorzar conmigo para hablar de un asunto importante. Quedé con él y empezó a explicarme que había estado una semana viviendo con su padre —es decir, con Sheldon—, que se compenetraba mucho con él y que, en consecuencia, le gustaría cambiar de apellido. Le dije que yo no pondría inconveniente alguno. En realidad, lo que Lorne quería era que yo le diera antes su parte de la herencia, algo en lo que también estaba de acuerdo Fiona, su madre, quien por otra parte pretendía que yo le entregara el dinero a ella para controlarlo y administrárselo. Por supuesto, me negué: le dije a Lorne que, si quería cambiar su apellido, era perfectamente libre de hacerlo porque estaba en su derecho, pero que nunca sería a cambio de dinero.

Terminados sus estudios en Suiza, Lorne se instaló, al igual que Francesca, en Inglaterra, en una casa contigua a la de su hermana y, por supuesto, pagada también por mí. Su intención era matricularse en la Universidad de Edimburgo para estudiar filosofía y políticas. A la larga, sus intenciones se quedaron tan sólo en un loable propósito que nunca llegaría a buen puerto.

Lorne me convenció para que le financiara su carrera de actor en Nueva York. Después alquiló un enorme apartamento en París, se convirtió al islam y empezó a pasar largas temporadas en el Líbano, donde, en 2003, dirigió el filme *Labyrinth*, asesorado por su padre, Sheldon Reynolds. Así que, de alguna manera, fui yo quien acabó sufragando la película que en su momento —y a instancias de Fiona— me negué a financiarle al director estadounidense.

Después de mi boda con Tita, le seguí pasando a Lorne una renta lo suficientemente cuantiosa como para que viviera bien, a lo que hay que añadir la importante suma que le correspondió tras la venta de la colección a España.

Alexander, el hijo de Denise

Wilfrid Alexander August Gábor Thyssen-Bornemisza de Kaszon nació el 20 de noviembre de 1974 en el hospital Cantonal de Zúrich. A pesar del nacimiento de Alexander, mis problemas con Denise seguían al rojo vivo, y se empezaron a agravar cuando intentó obtener una serie de privilegios para ella y su hijo. Al igual que Fiona, Denise lo quería todo, incluso ser la administradora de Alexander. Me insistía una y otra vez en que el niño era el único que había heredado de mí el amor por el arte y el único capaz de continuar con brillantez la dinastía de los Thyssen-Bornemisza de Kaszon. Fue francamente una época muy dura para mí, porque Denise me atormentaba en un desesperado intento de conseguir privilegios para Alexander en detrimento de sus hermanos.

Alexander tenía once años cuando su madre y yo nos divorciamos. A Denise le quedaron diversas propiedades en Cerdeña y en Marbella, joyas de un valor incalculable y una renta millonaria con cobertura de gastos para su hijo.

Aun así, siguió planteando problemas durante las conversaciones con España para la venta de la colección, dado que era la representante legal de Alexander, que, como ciudadano suizo, no alcanzaría la mayoría de edad hasta los veinte años. Menos mal que los abogados encontraron una fórmula mediante la cual se consiguió que él se comprometiera a firmar cuando tuviera la edad requerida. Con dicha fórmula quedó superado el escollo de Denise. Existía, qué duda cabe, la posibilidad de que Alexander, llegado el momento, se negara en redondo a firmar e impugnara el acuerdo hereditario. Era una posibilidad remota, pero decidí arriesgarme y, al final, todo salió bien.

Durante su adolescencia, Alexander pasó temporadas conmigo y se hizo bastante amigo de Borja, con el que jugaba muchas veces en Villa Favorita y en la casa de Sant Feliu. Es un joven muy afable, de modales muy correctos, y siempre le he tenido un gran cariño.

Borja, el hijo con el que más años pasé

Tita no sólo me dio la felicidad que yo no tenía, sino que también me dio lo que no había conocido en mi vida: poder convivir con un niño, Borja, por el que nada más conocerlo empecé a sentir un gran cariño y con el que experimenté una perfecta sintonía. Borja, a quien vi crecer desde que tenía un año, ha estado siempre a mi lado. Juntos vivimos durante el invierno en Lugano, en Villa Favorita, y durante los meses estivales navegamos en el *Hanse* por el Mediterráneo y el Caribe, y juntos vivimos también en la Costa Brava y en Madrid.

Desde que era muy pequeño compartimos el mismo sentido del humor —un humor que yo fomenté en él— y hasta las mismas travesuras. Recuerdo una de ellas: teníamos una amiga llamada Marie France, que era a la vez muy amiga de mi hermana Gaby y que tenía la misma edad que Tita. Marie France siempre picaba con nuestras bromas. Un día se quedó dormida en la piscina de Villa Favorita, porque la noche anterior nos habíamos acostado muy tarde debido a la inauguración de la exposición «Goya en las colecciones privadas» y estábamos todos agotados. Eran las doce del mediodía y le sugerí a Borja gastarle una de nuestras bromas.

La noche anterior habíamos servido una enorme tarta, llevada en andas por cuatro camareros, en la que, tras apagar las luces, comenzaban a brillar unas pequeñas bengalas que producían estrellitas de vivos colores. Le propuse a Borja poner entre los dedos de los pies de Marie France una de las bengalas que habían sobrado y después prenderle fuego. El despertar que tuvo Marie France fue único; el susto tremendo, y su inmediata reacción fue perseguirnos alrededor de la piscina con la firme intención de tirarnos al agua. Menos mal que, a pesar de ser muy alta y ágil, no consiguió su propósito. Otras veces le hacíamos la petaca en la cama, o le poníamos pimienta entre las sábanas o Blandi Blub en el neceser, y entonces le regalábamos otro nuevo y más bonito. Todo esto se lo enseñaba yo a Borja cuando era pequeño, y nos divertíamos mucho juntos ideando travesuras.

Cuando fue creciendo, empezó a asistir al Instituto Helvético, un colegio de religiosas de Lugano al que Tita solía llevarlo todos los días, cuando no nos encontrábamos viajando. Según se iba haciendo mayor, nos acompañaba durante sus vacaciones en nuestros viajes a distintos países y, cuando no le era posible o cuando el viaje duraba muchos días y no podía dejar sus estudios, se quedaba con la madre de Tita, que vivía también con nosotros en Villa Favorita.

Tita me contó desde el principio quién era el padre de Borja, Manuel Segura, y me explicó las razones de tipo legal por las que no pudieron contraer matrimonio en su momento. Cuando yo empecé a hablarle de adoptar a Borja, Tita insistió en que antes debía conocer a su padre. Nos conocimos y me pareció una persona excelente y muy educada. Le comuniqué mis intenciones de adoptar a Borja, a lo que él me contestó que lo único que quería era la felicidad del niño.

A Borja lo bautizamos en la catedral de San Patricio, en Nueva York. Me emocioné porque la ceremonia fue muy hermosa. Sus padrinos fueron Luis Gómez-Acebo, duque de Badajoz, que sentía un gran cariño por Borja, y Ann Getty, amiga de Tita. Recuerdo que, un momento antes de empezar la ceremonia, Luis le dijo a Borja que debajo de la sotana del obispo había un ratoncito, y el niño se puso a buscar el animal mirando fijamente los faldones y sin parar de reír. Después, para celebrarlo, fuimos todos a almorzar con S. A. R. el conde de Barcelona, S. A. R. la infanta doña Pilar y la madre de Tita al restaurante Le Cirque.

Años después empezamos a ir a España con mayor asiduidad. Puesto que Borja iba a comenzar sus estudios en Madrid, Tita propuso un segundo encuentro con el padre del niño, pero esta vez los cuatro: ella, Manuel Segura, Borja y yo. Consideramos conveniente que, para evitarle sorpresas, lo mejor era que Borja se enterara de todo por nosotros. Los tres le hablamos con toda claridad y, a la vez, con palabras apropiadas a su edad. Y todo resultó perfecto.

CAPÍTULO 12

La colección sale de Villa Favorita rumbo a España: el mayor traslado de obras de arte de la historia

El padre de Heini compró en su día Villa Favorita, más que para vivir, para albergar en ella su magnífica colección de cuadros. Quería que las obras de arte permanecieran al margen de los avatares de la guerra, y construyó un magnífico museo al borde del lago de Lugano.

En su momento —en 1953—, decidí abrir el museo de Villa Favorita al público desde Semana Santa hasta septiembre. Al tratar de reunir de nuevo la colección de mi padre y proteger al mismo tiempo lo que quedaba de ella, comencé a descubrir los sentimientos que se experimentan ante una obra de arte cuando tiene la calidad de las que yo, por avatares del destino, tenía en mis manos. En una palabra: había nacido en mí el amor por el coleccionismo. En los primeros tiempos no sabía gran cosa de arte, pero fui aprendiendo paulatinamente. A veces incluso llegué a contraer deudas para adquirir un cuadro.

Anuncio sorpresa

Un día de 1986 sorprendimos al mundo del arte y a los arquitectos de élite con una noticia: íbamos a ampliar el museo de Villa Favorita y, por tanto, a mostrar al público más del doble de las obras hasta entonces expuestas en el museo que había creado mi padre, única forma de que los visitantes pudieran admirar la mayor parte de los más de mil trescientos cuadros que había conseguido reunir: los de mi colección privada, los de mi padre, los que rescaté de las ventas que mis hermanas habían llevado a cabo y los que coleccioné por mi cuenta. Se abrió entonces un apasionante concurso para cuatro de los mejores arquitectos, que deberían presentar sus propuestas de ampliación de modo que la colección pudiera seguir en Lugano. No había otro camino, y el camino era, a la vez, un dilema: o se ampliaba el museo de Villa Favorita o la colección tenía que buscar otro enclave, otra ciudad, otro país. Yo había confiado plenamente en Georg. Pocos días después teníamos que firmar el Art Trust, sin que yo pudiera imaginar lo que me esperaba.

El proyecto elegido fue el presentado por el arquitecto británico James Stirling. Era el mejor. Cuando nos tocó exponerlo en el Palacio de Congresos de Lugano, me sentí orgulloso de anunciar que, durante los últimos cuarenta años, el comercio y el turismo de la ciudad se habían visto favorecidos por los amantes del arte que habían viajado para admirar mi colección, y que, esta vez, me sentía feliz de poder presentar el plan de ampliación del museo de Villa Favorita.

El proyecto era francamente interesante para todos. Sin embargo, graves problemas de fondo iban a interponerse en el camino.

Yo tenía confianza absoluta en Georg, así como en los abogados cuyas minutas había estado sufragando durante muchos años —era de esperar que, como letrados pagados por mí, estuvieran completamente de mi parte—, así que seguí el consejo que me dieron en relación con mi colección. Sabedores todos ellos de la ilusión que, tanto por mí como por el recuerdo de mi padre, yo tenía por llevar a cabo la ampliación del museo de Villa Favorita, me aconsejaron —esgrimiendo de nuevo el desagradable argumento de «por si acaso un día te pasara algo»— que lo mejor para mi colección era crear otro *trust*: en esta ocasión, de arte.

Para llevarlo a cabo, lo primero que debía hacer era convencer a Tita para que, como esposa, renunciara a los derechos que la ley suiza le otorgaba, y que eran muchos. En honor a la verdad, debo decir que no me costó nada convencerla, como ya he dicho. Lo malo —y es algo que ahora veo muy claro— fue que mi petición de renuncia no estuvo en absoluto acertada, porque el porcentaje al que, como esposa de un ciudadano suizo, Tita renunció me hubiera sido de gran ayuda para los futuros litigios a los que me vi obligado a enfrentarme tiempo después. Debo añadir que Tita no sólo renunció a los cuadros, sino también a su participación en los negocios. El pacto para crear ese segundo *trust* se firmó en 1986. Tanto ella como yo firmamos confiando en que lo hacíamos para conseguir un museo renovado en Villa Favorita.

El compromiso que se había pactado en su día para la continuidad de mis negocios incluía y sufragaba —así debía ser— los gastos de ampliación del museo de Villa Favorita, y aseguraba una elevada cantidad de dinero anual para el mantenimiento y la adquisición de obras de arte en los siguientes sesenta y tantos años. Debo añadir, por otra parte, que en todo este asunto tanto Georg como los abogados a los que, repito, yo estaba pagando conocían mi firme decisión de respetar el deseo de mi padre y mi amor por la colección.

Un día firmamos en Zúrich el acuerdo, que constaba de más de doscientas páginas. Mi sorpresa fue que hubo que hacerlo deprisa y corriendo, fiándonos todos de la supuesta buena voluntad de Georg; por mi parte, yo estaba convencido de que lo que firmaba era, en realidad, lo que él y mis abogados se suponía me habían estado enviando durante meses para que yo lo leyera. Pero lógicamente no podía releerlo, ni lo iba a hacer, como tampoco lo hizo el notario, que me explicó que en caso de hacerlo tendríamos que pasarnos allí tres días con sus correspondientes noches. Al final, decidí confiar. De cualquier modo, los documentos para firmar nada tenían que ver con lo que yo había estado leyendo.

Pocos días después de la firma, Georg se presentó en Villa Favorita con una sorpresa para mí, y no precisamente grata. Me dijo que era preciso vender algunos cuadros para crear un fondo con el que poder seguir manteniendo el grueso de la colección y financiar la ampliación del museo y su mantenimiento. Nos lo comunicó a Tita y a mí mientras almorzábamos con él. Cuando le pregunté por qué era necesario vender si se había firmado un acuerdo conforme al cual la colección quedaba del todo protegida por parte del Continuity Trust, al menos durante sesenta y tantos años, él sólo añadió: «La situación ahora está así». Ni Tita ni yo reaccionamos de ninguna manera. No le dijimos nada: yo quizá por el mazazo recibido, y ella porque tiene la costumbre de no hacer comentarios en cuestiones de esta envergadura a menos que yo le pida su consejo, cosa que hice nada más marcharse Georg.

No puedo negar que ese día me llevé uno de los mayores disgustos de mi vida. Hablé, como digo, con Tita. Lo que más me gusta de ella es que, cuando ve que algo no tiene una aparente solución, no duda en ponerse a buscarla enseguida. Lo primero que me dijo fue: «No te preocupes, Heini: tu colección es tan importante que encontraremos una solución. —Y añadió—: Me imagino que lo que se había acordado era protegerla, pero, por lo que se ve, es la forma más rápida de que se deshaga. Creo que la única solución es contactar con diferentes gobiernos. En cuanto se enteren de que tu colección va a tener que salir de Villa Favorita y puede ser alquilada o vendida, siempre sin dejar de ser la magnífica colección que es, tendrás montones de ofertas y la podrás conservar unida, que es tu sueño, el sueño de tu padre y la intención tuya y mía al firmar hace pocos días el Art Trust».

Y la solución, la decisión final, llegó el día en que decidí que España iba a ser el destino final de la colección. Y llegó después de muchos enfrentamientos con Georg y mis abogados, que me habían estado traicionando, razón por la cual decidí sustituirlos.

Muchos países... para una colección única

Los días de esplendor de Villa Favorita estaban a punto de convertirse en historia. Como en historia se convirtió la exposición de los cuadros impresionistas, postimpresionistas y modernos (de Gauguin, Monet, Matisse o Picasso, entre otros muchos) procedentes del Hermitage de Leningrado y del Pushkin de Moscú; la de los maestros americanos, evento para el que viajaron a Lugano una *square-band* estadounidense y nuestro invitado de honor, el embajador Lodge; «Goya en las colecciones privadas españolas»; o «Huevos de Pascua de Fabergé», de Malcolm Forbes, que contó con un monumental globo decorado como un huevo de Pascua, en cuya cesta montamos el propio Forbes y yo para elevarnos unos veinte metros sobre el lago de Lugano.

Tita, que casi lloraba, nos pidió a Malcolm y a mí que por favor no saliéramos a navegar en ese globo. Aseguraba que era demasiado temerario remontar los montes de Lugano porque los vientos cambiaban a menudo. Y al final consiguió su propósito: sólo nos elevamos veinte metros, y atados.

Al enterarse de que la colección privada más importante del mundo iba a salir de Lugano, muchos países (entre ellos Alemania, Francia, Inglaterra y Estados Unidos) empezaron a ponerse en contacto conmigo.

Con Inglaterra hubo largas conversaciones, en las que llegaron a participar miembros de la familia real británica, como el príncipe Carlos y la princesa Margarita. El 14 de mayo de 1988, el príncipe de Gales nos visitó en Lugano, adonde llegó pilotando su propio avión. Recuerdo que, en el almuerzo que le ofrecimos en Villa Favorita, nos comentó entre risas que el avión era bastante grande, «y casi me como todas las piscinas de Lugano», dijo. Al final del almuerzo, y tras haberle explicado que estábamos bastante comprometidos con España en relación con el futuro de la colección, el príncipe Carlos resaltó la importancia que para el Reino Unido tiene el *Retrato de Enrique VIII de Inglaterra*, de Holbein el Joven.

Yo, como buen anfitrión, decidí entonces prestar a Inglaterra el famoso cuadro durante seis meses.

La hermana de la reina Isabel II también estuvo en Lugano. A la princesa Margarita la conocí estando casado con Fiona, cuando asistimos a una fiesta en la que también se encontraban ella y lord Snowdon, por entonces su marido. El anfitrión era Jack Heinz. Tuve que inaugurar el baile y le pedí que bailara conmigo: era la elección obvia, puesto que se trataba de la invitada de honor. Ella respondió con aspereza: «Prefiero quedarme aquí y acabarme el cigarrillo». Aquello no me molestó. Simplemente miré a mi alrededor y vi a muchas chicas guapas que habían oído su respuesta. Entonces invité a la más bella a bailar y ésta aceptó. Lo que sucedió fue que mi decisión de invitar a otra empeoró las cosas: ¡había ofendido a un miembro de la familia real!

Antes de ese episodio —como a mitad de la cena—, la princesa había querido ver el diamante que llevaba mi mujer. Fiona se lo quitó y se lo pasó. Ella le echó un vistazo rápido y lo dejó caer en su sopa de guisantes. Tuve que recuperarlo con la cuchara y secarlo con una servilleta. Obviamente, la princesa no estaba de buen humor.

Al año siguiente, ya divorciado de Fiona, asistí a un baile al que debía acudir la princesa Margarita. Mientras todos los invitados la esperaban, yo me fui al bar a tomarme una copa. Cuando llegó, ignoró a todo el mundo y se dirigió hacia mí. «Heini, me alegro de verte.» Me sorprendió. Aquello me hizo pensar que, en el fondo, quien no le caía bien a la princesa era Fiona. La hermana de la reina Isabel ha estado dos veces en Villa Favorita, e incluso ha plantado en el jardín una camelia, a la que pusimos de nombre *Princess Margaret*. Ahora somos muy buenos amigos, y también se hizo muy amiga de Tita.

Con quien hablamos bastante sobre la colección fue con la señora Thatcher. La primera ministra británica nos recibió en dos ocasiones: la primera, con motivo de una cena en su residencia oficial en el número 10 de Downing Street; y la segunda, para un almuerzo en su residencia privada. En relación con la casa de Downing Street, yo le dije que, para pertenecer a un primer ministro, los cuadros no me parecían muy buenos. Ella respondió: «No puedo hacer nada al respecto. Es cosa del Arts Council». Le indiqué que, si podía sustituir a los ministros, sin duda podría hacer lo mismo con los cuadros.

La señora Thatcher estuvo durante la cena tratando de convencerme de llevar la colección a Inglaterra, y en sus memorias menciona a Tita como el mayor obstáculo para conseguirlo. Lo cierto es que los británicos me hicieron una propuesta bastante detallada, pero en esos momentos cobraba ya fuerza el sueño y la lucha de Tita por que la colección acabara en España.

Alemania también quería mis cuadros. El alcalde de Düsseldorf se reunió conmigo en dos ocasiones para hablar de la colección, que además suscitaba interés en Bonn, en Hamburgo y en Stuttgart, ciudad esta última que llegó a presentar una oferta bastante interesante. Zimmermann, el ministro alemán del Interior, conversó conmigo en diversas ocasiones. Estaban dispuestos a gastar grandes sumas de dinero al año para el mantenimiento de la fundación y para hacer un museo y compensar a mis herederos por sus legítimas.

En realidad lo que me llevó a romper las conversaciones fue el primer ministro, Helmut Kohl, con quien me entrevisté, y que me dejó totalmente decepcionado al explicarme que una de las razones por las que quería mi colección era porque necesitaban un museo para que lo visitaran y pasaran un rato las primeras damas de los jefes de Estado que visitaran el país.

Hubo asimismo por parte de Francia un intento de tener la colección en París. En este sentido, miembros del gobierno viajaron a Lugano para entrevistarse conmigo, pero no se llegó a profundizar más. Balladur, ministro de Economía por entonces, visitó Villa Favorita, me explicó que le gustaría que la colección estuviera en Francia y me habló de la posibilidad de que el Petit Palais, emblemático edificio de París, se pudiera convertir en el museo que la albergara. Yo pensé de inmediato en las dificultades que iban a surgir en cuanto les propusiera hacer importantes reformas en el edificio para convertirlo en sede permanente de mis cuadros. Y eso me llevó a desistir de la idea: estaba convencido de que habría sido prácticamente imposible conseguir un permiso para llevar a cabo una remodelación a fondo del Petit Palais.

Y estaba, por otra parte, la oferta que llegaba de América, concretamente desde California. La Fundación Getty de Los Ángeles también se mostró decidida a tener la colección. Nos visitaron en Lugano y después, aprovechando que habíamos viajado a California con motivo de una exposición temporal de obras de mi colección, Tita y yo nos reunimos con ellos y nos llevaron a visitar el terreno donde tiempo después se instaló el museo Getty, un lugar precioso en las colinas de Bel

Air. La oferta del Getty era muy tentadora, pero Tita me hizo ver que, aunque al principio se llamara museo Thyssen-Getty o Getty-Thyssen, a la larga podría acabar siendo el museo Getty a secas.

Mientras se sucedían todas estas propuestas, la idea —mejor dicho, el deseo— de mi mujer desde que supimos que los cuadros iban a salir de Villa Favorita era que la colección acabara en España. Cuando empezaron a llegar todas las propuestas internacionales, Tita y yo las estudiábamos muy a fondo. Ella siempre se mostraba totalmente imparcial y yo sabía que para ella lo más importante era yo. No me quería presionar, pero sí ayudarme a tomar la decisión más importante de mi vida: darle el mejor destino a mi colección. De repente apareció España con su palacio de Villahermosa, su ubicación y sus características, y para mí fue el detonante. No nos imaginábamos que la lucha iba a ser tan tremenda, con Georg, Francesca y Lorne en contra y con duras críticas al país y sobre todo a Tita por el hecho de ser española. Fueron siete años de caminar por la cuerda floja para los dos, pero yo ya no podía decidir libremente por haber confiado en Georg y haberme dejado convencer para crear en 1986 el Art Trust, donde también se me había mentido, como en el Continuity Trust: por culpa de uno y otro tuve que dar un giro total y dejar atrás la ampliación del museo en Villa Favorita. Había perdido el control de mis empresas y de mis cuadros. Durante esos años recordé a mi madre, cuando me contó, siendo yo pequeño, que una adivina le había dicho que yo salvaría las empresas familiares, pero que en los últimos años de mi vida no podría controlar ni tendría nada de todo aquello por lo que había luchado toda mi vida, y que terminaría arruinado.

España, destino final

En abril de 1986, Miguel Satrústegui, director general de Bellas Artes, y el abogado Rodrigo Uría viajaron a Londres con la difícil misión de recuperar para España el cuadro de Goya *Retrato de la marquesa de Santa Cruz*, de propiedad privada pero que había sido sacado de forma ilegal de nuestro país y se iba a subastar. Fue entonces cuando Javier Solana, ministro de Cultura, al que Tita y yo ya conocíamos personalmente y con el que nos unía una buena amistad, nos llamó para pedirnos si podíamos recibir a Satrústegui y a Uría. Su intención era que yo financiara la compra en la subasta que se iba a llevar a cabo en la capital británica. Los recibimos y los invitamos a pasar el fin de semana con nosotros en el castillo de Daylesford, donde por esos días nos acompañaba Luis Gómez-Acebo, duque de Badajoz.

La primera noche, durante la cena se sirvió salmón marinado con dos salsas diferentes, una muy fuerte y la otra normal. Mientras Rodrigo Uría me hablaba del *Retrato de la marquesa de Santa Cruz*, Tita comentó: «¿Por qué va a financiar mi marido el cuadro y dárselo después a España cuando, en realidad, España podría conseguir la colección de Heini?». En ese momento me di cuenta de que Uría acababa de llevarse a la boca la salsa picante, y no sé si fue por lo que mi mujer acababa de decir o por efecto de aquélla, pero lo cierto es que empezó a toser y a ponerse rojo. Nos miramos todos en silencio y Carmen repitió: «Sí. ¿Por qué no podría ir la colección Thyssen a España?». Debo decir que esto ya lo habíamos hablado antes ella y yo.

Uría y Satrústegui se quedaron muy sorprendidos. No estaban informados de lo que ocurría con la colección. Además, era lógico que Tita estuviera a favor de su país en este asunto, aunque era igual de consciente que yo de que el camino iba a ser largo y difícil. Más tarde, reunidos mi mujer, el duque de Badajoz y yo, empezamos a planear lo que luego se convertiría en una realidad. De modo que habíamos sumado España a los diferentes países que querían la colección.

Dos días después viajamos a Londres para reunirnos con los Getty y le pedimos a Luis que nos acompañara a una cena con ellos en nuestra casa de Chester Square. La cena tuvo, al margen del comienzo de las negociaciones, un matiz cómico. El cocinero había preparado de primer plato un suflé de queso del que se sentía muy orgulloso, pero como el *office* que había cerca del comedor estaba situado una planta por encima de la cocina, para poder subir las bandejas con la comida se utilizaba siempre un montacargas que aquel día se atascó con el suflé dentro y no se pudo sacar hasta el día siguiente. El cocinero, muy angustiado, apareció pidiendo disculpas, y todos nos reímos. Los siguientes platos los subieron a pie.

En cuanto nos quedamos solos los tres, Tita, Luis y yo, valoramos lo que se había hablado con el grupo Getty y empezamos a ahondar en la idea de si España estaría interesada. También le comenté a Luis los otros países con los que mi mujer y yo habíamos negociado, pero el camino hacia España se estaba abriendo.

Meses después, ya en 1987, Javier Solana y Tita coincidieron en Madrid con motivo de la entrega de los premios Naranja y Limón, que, desde hace años, concede una peña periodística (a ella le habían concedido el Naranja y al ministro el Limón). Al final del acto, Tita y Luis Gómez-Acebo, que la acompañaba a recoger el premio ya que yo no había podido viajar a Madrid por una reunión de negocios en Lugano, se reunían con Solana, que ya estaba informado por

Uría y Satrústegui de mi deseo de llevar la colección a España.

Aquel día, la presencia de Luis junto a Tita no se debía tan sólo a suplir mi ausencia: aun de haber estado yo en Madrid, también hubiera acudido con nosotros el esposo de la infanta Pilar de Borbón. Estaba claro que queríamos hablar con el ministro de manera informal en un intento de tantear un asunto tan importante para todos, y Luis era, tal y como se demostró, el mediador ideal.

Tres ministros y siete años

Desde los primeros tanteos hasta las negociaciones propiamente dichas, transcurrieron siete largos años de gestiones para que la colección encontrara por fin su sede definitiva en España. Y tres fueron los ministros de Cultura —todos ellos con Felipe González al frente del gobierno— que negociaron con nosotros: Javier Solana, Jorge Semprún y Jordi Solé Tura. Solana inició las conversaciones, Semprún las continuó y con Solé Tura se firmó el acuerdo.

En síntesis, éstas son las fechas clave: en abril de 1986 tuvo lugar la reunión en Daylesford en la que Tita hizo la pregunta clave: «¿Por qué no España?», y justo un año después, en abril de 1987, el duque de Badajoz enviaba una carta al gobierno español donde exponía mis intenciones respecto a la colección. Al mes siguiente el gobierno aceptaba, en principio, mi propuesta, y quedaba a la espera de las fórmulas y condiciones. En abril de ese mismo año se firmó la carta de intención como base del acuerdo. En diciembre de 1988 se firmó el contrato de alquiler de la colección al gobierno español, unos cinco meses después de que Jorge Semprún sustituyera a Javier Solana en el Ministerio de Cultura, y en octubre de 1992 celebramos la solemne inauguración del museo en el antiguo palacio de Villahermosa con Jordi Solé Tura como nuevo ministro de Cultura. Finalmente, en junio de 1993 se firmó la venta al gobierno español.

Convenciendo a los herederos

Había otro frente abierto, otro terreno que explorar y tantear: había que convencer a mis herederos de que la colección debía ir a España, lo que supuso duras negociaciones porque mis hijos siempre se mostraron reacios al proyecto español y a ayudarme a respetar mis deseos de conservar mi colección unida.

Pasado un corto espacio de tiempo, el duque de Badajoz envió una carta con una propuesta formal al gobierno, y fue entonces cuando Felipe González dio luz verde a Solana para iniciar las negociaciones. Por otra parte, el presidente nos recibió varias veces en la Moncloa, donde almorzábamos con él.

El ministro Solana eligió a Rodrigo Uría como abogado representante del gobierno, y éste luchó durante siete años para que, a pesar de que mis hijos no se acababan de poner de acuerdo respecto a sus correspondientes legítimas, la colección acabara en España. Y lo hizo por decisión propia y sin percibir compensación económica alguna. Si la amistad que antes nos unía a Tita y a mí con Rodrigo Uría ya era grande, después se convirtió en un gran cariño.

Quiero asimismo resaltar el nombre de una persona muy importante en todo el proceso de la venida a España de la colección: Luis Gómez-Acebo, duque de Badajoz, un hombre inteligente, desinteresado y de un magnetismo arrollador, a quien los que tuvimos la suerte de conocer y tratar no vamos a olvidar nunca.

Mención muy especial en todo el proceso merecen la figura y la influencia de S. M. el Rey Juan Carlos I. Él no estaba en las negociaciones porque su papel no era —ni lo es nunca— el de negociar, pero estaba detrás auspiciándolo todo.

Desde el principio supe que las negociaciones iban a ser largas y dificultosas. Solamente los problemas legales iban a exigir una legión de abogados, no en vano el mayor de los obstáculos se encontraba de mi lado: había que conseguir el visto bueno de todos mis herederos, uno de los cuales, Alexander, era además menor de edad. Y había que negociar con cada uno por separado. Recuerdo que Uría llegó a convencerme —aunque a Tita no le hiciera ninguna gracia— de que él y yo, por supuesto sin ella, teníamos que salir a cenar con Denise, la madre de Alexander, y tratar el asunto de la legítima de su hijo. Nos fuimos al hotel Ritz Uría, Denise, Alexander y yo, y la cena fue, en realidad, una pérdida de tiempo. No hubo acuerdo.

El «Triángulo del Arte»

Poco a poco se iban dando pasos importantes, hasta que se decidió que sería el palacio de Villahermosa el lugar donde se alojaría mi colección. El citado edificio, situado cerca de la plaza de Neptuno —en la esquina del paseo del Prado y la carrera de San Jerónimo—, fue construido en la segunda mitad del siglo XVIII por el noble italiano Alessandro Pico della Mirandola, y en 1771 pasó a manos del duque de Villahermosa. El palacio acogió una animada vida social durante unos ciento setenta años, hasta que después de la guerra civil los duques lo abandonaron y se instaló allí una entidad bancaria. En 1980 quedó bajo el control del Fondo de Garantía de Depósitos, y finalmente lo adquirió el Banco de España.

La ubicación era perfecta: al otro lado del paseo estaba el Museo del Prado y, un poco más abajo, casi en la zona de Atocha, el Museo Nacional Centro de Arte Reina Sofía, que abriría sus puertas al público el 10 de septiembre de 1992 y que hasta esa fecha era conocido como Centro de Arte Reina Sofía. Era el perfecto «Triángulo del Arte».

Asimismo se acordó que era necesario elaborar algún tipo de documento que fijara, al menos inicialmente, las condiciones de la operación. La redacción se encargó a Miguel Satrústegui, entonces subsecretario de Cultura, Rodrigo Uría y Jaime Rotondo, este último en representación mía y de Tita. Y se fijó la fecha para firmar el acuerdo, que se sellaría en el palacio de Villahermosa, donde se habilitó una sala provisional para solemnizar la firma de la carta de intención entre las dos partes, el 7 de abril de 1988.

Se eligió Madrid para traer la colección, aunque también se decidió llevar una parte de ella a Barcelona. Pasqual Maragall, por entonces alcalde de la ciudad, nos propuso habilitar el monasterio de Pedralbes. Allí las monjas vivían en pésimas condiciones, de modo que se decidió restaurar el monasterio y dejar en préstamo durante varios años en el magnífico museo rehabilitado una colección excelente de maestros antiguos.

Unos meses después, concretamente en diciembre de 1988, y con la intervención de muchos abogados por ambas partes, se firmó el contrato de alquiler de la colección entre Favorita Trustees Limited, sociedad dueña de la colección, y el Reino de España, representado por el ministro de Cultura.

Una de las primeras cosas que se hicieron antes de esa firma fue pedirle a Sotheby's que tasara cada una de las obras que constituían la colección. El 5 de mayo de 1988, Sotheby's llevó a cabo la tasación completa de las obras, cuya cifra total alcanzaba los mil doscientos millones de dólares. Con ese documento nos fue posible avanzar con mucha mayor rapidez en las negociaciones.

Georg convocó una reunión en Lugano conmigo con la intención de convencerme de llevar la colección a California, con los Getty, y aducía que era una oferta mucho más ventajosa que la de España. Yo le pedí a Tita que asistiera a esa reunión. Después de dos horas, al final mi mujer consiguió que Georg, que no nos dio otra alternativa, alquilara la colección por cinco años a España. Y aceptamos. Tita iba a seguir luchando contra viento y marea por su ubicación final. Yo creo que Georg estaba calibrando mi edad y, como él era quien controlaba el Art Trust, tenía sus planes. Tita se lo comunicó al duque de Badajoz, a quien la postura de Georg no le gustó nada, como tampoco a nosotros, pero mi mujer le dijo que la colección debía ir a España como fuera.

Horas más tarde de la firma del contrato de alquiler, se celebró una cena en la casa de los duques de Badajoz a la que asistieron Sus Majestades los Reyes, Felipe González, Javier Solana, Satrústegui, Uría y Rotondo, entre otros. En esa misma fecha se creó, con el Reino de España y yo mismo como fundadores —y correspondiendo a S. M. el Rey de España su Alto Patrocinio—, una fundación cultural española, de carácter privado y sin ánimo de lucro, bajo el nombre de Fundación Colección Thyssen-Bornemisza, cuya finalidad era la de gestionar el futuro museo.

Los fondos de arte fundacionales fueron provistos por Favorita Trustees Holding Ltd. y los financieros por el Ministerio de Cultura, y el Reino de España cedió a la fundación la propiedad del palacio de Villahermosa. La presidencia de la citada fundación recayó inicialmente en mí, y desde el año 1993 pasó al ministro de Cultura, quedando yo como presidente honorario vitalicio y Tita como vicepresidenta también vitalicia.

Entre Jorge Semprún y yo se estableció una muy buena química.* También con los otros dos ministros del gobierno de Felipe González —Javier Solana y Solé Tura— las cosas marcharon sobre ruedas, lo que no quiere decir que las negociaciones no fueran duras, porque se trataba de dos grandes negociadores. Pero con Semprún hubo desde el primer momento una gran afinidad en torno a ciertos criterios artísticos considerados clave por ambos. Además, y aunque tenemos ideas políticas muy dispares, nuestras vidas —él es dos años más joven que yo— han transcurrido en algún momento en los mismos países y ciudades: ambos estudiamos en La Haya de adolescentes, a finales de los años treinta; ambos estuvimos por la misma época en París; los dos, aunque por muy distintos motivos, viajamos a Rusia, e incluso llegamos a coincidir, aunque sin conocernos ni ser presentados, en la localidad suiza de Ascona, cerca de Lugano, donde él pasó largas temporadas escribiendo y adonde yo iba a visitar a mi madre.

Uno de sus principales deseos cuando lo nombraron ministro era visitar el museo de Villa Favorita, y aquí fue precisamente donde nos conocimos. Nos caímos muy bien y no tuvimos ninguna dificultad en proseguir las negociaciones. Él, su mujer y su nieta de pocos años pasaron unos días con nosotros en Lugano, que resultaron muy agradables para todos.

Poco después, Semprún nos invitaba a Tita y a mí a al-

* En su libro *Federico Sánchez se despide de ustedes*, cuenta Semprún en relación con el barón: «Desde nuestro primer encuentro, una corriente de simpatía y de estima mutua se estableció entre Heinrich Thyssen y yo. Por mi parte es fácil comprender por qué. Que un hombre tan rico tenga una pasión tan grande y tan perspicaz por las Bellas Artes, que haga de su colección de pintura el centro y el orgullo de su vida, ya es digno de interés. Pero que desee, por añadidura, hacer de este placer privado un goce colectivo, una alegría social, es todavía más notable. Es, en alguna medida, ejemplar».

morzar en el comedor privado del ministerio para seguir con las negociaciones iniciadas con Solana. A aquel almuerzo acudió también Rodrigo Uría, cuya presencia daba una cierta continuidad a todo el proceso que tiempo atrás se había iniciado.

Pero no todo eran ánimos y parabienes en el entorno artístico español, sobre todo en lo referente a la elección del palacio de Villahermosa, que alguna vez se había pensado que podría destinarse a la prolongación del Museo del Prado. Sin embargo, su ubicación fue lo que me hizo decidirme.

En realidad, la voz que se alzó con más fuerza contra los acuerdos a los que estábamos llegando el gobierno y yo fue la de Alfonso Pérez Sánchez, director del Prado, que escribió muchos artículos en contra de mi museo de Lugano. El ministro Semprún lo advirtió seriamente varias veces de su mal comportamiento hasta que al final le pidió su dimisión. Cuando albergué en Villa Favorita la exposición «Goya en las colecciones privadas» y el Ministerio de Cultura de España dio los permisos pertinentes para que los cuadros salieran de forma temporal del país, Alfonso Pérez expresó de forma pública su oposición a que se autorizara la salida de tales obras para exponerlas, según él, en una residencia privada. En aquella ocasión le dije que estaba totalmente equivocado: el de Villa Favorita era un museo público. Y le indiqué: «Hasta los grandes museos soviéticos —el Hermitage de Leningrado y el Pushkin de Moscú— me han prestado sus cuadros para exponerlos aquí». Su réplica a mis últimas palabras estaba ya fuera de tono y de cualquier contexto razonable: «Es que yo no soy comunista, soy español», me dijo.

Fue con Semprún con quien primero hablé de la compensación económica que esperaba conseguir por la colección. Un día, a comienzos de febrero de 1989, cenando con él y con Tita en el comedor privado del prestigioso restaurante Zalacaín de Madrid, de pronto me pregunta: «¿Qué cifra tienes pensada para la colección?». Me cogió por sorpresa, pero fui muy claro y no dudé en responderle: «Cuatrocientos millones de dólares limpios: una cantidad bastante inferior a la que estábamos negociando con el museo Getty de Los Ángeles». Era, por supuesto, una cantidad también muy inferior a la tasación que había hecho Sotheby's. Semprún, con la confianza que teníamos, siguió preguntándome: «¿Y no hay posibilidad de que nos hagas una rebaja... en el último momento?». Le respondí: «¿Qué te parecen trescientos cincuenta millones?». «Está hecho», aceptó. Entonces yo rematé, en el tono de cordialidad en que estaba transcurriendo la conversación: «¿Te das cuenta de que acabas de conseguir un descuento de cincuenta millones de dólares para tu país?».

En 1991, Jorge Semprún era sustituido en el Ministerio de Cultura por Jordi Solé Tura, un jurista de renombre y uno de los «padres» de la Constitución de 1978. Solé Tura tenía una cosa muy clara: había que seguir adelante con la idea de Solana y de Semprún de establecer en Madrid el citado «Triángulo del Arte» formado por el Prado, el Reina Sofía y el Thyssen-Bornemisza. Éste se inauguraría en 1992, año clave para España por celebrarse el Quinto Centenario del Descubrimiento de América, y muy especial para Madrid, que se convertiría en Capital Europea de la Cultura.

Una de las decisiones que tomó Solé Tura fue acelerar los trabajos de restauración del palacio de Villahermosa, que le fueron encomendados a Rafael Moneo. Las obras finalizaban en mayo de 1992.

Por aquel entonces, se airearon bastante ciertos desacuerdos entre el arquitecto Moneo y Tita, sobre todo en lo que se refería a la elección del material decorativo de las paredes y su color. Por ejemplo, Moneo insistía en que los suelos debían ser de madera y la salida del aire acondicionado de bronce. Para Tita había un factor muy importante: el mantenimiento, ya que el cobre, con el tiempo, se acaba oxidando. Al final, tanto el zócalo como los suelos se pusieron con el mismo mármol travertino. Desde un principio, cuando realizamos las pruebas con cuadros que llevamos a una sala especialmente preparada para comprobar el efecto combinado de la iluminación y las paredes, mi mujer se dio cuenta de que las telas que Moneo proponía no eran lo más aconsejable.

Después de un viaje de trabajo que nos tuvo alejados del seguimiento de las obras durante mes y medio por mis compromisos, tuvimos una muy desagradable sorpresa al llegar a Madrid. Moneo había talado cuatro castaños de Indias centenarios; en su lugar, había construido cuatro baños de ladrillo visto y había cerrado la emblemática puerta de hierro forjado del palacio. Era, desde luego, de lo más antiestético. Ahí vi de nuevo a Tita resuelta a intervenir. Es tauro y fue muy rápida. Citó a Moneo y le dijo que debía quitar esas construcciones tan poco higiénicas en medio de la entrada y del jardín. Además le manifestó su tristeza por los árboles centenarios. Gracias a su tesón, consiguió lo que ahora son las dos entradas principales: la que va a la rampa del aparcamiento, que es la única que había dejado Moneo, y la que siempre había estado antes, la noble, que es la entrada de peatones y coches para que haya una puerta de acceso y otra de salida. Moneo fue muy reacio a habilitar de nuevo esta segunda puerta, que es la que permite un tráfico fluido en caso de necesidad mayor. Debo decir que, en este sentido, un informe de los bomberos le dio la razón a Tita.

Hubo, asimismo, discrepancias a la hora de elegir el suelo: el arquitecto insistía en que fuese de madera, a lo que Tita se oponía. También en esto le di la razón a mi mujer. Cuando los dos viajamos a Rusia fuimos varias veces al Hermitage, y allí el conservador, gran amigo nuestro, nos aconsejó que nunca pusiéramos madera en los suelos de un museo: por el rápido deterioro que sufre y por el ruido que ocasionan las pisadas de los visitantes. Me llegó a contar que en el Hermitage tenían que cambiar los suelos cada tres años, lujo que podían permitirse, ya que disponían del espacio suficiente para guardar los cuadros mientras duraban las obras. En nuestro museo, en cambio, no tenemos espacio para almacenar lo que no esté colgado en las paredes. Tita insistía continuamente en que el mantenimiento de un museo es algo primordial. Además, yo ya sabía que ella no deseaba la tala de varios cientos de árboles que aquello iba a suponer.

Los cuadros —escogidos por nosotros y por un grupo de expertos nombrados por el gobierno— empezaron a llegar a Madrid en su mayor parte por avión, aunque algunos, los más grandes, se transportaron en camiones. Jamás tantas obras de arte habían viajado juntas de un país a otro en tiempo de paz. Fueron un total de 845 cuadros, que se trasladaron de Lugano a la capital de España en una complicada operación logística con un resultado perfecto.

De las obras, 447 pertenecen al apartado de «Maestros Antiguos», y las restantes a «Maestros Modernos»; hay, asimismo, más de trescientas obras de arte y cuadros propiedad de Tita, que quedarán en el museo como préstamo temporal.

El gran día de la inauguración

El gran día de la inauguración del Museo Thyssen–Bornemisza, que tuvo lugar el 8 de octubre de 1992, Tita recordó como nunca a su madre, que, como siempre, había permanecido a su lado durante el largo proceso de la cesión de la colección a España, y a quien, víctima de un derrame cerebral, Dios se había querido llevar con Él el 22 de febrero de ese año, ocho meses antes de la solemne apertura del museo.

Quien tampoco pudo vivir el gran día fue nuestro amigo Luis Gómez-Acebo, duque de Badajoz, que desempeñó, como he dicho, un papel muy importante en las negociaciones, y que había fallecido en marzo de 1991. En otro orden de cosas, debo decir que el Partido Popular siempre estuvo apoyando con su presidente, José María Aznar, y su esposa, Ana Botella, a la cabeza, la venida de mi colección a España. Tita y yo queríamos invitarlos al acto, pero el Ministerio de Cultura se opuso totalmente a ello con la amenaza de cancelarlo.

Una mañana, cuando se acercaba la inauguración del Museo Thyssen-Bornemisza, que, debo reconocerlo, fue el día en que más orgulloso me sentí en toda mi vida, Tita me comentó: «Creo que deberías invitar a tus exmujeres. Es un gran acontecimiento para ti. Invítalas a todas: a Teresa, a Fiona y a Denise». Me pareció buena idea y no me extrañó que viniera de Tita, pues siempre ha intentado mantener una relación cordial —o, como mínimo, correcta— con las mujeres que formaron parte de mi vida.

Sin embargo, Georg se opuso y dijo que sólo había que invitar a su madre, Teresa. «*Fine*», le dije, y no porque creyera que tenía razón, sino para evitar roces y disensiones que, si nunca es agradable que se produzcan, lo era mucho menos en aquel momento, en aquellos días de una felicidad tan especial para mí.

Aquel mágico día de la inauguración del Thyssen-Bornemisza contó con la presencia de Sus Majestades los Reyes, el presidente del gobierno, Felipe González, y ministros de su gabinete, amén de personalidades y rectores de las altas instituciones del reino. Sí, faltaron por el motivo anteriormente expuesto José María Aznar, Ana Botella y Fraga Iribarne, amigos nuestros.

La noche de la inauguración, Tita organizó en el propio museo una magnífica cena oficial para doscientos invitados, y al día siguiente, otra privada para quinientos en el hotel Palace. Esta última estuvo a punto de no poder celebrarse, debido a que en el centro hay un gran sofá redondo y, desde luego, no habrían cabido las mesas para tantos invitados. El director del hotel dijo claramente que no lo podían quitar, a lo que Tita le respondió: «Y si llamo al Aga Khan, que es quien tiene ahora la compañía a la que pertenece este hotel, ¿lo hará?». Mi mujer llamó entonces a nuestro amigo Karim y al día siguiente se obtuvo el permiso para retirar el sofá. Fue una cena espectacular. Tita, al igual que yo, nunca acepta un no para algo justo. Los días previos fueron quizá los más agitados de toda mi vida, pero al mismo tiempo constituyeron unas fechas plenamente satisfactorias: hicimos primero una inauguración solemne y luego otra para amigos y familiares.

El milagro se había realizado. Días antes de la inauguración, Tita y yo recorrimos el museo los dos solos. Estábamos emocionados. Yo no pude dejar de pensar en mi padre y en mi abuelo. Era como un sueño, no me lo podía acabar de creer. Allí estaban todos mis cuadros y toda nuestra lucha, de Tita y mía. Allí estaban, reunidos por primera vez en la vida, Ghirlandaio y Van Eyck; Duccio di Buoninsegna y Koerbecke; Petrus Christus y Palma el Viejo; Bernini, Tintoretto y el Greco; Carpaccio, Durero y Tiziano; Murillo, Ribera y Canaletto; Rubens, Rembrandt y Fragonard; Goya, Degas y Renoir, y Van Gogh y Monet y Gauguin y Picasso y Juan Gris y Kandinsky y Dalí y Miró... Allí estaban —y allí siguen— siglos y siglos de pintura. Y ninguno de los dos, ni Tita ni yo, podíamos contener la emoción.

Sin embargo, la colección aún no pertenecía de pleno derecho al Reino de España. Había una especie de acuerdo secreto de venta que vencía en marzo de 1993 y que, sin embargo, fue preciso prorrogar hasta el 1 de julio, porque el pleno acuerdo de mis herederos no acababa de producirse.

Finalmente, el 18 de junio de 1993, el Rey Juan Carlos firmaba el real decreto ley para la compra de la colección Thyssen-Bornemisza por parte de la Fundación Colección Thyssen-Bornemisza. Tres días después, el Reino de España llevaba a cabo la compra formal de los cuadros expuestos en el antiguo palacio de Villahermosa, a excepción de las pinturas acogidas bajo el epígrafe de «préstamo temporal», que pertenecen a la colección privada de Carmen Thyssen. Una semana después, Tita, Georg, Francesca y Lorne —Alexander no podía hacerlo aún por ser menor de edad— firmaban en Zúrich sendas renuncias al derecho de tasación y otros acuerdos hereditarios a cambio de trescientos cincuenta millones de dólares libres de impuestos, que se dividirían entre los diferentes *trusts* de los herederos. Cada uno de esos *trusts* llevaba el nombre de un pintor cuya inicial coincidía con la del heredero en cuestión: Caravaggio (Carmen), Ghirlandaio (Georg), Fragonard (Francesca), Leonardo (Lorne) y Antonello (Alexander).

En los años previos a la creación de la Fundación Thyssen-Bornemisza, recibí diferentes homenajes y títulos honoríficos. De uno de estos últimos tengo un especial recuerdo: el de académico de la Real Academia de San Fernando.

Cuando llegué a la academia a la que en su día perteneció Goya, había un sinfín de periodistas. Al ser extranjero no se me permitía ser miembro oficial, pero me nombraron su embajador en Lugano. No hay muchos extranjeros a los que se les haya concedido este honor. Sólo los miembros oficiales llevan uniforme, y yo iba vestido con traje oscuro.

Después organicé un almuerzo al que asistieron alrededor de setenta personas, a las que me dirigí en inglés, como siempre hago, y que se celebró en un lugar precioso. Tuve que dar una charla y hablé sobre la colección; describí varias tendencias y revoluciones en el arte, como la de Caravaggio y la de la pintura flamenca, e improvisé unas palabras en francés sin ningún intérprete, ya que casi todo el mundo lo entendía.

Por otra parte, en el verano de 1988, Tita y yo recibimos dos altas distinciones del Reino de España, que nos entregó Su Majestad el Rey Juan Carlos: a Tita, la Banda de Dama de la Orden de Isabel la Católica; y a mí, la Gran Cruz de la Real y Distinguida Orden de Carlos III. Por su parte, mi mujer era nombrada también académica de Cádiz, y en 1999 recibía la medalla de las Bellas Artes de manos de Su Majestad el Rey. En el año 2000 me eligieron también a mí académico de la Real Academia de Bellas Artes de Cádiz.

Al año siguiente, el 9 de noviembre de 1989, coincidiendo con la caída del Muro de Berlín, Tita y yo nos encontrábamos en Washington inaugurando la exposición «Expresionismo y pinturas modernas alemanas de la Colección Thyssen-Bornemisza». Era una de las muchas y diferentes exposiciones con las que, por esos años, recorrimos numerosos países, antes de que los cuadros encontraran su definitiva ubicación en España. En aquella especial ocasión, yo, que una vez había bromeado acerca de entregar la colección... para conseguir la desaparición del Muro, dije: «El régimen nazi consideró todas estas obras "arte degenerado". Por eso, inaugurar hoy esta exposición coincidiendo con la caída del Muro de Berlín es para mí algo enormemente simbólico y conmovedor».

La Colección Carmen Thyssen

Una parte importante de mis cuadros (descontados ya los del Museo Thyssen-Bornemisza) conseguí que fueran para Tita, que en los últimos años ha ido creando con mucha fe su propia colección. El amor de mi mujer por el arte se remonta a su infancia. Ella me contaba que, entre sus primeros recuerdos, está el olor de los óleos en el estudio de pintura de su padre, al que veía pintar durante los fines de semana que pasaba con él. Por otra parte, su madre la llevaba desde pequeña a museos y también le enseñó a apreciar el arte y a disfrutarlo, igual que luego ha hecho ella con Borja, a quien, los días en que no tenía colegio, lo paseaba por las salas del museo de Villa Favorita y con libros le explicaba todas las obras de arte. Yo creo que su pasión por el coleccionismo se produjo como me sucedió a mí: lo que está claro es que, si yo me convertí en coleccionista, fue por querer salvar la colección de mi padre, y si ella se ha convertido en coleccionista ha sido por querer salvar la mía.

Con los cuadros que yo le he regalado y los que ella les compró a mis otros herederos, Tita ha dado pasos muy importantes en el mundo del arte. Desde que estamos juntos, ella y yo hemos coleccionado, también juntos, cuadros, y juntos hemos tomado las decisiones relacionadas con el arte. No en vano ella tiene tan buen ojo como yo para descubrir la calidad de una obra.

Ahora, y con la misma energía que yo le dedicaba a mi colección, Tita visita galerías y asiste a subastas en busca de obras que se ajusten al canon que ha establecido para la suya. Lleva tiempo haciendo un gran esfuerzo a la par que un sacrificio económico muy considerable para lograr el fin que se ha propuesto. Yo hasta podría sentir celos de su intensa dedicación al arte, pero me sucede todo lo contrario: me llena de orgullo ver que sigue mis pasos. Por otro lado, el estar siempre juntos ha resultado un método maravilloso para mantener mi interés como coleccionista sin tener que acarrear todo el peso de la responsabilidad. Igual que me sucedió a mí con mi padre, Tita es hoy una gran coleccionista. Su colección consta de obras que provienen de la mía; de la de mi padre; de cuadros que hemos adquirido juntos; y de otros que ha podido reunir ella misma, con una extensa trayectoria hasta hoy. En su momento la animé para que presentase una parte en el Museo Thyssen-Bornemisza de Madrid, y en marzo de 1996, con asistencia de S. M. el Rey, inauguramos la exposición «De Canaletto a Kandinsky: obras maestras de la Colección Carmen Thyssen-Bornemisza». Aquélla fue la introducción para las numerosas exposiciones temporales que luego hizo alrededor del mundo. Sus obras van desde el siglo XIV hasta principios del XX. Su colección de pintores españoles es también muy extensa. Tiene obras de las escuelas andaluza y madrileña, de los realistas, y de artistas de finales de siglo.

Entre los europeos destacan Claude Monet, Camille Pissarro, Alfred Sisley, Matisse, Henri de Toulouse-Lautrec, Kandinsky, Van Gogh, Nolde y Paul Gauguin, del que tiene toda su trayectoria. También es importante su colección americana. Aparte de las obras de los siglos XIX y XX, hay ejemplos de los *vedutisti* venecianos (Canaletto, Guardi, etc.), de artistas holandeses (Jan Brueghel el Viejo, Jan van Goyen, Frans Post), del rococó (Pierre-Antoine Quillard), y del exotismo (Agostino Brunias).

A pesar de que Tita siempre busca mis consejos, creo que su colección refleja, ante todo, su gusto personal. Predominan en ella los paisajes, como ocurre en la mía. Durante mi vida, he echado mucho de menos tener a alguien tan cercano y con quien poder decidir, comentar, buscar, mirar y compartir el mismo sentimiento al mirar un cuadro. Los dos somos felices dando rienda suelta a nuestras conversaciones preferidas.

A Carlos Fernández de Henestrosa, nombrado director gerente de nuestra fundación en 1997 por la junta del patronato, le ofrecieron un día dos edificios colindantes con el museo Thyssen Bornemisza. Carlos le hizo saber a la entonces ministra de Educación y Cultura, Esperanza Aguirre, que eran absolutamente necesarios para el museo Thyssen, ya que éste carecía de los espacios indispensables para su funcionamiento (oficinas, salas de restauración, de exposiciones temporales, para estudios didácticos, etc.), así como de almacén. Tampoco teníamos un espacio previsto para la carga y descarga de las obras de arte que un museo lleva a cabo cuando hay exposiciones temporales. La ministra comprendió la necesidad de tales edificios para el museo, y la ampliación fue llevada a cabo muy acertadamente.

El 30 de septiembre de 1999, siendo ministro de Educación y Cultura Mariano Rajoy, y con la asistencia de éste, de Tita y mía y de los patronos de la fundación, se firmó un documento en el que se especificaba que mi mujer hacía un préstamo completamente gratuito de su colección privada (Colección Carmen Thyssen) hasta febrero del año 2011.

La inauguración de la Colección Carmen Thyssen, a la que asistieron Sus Majestades los Reyes Don Juan Carlos y Doña Sofía, tuvo lugar el 8 de junio de 2004. Al decir de los expertos, la colección de la baronesa se complementa a la perfección con la del Museo Thyssen-Bornemisza, enriqueciéndola en muchos aspectos, hasta el punto de que la sensación final es que se trata de una sola colección muy ampliada, aunque situada en salas diferentes.

CAPÍTULO 13

Anécdotas y curiosidades

Heini, que siempre se caracterizó por su peculiar sentido del humor, solía salpicar sus anotaciones y sus recuerdos con variadas y curiosas anécdotas que dejaban reflejada fielmente su manera de ser y su forma de enfrentarse a la vida y de transcurrir por ella.

Ya he dicho, y lo quiero repetir ahora, que las cartas me han acompañado siempre. Por las mañanas, nada más despertarme, siempre hago cuatro solitarios, dos de los cuales me los enseñó mi madre. Es mi manera de empezar el día.

Cuando mi madre conoció a mi padre, fue a que le leyeran la suerte. La anciana adivina le predijo que se casaría con aquel joven atractivo y que tendrían cuatro hijos encantadores, cuyas vidas, sin embargo, seguirían caminos muy diferentes. Uno tendría mucho éxito en los negocios y haría una fortuna, pero en sus años más avanzados se lo quitarían todo. Esto nunca se lo he contado a nadie, aunque a veces no puedo evitar pensar en ello. Mis raíces húngaras me llevaron posiblemente a este mundo de los adivinos, de las profecías y de los violines que te seducen y te hacen bailar hasta el amanecer.

En cualquier caso, mantengo la costumbre de mi madre de hacer solitarios con las cartas. Es una manera de reflexionar y dialogar conmigo mismo.

Mi carácter rebelde siempre ha estado acompañado por la

suerte. Empecé a alcanzar el éxito a una temprana edad tanto en el mundo de los negocios como en el del arte, aunque me costó más tiempo encontrarlo en mi vida personal. En una ocasión estábamos con nuestro avión en San Francisco, a punto de despegar con destino a Lugano, y acompañados de Simon de Pury y Marco Grassi, ya que teníamos que llegar lo antes posible para instalar las primeras obras impresionistas que habían llegado de Rusia en virtud del intercambio que habíamos hecho con la Unión Soviética. El comandante se me acercó y me informó de que no podíamos viajar porque el ordenador no funcionaba; si nos parecía bien, pediría información para conseguir un vuelo a Suiza o para alquilar otro avión. Le dije que sí. Mientras tanto, yo saqué mi baraja. Tita, Simon y Marco me miraban expectantes. Enseguida les dije que despegaríamos en dieciocho minutos y medio; no me dijeron nada, pero sus medias sonrisas lo decían todo.

Me di cuenta de que no se lo creían. Teníamos calor y le pedimos al otro piloto que pusiese el aire acondicionado; nada más hacerlo, el comandante entró en nuestra cabina y nos comunicó que, al activar el aire, los ordenadores se habían puesto en marcha. Despegamos a los dieciocho minutos y medio.

Creo en las cartas, tengo presentimientos y, a veces, hasta me parece estar dotado, por raro que parezca, de cierto poder de premonición. Creo en los milagros y en que existen ciertos fenómenos que el cerebro humano no puede explicar. Yo he sido extremadamente afortunado toda mi vida y mi mayor bendición ha sido mi salud. Cuando tuve el accidente de coche de Milán la suerte estuvo, una vez más, de mi parte.

En la vida no basta con tener confianza en uno mismo y luchar: también se necesita una buena dosis de suerte. Hay que estar en el sitio adecuado y reconocer una buena oportunidad cuando ésta se nos presenta o pasa a nuestro lado. Una vez le pidieron a Napoleón que nombrara general a alguien a quien se consideraba muy inteligente y valeroso, y Napoleón preguntó si también era un hombre con suerte. Yo he tenido suerte; el resto fue trabajo duro.

Piedras preciosas y joyas

Siempre me sentí atraído por la belleza de las piedras preciosas. La fuerza de la naturaleza y la destreza del hombre, unidas, crean singulares piedras, algunas de las cuales han pasado a la historia. Estando casado con Teresa conocí a Manfredo Horowitz, un experto que trabajaba para Harry Winston, uno de los joyeros más famosos junto con Van Cleef y Arpels, Bulgari, Cartier, etc., joyeros también conocidos en todo el mundo. Naturalmente, yo le había regalado a Teresa joyas por mediación de Manfredo; y él, años después, me explicó que sería muy interesante adentrarse en ese mundo tan especial, pero como hacían los profesionales: adquiriendo gemas en bruto, no talladas, viviendo la aventura de ver el resultado final y haciendo todo como una inversión.

A comienzos de los años setenta, compré un diamante en bruto del que pretendía sacar dos piedras preciosas de cincuenta quilates o, al menos, una de setenta. Fui a Cartier acompañado por mi amigo Horowitz y nos convencieron de que lo talláramos con ellos. El resultado final fue una sola piedra, un precioso diamante azul de 108 quilates cuyo valor rondaba nada menos que los cincuenta millones de dólares. La joya en cuestión pasó a llamarse *Diamante Cartier*, ya que allí se había producido el milagro de su creación. Lo que sucedió después fue que Denise, mi cuarta esposa, decidió apropiársela, y mi inversión como tal no pudo llevarse a cabo.

Star of Peace

Pasado un tiempo, y animado por aquel éxito, en 1976 compré, también asesorado por Horowitz, un segundo diamante en bruto. Tenía casi el tamaño de un ladrillo y me dijeron que se trataba de una piedra extraordinaria. Resultó que era un diamante perfecto, *flawless*, de 169 quilates. Lo bauticé como *Star of Peace* y esta vez lo talló Harry Winston.

Lo mismo que los cuadros te buscan, la *Star of Peace* buscó también a Tita. Según me contó, antes de conocernos fue un verano a Harry Winston, en Ginebra, para que le guardaran sus joyas en la caja fuerte porque iba a hacer un crucero y no quería llevarlas consigo. El propio Harry Winston, que era amigo de ella y también lo había sido de Lex Barker, la recibió en su despacho y la invitó a un café. Encima de la mesa había un diamante en bruto muy grande, y él le contó: «Esta piedra pertenece al barón Thyssen y estamos proyectando su tallado». Alguien reclamó entonces la presencia de Winston, que le dijo a Tita: «Un momento, ahora mismo vuelvo. Mientras tanto, disfruta del diamante». Mi mujer empezó a hablarle a la piedra: «¡Qué suerte has tenido de que te hayan encontrado: estás en buenas manos y te van a convertir en un diamante único!». Efectivamente, Tita estaba en lo cierto: de aquella piedra en bruto nació un brillante espectacular.

Por tres veces la *Star of Peace* estuvo a punto de pertenecer a otras personas, y las tres veces, por diversas razones, el diamante no quiso separarse de Tita. Hoy, francamente, me alegro de que todo transcurriera así; de lo contrario, la *Star of Peace*, convertida en un colgante enmarcado por 102 brillantes y nueve óvalos de rubí, no sería lucida por mi mujer.

En un principio, le pedí tan sólo que la llevara y la cuidara. Me hacía mucha gracia que, cuando íbamos a fiestas en Saint Moritz, Niarchos, Agnelli y otros amigos se quedaran alucinados cuando Tita la lucía, y que le preguntaran si podían tocarla. Mi mujer y yo nos reíamos: teniendo como tengo obras de arte de mucho más valor, el impacto que la *Star of Peace* causaba era impresionante.

Pasado un tiempo, tuve tres ofertas. Dos de ellas no me interesaron, pero la última, hecha por Horowitz, que vino a vernos a Lugano, resultó muy interesante. El matrimonio Horten, unos acaudalados suizos, estaba interesado en la joya. Vinieron a Villa Favorita, acabamos apalabrando un precio y se la llevaron. Recuerdo que Tita se la entregó a la señora Horten con una sonrisa: mi mujer sabía que la *Star of Peace* era una inversión.

Horas más tarde, Tita y yo salimos de viaje, del que regresamos dos días después. Al llegar a Lugano, mi gran sorpresa fue que Carmen, la madre de mi mujer, que vivía con Borja y con nosotros y que era muy discreta, había ido a esperarnos al aeropuerto, cosa que nunca solía hacer. Una vez en el coche, de pronto y ante mi sorpresa, me entregó la *Star of Peace*. Tita y yo nos miramos sin entender nada. Nos explicó después que el señor Guscetti, mi administrador, le había entregado la joya diciéndole que la señora Horten la había devuelto: él no quería hacerse responsable de ella y por eso se la había dado.

Fue entonces cuando decidí regalársela a mi mujer. Le dije: «La piedra te ha buscado: es tuya».

Y fue justo en ese momento, de regreso a Villa Favorita, cuando me contó que años antes la había tenido entre sus manos en el despacho de Harry Winston, cuando aún estaba sin tallar, y que la había acariciado.

Ambas piedras —el *Diamante Cartier* y la *Star of Peace*— son increíbles y completamente inesperadas. Cuando uno compra un diamante en bruto no sabe lo que va a ocurrir hasta que lo tallan. Se estudia primero a fondo hasta que llega el momento del golpe de gracia. Lo que surgió de ellas fue algo inesperado: dos de los diamantes más grandes del mundo.

Los joyeros como Harry Winston compran bolsas enteras de diamantes en bruto, y De Beers, firma comercial con sede en Johannesburgo, garantiza que contendrán una o dos piedras importantes. Por lo general, uno compra varias bolsas, pero yo tenía miedo a arriesgarme y compré sólo dos, en diferentes ocasiones, y de cada una de ellas salió uno de los famosos diamantes.

Un diamante en bruto es como un sobre con sorpresa. Yo los compraba a través de Horowitz, con el que firmé un contrato. Él participaba en los costes y el tallado y, como es lógico, obtenía una participación en los beneficios. Lo que sobró se usó para pagar el tallado. Todos los diamantes grandes, como la *Star of Peace*, se suelen tallar en Nueva York. Las piedras en bruto tienen normalmente el aspecto de un ladrillo y se parecen un poco al vidrio roto. Yo he regalado muchas joyas a mis esposas: no puedo evitar sentir por ellas una fascinación especial.

En mis divorcios las joyas desempeñaban también un papel esencial. Fiona recibió 56 piezas. En una ocasión, me quiso vender para Tita un brillante de considerable tamaño, que aún conservaba de las joyas que yo le había regalado. Se lo comenté a mi mujer y me dijo que no: no quería llevar ninguna joya de Fiona.

Un día me enteré de que en una subasta de joyas en Sotheby's se iba a subastar un solitario de gran pureza y belleza. Era el anillo que yo le había regalado a Nina cuando era muy joven y estaba lleno de ilusión. Mi mujer lo comprendió y, aunque nunca llegó a conocer a Nina, sentía ternura por ella, quizá porque también le gustaban mucho la naturaleza y los animales, y me dijo que pujara. Pujé por teléfono desde Lugano. Tuve suerte, conseguí recuperar la joya y se la regalé.

Dinero y solidaridad

Por lo general, no llevo dinero encima y viajo por todo el mundo muy ligero de equipaje; es mi forma de vivir. La gente quiere conocerme, pero a mí no me interesa. Básicamente, soy un ser solitario. Me gusta salir de paseo, disfrutar del campo y leer. Antes de conocer a Tita, era bastante feliz estando a solas. En una ocasión llegué a pasar solo un mes entero en el *Hanse*, mi barco.

Tita me dijo un día que, en lugar de verme a mí tal como soy, la gente veía un dólar reflejado en mi cara, y que no se molestaba en ver que detrás de ese dólar había una persona excepcional. Resulta difícil tener amigos de verdad, porque casi siempre se interpone el interés. Por otra parte, está claro que, una vez llegado a cierta edad, uno ya no hace amistades.

No han faltado quienes, quedándose en lo sentimental, me consideraron extravagante por el hecho de que llevaba a pasear las panteras de Nina al bosque de Boulogne, por ejemplo, y lo cierto es que a lo largo de mi vida he cometido, como todo el mundo, alguna que otra excentricidad. Pero muy pocos saben, por ejemplo, que en 1956, tras la sublevación de Budapest tan duramente reprimida por los soviéticos, financié la publicación de una Biblia en húngaro para los refugiados, ayudando así a los estudiantes albergados en la Mindszenty's Home de Innsbruck; o que, tras las terribles inundaciones que tuvieron lugar en Florencia en el año 1966, financié la restauración de los frescos de Fra Angélico del convento de San Marcos; que también restauré templos en Nepal, y financié la edición de una cartografía del Everest; que en Holanda colaboré hace poco en la restauración de la Puerta de Delft en Róterdam, y que conseguí que la estatua de Antonio Canova *Las tres gracias* se quedara en el Reino Unido merced a una importante donación que les hice. O que colaboré en la restauración de la Capilla Sixtina donando al Vaticano, entre otras cosas, un ordenador especial que permitía estudiar, para luego pasar a la restauración, los auténticos colores recubiertos por el polvo. Recuerdo que Tita y yo subimos —casi trepamos— por los andamios y tocamos juntos el dedo de Dios.

En noviembre de 1966, tres semanas de lluvia torrencial inundaron Florencia. El río Arno se desbordó y murieron cientos de personas. El 40 por ciento de la zona urbana quedó anegada por las aguas. La preocupación más urgente eran las personas, así que partí con un cargamento de ayuda humanitaria. Al drama humano se añadía otro no comparable, pero que también movilizó a la opinión pública: el lugar de origen del Renacimiento italiano estaba amenazado, y el hombre podía presenciar la destrucción de una de las ciudades con los museos más importantes, anegada por las inundaciones.

Una vez que la población hubo superado la tragedia humana, empezó la preocupación por reconstruir su patrimonio artístico. Como amante del arte, sentí que debía colaborar de nuevo. Mi primera intención fue restaurar los frescos de Masaccio en Santa Maria Novella, pero el gobierno italiano se me había adelantado.

Mi labor empezó cuando, a través de un amigo, conocí a Anna Kiel, una historiadora alemana que vivía en la ciudad y había sido secretaria de Bernard Berenson, renombrado estudioso del Renacimiento italiano. Fue ella quien me sugirió que costeara los frescos de Fra Angélico en el convento de San Marcos. En los años siguientes financié el trabajo de un prestigioso restaurador que devolvió el esplendor a las obras de los claustros. Las celdas de los monjes también se restauraron, e incluso se descubrió un fresco que había permanecido oculto.

Al terminar el trabajo, y para mostrar su gratitud, me hicieron la solemne entrega de un florín, el símbolo de la ciudad.

Cuando, siete años después, terminamos el trabajo de

restauración en San Marcos, el gobierno italiano ni siquiera había empezado con los frescos de Masaccio. Encuentro exasperante este tipo de conducta, y por ese motivo rehusé colaborar con los italianos de Milán en la restauración de *La última cena* de Leonardo.

Con motivo de la restauración de la Capilla Sixtina, hace años Juan Pablo II nos recibió en visita privada en el Vaticano a Tita, a su madre, a Borja y a mí, y nos regaló sendos rosarios. Era la tercera vez que yo tenía ese honor; para Tita era la segunda. Después nos fuimos a almorzar a las afueras de Roma con el arzobispo Marcinkus, de quien, por entonces, se decía que las autoridades italianas le tenían prohibido abandonar la ciudad. O bien no era cierto o, al menos aquel día, el arzobispo se saltó la prohibición. Yo ya había estado con Marcinkus anteriormente, primero en el Vaticano y después en Villa Favorita. Y también había hablado antes con Juan Pablo II, un día que oficiaba una misa para un numeroso grupo de estadounidenses. Recuerdo que se detuvo a hablar conmigo y me preguntó a qué me dedicaba. Le dije que estaba construyendo dos cargueros en los astilleros polacos de Gdansk y le pedí que bendijera a los trabajadores. Le pareció buena idea y empezó a hacerme preguntas sobre los barcos, el tonelaje y otros temas relacionados. Creo que, en aquel momento, Karol Wojtyla no sabía quién era yo. En cualquier caso, años después llegué a exponer una colección de cuadros americanos en el Vaticano, e incluso planté allí un árbol acompañado por Tita.

El *Hanse*, un yate para recordar; el *Mata Mua*, un velero para soñar

El único yate que construí fue el *Hanse*. Solía alquilar yates, y al final decidí construir uno. Lo diseñé yo mismo y su construcción llevó dos años y medio en un pequeño astillero cerca de Bremen, cuyo director, que iba a casarse precisamente con la dueña del astillero, me pidió que les confiara el proyecto, puesto que andaban bastante escasos de pedidos.

Me gustaba la idea de poseer el yate y haber viajado dos veces a Antalya (Turquía), a Grecia en varias ocasiones, a Cerdeña, Sicilia, Stromboli, Venecia, la costa yugoslava, Dubrovnik, las bocas de Kotor, Córcega, las islas Baleares, Marbella, San Felice, el Caribe, Trinidad, Tobago, Jamaica, Haití, Puerto Rico, Guatemala y otros lugares. Continuamente presionado por Georg, me deshice de él diez años más tarde. Al final, supe que el yate, junto con otros tres barcos mercantes de la empresa, se lo acabó quedando él.

En realidad me sentía feliz navegando, pero la parte más bonita de todo el proceso fue diseñar el barco y encargarlo. Denise empezó a invitar a sus amigos y en ocasiones no me dejaba subir a bordo. Más adelante lo usé con Tita, los duques de Badajoz y otros amigos, y aquello fue muy distinto.

El *Hanse* era un barco muy especial para Tita y para mí. Todos los inviernos le decíamos al capitán que lo llevara al Caribe: nosotros hacíamos el viaje en avión y luego nos embarcábamos durante un mes. En verano, lo traíamos al Mediterráneo. Un día, Georg vino a vernos a Madrid y nos dijo que había decidido vender el barco, al igual que el avión privado, porque los costes de mantenimiento eran muy elevados. Tiempo después descubrí las enormes reservas de capital que Georg estaba amasando en la empresa. En el fondo, yo ya llevaba un tiempo sospechando de la influencia que Teresa de Lippe, su madre, ejercía sobre él, porque ambos sentían un deseo enfermizo de venganza contra mí. No me dejó otra alternativa. Me había quitado todo el poder en mis propias compañías y en mi colección. La lucha por mis derechos iba a comenzar...

Hoy, y como Tita es, al igual que yo, una auténtica enamorada del mar, tenemos un espectacular motovelero al que, en recuerdo del famoso cuadro de Gauguin que en su día batió un récord de venta, y que forma parte de la Colección Carmen Thyssen, le hemos puesto de nombre *Mata Mua*, que en tahitiano significa «Érase una vez».

CAPÍTULO 14

Mi salud de hierro recibe un serio aviso

El barón Thyssen era un hombre atlético que gozaba de buena salud. Persona fuerte y bastante deportista, hacía ejercicio con un método especial que le enseñó en Nueva York el doctor que lo trató a raíz del accidente de coche que sufrió cuando regresaba de Milán a Lugano en compañía de un amigo y una modelo. Por otra parte, le encantaba nadar. Cuando estaban en la Costa Brava, casi todos los días bajaba los más de cien escalones que serpentean el acantilado al que se asoma Mas Mañanas, se metía mar adentro y nadaba durante horas. Sin embargo, el 13 de noviembre de 1986, esa salud hasta entonces de hierro le iba a dar un serio aviso.

Habíamos llegado la víspera a Washington para asistir a la inauguración de una exposición de Goya, organizada por la National Gallery of Art, a la que yo había prestado algunos de mis cuadros, y nos hospedábamos en una *suite* del hotel Ritz-Carlton de la Capital Federal. A eso de las ocho menos cuarto de la mañana me levanté —Tita lo había hecho un rato antes—, fui al cuarto de baño... y de pronto me encontré en el suelo. Me había caído y no sabía cómo ni qué me había ocurrido. Lo primero que recuerdo es que llamé a Tita. Apenas podía hablar y no sé cómo conseguí alzar la voz. Noté asimismo que no me podía mover: tenía paralizada la parte izquierda del cuerpo, el brazo y la pierna no me respondían... Me asusté, pero intenté mantener la calma. Por fortuna, Tita me había oído. Rápidamente vino a mi lado y le dije: «Tengo un problema». Ella, al verme, se arrodilló junto a mí e intentó ayudarme. Le dije que me había caído no sabía cómo ni por qué... y que no me podía mover.

Tras el susto inicial, mi mujer me dijo que no me moviera por si me había roto algo o tenía algún daño interno. Me tapó con una manta, salió corriendo del baño y la oí pedir al personal de seguridad que nos acompañaba que llamaran a una ambulancia y a un médico. Regresó enseguida a mi lado y me tuvo abrazado hasta que llegaron los enfermeros. Camino del hospital, le permitieron ir conmigo en la ambulancia, y eso nos tranquilizó mucho a los dos.

Según me contó ella después, a pesar del susto y para evitar que trascendiera la noticia, lo cual habría sembrado una cierta alarma, los escoltas habían tenido el acierto de inscribirme como «John Ross». El administrativo que tramitó el ingreso le dijo a Tita: «Están ustedes en buenas manos. Su marido es muy famoso, pero este centro no lo es menos: aquí es adonde trajeron al presidente Reagan tras ser tiroteado en marzo de 1981». Y curiosamente, me dieron la misma habitación en la que se había recuperado de sus heridas Ronald Reagan.

Una vez en la clínica, Tita no me dejó solo ni un instante. Me examinaron tres médicos y el diagnóstico fue claro: se trataba de un aneurisma. Pero al cabo de dos horas, gracias a Dios, ya había recuperado el movimiento.

Los únicos momentos en que Tita no estuvo a mi lado fueron durante la tarde de la inauguración de la exposición sobre Goya, que presidiría la Reina Sofía, y a la que asistió porque yo se lo pedí. La Reina, conocedora ya de la noticia, estuvo hablando un rato con mi mujer, interesándose por mi estado de salud; y su hermana, la princesa Irene, vino a visitarme.

Me recomendaron que me quedara siete días en el hospital para recuperarme, y allí me visitó también un célebre neurólogo de la clínica Mayo de Minnesota, adonde viajamos después para someterme a unas pruebas y a unos chequeos más a fondo. Me explicaron que con anterioridad, y aunque no me había enterado, había sufrido ya otros dos episodios, en ambos casos más leves. A partir de entonces, mi vida cambió: tuve que controlar mi presión sanguínea, someterme a controles y a revisiones periódicas... Había recibido un aviso: tenía sesenta y cinco años y estaba empezando a pagar un tipo de vida que hasta ese momento había exprimido al máximo, a pesar de haber hecho siempre bastante deporte.

En busca de las posibles causas de lo que me había pasado, los médicos me preguntaron qué había ingerido, y se me ocurrió decir que Ira de Fürstenberg, que viajaba con nosotros en nuestro avión, me había dado una pastilla para dormir, como una forma de luchar contra el *jet lag*. Al final la pobre Ira tuvo que enviar sus pastillas a Washington y a Nueva York para que las analizaran. Naturalmente, no encontraron en ellas nada que hubiera podido ocasionarme el serio percance que sufrí, pero Ira se hizo el firme propósito de, en lo sucesivo, no volver a dar ni a recomendar a nadie pastillas de ningún tipo. «Ni siquiera chicles», me dijo ya en tono de humor.

Un marzo en París

De regreso en España, me puse en manos del doctor Matesanz, profesional de primera magnitud, quien tres años después, en uno de los reconocimientos rutinarios, me dijo que debía operarme: el aneurisma había crecido y amenazaba con obstruir el flujo de mi corriente sanguínea.

No me lo pensé mucho, porque tenía absoluta confianza en Matesanz. Una vez tomada la decisión, se planteaba un problema: dónde hacerlo.

Sabiendo que mis hijos no tenían ninguna simpatía por España, decidí operarme fuera del país y le pedí consejo al doctor Matesanz, a la vez que le preguntaba si él podría asistir a la intervención.

Matesanz nos dijo que para este tipo de intervención había tres grandes maestros internacionalmente reconocidos: uno estaba en Houston, otro en Marsella y el otro en París; y añadió que, una vez que yo hubiera elegido el lugar, con mucho gusto estaría presente en la operación.

Al final, la opción elegida fue París y me puse en manos del profesor Édouard Kieffer, que en su día había operado con éxito a Juan Pablo II. El lugar elegido fue el hospital de la Pitié-Salpêtrière, un viejo edificio que antes había sido hospicio, asilo de mujeres y manicomio, y que en ese momento estaba considerado como el mejor centro médico de la capital francesa.

Tita habló con el profesor Kieffer respecto al austero, sobrio —y triste— hospital. «¿No lo podría operar en una clínica privada?», le preguntó al doctor. Su respuesta fue: «Madame, este hospital reúne las máximas garantías y está dotado de los equipos médicos más avanzados». Mi mujer lo comprendió perfectamente, pero, al ver que la habitación era muy pequeña y tenía una sola cama, le pidió permiso para comprar una plegable para dormir a mi lado el tiempo que durase mi estancia en el hospital.

Me enteré después de que Tita se fue a comprar la cama y las sábanas a Porthault, una conocida tienda de la avenida Montaigne, y de que también adquirió, según me diría más tarde, jabón, lejía y unos guantes de goma en una droguería. Y mientras Kieffer me operaba, asistido por Matesanz (la intervención duró tres horas), los periodistas, que estaban al acecho, la pudieron ver a ella limpiando con mucho afán los cristales de la ventana de la habitación que me habían asignado, tras haber limpiado también, me imagino, todo su interior.

La operación resultó un éxito total y me recuperé muy pronto. Tita y yo volvimos a la vida de siempre: viajes, trabajo, exposiciones..., así como a nuestras inacabables y románticas conversaciones después de la cena, mientras escuchábamos nuestra música favorita. Volvimos a la plácida y variada vida de siempre en Sant Feliu, en Lugano, en Jamaica. Éramos sencillamente felices: yo me sentía querido como nunca, al tiempo que hacía que Tita se sintiera la mujer más bella y deseada.

La intervención más delicada

Pasaban los días y llegó 1992, con la inauguración del Thyssen-Bornemisza de Madrid. Yo seguía cuidándome, aunque tampoco estaba decidido a llevar una vida de ermitaño, lo que me supuso una segunda intervención de la que me recuperaría rápidamente. Pero, de pronto, dos años después de la inauguración del museo, las arterias me dieron un tercer aviso, en esta ocasión bastante más serio. Y de nuevo me vi obligado a pasar por el quirófano.

En mayo de 1994 tuvo lugar la última de las operaciones a que me tuve que someter y, por desgracia, se llevó a cabo cuando las aguas familiares estaban bastante revueltas por asuntos relacionados con la herencia. La víspera de la intervención, mis hijos se presentaron en París y me puse bastante nervioso ante las diferentes cuestiones y problemas que me empezaron a plantear. No se daban —o no querían darse— cuenta de que a las seis de la mañana del día siguiente yo iba a entrar en el quirófano. Llegué a sentirme muy agotado, hasta tal punto que Tita, que era la única preocupada por mi estado de salud, intentó posponer la operación, pero yo no hice caso de su sugerencia. Las horas previas a mi nueva intervención quirúrgica en la Pitié-Salpêtrière de París estuvieron llenas de discusiones y de una fuerte tensión familiar.

Cabía suponer que todos estábamos en paz con todos, pero no era así. En teoría, mis hijos no debían de tener problemas económicos, porque ya habían recibido la parte proveniente de la venta de los cuadros al Reino de España. En otras palabras: ya eran millonarios. Sin embargo, Georg había decidido no entregar el dinero a sus hermanos hasta después de que yo falleciera, a pesar de que ellos lo querían recuperar porque, entre otras cosas, les pertenecía. Era por eso por lo que consideraban lógico luchar y pelearse conmigo por la herencia, aunque en esos momentos yo estuviera a punto de entrar en un quirófano. Desde luego, la solución del problema no estaba en mis manos, sino en las de Georg.

Se hallaban todos en París, pero no tanto por solidaridad y comprensión hacia mí, sino para discutir sobre el dinero que les iba a quedar. En realidad, tan sólo Tita estaba profundamente preocupada porque sabía lo que estaba en juego: mi propia vida.

Semanas después, mi mujer me contaría que aquéllas fueron unas horas tremendamente difíciles para ella, sobre todo cuando vio que yo tardaba en salir del quirófano. Me dijo que en un momento dado no pudo aguantar más y se fue corriendo a ver al profesor Kieffer, que le explicó: «Ha sufrido una pequeña trombosis durante la intervención. Es muy pequeña, e incluso puede que le haya pasado antes de intervenirlo. Tiene una pequeña marca en el cerebro, que podría haberle salido durante la operación o ser anterior, como le digo, pero ahí está. En estos momentos, se encuentra en coma y conectado a una máquina».

Estuve inconsciente durante doce días. Fueron, seguramente, los doce días más duros y más tristes en la vida de Tita, días que, por otra parte, revivían lo acontecido dos años antes cuando falleció su madre de un ictus.

Me enteré después de que, durante la delicada situación por la que yo estaba pasando, mis hijos, encabezados por Georg, le propusieron a Tita firmar determinados documentos. Menos mal que mi mujer —no esperaba menos de ella— se mantuvo firme y les dijo que eran cosas que sólo yo debía firmar y que, en consecuencia, había que esperar a que me recuperara. Mucho más grave fue que en un determinado momento Georg les dijera a sus hermanos y a Tita: «Parece que la vida de mi padre se está acabando y que, en consecuencia, yo debo asumir el control. Por lo tanto, si firmamos los documentos, todo quedará arreglado».

Una tarde, en medio de tanta angustia, Stirnimann, nuestra secretaria de Villa Favorita, llamó a Tita por teléfono y le dijo que en la calle du Bac de París había una Virgen muy milagrosa, conocida precisamente como la Virgen de la Medalla Milagrosa. Mi mujer fue de inmediato a rezar y trajo una medalla, la colocó junto a la máquina a la que yo llevaba tantos días conectado y, según me contó, le pidió a la Virgen que me cuidara porque estaba convencida de que mi vida estaba en manos de Dios. Horas después de poner la medalla, volví a la vida, es decir, regresé del coma, me desconectaron y me pasaron a una habitación.

Los problemas, sin embargo, no iban a terminar ahí. Tita tendría que enfrentarse a nuevas pruebas durante mi larga y difícil recuperación. Pasados unos días, Stirnimann también me contó otros difíciles momentos por los que tuve que pasar en el hospital, y que Tita misma me confirmaría después.

Un día, en torno a las ocho de la mañana, al regresar del hotel adonde iba a asearse a diario, mi mujer se encontró con un letrero en la puerta de mi habitación en el que se leía: «Prohibido pasar. Peligro de infección». Le extrañó mucho, pero no hizo caso y se dispuso a entrar. Entonces alguien le advirtió: «No entre: el paciente tiene una infección». Tita abrió la puerta, entró y vio que yo seguía recuperándome, como horas antes. Entonces se acercó un médico y le indicó: «Su marido debe permanecer inmóvil porque tiene una serie de extraños síntomas». De pronto recordó que la noche anterior Georg la había llamado para decirle: «Mi padre ya no está conectado a la máquina, pero tenemos que ingresarlo en un hospital especial, en un sitio muy bueno que hay aquí en París». A Tita todo aquello la empezó a preocupar y fue a hablar con el profesor Kieffer, que le comunicó que no existía tal infección y que en un par de días me darían el alta. Entonces mi mujer le preguntó: «¿Me lo puedo llevar a nuestra casa de Sant Feliu? A mi marido le encanta estar cerca del mar». «Sí. Eso es precisamente lo que tiene que hacer usted —respondió Kieffer—, y lo antes posible. Tengo entendido que los hijos han hablado con el jefe de Psiquiatría; dicen que hay una clínica cercana en la que su marido se puede recuperar mejor.» Es decir, el hospital especial del que Georg le hablaba a Tita era una clínica para enfermos mentales, a la que me querían llevar... para que yo hiciera una especie de recuperación.

Mi mujer no tenía mucho tiempo y lo que hizo fue llamar a Stirnimann a Lugano. Le pidió que viajara enseguida a París porque, según me enteré después por la propia Stirnimann, quería tener a alguien a su lado que la ayudara a salir de París y volver a Mas Mañanas conmigo. Estaba convencida de que, si me metían en otro hospital, iba a ser muy difícil que pudiera salir de él.

Quedaba día y medio para que me dieran el alta médica y me ingresaran en el hospital psiquiátrico. Tita pidió una ambulancia y contrató por otro lado un avión privado con un médico a bordo, para que esperara en el aeropuerto listo para despegar hacia España.

Después reservó otra ambulancia más, que sería la que al final me iba a llevar hasta el avión, para así burlar la que me tenían preparada para llevarme al psiquiátrico.

En el momento en que iban a darme el alta, mi mujer le preguntó a la enfermera: «¿Dónde está la ambulancia que reservé hace dos días para mi marido?». «El jefe de Psiquiatría la tiene lista para ir al centro psiquiátrico dentro de una hora», le respondió ella. Tita, que sabía por dónde iban las cosas, dijo: «Deseo hablar con él». Y, antes de ir a ver al doctor, le indicó a Stirnimann: «Mientras yo lo entretengo, lleven al barón a la otra ambulancia y se van al aeropuerto». A mi mujer el médico le explicó que la ambulancia estaría disponible en una hora. Entonces Tita, que sabía que sus temores no eran infundados, siguió hablando con él para dar tiempo a que la otra ambulancia saliera conmigo hacia el avión.

Por temor a que alguien pudiera intentar evitar mi salida de París, Tita había citado en el aeropuerto a algunos periodistas, que serían testigos de que yo estaba bien y, por tanto, me iba a mi casa de Sant Feliu a recuperarme. Por otra parte, el profesor Kieffer le había firmado a mi mujer un documento en el que se decía que Sant Feliu era un lugar perfecto con un clima excelente, y por ello ideal para mi recuperación. Volver a Sant Feliu, llegar a casa y ver el mar fue para mí la mejor medicina, algo en lo que, por otra parte, tanto Tita como el profesor Kieffer estaban de acuerdo.

CAPÍTULO 15

La guerra de los Thyssen

Heini tuvo que enfrentarse a una más que triste disputa familiar, que por fin se resolvió respetando lo que se había firmado en 1993. Fue la última batalla que le tocó librar.

Me iba recuperando paso a paso y, por otra parte, mis hijos, con el futuro económico bastante asegurado, ya no me llamaban ni tampoco me venían a visitar, hasta el punto de que prácticamente ninguno de ellos estuvo en Sant Feliu de Guíxols ni en La Moraleja de Madrid, ni tampoco en Lugano. Había, sin embargo, calma en la familia. Tita y yo estábamos felices porque daba la sensación de que todas las peleas habían llegado a su fin. Sin embargo, yo, que lo primero que hacía todos los días al despertarme en Sant Feliu era asomarme para ver cómo estaba el mar y qué podía presagiar el semblante del cielo, y que cuando estábamos en Madrid me sentía feliz visitando el Museo Thyssen-Bornemisza, en mis adentros intentaba adivinar a qué nuevas batallas podríamos tener que enfrentarnos Tita y yo. Ella siempre me tranquilizaba. Sin embargo, había algo que a mí me seguía inquietando.

Había, en efecto, un problema importante: el déficit en las anualidades que Georg me tenía que pasar. Yo debía recibir el 30 por ciento de los beneficios netos del Thyssen-Bornemisza Group (TBG).

En 1992 le había planteado a Georg el asunto porque yo

no estaba recibiendo la cantidad anual estipulada. Él me respondió que eran malos momentos y que, si exigía más dinero —mejor dicho: si exigía lo que me correspondía, ya que así estaba pactado—, sería perjudicial para el Thyssen-Bornemisza Group. Por el momento me callé, ya que nunca me han preocupado en exceso mis propias compensaciones financieras: siempre me preocupó mucho más el éxito del grupo.

En 1993, cuando finalmente se consiguió convencer a todos los herederos y se firmó la venta de la colección al Reino de España, el total se repartió entre mis hijos en los porcentajes que les correspondían según la ley suiza, salvo en el caso de Georg, a quien le pertenecía además lo que en su día se había firmado cuando me divorcié de su madre.

Tita, como ya he dicho, no entraba en estos porcentajes porque, cuando yo se lo pedí, renunció a mi favor en lo referente a la colección —al igual que en lo relacionado con las empresas—, para que yo pudiera llevar a cabo mi sueño de mantenerla unida. A esto hay que añadir una idea que se inventó Georg, en virtud de la cual Tita tenía que asumir los gastos de cualquier regalo que yo le hubiese hecho, joyas incluidas. Se hicieron tasaciones de sus joyas y de cualquier cosa que hubiese recibido de mí. Todo se lo tenía que abonar a Georg. Ésa era la realidad, aunque él dijo que se repartiría entre todos los herederos, algo que, según supe después, nunca llegó a suceder. Pero Tita me daba ánimos diciéndome: «No importan todas estas vejaciones. Tu colección es lo más importante. Aguanta». Y es que Georg hacía y deshacía todo sin miramientos.

Llegó un momento, hacia 1995, en que mi preocupación aumentó porque no recibía el dinero pactado. Sucedía esto poco más de un año antes de que estallara el escándalo conocido como «Thyssen contra Thyssen».

En septiembre de 1995, mi estado de salud había mejorado bastante y me fui con Tita a Nueva York para asistir a la exposición temporal de una parte de la colección privada de mi mujer en la Colección Frick de Manhattan, uno de los museos más prestigiosos del mundo. Con ocasión del viaje, nos enseñaron en Sotheby's los cuadros que se iban a subastar próximamente. Entre ellos había un Monet y un Pissarro que me impresionaron. Pero, en aquel momento, no me podía permitir el lujo de comprarlos. Sin embargo, Tita, sin decirme nada, pujó por ellos y me los quiso regalar. Yo le dije: «No me los puedes regalar porque si me los regalas se convertirán de inmediato en herencia y de nuevo pasaremos por trámites interminables».

Cuando Tita fue a abonar el importe de los cuadros, le dijeron que no podía pagar mediante su *sub-trust* (concretamente el Caravaggio) porque, aunque en efecto era suyo, estaba bloqueado casi hasta el año 2049. Ahí me di cuenta de que lo que se había firmado en 1993, el último de los pactos, estaba bloqueado. Decidí entonces pedir explicaciones porque con Tita, que, repito, había renunciado a su parte en los negocios para así ayudarme a sacar adelante mi sueño de una colección unida, no se estaba procediendo bien. Me enfurecí porque nada de eso había sido lo pactado. Además, cada uno de los herederos debería tener derecho a disponer con libertad de su propio *sub-trust*, y me di cuenta de que la realidad no era ésa. Tampoco para ellos, salvo para Georg, que podía manipularlo todo a su antojo. Georg hacía lo que quería con nosotros y se había adueñado de la lucha de toda mi vida.

Por todo lo expuesto, y a la vista de que cualquier intento de diálogo se estrellaba contra la más absoluta sinrazón, vi, con pena, que el único camino que me quedaba era una querella.

Días después, uno de mis empleados más cualificados me

acabó confesando que había muchos millones de dólares acumulados en la empresa. Al cabo de un tiempo, Georg vino a Madrid para hablar conmigo, pero no me dijo nada del dinero que había en efectivo en el grupo. Es más, cuando le pregunté por lo que me debían, me dijo: «Es que yo no quiero pagártelo. Lo que puedo es ofrecerte un préstamo de veinte millones de dólares». Y me trajo una serie de documentos para que se los firmase yo y los avalara Tita. Pero no quisimos tal préstamo porque era un insulto. Por supuesto, le dije que no y me indigné. La cantidad que me debía era muchísimo mayor. Era un disgusto más que me daba, y creo que lo hacía intencionadamente.

La relación con Georg se deterioraba a pasos agigantados. Por eso decidí convocar una reunión con él y los abogados en Villa Favorita con el fin de abordar los problemas no ya en el plano personal, sino desde un punto de vista legal corporativo.

La reunión iba a celebrarse en la mesa grande de la Sala Gótica. Además de Tita, mis hijos y yo, estaban los abogados de ambas partes. Por nuestro lado se encontraban Hafter, un prestigioso letrado suizo, y una letrada norteamericana. Por parte de Georg estaban Schaer, que formaba parte del consejo del Continuity Trust, y Pfaff y Hovdesven, que eran directores del *trust* y que en principio eran mis abogados, aunque ya me estaban traicionando.

Desde el primer momento —incluso desde antes de que la reunión comenzara—, vi con claridad que Georg no tenía la menor intención de ceder. Me di cuenta por un detalle: siempre que iba a Lugano se quedaba a dormir en Villa Favorita, pero esta vez, la víspera de la reunión, se había alojado en el hotel Villa Castagnola. Se veía muy claro que estaba decidido a no pagarme el dinero que me debía y, en consecuencia, a no respetar el pacto familiar de 1993.

El encuentro no comenzó con buen pie y, por supuesto, acabó peor de como había empezado. La relación con él era prácticamente nula. Las cosas se ponían peor de lo que ya estaban y la batalla iba a comenzar. Se acercaba el juicio del siglo. Era el «Thyssen contra Thyssen».

Se abre la sesión

Conseguí formar un equipo de abogados muy competentes, entre los que estaba Michael Crystal, un QC (siglas de Queen's Counsellor, es decir, abogado de la reina de Inglaterra, pero sólo a efectos de categoría profesional), considerado el mejor letrado comercial del país. Con él estaban otro Queen's Counsellor de Londres, Robert Ham, todo un experto en *trust*, y David Alexander. El juicio se celebraría bajo la ley inglesa y ante los tribunales de las islas Bermudas. La primera reunión tuvo lugar en abril de 1996. Le pregunté a Michael Crystal cuánto podría durar el caso y me respondió que, entre los preparativos y la vista propiamente dicha, unos cinco años. Me quedé tristemente sorprendido.

El 8 de mayo de 1996, le envié a Georg una carta en la que le pedía que antes del 31 de diciembre me pagara lo que en ese momento me debía, una cantidad muy considerable en dólares, que luego, ya en el juicio, ascendería a mucho más, porque esa deuda se iba acumulando cada año.

En noviembre les dije a mis abogados que no había recibido respuesta de Georg y, por tanto, no me había hecho ninguna oferta de acuerdo. Ya en diciembre, le escribí una última carta diciéndole que iba a tomar medidas disciplinarias. Y tampoco obtuve respuesta alguna. No me dejaba otra salida que demandarlo, y en enero de 1997 se hizo un recurso de 95 páginas de citaciones contra él, además de contra Favorita

Trustees Holding Ltd. y otros grupos, exigiendo el pago, la anulación del fondo de inversión y la devolución de la participación mayoritaria, con el fin de que una empresa gestora sustituyera a Georg.

Los preparativos duraron casi tres años. Tres largos años con numerosas reuniones, buscando miles de documentos con el objeto de que Crystal y Ham tuvieran perfectamente cargadas sus baterías para el momento del combate judicial. Un combate que se presentaba duro porque no iba a ser nada fácil desmantelar el *trust* que Georg había diseñado específicamente para que resultara inexpugnable y nadie lo pudiera echar abajo.

Por fin, a las nueve de la mañana del 11 de octubre de 1999, ambas partes entrábamos en el tribunal en las Bermudas. Dos horas después era Michael Crystal quien iniciaba su discurso de apertura. Un discurso que duraría nada menos que cuarenta y cinco minutos y en el que, de entrada, ya anunció que el juicio iba a prolongarse más de un año.

Paso a paso, Crystal fue haciendo historia de la evolución del entramado empresarial, que definió como «uno de los principales grupos privados internacionales de empresas industriales y financieras».

El letrado expuso que las anualidades que yo tenía que recibir, según el acuerdo con mi hijo, se cifraban en varios millones de dólares al año, y que, en los años que siguieron a 1983, yo no había recibido el pago total estipulado.

Algunos «momentos» de la intervención de Michael Crystal

«En los años posteriores a 1983, el barón no recibió de TBG el importe completo del pago de la anualidad estipulado. Georg dijo al barón que TBG no podía permitirse seguir pagándole sin causar perjuicio al grupo, y el barón no quería causar perjuicio al grupo con el que había estado vinculado durante la mayor parte de su vida adulta, de manera que no insistió en el pago del importe total de la anualidad. En consecuencia, empezó a acumularse un déficit en la anualidad. Dicho déficit siguió aumentando gradualmente hasta superar, a principios de la década de 1990, los cincuenta millones de dólares.

»Hacia finales de 1995, sin embargo, había atrasos por un valor de casi setenta millones de dólares que se debían al barón en virtud de las disposiciones sobre la anualidad. El barón tenía algunas deudas privadas de las que deseaba deshacerse. Por entonces, el grupo TBG se encontraba en una situación financiera muy sólida. Disponía de un fondo de liquidez corporativa que a esas alturas había alcanzado los 370 millones de dólares. Por lo tanto, en ese momento no había motivo para que no se pudiese liquidar el déficit de la anualidad. En consecuencia, en noviembre de 1995 se solicitó el pago del déficit. Georg puso toda clase de excusas por las cuales no se podía realizar el pago. El barón empezó a preocuparse. El asunto se fue arrastrando hasta marzo de 1996. En marzo de 1996 el barón decidió intentar resolver el asunto entrevistándose con las personas responsables de gestionar Continuity Trust.»

«En mayo de 1996, el barón exigió el pago del déficit de la anualidad para finales de ese año. El pago no se efectuó. Es más: se negó toda obligación de pagar, y el año expiró sin que se hubiese hecho ningún pago.

»Este proceso se inició en las Bermudas en enero de 1997. Los demandantes afirman que el vergonzoso incumplimiento de Georg en lo que respecta a asegurar el pago de los atrasos de la anualidad ahora que el Grupo Thyssen-Bornemisza es rico en liquidez y dispone de abundantes fondos para liquidar los atrasos de la anualidad es indigno y deshonroso por su parte. Demuestra, declaran los demandantes, que ya no es posible confiar en Georg para que vele por los intereses del barón en relación con Continuity Trust en vida del barón o, después de su fallecimiento, por los intereses de Francesca, Lorne y Alexander.

»La explicación del insólito comportamiento de Georg tendrá que ser examinada como prueba oportunamente. ¿Es atribuible a la codicia? ¿Es cicatería? ¿Es obsesión con el negocio de TBG, o se debe a sus muchos conflictos de intereses? Los demandantes afirman que Georg ha tenido con el barón un comportamiento que no es ni justo, ni ético, ni honesto.

»El siguiente asunto al que quiero referirme brevemente es la creación de la propia Continuity Trust. Como ya he indicado, el barón deseaba intentar garantizar la continuidad a largo plazo y la estabilidad de TBG tras su fallecimiento. Deseaba evitar cualquier fricción entre sus herederos que afectase a TBG. La idea de situar TBG dentro de una compañía fiduciaria para lograr este propósito ya había surgido, pero hasta las Navidades de 1981 el barón no había tomado ninguna decisión al respecto. En las Navidades de 1981, sin embargo, se estaba discutiendo la creación de una compañía fiduciaria que se hiciera cargo de TBG. El resultado de las discusiones fue que el barón confió a Georg la responsabilidad de establecer las disposiciones en virtud de las cuales se crearía una compañía fiduciaria para hacerse cargo del Grupo Thyssen-Bornemisza. Los herederos del barón tendrían participaciones en ella más que acciones en TBG. La compañía fiduciaria se ajustaría a la legislación suiza. La familia residía en Suiza desde los años treinta, y el barón era ciudadano suizo desde 1950. Por lo tanto, cualquier posible fricción entre sus herederos tras el fallecimiento del barón no tendría la capacidad de afectar a la continuidad y la estabilidad de TBG.»

«Las verdaderas disposiciones aceptadas por el barón no eran las más beneficiosas para él. De hecho, dicen los demandantes, dado el indigno comportamiento de Georg a partir de finales de 1995 en relación con el déficit de la anualidad, está claro que el barón no podría haber tomado la decisión —y no la tomó— de aceptar las disposiciones de Continuity Trust en 1983 tras una reflexión completa, libre y bien informada. Georg abusó de la confianza que el barón había depositado en él. Esto deja traslucir que las disposiciones de Continuity Trust no se atenían a la legislación suiza, o que existe un riesgo importante de que no se atuviesen a ella. Además, desde el punto de vista del barón, las disposiciones no eran justas ni honestas.»

«Hay numerosas reclamaciones en relación con la anualidad. Aquí mencionaré sólo dos:

»Los demandantes reclaman los atrasos corrientes del déficit de la anualidad. Desde que se inició el proceso, se ha liquidado una parte de dicho déficit. La situación actual es que aún hay pendiente una deuda de más de cincuenta millones de dólares. Añadiéndole los intereses sobre los atrasos de la anualidad que sean ordenados por el Tribunal, la reclamación asciende aproximadamente a cien millones de dólares.

»También se presenta una reclamación relativa a la pérdida de valor de la anualidad en el caso de que el Tribunal decida que no procede eliminar la compañía fiduciaria. Esta reclamación por la pérdida de valor asciende a 132 millones de dólares adicionales. Es decir, las reclamaciones subsidiarias relacionadas con la anualidad en este proceso alcanzan cientos de millones de dólares.

»Georg tiene ahora cuarenta y nueve años. Está soltero y no tiene hijos. Como ya he mencionado, el barón le ha dado millones de dólares en efectivo y en obras de arte a lo largo de los años. En la actualidad tiene también participación en Continuity

Trust por valor de varios cientos de millones de dólares. Ha recibido más de diez millones de dólares como director ejecutivo del Grupo Thyssen-Bornemisza. En todo caso, es un hombre sumamente rico. Tiene mucho más dinero del que posiblemente pueda necesitar nunca, y toda esa riqueza proviene directa o indirectamente del barón.»

«La prueba pericial de los demandantes, que parece indiscutida, es que en 1997 el valor del grupo era de entre mil y dos mil millones de dólares. El valor actual del grupo se podrá examinar como prueba a su debido tiempo, pero, si la prueba pericial de los demandantes es correcta, la participación de Georg, su participación actual, en el Grupo Thyssen-Bornemisza, tiene un valor de muchos cientos de millones de dólares.

»En respaldo de sus argumentos para eliminar la compañía fiduciaria, los demandantes afirman que, considerando el deshonroso e indigno comportamiento de Georg con el barón en lo relativo a Continuity Trust, ningún Tribunal de Equidad autorizará a Georg a conservar el 43,75% de Continuity Trust.

»El lema de la familia Thyssen-Bornemisza es —y cito textualmente— "La virtud sobrepasa a la riqueza". Los demandantes sostienen que es evidente que para Georg el dinero es más importante que la virtud o el honor. El barón cree que el comportamiento de Georg ha sido inmoral. Él confió en Georg durante muchos años de su vida, y le aflige descubrir que se había equivocado al depositar esa confianza en Georg.»

El 14 de marzo de 2001 seguía el juicio en las Bermudas. Pero ese día el juez Mitchell echó un jarro de agua fría sobre los representantes al anunciar: «Como saben, mi mandato como juez en las Bermudas finaliza el 30 de noviembre de este año. El gobernador me ha informado hoy de que no tiene intención de proponerme continuar más allá de dicha fecha...

Por lo tanto, el tiempo que tengo disponible para este caso se termina en noviembre».

El anuncio de Mitchell dejaba claro que, como era imposible que el juicio finalizara en noviembre, habría que comenzarlo de nuevo con otro juez.

La paz familiar

Se empezaba a hacer evidente que nadie estaba dispuesto a empezar otra vez y que, en consecuencia, el único camino que quedaba era acercar posiciones y llegar a un acuerdo.

En junio de 2001, Georg envió a su hermano Lorne a la Costa Brava con, según él, «una oferta muy generosa», que sin embargo a mí no me lo pareció ni mucho menos. En consecuencia, la rechacé.

A comienzos de febrero de 2002, después de las larguísimas reuniones entre abogados para llegar a una conciliación, tuvimos una última entre todas las partes. Ni Francesca ni Lorne han estado a mi lado en este proceso. Georg los tiene convencidos y engañados. A los dos les ha faltado inteligencia: no se han dado cuenta de que tampoco ellos percibirían nada hasta el año 2049, a no ser que Georg lo permitiera. Espero que su poca confianza en mí no les sea perjudicial el día de mañana.

Envié a todos mis hijos una nota en la que les decía que había llegado el momento de alcanzar una conclusión satisfactoria para todos.

Aceptaron mi propuesta y nuestros abogados comenzaron a trabajar en los nuevos contratos, que una vez terminados fueron firmados en Basilea el 22 de febrero de ese mismo año.

En un principio, la firma se iba a celebrar en Zúrich el día

15. Y a Zúrich se desplazó una comitiva de unos treinta abogados y asesores. Sin embargo, de pronto hubo que cambiar de escenario y trasladarse a Basilea, donde al día siguiente, a las ocho de la mañana, nos presentábamos todos ante el notario para cerrar los acuerdos.

Dos días después de conseguir firmar la paz, se anunciaba en un comunicado el acuerdo familiar en el que se decía:

> La familia lamenta profundamente los malentendidos que condujeron a los procedimientos judiciales —hoy todos ellos sobreseídos o desistidos—, así como también el hecho de que los miembros de la familia y los profesionales que con ellos trabajaron se vieran sujetos a una cobertura desfavorable por parte de los medios de comunicación como consecuencia de tales malentendidos.
>
> El barón está muy complacido con el hecho de que la baronesa, sus hijos Georg, Francesca, Lorne y Borja hayan llegado a un acuerdo final y definitivo con él respecto a la distribución de los bienes restantes de su patrimonio, de acuerdo con sus deseos, y les está agradecido a todos ellos por haberlo hecho.

Mientras volábamos de regreso a España, Tita me dijo: «Ha sido un día agotador para ti. ¿Cómo has podido ser tan fuerte?». Le respondí: «*Will power*» («fuerza de voluntad»). Después le pedí a mi mujer celebrarlo con champán y ostras.

CAPÍTULO 16

El adiós

En la madrugada del 27 de abril, el barón se iba para siempre. Heini se fue en paz con todos porque había conseguido resolver los problemas familiares, lo mismo que muchos años antes, siendo muy joven, también había conseguido resolverlos entre sus hermanos tras la muerte de su padre. Heini se fue en primavera y la víspera de ese mismo día había estado contemplando por última vez el mar que tanto quería y al que Mas Mañanas se asoma.

Como emocionado final de estas páginas, escritas con la única intención de ofrecer el retrato más justo y más humano del barón Hans Heinrich Thyssen-Bornemisza de Kaszon, un hombre siempre próximo, afable y muy accesible, Carmen Thyssen, Tita, la mujer que más lo quiso y a la que él más quiso, ha querido añadir estas palabras como perenne e imborrable recuerdo:

«Soy una mujer con fe. El dolor que lo inevitable ocasiona sólo se soporta con fe. Por eso, cuando recuerdo a Heini —y no hay día que su recuerdo no esté en mi mente—, no me detengo nunca en los días previos a su adiós, sino que prefiero evocar al Heini de las largas e inacabables conversaciones en que, cogidos de la mano, me decía que me amaba y que los dos estábamos hechos de la misma esencia. También me repetía muchas veces que me había estado buscando en esta vida y, por fin, me había encontrado aquella noche con el cielo lleno de estrellas de aquel verano en Cerdeña.»

Tras su adiós, la baronesa organizó un funeral en la capilla de Sant Elm, situada en un monte cerca de Mas Mañanas. Quiso que fuera allí porque Sant Elm era un santo medieval, en cuya vida se entremezclan la realidad y la leyenda, y siempre fue considerado como fiador y protector de navegantes; y en el fondo Heini, como buen holandés, siempre fue un apasionado del mar. Posteriormente se celebrarían también exequias en Alemania y en Madrid.

Un día después de su fallecimiento, la baronesa, acompañada por Borja, llevaba a Heini al castillo de Landsberg, propiedad de la familia.

Hoy el barón descansa allí, en el panteón familiar, junto a su padre Heinrich y su abuelo August.

Índice alfabético

Impreso en Talleres Gráficos
LIBERDÚPLEX, S.L.U.
Pol. Ind. Torrentfondo
Ctra. Gelida BV-2249 Km. 7,4
08791 Sant Llorenç d'Hortons (Barcelona)

LES RECETTES OFFICIELLES

TEA TIME à DOWNTON ABBEY

SCONES, MUFFINS ET AUTRES DOUCEURS POUR GOÛTER À L'ANGLAISE

PRÉFACE DE GARETH NEAME

SOLAR EDITIONS

"IL N'Y A JAMAIS UNE SECONDE D'ENNUI DANS CETTE MAISON"

SOMMAIRE

MME PATMORE : *J'ai du thé pour chacun d'entre nous,*
et de quoi manger pour vous tout à l'heure.

MASON : *Vous êtes vraiment un ange.*

~ SAISON 6, ÉPISODE 5

PRÉFACE

Rares sont les traditions anglaises aussi emblématiques que l'*afternoon tea*. Tout ce qui concerne ce moment (les règles de savoir-vivre, la porcelaine fine, les sandwichs et les gâteaux) incarne ce que l'Angleterre peut offrir de meilleur.

L'*afternoon tea* figure en bonne place dans *Downton Abbey* et reflète le comble du chic de cette époque. Le mot « thé » a longtemps été utilisé comme un mot valise pour désigner toute une série d'occasions différentes impliquant le fait de boire du thé. Ce pouvait être une modeste tasse de thé, chez soi, avec une tranche de gâteau, ou bien une théière avec quelques scones chauds, dans le salon de thé d'une gare, ou encore une grande réception autour du thé, organisée sur la pelouse d'un domaine.

Downton Abbey donne l'occasion d'assister à la tradition de ce rituel de l'après-midi à la fois chez les maîtres (« en haut ») et chez les domestiques (« en bas »). Le thé des domestiques montre un moment rare de calme dans la demeure, lorsque les maîtres peuvent se servir seuls, une fois le thé et ses accompagnements apportés. Les domestiques utilisent ce temps pour effectuer quelques menues tâches, par exemple raccommoder une chemise ou recoudre un bouton. Certains valets lisent le journal, tandis que d'autres se plongent dans un livre ou parfois jouent aux cartes.

Pour lady Violet, la comtesse douairière, le moment de l'*afternoon tea* est souvent l'occasion, pour elle, d'intervenir dans une affaire familiale ou qui concerne le village. Dans la saison 3, épisode 7, elle invite lady Edith à prendre le thé avec elle pour tenter de la convaincre d'envisager une occupation plus décente que de devenir journaliste dans *The Sketch*. Lady Violet lui suggère de s'occuper d'une entreprise caritative ou de se consacrer à l'aquarelle. Lady Edith écoute, boit son thé, puis déclare poliment qu'elle deviendra journaliste. Lady Edith se libère des conventions liées à sa position sociale. Elle symbolise les temps modernes et préfigure l'époque où les femmes gagneront non seulement davantage de liberté, mais aussi le droit de vote.

Ce livre recense les meilleures recettes de l'*afternoon tea* à l'époque de *Downton Abbey*, recettes encore largement appréciées de nos jours. Et les pages qui suivent proposent tout ce qu'il faut savoir pour organiser dans les règles son propre *afternoon tea*.

GARETH NEAME

PRODUCTEUR EXÉCUTIF DE *DOWNTON ABBEY* | LONDRES 2020

INTRODUCTION

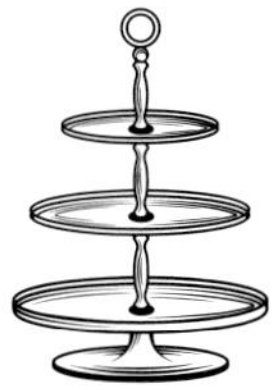

Lorsque la princesse de Portugal, Catherine de Bragance, arriva en Angleterre en 1662 pour épouser Charles II, elle apportait dans ses affaires personnelles un coffre à thé. C'est ainsi qu'elle modifia à jamais les coutumes anglaises concernant les boissons, du moins c'est ce qu'affirme la légende que l'on répète depuis plus de 350 ans. L'histoire du coffre à thé de la reine devint un instrument pour promouvoir ce breuvage exotique à la Cour et dans les classes supérieures de la société. Mais le thé était alors déjà disponible en Angleterre, introduit en Europe au XVIIe siècle grâce au commerce avec la Chine. Au Portugal, la Cour avait adopté le thé un peu avant, et ce breuvage se répandit bientôt dans tout le reste de l'Europe.

Une dizaine d'années avant le mariage de Catherine de Bragance, la première « maison de café » ouvrit à Londres et bientôt il y eut des cafés partout, même si seuls les hommes y étaient autorisés. Thomas Garway, qui possédait un café à Londres dans Exchange Alley, commença à y vendre des feuilles de thé et à proposer du thé sous forme de boisson en 1657, devenant le premier commerçant à s'engager dans cette voie en Angleterre. Il rédigea même un pamphlet pour décrire cette nouvelle boisson à ses clients, en expliquant ses origines chinoises, ses vertus médicinales et sa popularité auprès des « personnes de qualité », à savoir ceux qui avaient les moyens d'acheter les précieuses porcelaines de Chine indispensables à la consommation du thé. Il faudrait attendre encore une centaine d'années avant que ne soient fabriquées en Angleterre les premières théières en porcelaine, résistant à la chaleur de l'eau bouillante sans éclater. La consommation de thé devint alors courante.

La prise de pouvoir par les femmes

Dans la sphère domestique, le thé était considéré comme une boisson familiale bonne pour la santé, précieuse contre les rhumes, la fièvre et autres maladies. La maîtresse de maison avait en charge sa consommation, de même que la préparation des autres potions médicinales relevait de sa responsabilité. Cette disposition offrait un contraste marqué avec la consommation publique du thé dans les cafés réservés aux hommes, ainsi que dans les jardins d'agrément de Londres, où hommes et femmes, en buvant du thé en public, provoquaient le scandale.

La maîtresse de maison gardait sur elle la clé de la boîte à thé, signe du contrôle qu'elle exerçait. D'ailleurs, sur les tableaux de cette époque, la boîte à thé est toujours placée le plus près possible de la femme occupant le premier rôle de la réunion, soulignant son rôle de maîtresse de maison. Cela dura jusqu'au XIXe siècle, au moment où la gouvernante devint la responsable de la boîte à thé.

Au XVIIIe siècle, il était courant, pour les dames à la mode, de se rendre les unes chez les autres pour prendre le thé et bavarder. Avant cette époque, elles ne disposaient pas, ou peu, de liberté sociale et elles étaient souvent isolées.

Le premier magasin de thé connu à Londres fut ouvert en 1706 par Thomas Twining, et même s'il était encore réservé aux hommes, les femmes venaient en voiture jusque devant l'entrée, où leurs valets achetaient discrètement du thé pour leur compte. Ce magasin se trouve encore aujourd'hui au 216 Strand.

La famille Twining a joué un rôle encore plus important dans l'accession de la Grande-Bretagne comme nation buveuse de thé lorsque Richard Twining, petit-fils de Thomas et directeur du commerce du thé, fit pression sur le Premier ministre William Pitt pour réduire les taxes sur le thé. Ses efforts eurent comme effet la promulgation du *Commutation Act* de 1784, qui fit passer le taux de la taxe de 119 % à 12,5 %, de sorte que le thé devenait une denrée largement abordable, et, parallèlement, la contrebande et les falsifications diminuèrent jusqu'à disparaître. La promulgation de la loi augmenta également les profits de la Compagnie britannique des Indes orientales, dont Twining était le directeur.

Le thé en réunion

Le mouvement d'abstinence qui se développa au XIXe siècle eut pour effet de promouvoir de manière intensive le thé comme alternative à la bière, et les femmes organisèrent de grandes réunions pour favoriser sa consommation. À l'origine utilisées pour lever des fonds, ces réunions furent bientôt un enjeu de pouvoir. En 1884, dans son livre *Tea and Tea Drinking*, Arthur Reade écrit qu'il existait « un esprit de rivalité parmi les dames pour savoir laquelle possédait la table la plus riche et la plus élégamment garnie ».

Le thé chez soi

On attribue souvent à la duchesse de Bedford l'invention de l'*afternoon tea* en 1842. On rapporte qu'elle fut la première à demander à manger quelque chose (petits gâteaux, délicats sandwichs) pour accompagner le service du thé, de manière à combattre « le sentiment de vertige » en milieu d'après-midi. Mais l'*afternoon tea* était déjà le résultat d'une évolution des différents repas de la journée dans la culture britannique. Jusqu'à la fin du XVIIIe siècle, le dîner était servi au moment que l'on désigne aujourd'hui comme le déjeuner ; il était suivi du souper, repas beaucoup plus tardif et plus léger.

Le mot « thé » eut plusieurs significations à l'époque victorienne, puis édouardienne. Le *low tea*, qui deviendrait plus tard l'*afternoon tea*, tient son nom du fait que le thé et ses accompagnements étaient servis sur des tables basses et non à la grande table du dîner. Le *high tea*, aujourd'hui parfois confondu avec l'*afternoon tea*, était en revanche un vrai repas, avec des pâtés à la viande et d'autres plats salés, consommé par les travailleurs à l'heure du dîner.

Les *afternoon teas* de village constituaient une autre coutume bien établie, celle de la *tea party*. Ces événements, soigneusement orchestrés, étaient organisés par les dames de la haute société pour les pauvres, souvent pour célébrer un événement royal d'importance comme le jubilé d'or de la reine Victoria en 1887. Ces rassemblements non seulement répondaient au besoin de ces femmes de s'engager dans une entreprise caritative, mais étaient aussi un moyen pour les riches et pour les pauvres de montrer leur patriotisme envers la couronne et le pays. Cette tradition a perduré au XXe siècle, avec de vastes *tea parties* pour célébrer les jubilés d'or, d'argent et de saphir de la reine Élisabeth.

La forme la plus grandiose de ces « thés » était l'*afternoon tea party* organisée sur les pelouses d'une demeure seigneuriale pour toutes sortes d'occasions, comme un événement sportif (tel le match de cricket annuel de Downton Abbey) ou une collecte de fonds pour une œuvre de charité. Dans la saison 1, épisode 7 de *Downton Abbey*, lors d'une garden-party organisée pour aider un hôpital local, on voit des valets circuler parmi les hôtes en portant des plateaux d'argent chargés de petits sandwichs, tandis que, sous un chapiteau blanc, est dressée une table avec un assortiment de Victoria sponge cakes, de gâteaux et autres douceurs.

Salons de thé publics

Les réunions autour du thé et les *tea parties* de village faisaient partie du mouvement consistant à faire sortir le thé des limites de la sphère domestique pour l'amener dans les espaces publics, comme les salles d'attente des gares, les hôtels-restaurants et, dans les années 1860, les salons de thé. L'Aerated Bread Company ouvrit le premier salon de thé A.B.C. dans une gare en 1864, et à l'époque de *Downton Abbey*, dans les années 1920, cette entreprise comptait environ 250 salons de thé. Même si certains étaient alors suffisamment

CORA : *Ainsi, les droits de la femme commencent à la maison ? Eh bien, cela me convient parfaitement !*

~ SAISON 1, ÉPISODE 4

chics pour accueillir lady Mary et Matthew lors d'une visite à Londres, dans la saison 3, épisode 8, nombre d'entre eux imitaient les établissements de luxe pour attirer les classes inférieures, en créant ce moment privilégié où l'on s'habille comme les gens de la haute.

Comme le salon de thé était un environnement surtout féminin, il devint un lieu de réunion naturel pour les membres du mouvement des suffragettes, un lieu où elles pouvaient se retrouver sans les hommes pour planifier leur combat du « Vote pour les femmes ».

Le corset et la robe pour le thé

Jusqu'au début du XXe siècle, les femmes portaient généralement un corset, ce qui donnait à leur corps une silhouette hyper-féminine, parfaitement dessinée selon la mode de l'époque. Les vêtements étaient magnifiques, mais c'étaient aussi des entraves qui plaçaient la femme ainsi corsetée dans un état de sujétion, rendant la marche et la respiration difficiles, et ne donnant pas une attitude naturelle.

En dépit de cet inconfort extrême, toutes les femmes n'étaient pas contre le port du corset. En réalité, des publications de cette époque en présentaient souvent les aspects à la fois positifs et négatifs. Les normes sociales exerçaient également une forte pression : pour nombre de personnes, le corset était une obligation morale, un symbole de décence, et ne pas en porter en public était considéré comme vulgaire.

Tandis que lady Mary et lady Edith acceptent volontiers de bien serrer leur corset, on voit, dans la saison 2, lady Sybil se plaindre de la rigidité du sien. Lorsqu'elle demande à Anna de le desserrer, Edith ne tarde pas à lui dire : « C'est le début d'une pente fatale. » Cette scène est symbolique du combat personnel que mène Sybil en faveur de la place de la femme dans la société. Le mouvement des suffragettes est à l'ordre du jour et lors de la Première Guerre mondiale, les femmes vont échanger les travaux ménagers contre le travail en usine ou devenir infirmières. Soudain, la femme n'a plus besoin d'être « jolie » et son destin n'est plus seulement la cuisine ou le ménage. Elle peut avoir un métier, gagner de l'argent et être indépendante. Pour Sybil, être infirmière lui offre la libération dont elle a longtemps rêvé. Même Edith abandonne son corset pour enfiler un pantalon et un vieux manteau afin d'aider John Drake, l'un des fermiers du domaine, à conduire son tracteur.

Il n'y avait que deux occasions où une dame n'était pas tenue de porter un corset. La première, c'était dans sa chambre : elle portait alors un peignoir, raison pour laquelle des femmes mariées comme Cora et plus tard lady Mary préféraient prendre leur petit déjeuner au lit. La seconde était celle de l'*afternoon tea,* lorsque porter une robe spéciale pour le thé devint à la mode.

La robe pour le thé empruntait sa forme à différentes sources. Les premiers modèles en soie ou en tissu souple, copiés sur les kimonos japonais, avaient des coupes amples, peu ajustées. Plus tard, les modèles mélangèrent différents aspects de plusieurs époques de la mode féminine, comme la « robe à la française » du XVIIIe siècle. La coupe pouvait aussi adopter le style Empire, ou la taille était marquée bas sur les hanches, mode qui fit fureur dans les années 1920. Bien que conçues pour l'*afternoon tea,* à l'époque de *Downton Abbey* les robes pour le thé étaient couramment portées durant tout l'après-midi et même le soir, et l'on voit parfois Cora circuler dans la maison en robe de thé.

LE THÉ À DOWNTON ABBEY

Dans *Downton Abbey,* le service du thé se déroule à la fois « en haut », au sein de la famille Crawley, et « en bas », chez les domestiques. Dans la saison 6, épisode 4, lady Violet et lady Shackleton prennent le thé ensemble. La bouilloire en argent pleine d'eau bouillante est placée sur un réchaud, et les deux femmes peuvent se servir elles-mêmes sans avoir besoin de femmes de chambre dans la pièce. Pendant ce temps, « en bas », les domestiques, eux aussi, prennent le thé. Daisy utilise une grande théière Brown Betty pour servir tout le monde. Tandis que chez les domestiques, la pause thé est un moment de temps libre, à l'étage supérieur l'*afternoon tea* est pour les femmes de la maison un moment privilégié pour avoir une conversation détendue et plus naturelle, loin du strict protocole du dîner.

L'étiquette

Selon l'ouvrage d'Emily Post, *Etiquette in Society, in Business, in Politics, and at Home,* publié en 1922, devaient toujours être présents sur un plateau à thé « une bouilloire, où l'eau devait toujours être bouillante, avec une lampe à alcool placée dessous, une théière vide, une boîte à thé, une passoire à thé et un bol (pour mettre les feuilles de thé infusées), un pichet à crème et un sucrier, et, sur une assiette en verre, des tranches de citron. Des tasses et des sous-tasses et une pile de petites assiettes à thé, le tout assorti, avec une serviette (…) pliée sur chaque assiette à thé ».

Pour la nourriture, Emily Post écrit qu'il doit y avoir une table à thé ou un petit meuble fait de trois petites « étagères », chacune assez grande pour une « assiette de bonne taille ». L'assiette du dessus, couverte, « contient le pain chaud ou de ce genre (…) la deuxième assiette rassemble les sandwichs, et la troisième le gâteau. Ou bien toutes les assiettes peuvent aussi proposer des gâteaux, des petites pâtisseries décoratives par exemple ou des gâteaux individuels et des tranches de gâteau. » À Downton, on voit souvent des plateaux de petits gâteaux, un *Victoria sponge cake* ou une tarte aux fruits.

Préparer le thé

- Remplissez une bouilloire d'eau froide et portez à ébullition. Éventuellement, versez un peu d'eau bouillante dans la théière, faites-la tourner pour chauffer l'intérieur puis videz-la.
- Ajoutez dans la théière chaude 1 cuillerée à thé de feuilles de thé par personne, plus 1 cuillerée à café pour la théière.
- Dès que l'eau se remet à bouillir, versez-la sur les feuilles de thé dans la théière.
- Laissez infuser le thé de 2 à 5 minutes, selon la force du thé désirée et la variété choisie (les thés noirs doivent en principe infuser plus longtemps que les thés blanc, vert ou le oolong). Placez un pichet d'eau bouillante sur le plateau pour que les hôtes qui préfèrent un goût moins fort puissent diluer leur boisson.

Servir le thé

Traditionnellement, c'est la maîtresse de maison qui prépare et sert le thé. Chaque tasse est remplie (dans l'idéal à travers une passoire qui retient les feuilles de thé), puis proposée à l'hôte, avant de passer à la suivante.

L'hôte peut ajouter dans sa tasse du lait ou une rondelle de citron. On ajoute traditionnellement du lait dans le thé noir, alors que le citron est en principe associé au lapsang souchong (thé fumé). Jadis, avant la diffusion de la porcelaine résistante à la chaleur, on ajoutait le lait dans la tasse avant d'y verser le thé bouillant pour éviter que la porcelaine n'éclate.

La soucoupe reste toujours sur la table lorsque l'on prend la tasse pour boire. La tasse est saisie en réunissant le pouce et l'index au niveau de l'anse et cette dernière repose sur le majeur. Contrairement à une croyance populaire, le petit doigt ne doit pas être levé, geste considéré comme grossier. Pour finir, le thé est absorbé par petites gorgées, et non avalé d'un trait, et la tasse est reposée sur la soucoupe entre chaque gorgée.

LES CARACTÉRISTIQUES DU THÉ BRITANNIQUE

Le premier thé qui arriva de Chine en Angleterre, au XVIIe siècle, était un thé vert. Le thé noir fort que l'on associe aujourd'hui au thé anglais traditionnel est un héritage de la production de thé britannique dans l'Inde coloniale au XIXe siècle.

Au début du XIXe siècle, les Britanniques étaient devenus de si grands consommateurs de thé qu'ils savaient qu'ils devaient s'approvisionner au-delà des frontières de la Chine. Dans les années 1820, la Compagnie britannique des Indes orientales, déjà établie dans l'Inde coloniale, commença une production extensive en Assam, en utilisant une variété de thé locale, assurant non seulement un approvisionnement continu de thé à un prix modeste à destination du marché intérieur, mais aussi un produit patriotique pour l'empire.

À la fin des années 1840, la Compagnie britannique des Indes orientales, reconnaissant l'expertise de la Chine en matière de production et de transformation du thé, envoya le botaniste écossais Robert Fortune en Chine pour tout apprendre sur le thé chinois : la manière de le planter et de l'exploiter, afin d'obtenir les meilleurs plants pour ensuite les introduire en Inde. Fortune réussit à faire expédier par bateau des milliers de plants de thé en Inde, mais presque tous moururent. Toutefois les connaissances qu'il avait acquises et les ouvriers chinois qualifiés qu'il avait fait venir en Assam firent de l'Inde l'un des premiers pays producteurs de thé au monde. C'est ainsi aussi que le thé fit définitivement partie de la vie quotidienne des Britanniques, dans toutes les classes de la société.

LES TYPES DE THÉ

Bien que tous les thés traditionnels soient obtenus à partir de deux variétés seulement de théier, à savoir *Camellia sinensis* var. *sinensis* (thé chinois) et *Camellia sinensis* var. *assamica* (thé indien d'Assam), il existe toute une gamme de types de thé qui résultent de la manière dont les feuilles sont transformées ou mélangées.

THÉ VERT

Le thé vert originaire de Chine s'est ensuite répandu dans bien d'autres pays d'Asie. Il est peu oxydé; les feuilles sont simplement séchées ou chauffées et roulées.

THÉ BLANC

Jadis connu sous le nom de « pointes d'argent », le thé blanc, très peu transformé, a le parfum le plus léger. Il est fait de jeunes feuilles cueillies à la main avec les bourgeons dotés de fins poils blancs à peine ouverts. Il est peu manipulé et seulement séché.

THÉ NOIR

Généralement plus fort en goût que les autres types de thé, le thé noir est soumis à quatre opérations de transformation : les feuilles sont flétries, puis roulées, oxydées complètement à une température contrôlée, et enfin séchées pour stopper l'oxydation.

OOLONG

Les feuilles de thé subissent une oxydation partielle et une fermentation à une température contrôlée, puis elles sont roulées et tordues, ce qui leur donne une forme caractéristique.

LAPSANG SOUCHONG

Pour ce thé noir, les feuilles les plus rugueuses du théier sont flétries, roulées et oxydées puis grillées sur un feu de bois de pin, ce qui leur donne un goût fumé caractéristique.

THÉS MÉLANGÉS

EARL GREY

Réputé pour ses notes d'agrumes, qui sont dues à l'ajout de bergamote (naturelle ou de synthèse), l'earl grey était à l'origine fabriqué avec du keemun, un thé chinois. Pour le rendre plus attractif, les compagnies de thé utilisèrent à la place un thé noir plus fort, qui aujourd'hui peut être un thé de Ceylan, d'Afrique ou d'Inde.

ENGLISH BREAKFAST

Malgré son nom, le thé baptisé english breakfast, qui date de la fin du XVIIIe siècle, est apparu pour la première fois aux États-Unis et non en Grande-Bretagne. C'est un thé très parfumé, fabriqué avec des thés noirs d'Assam, de Ceylan ou du Kenya, parfois en leur ajoutant un peu de keemun plus doux.

IRISH BREAKFAST

Thé noir fabriqué surtout avec du thé d'Assam, l'irish breakfast se caractérise par sa couleur rouge et son arôme malté prononcé, qui se marient à la perfection avec un nuage de lait.

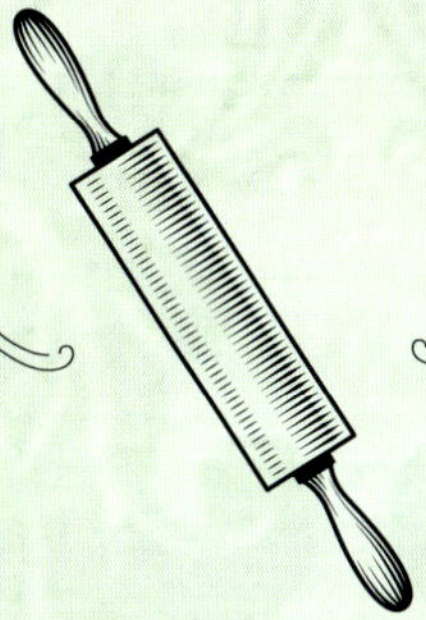

Pâtisseries, Buns & Biscuits

SCONES À LA CRÈME

Les scones font partie intégrante de la tradition de l'heure du thé en Grande-Bretagne depuis le milieu du XIXe siècle lorsque, selon la légende, la duchesse de Bedford demanda ces petits gâteaux et du thé chaud pour un « goûter » au cours de l'après-midi. Elle invita ensuite des amis pour se joindre à elle et le rituel fut ainsi lancé. La reine Victoria, ayant entendu parler de cette nouvelle mode, commença, elle aussi, à organiser des « thés » très chics. La tradition s'est poursuivie au XXe siècle et, dans la saison 6 de *Downton Abbey*, on voit Mme Patmore servir des scones à lord et lady Grantham dans le bed and breakfast qu'elle a ouvert.

250 g de farine + un peu pour le plan de travail

1 cuil. à soupe de levure chimique

2 cuil. à café de sucre en poudre + 1 cuil. à soupe pour servir

1 cuil. à café de sel

70 g de raisins secs

20 cl de crème fraîche épaisse

POUR LA DORURE

1 blanc d'œuf battu avec 1 cuil. à café d'eau

POUR 10 SCONES

SAVOIR-VIVRE

Il est de coutume de ne pas couper le scone avec un couteau, mais de l'ouvrir en deux avec les doigts.

Préchauffez le four à 220 °C (th. 7-8). Recouvrez une plaque à pâtisserie de papier sulfurisé.

Mélangez la farine avec la levure, 2 cuillerées à café de sucre et le sel dans une grande terrine. À l'aide d'une grande cuillère, incorporez les raisins secs et la crème fraîche. Avec les mains, travaillez la pâte en la pétrissant contre les flancs de la terrine jusqu'à la formation d'une grosse boule compacte.

Farinez légèrement le plan de travail. À l'aide d'un rouleau à pâtisserie, abaissez la pâte sur 2 cm d'épaisseur. Avec un emporte-pièce de 7,5 cm de diamètre, découpez des ronds dans la pâte. Déposez-les sur la plaque à pâtisserie en laissant entre eux un intervalle de 5 cm. Ramassez les chutes de pâte, pétrissez-les rapidement sur le plan de travail fariné et abaissez à nouveau cette pâte, découpez encore quelques ronds et ajoutez-les sur la plaque.

Avec un pinceau à pâtisserie, badigeonnez légèrement le dessus des scones avec le blanc d'œuf, puis saupoudrez-les du sucre restant.

Faites cuire les scones de 10 à 12 minutes, jusqu'à ce qu'ils soient dorés. Déposez-les sur une grille à la sortie du four. Servez-les chauds ou à température ambiante.

MADELEINES

Ces pâtisseries françaises étaient de tradition pour l'*afternoon tea* à Downton, et on en conservait dans des pots à biscuits dans les chambres de Mary, Edith et Sybil. Ce sont aussi les préférées de Matthew, dont ses origines *middle-class* se révèlent lorsque, à l'occasion de sa première visite à Downton, il n'hésite pas à empiler sur son assiette ces délicates petites madeleines.

60 g de beurre fondu et refroidi + un peu de beurre à température ambiante pour la plaque à madeleines

60 g de farine + un peu pour la plaque à madeleines

2 œufs

70 g de sucre en poudre

¼ de cuil. à café de sel

1 cuil. à café d'extrait de vanille

Sucre glace pour servir (facultatif)

Pour 12 madeleines

Préchauffez le four à 190 °C (th. 6-7). Avec un pinceau à pâtisserie, beurrez les 12 alvéoles d'une plaque à madeleines avec le beurre à température ambiante en veillant à bien enduire chaque rainure. Saupoudrez les alvéoles de farine en remuant la plaque pour les tapisser régulièrement, puis éliminez le surplus.

Dans une terrine, fouettez les œufs, le sucre et le sel avec un mixeur à vitesse moyenne jusqu'à obtenir une consistance légère et mousseuse, pendant 5 minutes environ. Incorporez la vanille. Tamisez la farine sur le mélange. Avec le mixeur réglé sur vitesse réduite, fouettez à nouveau jusqu'à ce que la farine soit bien absorbée. Éteignez le mixeur, et en vous servant d'une spatule en silicone, ajoutez la moitié du beurre fondu jusqu'à ce qu'il soit bien absorbé. Répétez la même opération avec le reste du beurre.

Répartissez la pâte dans les alvéoles de la plaque à madeleines avec une cuillère. Enfournez de 10 à 12 minutes, en faisant pivoter la plaque d'avant en arrière à mi-cuisson, jusqu'à ce que le dessus des gâteaux soit légèrement souple sous le doigt. Retirez la plaque du four, retournez-la aussitôt sur une grille et tapez sur le fond pour dégager les madeleines. Si l'une d'entre elles reste collée, remettez la plaque à l'endroit et décollez les coins avec la pointe d'un couteau, puis retournez la plaque et dégagez-la. Laissez refroidir complètement. Si vous le voulez, saupoudrez légèrement les madeleines de sucre glace avant de les servir.

SHORTBREAD AU TOFFEE

Le *scottish shortbread,* très prisé par Marie Stuart, reine d'Écosse (voir page 36), n'a pas subi beaucoup de changements jusqu'au XXe siècle. Une recette du XIXe, au gingembre, était très appréciée par des membres du Parlement écossais, gagnant le surnom de « Parliament Cake ». Pour cette variante, on ajoute dans la pâte une friandise que les Anglais adorent, *toffee*, qui possède son propre jour de fête le National English Toffee Day, le 8 janvier.

115 g de beurre froid, coupé en petits dés + un peu à température ambiante pour le moule

125 g de farine + un peu pour abaisser la pâte

80 g de cassonade brune

2,5 cuil. à soupe de fécule de maïs

¾ de cuil. à café de fleur de sel

¾ de cuil. à café d'extrait de vanille

60 g de noix de pécan grossièrement hachées

60 g de *toffee* enrobé de chocolat grossièrement haché

Sucre en poudre pour servir

POUR 16 PORTIONS

Préchauffez le four à 180 °C (th. 6). Beurrez un moule carré ou rond de 23 cm.

Placez dans un blender la farine, la cassonade, la fécule et le sel puis mixez pendant 5 secondes. Ajoutez les cubes de beurre froid, l'extrait de vanille et, en actionnant l'appareil en plusieurs pulsions rapides et successives, mixez jusqu'à l'obtention d'une fine chapelure. Ajoutez les noix et mixez jusqu'à ce qu'elles soient finement hachées. Ajoutez le *toffee* et mixez rapidement juste pour l'incorporer.

Farinez-vous les doigts et pressez la pâte dans le moule préparé en formant une couche régulière. Saupoudrez le dessus de sucre.

Faites cuire le shortbread pendant 20 minutes, jusqu'à ce qu'il commence juste à prendre couleur et que les coins soient dorés. Laissez refroidir dans le moule posé sur une grille pendant 5 minutes, puis découpez-le en 16 barres ou en triangles; déposez-les sur la grille et laissez-les refroidir complètement.

ROCHERS AUX FRUITS SECS

On ne connaît pas l'origine de ces petits gâteaux ludiques en forme de rochers, mais il semblerait qu'ils datent au moins du milieu du XVIIIe siècle. La pâte est facile à confectionner avec un robot ménager, mais on peut aussi la préparer à la main, en frottant les ingrédients avec les doigts. On peut utiliser n'importe quelle variété de fruits séchés ou un mélange de fruits séchés. Raisins secs, cerises, abricots secs et airelles sont un excellent choix.

220 g de farine + un peu pour le travail de la pâte

50 g de sucre en poudre

1 ¾ cuil. à café de levure chimique

¼ de cuil. à café de sel

115 g de beurre froid coupé en petits dés

70 g de fruits séchés au choix, coupés en petits morceaux

1 œuf battu

2 cuil. à soupe de lait

Sucre en poudre pour servir (facultatif)

POUR 12 PIÈCES

Préchauffez le four à 190 °C (th. 6-7). Tapissez deux plaques à pâtisserie de papier sulfurisé ou garnissez-les de tapis en silicone.

Placez dans un blender la farine, le sucre, la levure et le sel puis mixez pendant 5 secondes. Ajoutez les dés de beurre et mixez de 8 à 10 secondes, jusqu'à ce que le mélange ressemble à une chapelure fine. Versez-le dans une terrine et incorporez les fruits séchés. Ajoutez l'œuf et le lait puis, à l'aide d'une spatule en silicone, mélangez les ingrédients pour obtenir une pâte souple et homogène.

Partagez la pâte en 12 portions égales (3 cuillerées à soupe pour chacune environ) et façonnez-les en petits monticules. Disposez-les sur les plaques en les espaçant de 6 cm. Saupoudrez-les éventuellement de sucre.

Faites cuire les gâteaux jusqu'à ce qu'ils soient bien dorés (de 16 à 18 minutes). Une pique en bois enfoncée à cœur doit ressortir propre. Laissez refroidir sur les plaques, posées sur des grilles, pendant 5 minutes. Servez-les chauds ou à température ambiante.

CONSEIL

Si vous n'avez pas poudré les gâteaux avec du sucre en poudre, vous pouvez les servir chauds à la sortie du four en les poudrant légèrement de sucre glace. On peut aussi les garnir d'un peu de beurre et d'une touche de confiture. Ils sont meilleurs le jour de leur cuisson mais on peut les réchauffer à four doux.

WELSH CAKES

La texture de ces « galettes galloises » se situe entre celle des crêpes et celle des scones. Cette version, légèrement plus sucrée que la recette traditionnelle, est délicieuse aussi bien pour le petit déjeuner que pour l'heure du thé, en particulier le 1er mars, fête de saint David, patron du pays de Galles. Servez-les juste cuites, nature ou poudrées de sucre glace ou de sucre à la cannelle.

190 g de farine + un peu pour le plan de travail

50 g de sucre en poudre

1 cuil. à café de levure chimique

¼ cuil. à café de sel

1 pincée de noix de muscade (facultatif)

115 g de beurre doux froid coupé en petits dés + un peu de beurre pour la cuisson

45 g de raisins secs

1 œuf battu

6 cl de lait

Pour 10 galettes de 5,5 cm de diamètre

Placez dans un blender la farine, le sucre, la levure, le sel et la noix de muscade (si vous l'utilisez) puis mixez pendant 5 secondes. Ajoutez les dés de beurre et mixez de 8 à 10 secondes jusqu'à l'obtention d'une fine chapelure. Versez ce mélange dans une terrine et incorporez les raisins secs. Ajoutez l'œuf et le lait puis, à l'aide d'une spatule en silicone, travaillez la pâte jusqu'à ce qu'elle soit homogène, souple et un peu collante.

Placez cette pâte sur le plan de travail fariné et abaissez-la en une galette de 12 mm d'épaisseur, en la farinant légèrement si nécessaire. Avec un emporte-pièce rond de 5,5 cm de diamètre, découpez autant de galettes que vous le pouvez. Réunissez les chutes, pressez-les et abaissez-les à nouveau sur 12 mm d'épaisseur, puis découpez encore des galettes dedans. Vous devez en obtenir 10 en tout.

Faites chauffer une poêle épaisse ou un gril en fonte plat sur feu modéré. Posez un peu de beurre sur la surface chaude et étalez-le pour la recouvrir entièrement. Ajoutez autant de galettes que vous pouvez, sans les entasser, et faites-les cuire pendant 4 minutes, jusqu'à ce qu'elles soient bien dorées dessous. Retournez-les et poursuivez la cuisson pendant encore 4 à 5 minutes jusqu'à ce qu'elles gonflent, que le dessus soit aussi doré et que les côtés soient bien secs.

Déposez les galettes sur une grille et laissez-les refroidir pendant 5 minutes avant de les servir. Répétez l'opération avec les autres galettes, en ajoutant un peu de beurre dans la poêle si nécessaire. Servez-les chaudes.

PALMIERS

Dans l'Angleterre édouardienne, la pâtisserie française raffinée faisait partie des talents essentiels des cuisiniers des demeures aristocratiques. Même si ces délicats biscuits croustillants portent le nom français de palmiers, on les désigne sous bien d'autres appellations, comme « oreilles de porc » ou « oreilles d'éléphant », « cœurs de France », « semelles », « lunettes », etc.

2 cuil. à soupe de beurre, fondu

½ cuil. à café d'extrait de vanille

100 g de sucre en poudre

60 g de sucre glace

225 g de pâte feuilletée

1 œuf battu avec 1 cuil. à soupe d'eau

Pour environ 20 palmiers

Préchauffez le four à 190 °C (th. 6-7). Tapissez deux plaques à pâtisserie de papier sulfurisé.

Mélangez dans un bol le beurre et la vanille. Dans un autre bol, mélangez le sucre en poudre et le sucre glace. Réservez 80 g de ce mélange.

Étalez 3 cuillerées à soupe du reste sur le plan de travail. Posez la pâte feuilletée dessus. Étalez un peu du mélange de sucre sur la pâte avec vos mains en formant une couche régulière. À l'aide d'un rouleau à pâtisserie et en commençant au centre de la pâte, abaissez le feuilletage en un rectangle de 25 x 50 cm, en procédant toujours depuis le centre vers l'extérieur et en faisant pivoter le feuilletage d'un quart de tour après chaque passage du rouleau. Tout en travaillant, ajoutez un peu de sucre sous la pâte et dessus, pour l'empêcher de coller.

Avec un pinceau à pâtisserie, badigeonnez de beurre le dessus du feuilletage. Saupoudrez-le avec les 80 g restants du mélange de sucre réservé. En commençant par un petit côté, repliez une bande de pâte de 5 cm de large sur elle-même. Répétez cette opération jusqu'au milieu du feuilletage. Pliez l'autre partie du rectangle de la même façon. Retournez le côté plié dessous et découpez le rectangle verticalement en tranches de 12 mm d'épaisseur. Déposez ces tranches à plat sur les plaques préparées, en les espaçant de 5 cm.

Faites cuire les palmiers pendant 15 minutes, jusqu'à ce qu'ils soient dorés. Laissez-les refroidir sur les plaques posées sur des grilles pendant 5 minutes, puis posez-les directement sur les grilles jusqu'à ce qu'ils soient complètement froids.

Savoir-vivre

Les Crawley utilisent à la fois leur service à thé en argent le plus élégant, mais aussi leurs tasses, soucoupes et assiettes en porcelaine fine.

HOT CROSS BUNS

Ces buns subtilement épicés, un symbole de la saison pascale, étaient populaires en Angleterre au XVIIe siècle, lorsque la pâte levée à brioche devint à la mode. Peut-être plus appréciés à l'occasion du petit déjeuner qu'à l'heure du thé, les *hot cross buns* font partie des recettes de base à Downton, à la fois chez les maîtres et les domestiques, où on les voit régulièrement refroidir dans la cuisine de Mme Patmore.

440-500 g de farine + un peu pour le plan de travail et la confection de la pâte

50 g de sucre en poudre

½ cuil. à café de noix de muscade

½ cuil. à café de cannelle en poudre

¼ de cuil. à café de gingembre en poudre

1 bonne pincée de sel

60 g de beurre salé + un peu pour le moule et le service

30 cl de lait

1 cuil. à café de levure de boulanger sèche

1 œuf battu

½ cuil. à café de zeste de citron

½ cuil. à café de zeste d'orange

80 g de raisins de Corinthe

90 g d'écorce d'orange et de citron confit coupée en petits dés ou de raisins blonds

Pour environ 12 buns

Placez dans une terrine 440 g de farine, le sucre glace, les trois épices et le sel. Mélangez et formez une fontaine au milieu.

Dans une casserole sur feu doux, mettez le beurre et le lait et faites chauffer en remuant jusqu'à ce que le beurre ait fondu. Retirez la casserole du feu et laissez tiédir le contenu à 38 °C, puis ajoutez la levure. Laissez reposer pendant 5 minutes, jusqu'à ce que la levure devienne mousseuse, puis ajoutez l'œuf et les zestes d'agrumes. Mélangez puis versez dans la fontaine ménagée dans la farine et remuez avec une cuillère en bois jusqu'à l'obtention d'une pâte grossière.

Farinez le plan de travail, versez la pâte dessus et pétrissez-la pendant 20 minutes jusqu'à obtenir une consistance lisse, douce et élastique, en ajoutant petit à petit juste ce qu'il faut du reste de farine pour l'empêcher de coller. Farinez une terrine et mettez-y la pâte. Couvrez d'un film étirable ou d'un torchon de cuisine humide et placez la terrine dans un endroit chaud. Laissez la pâte lever pendant 1 heure 30, elle doit doubler de volume.

Farinez légèrement le plan de travail, placez la pâte dessus et aplatissez-la avec les mains. Parsemez le dessus avec les raisins secs et les écorces d'agrumes confites, puis roulez la pâte pour enfermer cette garniture. Pétrissez-la pour bien répartir les fruits. Couvrez la pâte avec un torchon et laissez lever pendant 10 minutes.

Histoire du thé

Les premières théières anglaises en porcelaine capables de résister à la chaleur de l'eau bouillante ont été fabriquées dans les années 1740 à Chelsea. Auparavant, ces théières étaient importées de Chine, ce qui ajoutait une touche d'exotisme raffiné à la dégustation du thé.

Beurrez légèrement une plaque à pâtisserie. Partagez la pâte en 12 portions et façonnez-les en forme de boules. Posez-les sur la plaque à pâtisserie à intervalles réguliers. Couvrez-les sans serrer avec un torchon humide et laissez lever pendant 1 heure dans un endroit chaud, jusqu'à ce qu'ils soient bien gonflés. Au bout de 40 minutes de pousse, préchauffez le four à 190 °C (th. 6-7).

Avec un couteau, entaillez en croix le dessus de chaque bun. Faites cuire les buns 15 à 20 minutes jusqu'à ce qu'ils soient bien dorés. Déposez-les sur une grille, laissez-les reposer quelques instants et dégustez-les chauds, ou bien laissez-les refroidir complètement. Proposez du beurre frais pour les badigeonner.

BISCUITS AU GINGEMBRE

Également connus sous le nom de « croquants au gingembre », ces biscuits sont populaires en Grande-Bretagne depuis les années 1840. Même s'ils sont riches en épices, ils sont très différents du *gingerbread* (ou pain d'épice), plus épais et moelleux. Ces biscuits sont relativement mous quand ils sortent du four, mais ils durcissent en refroidissant.

310 g de farine

1 ½ cuil. à café de gingembre en poudre

1 cuil. à café de levure chimique

½ cuil. à café de cannelle en poudre

¼ de cuil. à café de clou de girofle en poudre

¼ de cuil. à café de sel

16 cl d'huile de colza

210 g de cassonade

115 g de mélasse noire

1 œuf battu

130 g de gingembre confit haché

1 blanc d'œuf

115 g de sucre cristallisé

POUR ENVIRON 48 BISCUITS

Préchauffez le four à 165 °C (th. 5-6). Tapissez deux plaques à pâtisserie de papier sulfurisé.

Tamisez dans une terrine la farine, la levure, les épices et le sel. Réservez.

Mélangez à l'aide d'une cuillère en bois l'huile, la cassonade et la mélasse dans une grande terrine. Ajoutez l'œuf entier et fouettez jusqu'à ce qu'il soit bien incorporé. Ajoutez la farine et mélangez jusqu'à obtenir une consistance homogène. Incorporez le gingembre confit.

Fouettez légèrement le blanc d'œuf dans un petit bol. Étalez le sucre cristallisé dans une soucoupe.

Avec vos mains mouillées, façonnez des boulettes de 2,5 cm. Badigeonnez chaque boulette de blanc d'œuf, puis roulez les boulettes dans le sucre cristallisé. Posez-les sur les plaques à pâtisserie en les aplatissant légèrement, espacées de 2,5 cm.

Enfournez de 15 à 18 minutes, jusqu'à ce que le dessus se fendille. Laissez refroidir les plaques sur des grilles pendant 5 minutes, puis déposez les biscuits sur les grilles et laissez-les refroidir complètement et durcir.

FLORENTINS AU CHOCOLAT

En dépit du nom qu'elles portent, on ne sait pas grand-chose de ces friandises, sauf qu'elles n'ont rien à voir avec la ville de Florence. Même si leur origine reste un mystère, la nature fine, délicate et croquante de ces bouchées caramélisées aux amandes suggère une technique française et leur donne une place de choix à l'heure du thé.

POUR LES FLORENTINS

1 cuil. à café de zeste d'orange

30 g de farine

70 g de beurre, coupé en petits dés

60 ml de crème fraîche

100 g de sucre en poudre

2 cuil. à soupe de miel

70 g d'amandes effilées

POUR LE GLAÇAGE AU CHOCOLAT

170 g de chocolat noir finement haché

115 g de beurre

1 cuil. à soupe de sirop de maïs

Pour environ 24 florentins

Préchauffez le four à 165 °C (th. 5-6). Tapissez deux plaques à pâtisserie de papier sulfurisé.

Mélangez dans un bol le zeste d'orange et la farine. Réservez.

Dans une casserole sur feu doux, mélangez le beurre, la crème, le sucre et le miel. Faites chauffer en remuant jusqu'à ce que le beurre et le sucre aient fondu. Montez le feu et portez à ébullition en remuant sans arrêt, puis laissez bouillir pendant 2 minutes. Retirez la casserole du feu et incorporez les amandes, puis à la farine. La pâte doit être épaisse. Déposez des petits tas de pâte sur les plaques à pâtisserie (environ 2 cuillerées à café pour chaque portion), en les espaçant de 7,5 cm. Aplatissez-les avec le dos d'une cuillère.

Glissez une plaque dans le four et faites cuire les biscuits pendant 14 minutes jusqu'à ce qu'ils forment des ronds de 7,5 cm de diamètre, bien dorés sur le pourtour. Laissez-les refroidir sur la plaque posée sur une grille pendant 10 minutes. À l'aide d'une large spatule, déposez-les sur la grille un par un et laissez-les refroidir. Répétez la même opération avec la seconde fournée.

Pour le glaçage, mélangez tous les ingrédients dans un bol résistant à la chaleur et faites cuire au bain-marie en remuant pendant 4 minutes environ, jusqu'à ce que le beurre et le chocolat aient fondu. Retirez du feu et versez le glaçage dans un bol résistant à la chaleur, à travers une passoire fine. Laissez tiédir légèrement avant emploi.

Tapissez une plaque à pâtisserie de papier sulfurisé. Plongez à moitié les florentins dans le glaçage et déposez-les sur la plaque. Laissez reposer 30 minutes, jusqu'à ce que le glaçage ait bien pris.

SHORTBREAD ÉCOSSAIS

Les origines du vrai shortbread remontent au XIIe siècle, à une époque où ce « pain écossais » au levain était dur et sec, juste poudré de sucre. Au milieu du XVIe siècle, Marie Stuart, reine d'Écosse, incita son chef de cuisine français à en créer une version plus raffinée, où la levure était remplacée par du beurre. Le dernier changement intervint en 1921 lorsque la loi britannique précisa que tout produit vendu sous le nom de « shortbread » devait comporter parmi ses ingrédients au moins 51 % de beurre, garantissant aux résidents de Downton une vraie friandise au bon goût de beurre.

190 g de farine + un peu pour manipuler la pâte

¼ de cuil. à café de sel

225 g de beurre, à température ambiante

30 g de sucre glace

50 g de sucre en poudre + 1 cuil. à soupe pour la garniture

2 cuil. à café d'extrait de vanille

Pour 12-16 portions

Préchauffez le four à 150 °C (th. 5). Préparez un moule carré de 23 cm de côté.

Mélangez la farine et le sel dans un bol. Dans une terrine, fouettez le beurre avec un mixeur à vitesse moyenne pendant 3 minutes, jusqu'à ce qu'il soit mousseux et jaune pâle. Ajoutez les sucres et continuez à fouetter jusqu'à obtenir une consistance homogène, puis incorporez la vanille. Réduisez la vitesse et ajoutez peu à peu la farine jusqu'à ce que le mélange soit parfait.

Avec vos doigts farinés, pressez cette pâte dans le moule en formant une couche régulière. Saupoudrez le dessus de sucre.

Faites cuire pendant environ 1 heure, jusqu'à ce que les coins soient dorés. Sortez le moule du four et, en utilisant un couteau à lame fine bien aiguisée, découpez aussitôt le shortbread en 12 à 16 portions rectangulaires. Avec les dents d'une fourchette, piquez le dessus de chaque barre en formant un motif. Laissez refroidir le moule sur une grille pendant 30 minutes, puis dégagez les barres afin qu'elles refroidissent sur la grille.

TUILES AUX NOIX DE PÉCAN

Les tuiles, d'origine française, sont des biscuits très fins, façonnés en forme de tuiles romanes telles qu'on les voit dans le sud de la France. Les Crawley, qui ont beaucoup voyagé, connaissent non seulement ces délicats biscuits mais également le style architectural des régions françaises. La noix de pécan a été introduite en Europe en provenance de l'Amérique du Nord au XVIe siècle, par des explorateurs espagnols. Bien que les tuiles soient traditionnellement confectionnées avec des amandes, un pâtissier parisien créatif a eu l'idée d'utiliser ces noix venues du Nouveau Monde.

60 g de noix de pécan + 40 g finement hachées

100 g de sucre en poudre

30 g de farine

70 g de beurre, fondu et refroidi + un peu de beurre à température ambiante pour le moule

2 blancs d'œufs légèrement battus

½ cuil. à café d'extrait de vanille

POUR 24 TUILES

CONSEIL

Pour obtenir la forme classique des tuiles, on doit façonner les ronds de pâte alors qu'ils sont encore chauds.

Préchauffez le four à 180 °C (th. 6). Beurrez une grande plaque à pâtisserie.

Placez 60 g de noix de pécan et le sucre dans un blender puis mixez jusqu'à l'obtention d'une poudre fine. Versez dans une terrine puis incorporez la farine, le beurre, les blancs d'œufs et la vanille et mélangez.

Déposez des cuillerées bombées de pâte sur la plaque, en les espaçant d'au moins 7,5 cm. Répétez l'opération jusqu'à épuisement de la pâte. Avec une spatule ou la lame d'un couteau, étalez chaque monticule de pâte pour former un rond de 6 cm de diamètre. Saupoudrez chaque rond d'une bonne pincée de noix de pécan hachées.

Faites cuire les biscuits pendant 9 minutes, jusqu'à ce que le pourtour soit bien doré et le centre un peu coloré. En utilisant une spatule à lame souple et mince, et en travaillant rapidement, détachez chaque rond de pâte de la plaque à pâtisserie et déposez-le sur un rouleau à pâtisserie. Laissez refroidir pendant 1 minute environ, puis déposez la tuile sur une grille pour la faire refroidir complètement. Si les ronds de pâte refroidissent avant d'être formés en tuiles, repassez-les au four rapidement pour les ramollir. Répétez l'opération jusqu'à épuisement de la pâte en laissant toujours refroidir la plaque avant de la beurrer à nouveau pour la fournée suivante.

CANNELÉS

Les cannelés sont originaires de Bordeaux, où ils auraient été confectionnés pour la première fois par des religieuses il y a environ trois cents ans. Ces petits gâteaux, fondants et moelleux à cœur, caramélisés à l'extérieur, ont pratiquement disparu après la Révolution, en raison de la fermeture de la guilde dévolue à leur production. Ils ont fait leur réapparition dans les pâtisseries françaises au début du XXᵉ siècle et sont devenus une spécialité élégante accompagnant le thé en Angleterre.

525 ml de lait

1 gousse de vanille fendue en deux

2 œufs entiers

2 jaunes d'œufs

250 g de sucre en poudre

125 g de farine + 2 cuil. à soupe

60 g de beurre fondu + 2 cuil. à soupe de beurre fondu pour les moules

1 cuil. à soupe de rhum léger

Pour 15-18 cannelés

Versez le lait dans une casserole. Avec la pointe d'un couteau, grattez les graines de la gousse de vanille, ajoutez-les dans le lait, ainsi que les deux moitiés de la gousse. Faites chauffer sur feu modéré pendant 5 minutes, jusqu'à ce que des petites bulles apparaissent le long des bords de la casserole. Retirez-la du feu et laissez tiédir.

Dans un bol, fouettez les œufs entiers. Dans un autre bol, fouettez les jaunes d'œufs. Dans une terrine, mélangez le sucre et la farine avec un fouet. Faites une fontaine au milieu, ajoutez les œufs entiers, puis les jaunes d'œufs, et fouettez les ingrédients jusqu'à l'obtention d'une pâte épaisse. Retirez la gousse de vanille du lait. Versez le lait chaud dans la terrine, puis ajoutez le beurre fondu et le rhum et mélangez. Couvrez la terrine d'un film étirable et réservez-la au réfrigérateur 1 ou 2 heures.

Préchauffez le four à 180 °C (th. 6). À l'aide d'un pinceau à pâtisserie, badigeonnez l'intérieur des moules à cannelés de beurre fondu et placez-les au réfrigérateur pendant 15 minutes (si vous n'avez pas de moules à cannelés, utilisez des moules à muffins).

Mélangez à nouveau la pâte et répartissez-la dans les moules en n'allant pas tout à fait jusqu'au bord. Placez les moules sur une plaque à pâtisserie. Faites cuire les cannelés pendant environ 1 heure jusqu'à ce qu'ils soient brun foncé, bien gonflés, avec un petit creux sur le dessus. Démoulez-les sur une grille alors qu'ils sont encore chauds. Continuez à beurrer, refroidir et remplir les moules et à faire cuire les cannelés jusqu'à épuisement de la pâte ; n'oubliez pas de remettre la pâte au réfrigérateur entre chaque fournée. Les cannelés se servent chauds ou à température ambiante.

CHELSEA BUNS

Apparus au début des années 1700 au *Chelsea Bun House,* à Londres dans le South West, ces buns aux raisins secs, rendus célèbre par le propriétaire des lieux, Richard Hand, appelé Captain Bun, sont devenus un « must » absolu pour cette époque et les années suivantes. La famille royale était, dit-on, si friande de cette brioche roulée farcie de fruits que la pâtisserie fut surnommée la Royal Bun House.

POUR LA PÂTE

375 g de farine

3 cuil. à soupe de sucre en poudre

2 cuil. à café de levure à prise rapide

1 cuil. à café de sel

24 cl de lait entier chaud (45-52 °C)

60 g de beurre fondu

Aérosol de cuisson ou huile neutre pour le bol mélangeur

POUR LA GARNITURE

3 cuil. à soupe de sucre en poudre

2 cuil. à café de mélange d'épices

3 cuil. à soupe de beurre fondu

140 g de raisins secs

POUR LE GLAÇAGE

50 g de sucre en poudre

2 cuil. à soupe d'eau très chaude

POUR 9 BUNS

Placez dans le bol d'un robot ménager la farine, le sucre, la levure et le sel puis fouettez le mélange ; équipez le robot d'un crochet à pâte. Réglez le robot sur vitesse modérée, versez le lait et le beurre dans le bol et battez jusqu'à ce que la farine soit entièrement absorbée. Augmentez la vitesse d'un cran et continuez à battre de 8 à 10 minutes, jusqu'à ce que la pâte soit brillante et se détache du fond du bol. Si la pâte reste collée au crochet, arrêtez l'appareil et détachez-la pour la faire retomber dans le bol.

Placez la pâte sur le plan de travail, puis pétrissez-la jusqu'à ce qu'elle ne colle plus et façonnez-la en boule. Graissez légèrement les parois du bol mélangeur, puis remettez la boule de pâte dedans. Couvrez le bol avec une assiette ou du film étirable, placez-le dans un endroit chaud et laissez lever la pâte pendant 1 heure, elle doit doubler de volume.

Graissez légèrement un moule carré de 23 cm de côté et de 5 cm de profondeur (à bords droits de préférence). Pour la garniture, mélangez dans un petit bol le sucre et les épices. Réservez.

Suite de la recette en page suivante

VIOLET : *Ah ! Juste ce qu'il me fallait. Grand-mère disait toujours que le thé sucré calme les nerfs. Mais je ne saurais vous dire pourquoi le thé doit être sucré.*

~ SAISON 1, ÉPISODE 3

Suite

Pour façonner les buns, versez la pâte sur le plan de travail (inutile de la fariner) et appuyez dessus pour chasser l'air qu'elle a emmagasiné. Avec vos mains ou à l'aide d'un rouleau à pâtisserie, façonnez la pâte en un rectangle de 23 x 46 cm, un petit côté vers vous. Versez le beurre fondu au milieu du rectangle de pâte et, à l'aide d'une spatule, étalez-le jusqu'aux bords. Saupoudrez le tout du sucre aux épices, puis parsemez de raisins secs en les enfonçant légèrement dans la pâte.

Roulez la pâte comme s'il s'agissait d'un biscuit roulé et pincez la jointure. Placez ce rouleau, jointure dessous, sur le plan de travail en formant une bûche de 23 cm de long. À l'aide d'un couteau-scie, parez les deux extrémités, puis découpez le rouleau en 9 tranches de 2,5 cm d'épaisseur. Disposez ces tranches de pâtesur trois rangs dans le moule préparé.

Recouvrez le moule d'un torchon et placez-le dans un endroit chaud. Laissez les buns lever pendant 1 heure, jusqu'à ce qu'ils soient bien gonflés, qu'ils remplissent tout le moule et aient pris un aspect carré. Environ 40 minutes après le début, préchauffez le four à 180 °C (th. 6).

Pendant ce temps, préparez le glaçage. Mélangez dans un petit bol le sucre et l'eau jusqu'à ce que le sucre soit dissous. Réservez.

Faites cuire les buns de 42 à 45 minutes, jusqu'à ce qu'ils soient gonflés et bien dorés. Posez le moule sur une grille, étalez le glaçage uniformément sur les buns, et laissez-les reposer pendant 15 minutes. Servez-les chauds.

BISCUITS PRINCE DE GALLES

La version originale de ce biscuit, populaire au début des années 1800, était un simple gâteau non sucré, assez robuste, décoré de plumes, emblème du prince-régent. Les pâtisseries commerciales s'emparèrent de la recette du biscuit, destiné à être servi après le dîner pour accompagner les vins doux. Cette nouvelle version, plus moelleuse, est légèrement sucrée. Le prince vous donne la permission d'oublier ses plumes et d'utiliser comme décor le motif de votre choix.

300 g de farine + un peu pour le travail de la pâte

½ cuil. à café de sel

170 g de beurre froid coupé en petits dés

100 g de sucre en poudre

1 œuf

1 cuil. à café d'extrait de vanille

Pour 17 biscuits environ

Conseil

Comme ces biscuits ne sont pas très riches en sucre, ils ne colorent pas beaucoup à la cuisson. Si vous désirez des biscuits un peu plus sucrés, augmentez la proportion de sucre à 140 g.

Préchauffez le four à 180 °C (th. 6). Tapissez trois plaques à pâtisserie de papier sulfurisé.

Dans une terrine de taille moyenne, mélangez la farine et le sel. Dans une grande terrine, en utilisant un mixeur, battez le beurre à vitesse moyenne pendant 1 minute. Ajoutez le sucre, augmentez la vitesse et battez encore de 2 à 3 minutes, jusqu'à ce que le mélange soit pâle et mousseux. Ajoutez l'œuf et la vanille et continuez à battre. À vitesse réduite, ajoutez la farine et mélangez jusqu'à obtenir une consistance homogène.

Versez quelques cuillerées de farine dans un bol. Avec les mains, modelez la pâte en boulettes de 4 cm pesant chacune environ 35 g (la taille d'une balle de golf). Préparez une première fournée de 6 boulettes: plongez chacune d'elles dans la farine pour les enrober juste sur le dessus, puis disposez-les, face farinée dessus, à 7,5 cm d'intervalle, sur la plaque préparée. Farinez légèrement un tampon à biscuit et aplatissez doucement mais fermement chaque boulette jusqu'à ce que la pâte parvienne aux bords du tampon (parez l'excès de pâte avec la pointe d'un couteau). Retirez délicatement le tampon. Répétez la même opération avec les autres boulettes et alignez-les sur les deux autres plaques.

Faites cuire chaque plaque de biscuits de 15 à 17 minutes (si la cuisine est trop chaude, réservez les autres plaques au réfrigérateur), jusqu'à ce que les biscuits soient à peine dorés (le fond doit être plus coloré que le dessus et les côtés). Laissez-les refroidir sur la plaque posée sur une grille pendant 10 minutes avant de les servir. Ces biscuits sont meilleurs le jour de leur préparation.

MERINGUES AUX FRAMBOISES

C'est le cuisinier français François Massialot, inventeur de la crème brûlée, qui publia la première recette de meringue dans son livre paru en 1691, *Nouveau Cuisinier royal et bourgeois*. Les grandes coques de meringue d'une légèreté aérienne, généralement garnies de framboises et agrémentées de crème fouettée, constituent l'un des desserts préférés des dîners à Downton. Pour adapter ce dessert à l'*afternoon tea*, on en fait des petits nids, également agrémentés de framboises.

POUR LA MERINGUE

2 blancs d'œufs

1 cuil. à café de jus de citron frais

115 g de sucre glace + 1 cuil. à soupe

POUR LA MOUSSE

225 g de framboises

15 cl de crème fraîche épaisse

50 g de sucre en poudre

Sucre glace pour servir

Framboises fraîches pour servir

POUR 6 MERINGUES

Préchauffez le four à 95 °C (th. 3-4). Tapissez une plaque à pâtisserie de papier sulfurisé.

Dans une terrine, en utilisant un fouet ou un mixeur réglé sur vitesse moyenne, fouettez les blancs d'œufs et le jus de citron jusqu'à ce qu'ils forment un bec d'oiseau ; augmentez la vitesse petit à petit, et fouettez jusqu'à ce que la meringue devienne ferme.

Fixez une grande douille cannelée au bout d'une poche à douille et versez-y la pâte à meringue. Formez 6 nids en meringue de 5 à 7,5 cm de diamètre sur la plaque préparée ; ajoutez quelques petites étoiles pour la garniture finale.

Faites cuire les meringues de 2 heures à 2 heures 30. Elles doivent être fermes et se décoller facilement du papier. Laissez refroidir.

Pour la mousse, réduisez les framboises en purée dans un blender ou à l'aide d'un mixeur, puis passez cette purée dans un tamis fin pour éliminer les graines. Vous pouvez aussi utiliser un moulin à légumes pour réduire les framboises en purée, ce qui éliminera les graines en même temps (cette opération est facultative, mais dans des maisons comme Downton, on ne saurait l'oublier).

Dans une terrine, fouettez vivement la crème fraîche et le sucre avec un fouet à main ou un mixeur à vitesse moyenne. En vous servant d'une spatule en silicone, incorporez la purée de framboises dans la crème fouettée jusqu'à disparition de la moindre trace blanche.

MRS. PATMORE : *Qu'est-ce que je peux vous offrir de plus ? Une autre tasse de thé ?*

MASON : *Ce n'est pas de refus.*

~ SAISON 6, ÉPISODE 5

Goûtez et ajoutez éventuellement un peu de sucre glace si vous aimez un goût un peu plus sucré. Néanmoins, la mousse doit être légèrement acide pour contraster avec la meringue.

Juste avant de servir, garnissez les nids de meringue avec la mousse et ajoutez quelques étoiles de meringue en décor. Servez avec des framboises fraîches en accompagnement.

CRUMPETS

Le crumpet est à l'origine un petit gâteau cuit sur une plaque très chaude, qui figure aussi bien au menu du petit déjeuner que du thé de l'après-midi ; il doit son nom et son ancienneté au *crompid cake*, que l'on consommait au XIVe siècle. Elizabeth Raffald introduisit la recette du crumpet actuel, dans son livre datant de 1769, intitulé *The Experienced English Housekeeper*, en lui donnant aussi le nom de « pikelet », un terme que l'on utilise encore aujourd'hui dans le nord de l'Angleterre.

400 g de farine

4 cuil. à café de sel

½ cuil. à café de levure chimique

50 cl de lait (25 cl chauffé à 46 °C et 25 cl à température ambiante)

2 cuil. à soupe de sucre en poudre

1 cuil. à café de levure de boulanger sèche

Beurre pour les moules, la poêle et le service

Confiture, pour servir

POUR 12 CRUMPETS

Dans une terrine de taille moyenne, mélangez la farine, le sel et la levure chimique. Dans une grande terrine, mélangez le lait chaud, le sucre et la levure de boulanger ; laissez reposer pendant 10 minutes, jusqu'à ce que le mélange devienne mousseux. Avec un mixeur réglé sur vitesse lente, incorporez doucement la farine, puis le lait à température ambiante, en fouettant jusqu'à l'obtention d'une pâte lisse et épaisse. Couvrez la terrine d'un film étirable, sans serrer, et laissez lever pendant 1 heure environ dans un endroit chaud, jusqu'à ce que la pâte gonfle et se charge de petites bulles.

Faites chauffer une grande poêle en fonte de 30 cm de diamètre sur feu moyen. Pendant ce temps, beurrez autant de cercles de cuisson de 10 cm de diamètre que peut contenir la poêle sans trop les serrer. Lorsque la poêle est chaude, beurrez-la légèrement, puis placez les cercles dedans. Remplissez chaque cercle avec 8 cl de pâte et faites cuire pendant 6 minutes, jusqu'à ce que des bulles apparaissent à la surface. Retirez délicatement les cercles et retournez les crumpets. Poursuivez la cuisson pendant 5 minutes, jusqu'à ce que les crumpets soient dorés de l'autre côté et cuits à cœur. Transférez-les sur une assiette et tenez-les au chaud.

Répétez la même opération avec le reste de la pâte, en beurrant les cercles à chaque fois. Servez les crumpets chauds avec du beurre et de la confiture.

ÉCLAIRS

Les éclairs font leur apparition à Downton à la fin de la saison 6, à l'occasion d'un épisode particulièrement riche en événements. Mary hésite à accepter l'offre de mariage de Henry Talbot. La dernière aventure amoureuse d'Édith semble tourner au désastre. Thomas se remet de sa tentative de suicide. Et le bed and breakfast de Mme Patmore est mêlé à un scandale. Au milieu de cette pagaille, il y a quelque chose de réconfortant à voir Daisy s'occuper à garnir des choux avec de la crème.

POUR LA CRÈME PÂTISSIÈRE

35 cl de lait

1 gousse de vanille, fendue en deux

4 jaunes d'œufs

100 g de sucre en poudre

2 cuil. à soupe de fécule de maïs

2 cuil. à soupe de beurre

POUR LA PÂTE À CHOUX

12 cl de lait

12 cl d'eau

90 g de beurre coupé en dés de 1 cm

¼ de cuil. à café de sel

125 g de farine

4 œufs

POUR LA GANACHE

115 g de chocolat noir grossièrement haché

60 g de beurre coupé en dés de 1 cm

6 cl de lait ou de café fort fraîchement infusé

POUR 10 ÉCLAIRS

Versez le lait dans une casserole. Avec la pointe d'un couteau, grattez les graines de la gousse de vanille dans le lait, puis ajoutez les moitiés de la gousse. Posez la casserole sur feu moyen et faites chauffer jusqu'à ce que des bulles apparaissent sur les côtés. Retirez du feu et ôtez la gousse de vanille.

Dans une terrine, fouettez les jaunes d'œufs avec le sucre et la fécule jusqu'à obtenir une consistance lisse. Tout en continuant à fouetter, versez doucement le lait chaud sur les jaunes d'œufs jusqu'à ce que le mélange soit homogène. Remettez l'appareil dans la casserole et posez-la sur feu modéré. Faites cuire pendant environ 3 minutes en fouettant sans arrêt jusqu'à ce que la crème épaississe et commence à bouillir. Poursuivez la cuisson en fouettant pendant 1 minute. Versez le contenu de la casserole dans une terrine à travers une passoire fine. Ajoutez le beurre et remuez pour le faire fondre. Posez un film étirable à la surface de la crème pour empêcher la formation d'une peau, puis faites quelques trous dedans pour laisser échapper la vapeur. Réservez au réfrigérateur (au moins 2 heures, et jusqu'à 2 jours).

Pour la pâte à choux, mélangez le lait, l'eau, le beurre et le sel dans une casserole sur feu moyen et portez à ébullition. Lorsque le beurre a fondu, retirez la casserole du feu, ajoutez toute la farine d'un seul coup et mélangez vigoureusement avec une cuillère en bois.

Remettez la casserole sur feu moyen et continuez à remuer jusqu'à ce que la pâte forme une boule. Retirez du feu et laissez reposer 3 à 4 minutes, jusqu'à ce que le mélange atteigne 60 °C.

Suite de la recette en page suivante

Histoire du thé

La Brown Betty aux flancs arrondis est une théière britannique iconique, fabriquée avec une terre argileuse rouge et recouverte d'une glaçure brune au manganèse. Les théières fabriquées avec cette argile furent très appréciées dès le XVIIe siècle pour leur remarquable capacité à retenir la chaleur, et la forme ronde facilitait une meilleure diffusion des arômes des feuilles de thé. On peut voir cette théière dans les mains de Daisy quand elle sert le thé aux domestiques « en bas » (voir page 47). Les théières Brown Betty sont toujours fabriquées de nos jours.

Suite

Pendant ce temps, fouettez 1 œuf dans un bol. Lorsque la pâte a refroidi, ajoutez cet œuf et mélangez jusqu'à ce qu'il soit entièrement absorbé. Incorporez les œufs restants, un par un, en les fouettant d'abord dans le bol avant de les ajouter dans la pâte. Après chaque œuf, le mélange se sépare et prend un aspect brillant, mais la pâte redevient lisse et homogène une fois qu'elle est vigoureusement battue. Laissez la pâte reposer pendant 10 minutes.

Placez deux grilles à mi-hauteur dans le four, et préchauffez-le à 220 °C (th. 7-8). Tapissez deux plaques de papier sulfurisé ou d'aluminium.

Pour façonner les éclairs, fixez une douille lisse de 2 cm au bout d'une poche à douille et versez la pâte dans la poche. Formez des boudins de 10 cm de long et de 2,5 cm de large sur les plaques, en les espaçant de 5 cm pour leur permettre de gonfler.

Faites cuire les éclairs pendant 15 minutes, puis réduisez la chaleur à 190 °C (th. 6-7) et poursuivez la cuisson de 15 à 20 minutes, jusqu'à ce que la pâte à choux soit bien dorée. Sortez les éclairs du four et percez aussitôt le côté de chacun d'eux avec la pointe d'un couteau. Remettez-les au four et laissez la porte ouverte pour faire sécher la pâte pendant 10 à 15 minutes. Sortez les plaques à nouveau et laissez les éclairs refroidir complètement sur les plaques posées sur des grilles avant de les fourrer.

Pour la ganache, mélangez le chocolat et le beurre dans un bol résistant à la chaleur. Versez le lait dans une petite casserole et portez à ébullition sur feu modéré. Retirez le lait du feu et versez-le aussitôt sur le mélange de beurre et de chocolat, puis fouettez vivement jusqu'à ce que la ganache soit homogène et bien brillante.

Avec un couteau-scie, coupez chaque éclair en deux dans la longueur. En les prenant un par un, retournez le dessus de chaque éclair et trempez-le dans la ganache. Remettez-les à l'endroit et posez-les sur une grille ; laissez-les reposer pendant environ 15 minutes.

Fixez une douille lisse ou cannelée de 2 cm au bout d'une poche à douille et remplissez la poche de crème. Poussez la crème sur la partie inférieure de chaque éclair. Posez dessus la partie supérieure garnie de ganache. Vous pouvez conserver les éclairs au réfrigérateur pendant 2 heures maximum.

MACARONS AUX FRAMBOISES

L'ouvrage de John Murrell, *A Daily Exercise for Ladies and Gentlewomen,* publié à Londres en 1617, comporte une recette de macaron français, un petit gâteau à base d'amandes, d'eau de rose, de sucre, de blanc d'œuf et d'ambre gris. Mais il faudra attendre plus de deux siècles avant que les pâtissiers français n'aient l'idée de réunir des macarons deux par deux avec une crème ou de la confiture.

145 g de poudre d'amandes extrafine

225 g de sucre glace

3 gros blancs d'œufs

½ cuil. à café d'extrait de vanille

½ cuil. à café d'extrait d'amande

1 pincée de sel

3 gouttes de colorant alimentaire rose (ou davantage si nécessaire)

140 g de confiture de framboises sans pépins

Pour 25 macarons environ

Tapissez deux plaques à pâtisserie de papier sulfurisé. Tamisez la poudre d'amandes avec 115 g de sucre glace dans un bol et réservez.

Dans une grande terrine, fouettez les blancs d'œufs avec les extraits de vanille et d'amande et le sel à l'aide d'un mixeur à vitesse moyenne pendant 3 minutes. Lorsqu'ils forment un bec d'oiseau, augmentez la vitesse et incorporez peu à peu le reste de sucre en fouettant vivement jusqu'à ce que la neige soit ferme. Ajoutez le colorant et fouettez pour bien l'incorporer, rajoutez-en si besoin pour obtenir la nuance de rose que vous désirez.

Tamisez le quart environ de la poudre aux amandes sur les œufs en neige. Avec une spatule en silicone, incorporez-la jusqu'à obtenir une consistance homogène. Recommencez la même opération trois fois de suite avec le reste du mélange ; la pâte obtenue doit être très souple.

Fixez une douille lisse de 1 cm au bout d'une poche à douille et versez la pâte dans la poche. En tenant la poche 1 cm au-dessus de la plaque à pâtisserie, formez environ 25 ronds de 4 à 4,5 cm de diamètre sur chacune des deux plaques, en les espaçant de 2,5 cm. Veillez à ce que les ronds de pâte à meringue soient aussi lisses que possible, en retirant la poche sur le côté dès que le rond de pâte est posé. Tapez fermement chaque plaque contre le plan de travail deux ou trois fois pour évacuer la moindre bulle d'air, puis laissez reposer à température ambiante de 30 à 45 minutes.

Glissez une grille dans le tiers inférieur du four et préchauffez-le à 165 °C (th. 5-6). Faites cuire les deux plaques garnies de macarons l'une après l'autre, de 10 à 11 minutes, en faisant pivoter d'avant en

Savoir-vivre

Pour que les membres de la famille Crawley puissent se servir eux-mêmes, un samovar en argent rempli d'eau très chaude, destiné à garnir la théière à volonté, était placé dans le grand salon.

arrière à mi-cuisson, jusqu'à ce que les macarons soient levés, mais sans coloration. Le fond de chaque macaron doit être sec et ferme au toucher. Placez les macarons sur une grille pour les faire refroidir.

Retournez la moitié des macarons à l'envers sur le plan de travail et déposez environ ½ cuillerée à café de confiture de framboises sur chacun d'eux. Posez dessus le reste des macarons à l'endroit. Disposez les macarons sur une plaque à pâtisserie, couvrez d'un film étirable et réservez au réfrigérateur pendant au moins 1 journée (jusqu'à 3 jours) avant de les servir.

Gâteaux, tartes & Puddings

GÂTEAU DE BATTENBERG

Également connue sous le nom de gâteau « damier » ou gâteau « vitrail », cette pièce de pâtisserie parfumée aux amandes, avec son motif en échiquier caractéristique, fut créée en 1884, en l'honneur du mariage de la petite-fille de la reine Victoria, avec le prince Louis de Battenberg. À cause du sentiment antiallemand qui régnait en Grande-Bretagne pendant la Première Guerre mondiale, le prince abandonna son nom allemand et ses titres dynastiques en 1917 pour adopter le nom anglais de Mountbatten.

POUR LA PÂTE À GÂTEAU

170 g de beurre à température ambiante + un peu pour le moule et le papier d'aluminium

170 g de farine blanche ordinaire + un peu pour le moule et le papier d'aluminium

40 g de poudre d'amandes

1 cuil. à café de levure chimique

½ cuil. à café de sel

200 g de sucre en poudre

3 œufs à température ambiante

¾ de cuil. à café d'extrait de vanille

½ cuil. à café d'extrait d'amande

6 cl de lait

1 à 3 gouttes de colorant alimentaire rouge ou rose

POUR L'ASSEMBLAGE

105 g de confiture d'abricot

Sucre glace

198 g de massepain, blanc de préférence

Pour 8-10 personnes

Préchauffez le four à 165 °C (th. 5-6). Beurrez légèrement le fond et les côtés d'un moule carré de 20 cm de côté et de 5 cm de profondeur. Découpez un rectangle de papier d'aluminium de 20 x 30 cm. Pliez-le en deux pour obtenir un rectangle de 20 x 15 cm. Repliez sur lui-même le pli du milieu sur 5 cm. Serrez fermement ce pli (en haut et en bas), puis dépliez les côtés. Vous obtenez un T à l'envers. Placez ce papier d'aluminium dans le moule beurré : le pli central sépare le moule en deux sections de 20 x 10 cm chacune. Beurrez légèrement le papier d'aluminium. Farinez les côtés du moule et le papier.

Mélangez dans une terrine la farine, la poudre d'amandes, la levure et le sel. Dans une terrine plus grande, battez le beurre au mixeur à vitesse moyenne pendant 1 minute. Quand il est lisse, augmentez la vitesse et ajoutez le sucre, puis continuez à battre 2 à 3 minutes jusqu'à obtenir une consistance mousseuse. Incorporez les œufs un par un, en fouettant bien après chaque œuf ; ajoutez l'extrait de vanille et l'extrait d'amande avec le dernier. Réglez le mixeur sur vitesse lente et ajoutez environ la moitié de la farine. Mélangez rapidement, puis ajoutez le lait et mélangez de manière homogène. Ajoutez ensuite la farine restante et mélangez rapidement.

Partagez la pâte en deux (400 g pour chaque moitié environ). Versez la moitié de la pâte dans une des deux sections du moule et lissez le dessus. Ajoutez 1 goutte de colorant alimentaire dans le reste de la pâte et mélangez pour bien la répartir, en rajoutant éventuellement du colorant si vous désirez une nuance plus foncée. Versez cette pâte rose dans l'autre section du moule.

Suite de la recette en page suivante

Suite

Faites cuire de 32 à 34 minutes: une pique en bois enfoncée à cœur doit ressortir propre. Laissez refroidir dans le moule posé sur une grille pendant environ 15 minutes. Passez la lame d'un couteau le long des bords du moule pour détacher les côtés. Posez une grille à l'envers sur le moule et, en utilisant des gants de cuisine, saisissez le moule et la grille, puis retournez le tout. Laissez glisser les deux moitiés de pâte cuite hors du moule, retirez le papier d'aluminium et laissez refroidir complètement.

Pour assembler le gâteau, faites chauffer la confiture dans une petite casserole sur feu doux; quand elle est fluide, passez-là à travers une passoire fine posée sur un petit bol en pressant avec le dos d'une cuillère.

Placez la moitié de pâte blanche, face cuite dessus, sur le plan de travail. Avec un couteau-scie, parez les quatre faces pour les égaliser. En vous servant d'une règle, coupez-la dans la longueur en deux bandes aussi larges que hautes. Répétez l'opération avec la partie rose, en aplanissant le dessus et en la coupant en deux. Vous devez avoir quatre bandes de la même hauteur et de la même largeur. Coupez ces quatre bandes à la même longueur (18 cm environ).

Poudrez légèrement le plan de travail de sucre glace. Posez le massepain sur le plan de travail et, avec un rouleau à pâtisserie, abaissez-le en un rectangle de 20 x 29 cm. Rajoutez un peu de sucre glace si le massepain devient collant. Parez les côtés pour obtenir un rectangle de 18 x 26,5 cm.

Placez le massepain avec le côté long devant vous. À l'aide d'une spatule, étalez une fine couche de confiture à partir du centre sur 13 cm. Posez une bande rose sur la confiture, en appuyant légèrement. Étalez un peu de confiture le long du côté intérieur de la bande rose et posez une bande blanche juste à côté. Pressez doucement les deux bandes pour les coller. Étalez une fine couche de confiture sur le dessus des bandes et répétez la même opération, en disposant les bandes dans l'ordre inverse pour obtenir l'effet de damier.

Étalez une fine couche de confiture sur le dessus et les côtés du gâteau formé par les bandes superposées. Remontez un côté du massepain sur le dessus du gâteau en appuyant légèrement pour le coller. Du bout des doigts, étalez un peu d'eau le long de la couche de massepain sur le dessus du gâteau. Répétez la même opération de l'autre côté du gâteau, puis pressez ensemble les deux portions de massepain qui se superposent pour bien les sceller. Retournez le gâteau pour que la jointure se retrouve dessous, puis emballez-le dans du film étirable et réservez-le au réfrigérateur pendant 1 heure (jusqu'à 3 jours).

Servez-le bien froid ou à température ambiante, coupé en tranches.

PETITS GÂTEAUX À L'ORANGE

Les oranges douces étaient des fruits inconnus en Europe avant les XVᵉ et XVIᵉ siècles, lorsque les marchands italiens et portugais favorisèrent leur culture dans les pays méditerranéens. Les boulangers britanniques, qui avaient l'habitude d'associer des fruits frais à leurs pâtisseries, n'ont pas hésité longtemps avant de promouvoir cette recette de gâteaux pour le thé, garnis d'une fine tranche d'orange qui célébrait l'introduction d'une nouvelle saveur dans leur répertoire.

90 g de beurre fondu et refroidi + 115 g à température ambiante + un peu pour les ramequins

2 oranges

155 g de cassonade blonde

125 g de farine

1 cuil. à café de levure chimique

½ cuil. à café de bicarbonate de soude

¼ de cuil. à café de sel

100 g de sucre blanc en poudre

2 œufs à température ambiante

6 cl de crème fraîche à température ambiante

1 cuil. à café d'extrait de vanille

Pour 6 petits gâteaux

Préchauffez le four à 180 °C (th. 6). Beurrez légèrement 6 ramequins de 25 cl.

Râpez le zeste de 1 orange; réservez le fruit pour un autre usage. Coupez dans l'autre orange 6 très fines rondelles.

Saupoudrez le fond de chaque ramequin beurré de 2 cuillerées à soupe de cassonade. Versez 1 cuillerée à soupe de beurre fondu par-dessus en recouvrant bien le sucre. Posez ensuite 1 rondelle d'orange dans chaque ramequin. Placez les ramequins sur une plaque à pâtisserie.

Tamisez dans un bol la farine avec la levure, le bicarbonate et le sel. Dans une grande terrine, battez le beurre restant pendant 1 minute avec un mixeur à vitesse moyenne. Quand il est lisse, augmentez la vitesse et ajoutez le sucre en poudre et le zeste d'orange. Continuez à battre de 3 à 5 minutes, jusqu'à ce que le mélange soit pâle et mousseux. Incorporez les œufs un par un, en battant bien après chaque ajout. Avec une spatule en silicone, incorporez la farine et mélangez jusqu'à obtenir une consistance homogène. Ajoutez enfin la crème fraîche et la vanille. Mélangez intimement.

Répartissez cette pâte dans les ramequins en la versant sur les rondelles d'orange. Faites cuire les gâteaux pendant 35 minutes environ, jusqu'à ce que le dessus soit doré: une pique en bois enfoncée à cœur doit ressortir propre. Laissez les ramequins refroidir sur la plaque posée sur une grille pendant 10 minutes.

Suite de la recette en page suivante

Suite

Passez la lame d'un couteau le long des parois de chaque ramequin pour décoller le gâteau. Posez une petite assiette à dessert à l'envers sur chaque ramequin, puis retournez le tout d'un mouvement rapide. Tapez légèrement sur le fond du ramequin avec le manche du couteau pour détacher le gâteau. Si la rondelle d'orange reste collée au fond du ramequin, détachez-la avec la pointe d'un couteau et reposez-la sur le gâteau. Servez ces gâteaux chauds ou à température ambiante.

CAKE AU GINGEMBRE

Originaire d'Orient, le gingembre était une denrée très convoitée que l'on importait déjà à l'époque de l'Empire romain. Il était disponible en Angleterre du temps des Anglo-Saxons et, à la fin du Moyen Âge, il était presque aussi couramment utilisé que le poivre. Depuis le XVIIIe siècle, ses emplois se limitent essentiellement aux préparations sucrées, comme pour ce grand classique du service du thé.

170 g de beurre, à température ambiante + un peu pour le moule

250 g de farine + un peu pour le moule

130 g de gingembre confit haché

8 cl de Grand-Marnier, ou autre liqueur à l'orange

2 cuil. à café de levure chimique

2 cuil. à café de gingembre en poudre

140 g de sucre glace tamisé + un peu pour servir

1 cuil. à café de sirop de maïs

4 œufs

1 zeste d'orange

7,5 cm de gingembre frais pelé et râpé

½ cuil. à café d'extrait d'amande

12 cl de lait

Pour 8 personnes

Préchauffez le four à 180 °C (th. 6). Beurrez le fond et les côtés d'un moule à cake (23 x 13 x 7,5 cm), puis saupoudrez-le de farine et tapotez-le pour éliminer l'excédent.

Mélangez dans un petit bol le gingembre confit et le Grand-Marnier. Laissez reposer pendant 10 minutes. Tamisez la farine dans une terrine en ajoutant la levure et le gingembre en poudre.

Dans une grande terrine, battez le beurre au mixeur à vitesse moyenne pendant environ 1 minute. Quand il est lisse, augmentez la vitesse et incorporez le sucre glace et le sirop de maïs, puis battez de 4 à 5 minutes. Quand le mélange est pâle et mousseux, ajoutez les œufs un par un, en battant bien après chaque ajout. Ajoutez le zeste d'orange, le gingembre frais et l'extrait d'amande puis mélangez intimement.

Avec une spatule en silicone, incorporez délicatement un tiers de la farine jusqu'à ce qu'elle soit presque entièrement absorbée. Ajoutez la moitié du lait, puis la moitié de la farine restante et le reste de lait. Incorporez enfin le reste de farine et le gingembre confit avec le Grand-Marnier puis mélangez jusqu'à ce que la pâte soit lisse et la farine parfaitement incorporée. Mais ne travaillez pas trop la pâte, sinon le gâteau sera compact.

Versez la pâte dans le moule, lissez le dessus et faites cuire de 50 à 60 minutes : une pique en bois enfoncée à cœur doit ressortir propre. Laissez reposer dans le moule sur la grille pendant au moins 5 minutes, puis retournez le gâteau sur une grille et remettez-le à l'endroit. Saupoudrez-le légèrement de sucre glace juste avant de servir le gâteau encore chaud ou à température ambiante.

MINI VICTORIA SPONGE CAKES

Également connu sous le nom de « sandwich Victoria », le *sponge cake* actuel (une génoise très aérée, d'où son nom de gâteau « éponge »), spécialité du *tea time* depuis l'époque de la reine Victoria, est composé de deux abaisses de génoise séparées par une couche de confiture de framboises. La première recette de ce gâteau est parue dans *Mrs Benton' Household Management,* publié à Londres en 1861. L'ajout d'une couche de crème est une innovation récente.

POUR LA PÂTE

225 g de beurre à température ambiante + un peu pour les ramequins

250 g de farine + un peu pour les ramequins

1 ½ cuil. à café de levure chimique

½ cuil. à café de sel

200 g de sucre en poudre

4 gros œufs à température ambiante

2 cuil. à café d'extrait de vanille

POUR LA GARNITURE

30 cl de crème fraîche épaisse

2 cuil. à soupe de sucre glace

210 g de confiture de fraises ou de framboises

Sucre glace pour servir

POUR 12 PETITS GÂTEAUX

Placez une plaque à pâtisserie de 29 x 43 cm dans le four et préchauffez celui-ci à 180 °C (th. 6). Beurrez légèrement le fond et les parois de 12 ramequins de 18 cl ou une plaque de cuisson pour mini-pains ronds de 12 alvéoles.

Mélangez dans un bol la farine, la levure et le sel. Dans une terrine, battez le beurre avec un mixeur à vitesse moyenne pendant 1 minute. Quand il est lisse, ajoutez le sucre en poudre, augmentez la vitesse du mixeur et battez le mélange de 2 à 3 minutes. Quand il est pâle et mousseux, ajoutez les œufs l'un après l'autre, en battant bien après chaque ajout, puis ajoutez la vanille avec le dernier. Incorporez enfin la farine, à vitesse réduite, et mélangez intimement.

Farinez les ramequins ou les alvéoles de la plaque et répartissez-y la pâte puis lissez le dessus. Placez les ramequins ou la plaque à alvéoles sur la plaque à pâtisserie et faites cuire de 17 à 19 minutes : une pique en bois enfoncée à cœur dans la pâte doit ressortir propre.

Posez la plaque sur une grille et laissez les gâteaux reposer pendant 15 minutes. Passez la lame d'un couteau le long des bords de chaque ramequin pour décoller la pâte, puis retournez les ramequins sur une grille, retirez-les et remettez les gâteaux à l'endroit. Si vous utilisez une plaque à alvéoles, détachez les gâteaux de la même façon et remettez-les à l'endroit (si les alvéoles ont un fond amovible, poussez délicatement sur les gâteaux pour les faire sortir). Laissez les gâteaux refroidir complètement.

Suite de la recette en page suivante

Histoire

C'est grâce à l'invention de la levure chimique par le chimiste britannique Alfred Bird en 1843 que le *Victoria sponge cake* a pu voir le jour. Le gâteau préféré de la reine Victoria devint bientôt le gâteau emblématique à servir pour le thé.

Suite

Pendant que les gâteaux refroidissent, préparez la garniture. Dans une terrine, battez la crème fraîche avec le sucre glace avec un mixeur plongeant à vitesse moyenne pendant 2 à 3 minutes. Fixez une petite douille lisse ou cannelée au bout d'une poche à douille et versez-y la crème fouettée. Vous pouvez la conserver au réfrigérateur pendant 2 heures.

Juste avant de servir les *sponge cakes,* coupez-les avec un couteau-scie en deux horizontalement. Placez les moitiés du dessous, face coupée dessus, sur le plan de travail et recouvrez-les de crème avec une poche à duoille. Ajoutez 1 cuillerée à soupe de confiture sur la crème en l'étalant jusqu'aux bords. Posez les moitiés du dessus sur la confiture, face coupée dessous. Saupoudrez légèrement chaque gâteau de sucre glace avant de servir.

MADEIRA CAKE

Populaire depuis le milieu du XIXe siècle et jusqu'à aujourd'hui, le *madeira cake* doit son nom au vin liquoreux portugais qui en constitue l'accompagnement traditionnel. Les notes du vin de Madère (noix grillées, caramel et fruits) se marient bien avec le subtil parfum de citron du gâteau. Le vin, généralement servi dans un décanteur en cristal taillé, et le gâteau apparaissent souvent ensemble à Downton, à l'heure du thé.

115 g de beurre, fondu et refroidi + un peu de beurre à température ambiante pour le moule

170 g de sucre en poudre + un peu pour le moule

125 g de farine

Le zeste de 1 gros citron ou de 2 petits

½ cuil. à café de levure chimique

3 œufs

POUR 8 PERSONNES

Préchauffez le four à 180 °C (th. 6). Beurrez un moule à cake (21,5 x 11,5 x 6 cm), puis saupoudrez-le légèrement de sucre, en le tapotant pour en faire tomber l'excédent.

Mélangez dans un petit bol la farine, le zeste de citron et la levure chimique. Dans une grande terrine, fouettez les œufs jusqu'à obtenir une consistance épaisse et crémeuse. Ajoutez doucement le sucre en fouettant sans arrêt jusqu'à ce qu'il soit entièrement absorbé. Continuez à fouetter en ajoutant très doucement le beurre fondu en filet (vous pouvez vous servir d'un mixeur plongeant réglé sur vitesse moyenne pour battre les œufs, puis incorporer le sucre et enfin le beurre). Incorporez délicatement la farine et mélangez intimement.

Versez cette pâte dans le moule, puis enfournez-le rapidement, avant que les œufs n'aient le temps de retomber. Faites cuire le gâteau pendant environ 30 minutes : une pique en bois enfoncée à cœur doit ressortir propre. Laissez reposer le gâteau dans le moule posé sur une grille pendant 10 minutes, puis retournez délicatement le moule et sortez le gâteau ; remettez-le à l'endroit et laissez-le refroidir complètement avant de servir.

SIMNEL CAKE

Le nom de ce gâteau vient du latin *simla,* qui désignait une qualité de farine utilisée dans l'ancienne Rome pour confectionner un pain au levain. Au Moyen Âge, le *simnel cake* était associé à la fête de Pâques et, vers le XIIe siècle, il se transforma en un gâteau aux fruits enrichi d'une couche de massepain au milieu, et d'un décor en massepain sur le dessus. Dans cette variante régionale, le gâteau est recouvert d'une couche de massepain ondulée et de onze boulettes symbolisant les apôtres du Christ.

POUR LE MASSEPAIN

225 g de poudre d'amandes

225 g de sucre en poudre

1 œuf battu

1 cuil. à café d'eau de fleur d'oranger

1 cuil. à café de jus de citron fraîchement pressé

1 cuil. à café de liqueur d'abricot ou de noisette

POUR LE GÂTEAU

145 g de beurre à température ambiante + un peu pour le moule

235 g de farine + un peu pour le plan de travail

2 cuil. à café de gingembre en poudre

½ cuil. à café de cannelle en poudre

½ cuil. à café de levure chimique

150 g de sucre en poudre

4 œufs

8 cl de lait

210 g de raisins secs

115 g d'abricots séchés hachés

115 g d'écorces d'orange et de citron confites hachées

1 cui. à café de zeste de citron

1 cuil. à café de zeste d'orange

POUR 12-14 PERSONNES

Placez dans une terrine la poudre d'amandes, le sucre, l'œuf, l'eau de fleur d'oranger, le jus de citron et la liqueur. Mélangez intimement jusqu'à l'obtention d'une pâte souple, de consistance malléable, que l'on peut abaisser au rouleau. Enveloppez-la dans du film étirable et réservez au réfrigérateur.

Préchauffez le four à 180 °C (th. 6). Beurrez le fond et les côtés d'un moule rond de 20 cm de diamètre, puis tapissez-le d'une double couche de papier sulfurisé. Beurrez généreusement le papier.

Mélangez dans un bol la farine avec le gingembre, la cannelle et la levure. Dans une grande terrine, battez le beurre avec un mixeur pendant 1 minute à vitesse moyenne jusqu'à obtenir une consistance lisse. Augmentez la vitesse, ajoutez le sucre et battez de 2 à 3 minutes, jusqu'à ce que le mélange soit jaune pâle et mousseux. Réglez à nouveau le mixeur sur vitesse moyenne et ajoutez les œufs un par un, en alternant avec la farine, en trois fois, en commençant et en terminant par les œufs. Battez bien après chaque ajout. Ajoutez ensuite le lait et mélangez intimement. Avec une cuillère en bois, incorporez les raisins secs, les abricots séchés et les écorces confites, puis travaillez la pâte pour qu'elle soit homogène.

Prélevez un tiers du massepain. Sur le plan de travail légèrement fariné, abaissez-le en formant un rond du même diamètre que le moule. Versez la moitié de la pâte dans le moule. Posez délicatement le rond de massepain sur la pâte, puis versez le reste de pâte sur le massepain.

Suite de la recette en page suivante

ATTICUS : *Vous devez être très gourmande.*

Elle rit.

ROSE : *Non, ces gâteaux ne sont pas pour moi. J'offre le thé à des réfugiés russes chaque mardi et jeudi. Ils adorent les gâteaux.*

ATTICUS : *Moi aussi !*

~ SAISON 5, ÉPISODE 5

Conseil

Pour gagner du temps, achetez 500 g de massepain au lieu de le confectionner vous-même.

Suite

Faites cuire pendant 2 heures : une pique en bois enfoncée à cœur (sans aller jusqu'au massepain) doit ressortir sèche. Surveillez le dessus ; s'il colore trop vite, protégez-le avec une feuille d'aluminium. Laissez refroidir dans le moule sur une grille pendant 10 à 15 minutes, puis retournez le moule sur la grille, retirez-le et enlevez le papier sulfurisé. Remettez le gâteau à l'endroit et laissez-le refroidir complètement.

Si le dessus du gâteau est un peu bombé, prenez un couteau-scie et prélevez délicatement cette partie pour que le dessus soit bien plat, puis posez le gâteau sur un plat de service. Partagez le reste du massepain en deux. Avec un rouleau à pâtisserie, abaissez un tiers du massepain en formant un rond de 25 cm de diamètre et posez-le sur le dessus du gâteau. Avec le pouce et l'index, pincez-le à intervalles réguliers pour obtenir une bordure décorative. Partagez le reste du massepain en 11 portions égales. Roulez chaque portion en boulette et disposez les boulettes tout autour du gâteau. Avec un chalumeau de cuisine, colorez le dessus du gâteau (vous pouvez aussi passer rapidement le gâteau sous le gril du four préchauffé).

TARTELETTES BANBURY

Cette recette, où la garniture est logée dans un fond de pâte rond au beurre, est emblématique de la pâtisserie britannique. La première recette connue d'un *Banbury cake* est parue dans *The English Huswife*, en 1615 : c'était une grosse pièce de pâtisserie élaborée à base de pâte levée sucrée et de raisins secs. Au XIXe siècle, sont apparues des tartelettes individuelles, et c'est cette nouvelle recette qui est restée la plus populaire. Les tartelettes étaient appréciées de toutes les classes sociales et à Downton, on les retrouve aussi bien dans le salon des Crawley qu'à la table des domestiques.

Pâte à tarte (page 75)
255 g de raisins secs
240 ml d'eau
140 g de sucre en poudre
4 crackers finement écrasés
2 cuil. à café de zeste de citron
2 cuil. à soupe de jus de citron fraîchement pressé
1 œuf battu

Pour 24 tartelettes de 4 cm de diamètre

Préparez la pâte à tarte et réservez-la au réfrigérateur, selon les indications de la recette.

Préparez une plaque à mini-muffins de 24 alvéoles (de 4,5 cm de diamètre et 2 cm de profondeur).

Sur le plan de travail légèrement fariné, abaissez la pâte sur 3 mm d'épaisseur. Avec un emporte-pièce de 6 cm de diamètre, découpez dedans autant de ronds que vous pouvez. Déposez-les dans les alvéoles, en les pressant délicatement pour que la pâte tapisse le fond et les côtés. Abaissez à nouveau les chutes de pâte et coupez encore des ronds pour garnir le reste des alvéoles. Placez la plaque dans le congélateur pendant 30 minutes. Environ 15 minutes avant d'enfourner, préchauffez le four à 190 °C (th. 6-7).

Avec les dents d'une fourchette, piquez le fond et les côtés de la pâte dans chaque alvéole. Faites cuire pendant 10 minutes, jusqu'à ce que la pâte soit presque dorée. Laissez refroidir complètement sur une grille. Laissez le four allumé.

Dans une casserole à fond épais posée sur feu vif, mélangez les raisins secs, l'eau, le sucre, les crackers et le zeste de citron. Portez à ébullition en remuant jusqu'à ce que le sucre soit dissous. Baissez le feu et laissez mijoter pendant 10 minutes en remuant, jusqu'à ce que le mélange épaississe. Retirez du feu, puis incorporez le jus de citron et l'œuf.

THOMAS : *Oh, je suis épuisé. Donnez-moi un peu de thé.*

~ SAISON 6, ÉPISODE 1

Garnissez les fonds de pâte avec ce mélange. Veillez à éviter toute éclaboussure qui risquerait de faire coller la pâte à la plaque. Faites cuire environ 30 minutes. Sortez la plaque du four, laissez-la reposer quelques instants sur une grille, puis démoulez les tartelettes sur la grille. Servez chaud.

TARTELETTES AU CITRON

À la fin du XIXe siècle et au début du XXe, le *lemon curd* avait une place de premier plan sur la table de l'*afternoon tea* comme alternative à la confiture. Ici, déposé à la cuillère dans les fonds croustillants de petites tartelettes, le *lemon curd* devient la garniture idéale pour une gourmandise typique de l'heure du thé.

POUR LA PÂTE À TARTE

155 g de farine + un peu pour le plan de travail

3 cuil. à soupe de sucre en poudre

¼ de cuil. à café de sel

140 g de beurre froid coupé en morceaux

1 jaune d'œuf

1 ½ cuil. à soupe d'eau glacée, ou plus si nécessaire

250 g de lemon curd (page 134)

Baies fraîches, fines rondelles de citron ou fleurs comestibles, pour garnir

Sucre glace pour saupoudrer (facultatif)

POUR 16 TARTELETTES RONDES DE 7,5 CM DE DIAMÈTRE

SAVOIR-VIVRE

Ces friandises étant considérées comme des bouchées que l'on peut prendre avec les doigts, les hôtes n'ont pas à se servir d'un couteau et d'une fourchette.

Mélangez dans une terrine la farine, le sucre et le sel. Éparpillez les morceaux de beurre par-dessus et, travaillez ces ingrédients jusqu'à ce que le mélange forme de grosses miettes. Battez le jaune d'œuf et l'eau dans un petit bol. Versez dans la terrine et mélangez délicatement avec une fourchette. Touchez la pâte : elle doit être juste assez humide pour former une masse grumeleuse. Placez la pâte sur un grand morceau de film étirable, recouvrez-la d'un autre morceau de film et façonnez-la en un disque lisse. Réservez au réfrigérateur pendant au moins 1 heure ou toute la nuit.

Préparez 16 moules à tartelette ronds de 7,5 cm de diamètre. Sur le plan de travail légèrement fariné, abaissez la pâte sur 6 mm d'épaisseur. En vous servant d'un emporte-pièce de 7,5 cm de diamètre, découpez dans la pâte autant de ronds que possible. Transférez-les dans les moules à tartelette en pressant délicatement la pâte dans le fond et contre les bords. Parez le surplus éventuel de pâte. Réunissez les chutes, pressez-les, abaissez-les et découpez davantage de ronds pour garnir les derniers moules. Disposez les moules sur une plaque à pâtisserie et placez-la au congélateur pendant 30 minutes pour bien refroidir la pâte. Environ 20 minutes avant d'enfourner, préchauffez le four à 190 °C (th. 6-7).

Avec les dents d'une fourchette, piquez le fond et les côtés de chaque fond de tartelette. Faites-les cuire de 12 à 14 minutes, jusqu'à ce qu'ils soient dorés. Déposez-les sur une grille et laissez-les refroidir complètement.

Démoulez délicatement les fonds de tartelette. Garnissez-les de *lemon curd*. Ajoutez en décor des fruits ou des fleurs et saupoudrez éventuellement de sucre glace avant de servir.

TARTE AU COING

En 1275, le roi Édouard Ier planta quatre cognassiers au pied de la tour de Londres, ce qui est la première trace connue de la culture de ce fruit odorant en Angleterre. Des recettes de confitures, de gelées et de tartes au coing apparurent, notamment celle d'une tarte assez sophistiquée, publiée dans *The Whole Duty of Woman* en 1701. À Downton, la garniture aux coings agrémentée d'un glaçage à l'abricot a sans doute été inspirée par les fruits cultivés dans les jardins du domaine.

Pâte à tarte (page 75)
60 cl d'eau
300 g de sucre en poudre
1 bâton de cannelle de 5 cm de long environ
1 cuil. à café de zeste de citron
3 coings
140 g de confiture d'abricots

POUR 12 PERSONNES

Préparez la pâte à tarte en suivant les indications de la recette et réservez-la au réfrigérateur.

Sur le plan de travail légèrement fariné, abaissez la pâte en un disque de 30 cm de diamètre sur 6 mm d'épaisseur. Soulevez l'abaisse avec le rouleau à pâtisserie et déposez-la dans un moule à tarte cannelé à fond amovible de 23 cm de diamètre en la laissant déborder sur les côtés. Pressez la pâte dans le fond et le long des bords, puis parez les côtés en conservant un rebord de 1 cm. Roulez ce rebord sur lui-même et pressez-le pour former un pourtour bien solide. Placez le moule au réfrigérateur pendant environ 30 minutes pour qu'il soit bien froid. Environ 15 minutes avant d'enfourner le fond de tarte, préchauffez le four à 190 °C (th. 6-7).

Tapissez le fond de tarte de papier sulfurisé et versez dessus une couche de billes de cuisson ou de haricots secs. Faites cuire ce fond de tarte à blanc pendant 15 minutes, jusqu'à ce qu'il soit bien sec au toucher et légèrement coloré sur les bords. Sortez-le du four, retirez les haricots secs ou les billes de cuisson et le papier sulfurisé. Réduisez la température du four à 180 °C (th. 6) et remettez le fond de tarte dans le four. Poursuivez la cuisson 10 à 15 minutes jusqu'à ce qu'il soit bien doré. Laissez-le refroidir complètement dans son moule sur une grille.

Pour la garniture, mélangez dans une casserole sur feu moyen l'eau, le sucre, le bâton de cannelle et le zeste de citron. Faites bouillir en remuant jusqu'à ce que le sucre soit dissous. Baissez le feu et poursuivez la cuisson de ce sirop sur feu doux.

THOMAS : *Que dirait ma mère si elle me voyait bavarder avec le futur comte de Grantham en prenant le thé ?*

MATTHEW : *La guerre était un moyen de faire la différence entre les choses qui comptent et celles qui ne comptent pas.*

~ SAISON 2, ÉPISODE 1

Pelez les coings, coupez-les en deux et évidez-les, puis recoupez chaque moitié en quartiers. Plongez ces quartiers dans le sirop frémissant, (ils doivent être partiellement recouverts) et laissez-les cuire pendent 1 heure jusqu'à ce qu'ils soient tendres, mais sans les réduire en purée. Retirez la casserole du feu et laissez refroidir complètement. Égouttez soigneusement les quartiers de coing, en réservant le sirop, et épongez-les.

Détaillez chaque quartier en 2 ou 3 lamelles dans le sens de la longueur. Réservez. Dans une petite casserole à fond épais, mélangez la confiture d'abricots avec 6 cl du sirop de cuisson des coings. Posez-la sur feu vif et portez à ébullition jusqu'à ce que le liquide soit épais et sirupeux, ce qui demande quelques minutes. Passez ce sirop dans une passoire fine et versez-le dans un petit bol résistant à la chaleur.

Pour démouler le fond de tarte refroidi, posez le moule sur une boîte de conserve ou un bol posé à l'envers et retirez délicatement la bordure extérieure. À l'aide d'une spatule, décollez le fond de tarte du moule et faites-le glisser sur un plat de service.

Badigeonnez le fond de tarte avec une fine couche de glaçage à l'abricot chaud. Disposez les lamelles de coing par-dessus en les faisant se chevaucher et en formant un motif décoratif. Badigeonnez délicatement le dessus avec le reste de glaçage à l'abricot et servez dès que possible.

TARTE BAKEWELL

Cette tarte aux amandes et à la confiture de framboises n'est autre qu'un véritable trésor national en Angleterre et c'est probablement le *nec plus ultra* des pâtisseries à servir avec le thé. Vous pouvez utiliser de la confiture ou les fruits de votre choix pour la garnir et la saupoudrer de sucre glace, mais dans ce cas, Mme Patmore n'hésiterait pas à la baptiser d'un nom totalement différent.

Pâte à tarte (page 75)

115 g de beurre à température ambiante + un peu pour le moule

100 g de sucre en poudre

½ cuil. à café d'extrait de vanille ou d'amande (facultatif)

1 pincée de sel

2 œufs à température ambiante

140 g de poudre d'amandes

140 g de confiture de framboises

3 cuil. à soupe d'amandes effilées (facultatif)

Pour 12 personnes

Préparez la pâte au beurre en suivant les indications de la recette et réservez-la au réfrigérateur.

Beurrez un moule à tarte cannelé à fond amovible de 23 cm de diamètre. Sur le plan de travail légèrement fariné, abaissez la pâte en un disque de 30 cm de diamètre sur 6 mm d'épaisseur. Soulevez l'abaisse avec le rouleau à pâtisserie et déposez-la dans le moule à tarte, parez les côtés en conservant un rebord de 1 cm. Roulez ce rebord sur lui-même pour former une bordure bien solide. Réservez le moule au réfrigérateur 15 à 20 minutes pour qu'il soit bien froid, le temps que le four chauffe.

Préchauffez le four à 180 °C (th. 6).

Tapissez le fond de tarte de papier sulfurisé et versez dessus une couche de haricots secs ou de billes de cuisson. Faites cuire à blanc pendant 20 minutes, jusqu'à ce qu'il soit légèrement coloré sur les bords. Sortez-le du four, retirez les haricots secs ou les billes de cuisson et le papier sulfurisé. Remettez le fond de tarte au four et poursuivez la cuisson 7 à 9 minutes de plus jusqu'à ce qu'il soit bien doré. Posez le moule sur une grille. Laissez le four allumé à 180 °C (th. 6).

Pour la garniture, battez au mixeur dans une terrine le beurre, le sucre, l'extrait de vanille ou d'amande (si vous l'utilisez) et le sel à vitesse moyenne de 2 à 4 minutes, jusqu'à ce que le mélange soit pâle et mousseux. Ajoutez les œufs un par un en battant bien après

Suite de la recette en page suivante

Suite

Conseil

Le fond de tarte, cuit à blanc, peut se conserver à température ambiante pendant une journée avant d'être garni.

chaque ajout. Incorporez la poudre d'amandes à vitesse modérée et battez jusqu'à obtenir une consistance homogène.

Étalez la confiture en une couche régulière sur le fond de tarte chaud. Ajoutez la crème d'amandes par petites cuillerées sur la confiture, puis étalez-la délicatement pour recouvrir la confiture. Parsemez le dessus d'amandes effilées, si vous les utilisez. Faites cuire la tarte 35 à 38 minutes, jusqu'à ce que la garniture soit gonflée et dorée : le dessus doit résister légèrement sous le doigt au toucher. Laissez refroidir complètement sur une grille.

PETITS PUDDINGS AU TOFFEE

Les premiers puddings britanniques étaient soit des mets salés (à base de viande), soit des entremets sucrés. Les puddings britanniques « modernes » sont généralement des gâteaux denses, souvent farcis de fruits séchés ou confits. Ces puddings individuels nappés d'une sauce au caramel ne sont pas apparus sur les tables anglaises avant la fin du XXe siècle, mais des petits puddings assez voisins cuits dans des ramequins n'auraient pas déparé dans la cuisine de Mme Patmore.

POUR LES PUDDINGS

60 g de beurre à température ambiante + un peu pour les ramequins

125 g de farine + un peu pour les ramequins

70 g de dattes dénoyautées et finement hachées

¾ de cuil. à café de bicarbonate de soude

18 cl d'eau bouillante

1 ¼ de cuil. à café de levure chimique

½ cuil. à café de sel

155 g de cassonade brune

2 œufs

2 cuil. à café d'extrait de vanille

POUR LA SAUCE AU TOFFEE

60 g de beurre

155 g de cassonade brune

18 cl de crème fraîche épaisse

2 cuil. à café d'extrait de vanille

1 pincée de sel

POUR 8 PUDDINGS

Préchauffez le four à 180 °C (th. 6). Beurrez 8 ramequins de 12 cl, puis farinez-les et secouez-les légèrement pour en éliminer l'excédent. Placez-les sur une plaque à pâtisserie.

Dans un bol résistant à la chaleur, mélangez les dattes, le bicarbonate de soude et l'eau bouillante. Laissez reposer 10 minutes.

Mélangez dans un autre bol la farine, la levure chimique et le sel. Dans une terrine, battez le beurre et la cassonade avec un mixeur à vitesse moyenne pendant 3 minutes, jusqu'à ce que le mélange blanchisse. Incorporez les œufs un par un, en battant bien après chaque ajout. Ajoutez l'extrait de vanille avec le dernier. Incorporez ensuite la farine et mélangez avec une cuillère en bois jusqu'à obtenir une consistance homogène. Ajoutez les dattes et mélangez intimement. La pâte doit être fine. Répartissez-la dans les ramequins en les remplissant aux deux tiers.

Faites cuire les puddings pendant 20 minutes, jusqu'à ce qu'ils gonflent : une pique en bois enfoncée à cœur doit ressortir propre.

Pendant ce temps, préparez la sauce au toffee. Faites fondre le beurre dans une casserole sur feu moyen. Ajoutez la cassonade et la crème et fouettez pendant environ 5 minutes jusqu'à ce que la sauce devienne collante. Incorporez l'extrait de vanille et le sel.

Lorsque les puddings sont cuits, sortez-les du four et laissez-les reposer 5 minutes. Passez la lame d'un couteau le long des bords de chaque ramequin pour décoller les puddings et retournez-les sur des assiettes. Versez sur chacun une bonne cuillerée de sauce au toffee, en la laissant couler sur les côtés. Servez aussitôt.

PUDDING AUX FIGUES

The Forme of Cury, publié vers 1390, figure parmi les plus anciens livres de cuisine anglais. On y trouve une recette de l'ancêtre du pudding aux figues, appelé *fygey*. Outre des figues et des raisins secs, cette recette demandait « des amandes blanchies et moulues… de l'eau et du vin, du gingembre en poudre et du miel ». Présenté à la fin d'un repas ou à l'heure du thé, ce pudding à la consistance dense est un authentique classique britannique, proposé ici dans une version moderne.

100 g de beurre à température ambiante + un peu pour le moule

225 g de figues séchées, équeutées

70 g de raisins secs

48 cl d'eau

8 tranches de pain de mie blanc, sans croûte, émietté en petits morceaux gros comme des pois

155 g de farine

100 g de cassonade brune

3 œufs

24 cl de lait

1 cuil. à café d'extrait de vanille

3 cuil. à soupe d'écorces d'orange confites hachées

1 cuil à soupe de zeste d'orange

POUR LA CRÈME FOUETTÉE

35 cl de crème fraîche épaisse

50 g de sucre en poudre

POUR 8-10 PERSONNES

Beurrez un moule à pudding vapeur de 1,5 litre.

Dans une petite casserole sur feu moyen, placez les figues, les raisins secs et l'eau. Portez à ébullition, puis baissez le feu et laissez mijoter à découvert pendant 20 minutes, jusqu'à ce que les figues soient tendres mais sans qu'elles perdent leur forme. Ôtez du feu.

Avec une écumoire, transférez les figues et les raisins secs dans un bol. Réservez le liquide de cuisson. Coupez 8 à 10 figues en deux dans la hauteur et pressez-les, face coupée dessous, contre les parois du moule en formant un motif décoratif; hachez le reste.

Dans une terrine de taille moyenne, mélangez les morceaux de pain et la farine. Dans une grande terrine, battez le beurre avec un mixeur à vitesse moyenne pendant 1 minute, jusqu'à ce qu'il soit lisse. Augmentez la vitesse et ajoutez la cassonade, puis battez jusqu'à obtenir une consistance mousseuse 2 à 3 minutes. Ajoutez les œufs un par un en battant bien après chaque ajout. Ajoutez le lait et la vanille, mélangez intimement. Avec une spatule en silicone, incorporez les écorces et le zeste d'orange, les raisins secs et les figues hachées. Toujours avec la spatule, incorporez la moitié de la farine et mélangez rapidement, puis ajoutez la farine restante et mélangez. Versez la pâte dans le moule à pudding et fixez le couvercle.

MARY (À SYBIL) : *Oh ! ma chérie, ne faites l'enfant. Qu'est-ce que vous alliez imaginer ? Vous épousez le chauffeur et nous devrions tous venir chez vous prendre le thé ?*

~ SAISON 2, ÉPISODE 4

Placez une grille dans le fond d'une grande marmite et posez le moule dessus. Versez de l'eau bouillante dans la marmite jusqu'à mi-hauteur du moule. Portez à ébullition sur feu vif, baissez le feu, puis couvrez et laissez frémir doucement pendant 2 heures. Vérifiez le niveau de l'eau et ajoutez éventuellement de l'eau bouillante pour conserver toujours le même.

Lorsque le pudding est cuit, retirez délicatement le moule de la marmite et laissez reposer pendant 15 minutes.

Pendant ce temps, préparez la crème fouettée et le sirop. Fouettez la crème fraîche dans une terrine avec un mixeur jusqu'à la formation d'un bec d'oiseau puis ajoutez le sucre tout en continuant à fouetter jusqu'à obtenir une consistance ferme. Couvrez et réservez au réfrigérateur jusqu'au moment de servir.

Pour le sirop, versez le liquide de cuisson des figues dans une petite casserole et portez à ébullition sur feu vif. Laissez bouillir pendant 5 minutes, jusqu'à ce que le liquide soit réduit à 12 cl. Réservez ce sirop au chaud.

Retirez le couvercle du moule à pudding, retournez le moule sur un plat de service et tapotez-le doucement pour détacher le pudding. Découpez-le en portions et posez-les sur des assiettes individuelles. Versez un peu de sirop à côté de chaque portion et garnissez de crème fouettée.

PETITS GÂTEAUX PAPILLONS

Élégants cousins britanniques des traditionnels cupcakes américains, ces charmants petits gâteaux sont garnis d'une cuillerée de crème fouettée, d'une touche de confiture et d'une petite paire d'ailes confectionnées avec le dessus du gâteau : une délicate petite gourmandise, parfaite pour l'heure du thé.

POUR LES GÂTEAUX

215 g de farine

1 ¼ de cuil. à café de levure chimique

½ cuil. à café de sel

115 g de beurre à température ambiante

150 g de sucre en poudre

2 œufs à température ambiante

½ cuil. à café d'extrait de vanille

12 cl de lait

POUR LA GARNITURE

12 cl de crème fraîche épaisse

1 cuil. à soupe de sucre glace + un peu pour le service (facultatif)

1 cuil. à soupe de confiture de fraises ou de framboises

POUR 12 PETITS GÂTEAUX

Préchauffez le four à 180 °C (th. 6). Garnissez 12 moules à muffins de caissettes en papier.

Dans un petit bol, mélangez la farine avec la levure et le sel. Dans une grande terrine, battez le beurre avec un mixeur à vitesse moyenne pendant 1 minute environ, jusqu'à ce qu'il soit lisse. Ajoutez le sucre en poudre, augmentez la vitesse et continuez à battre de 2 à 3 minutes, jusqu'à ce que le mélange soit pâle et mousseux. Ajoutez les œufs un par un, en battant bien après chaque œuf et en ajoutant la vanille avec le dernier. Réglez le mixeur sur vitesse lente et incorporez la moitié de la farine, mélangez rapidement, puis ajoutez le lait et mélangez à nouveau. Incorporez la farine restante et mélangez intimement.

Répartissez la pâte dans les moules. Faites cuire de 17 à 19 minutes : une pique en bois enfoncée à cœur doit ressortir propre. Posez les moules sur une grille et laissez reposer pendant 15 minutes. Sortez les petits gâteaux des moules et disposez-les sur la grille, face bombée dessus. Laissez refroidir complètement.

Pour la garniture, fouettez la crème fraîche et le sucre glace dans une terrine avec un mixeur plongeant à vitesse moyenne de 2 à 3 minutes jusqu'à obtenir une consistance ferme.

Juste avant de servir, prenez un couteau-scie et prélevez le dessus bombé de chaque petit gâteau, puis coupez ce rond en deux pour former les ailes. Déposez un peu de crème fouettée au milieu de chaque gâteau. Ajoutez une touche de confiture (1/4 de cuillerée à café environ). Placez les ailes en les enfonçant délicatement dans la crème fouettée, face coupée dessous, de part et d'autre de la confiture. Saupoudrez le dessus de chaque gâteau avec un peu de sucre glace, si vous le désirez.

FAIRY CAKES ROSE-VANILLE

Les *fairy cakes* (« gâteaux des fées ») sont un grand classique de l'heure du thé en Grande-Bretagne très apprécié des enfants. Identiques aux cupcakes, mais en principe plus petits, ils sont traditionnellement à base de génoise moulée en bouchées et décorées avec beaucoup d'imagination. Agrémentez ces petites gourmandises nappées de glaçage rose avec des pistaches et du sucre glace, ou bien décorez-les avec du sucre pétillant, des fleurs givrées, des pétales de roses ou des fleurs comestibles.

POUR LES GÂTEAUX

185 g de farine levante

1 pincée de fleur de sel

170 g de beurre

150 g de sucre en poudre

1 cuil. à soupe d'eau de rose

1 ½ cuil. à café d'extrait de vanille

3 œufs

POUR LE GLAÇAGE

115 g de beurre à température ambiante

340 g de sucre glace

1 pincée de fleur de sel

1 cuil. à soupe d'eau de rose

1 cuil. à café d'extrait de vanille

3 gouttes de colorant alimentaire rose

2 cuil. à soupe de pistaches finement hachées (facultatif)

Sucre glace pour servir (facultatif)

POUR 12 PETITS GÂTEAUX

Préchauffez le four à 180 °C (th. 6). Garnissez 12 moules à muffins de caissettes en papier.

Mélangez la farine avec le sel dans un petit bol en les tamisant. Dans une grande terrine, avec un mixeur réglé sur vitesse moyenne, battez le beurre avec le sucre en poudre pendant 3 minutes jusqu'à obtenir une consistance légère et mousseuse. Incorporez l'eau de rose et la vanille. Réduisez la vitesse à modérée et ajoutez les œufs un par un, en battant bien après chaque ajout. À vitesse lente, ajoutez petit à petit la farine en mélangeant jusqu'à ce qu'elle soit bien absorbée.

Répartissez la pâte à la cuillère dans les moules à muffins. Faites cuire de 15 à 20 minutes, jusqu'à ce que la pâte soit dorée : une pique en bois enfoncée à cœur doit ressortir propre. Laissez refroidir complètement les gâteaux sur une grille puis démoulez-les.

Pour le glaçage, dans une grande terrine, battez avec un mixeur réglé sur vitesse moyenne le beurre, le sucre glace et le sel de 2 à 3 minutes jusqu'à ce que le mélange soit lisse et mousseux. Ajoutez l'eau de rose, la vanille et le colorant puis battez jusqu'à obtenir une consistance homogène.

Fixez une douille cannelée au bout d'une poche à douille et remplissez la poche avec le glaçage. Garnissez de glaçage le dessus de chaque gâteau. Si vous le désirez, parsemez de pistaches hachées et saupoudrez de sucre glace avant de servir.

CRUMBLE AUX POMMES

Il existait de nombreuses variétés de pommes dans l'Angleterre édouardienne, et ce fruit bénéficiait d'une grande popularité, aussi bien en cuisine qu'en pâtisserie. Si vous le pouvez, choisissez des variétés traditionnelles, qui sont un peu acides et conviennent à tous les usages. La granny smith et la Cox's orange pippin sont d'excellents choix, de même que la braeburn. La bramley, variété de pomme à cuire la plus connue en Grande-Bretagne, se prête à toutes les recettes.

POUR LE GÂTEAU

Beurre pour le moule

375 g de farine + un peu pour le moule

1 cuil. à café de bicarbonate de soude

1 cuil. à café de cannelle en poudre

¼ de cuil. à café de sel

200 g de sucre blanc en poudre

210 g de cassonade blonde

180 ml d'huile de colza

170 g de compote de pommes non sucrée

3 œufs

3 pommes à cuire pelées, évidées et coupées en dés

POUR LA GARNITURE

125 g de farine

115 g de beurre froid coupés en dés

100 g de cassonade blonde

POUR 12 PERSONNES

Préchauffez le four à 180 °C (th. 6). Beurrez légèrement un moule de 23 x 33 cm, puis saupoudrez-le de farine en le tapotant pour en faire tomber l'excédent.

Dans une grande terrine, mélangez la farine, le bicarbonate de soude, la cannelle et le sel. Dans une autre terrine, mélangez intimement le sucre blanc, la cassonade, l'huile, la compote de pommes et les œufs. Faites une fontaine dans la farine de la première terrine, ajoutez le contenu de la seconde et remuez jusqu'à obtenir une consistance lisse. Ajoutez les dés de pomme et mélangez. Versez cette pâte dans le moule beurré et lissez le dessus.

Pour la garniture, mélangez avec les doigts dans une terrine la farine, le beurre et la cassonade. Réunissez cette pâte en boule et émiettez-la en petites parcelles. Parsemez ces miettes de pâte sur le dessus du gâteau.

Faites cuire pendant environ 1 heure : une pique en bois enfoncée à cœur doit ressortir propre. Laissez refroidir complètement dans le moule posé sur une grille. Découpez le crumble en carrés et servez.

CONSEIL

Si vous utilisez un moule en Pyrex, réglez la température de cuisson à 165 °C (th. 5-6) seulement.

DUNDEE CAKE

Selon la légende, Mary Stuart, reine d'Écosse, n'aimait pas les cerises confites dans les gâteaux, et cette recette naquit d'une solution imaginée pour remplacer les cerises par des amandes blanchies. La compagnie James Keiller & Sons, spécialisée dans la fabrication des confitures à Dundee en Écosse, associa ce nom à la version moderne de ce gâteau qu'elle mit au point et commercialisa au milieu du XIXe siècle.

450 g de raisins secs mélangés (de Smyrne et de Corinthe)

90 ml de whisky écossais

225 g de beurre à température ambiante + un peu pour le moule

210 g de sucre Demerara bien tassé

1 pincée de sel

4 œufs

280 g de farine

¼ de cuil. à café de cannelle en poudre

¼ de cuil. à café de noix de muscade

115 g de poudre d'amandes

160 g de marmelade d'oranges

Le zeste de 2 oranges

95 g d'amandes entières blanchies pour le décor

POUR 8-10 PERSONNES

Mélangez dans une casserole sur feu doux les raisins et le whisky. Chauffez en remuant une fois ou deux pendant 10 à 15 minutes. Retirez du feu et laissez reposer 2 heures.

Préchauffez le four à 165 °C (th. 5-6). Beurrez le fond et les côtés d'un moule rond de 23 cm de diamètre. Tapissez le fond de papier sulfurisé et beurrez-le.

Dans une grande terrine, battez le beurre avec un mixeur à vitesse moyenne pendant 1 minute jusqu'à ce qu'il soit lisse. Augmentez la vitesse, ajoutez le sucre et le sel et battez de 2 à 3 minutes. Quand le mélange est mousseux et jaune pâle, incorporez les œufs un par un, en ajoutant 1 cuillerée de farine avec le premier, et fouettez bien après chaque ajout. Incorporez la farine restante, la cannelle et la noix de muscade. Avec une cuillère en bois, incorporez les raisins secs avec le whisky, la poudre d'amandes, la marmelade et le zeste d'orange. Mélangez intimement.

Versez la pâte dans le moule et lissez-la. Disposez les amandes blanchies sur le dessus en formant des cercles concentriques, la pointe vers le centre. Faites cuire de 1 h 30 à 1 h 45 : une pique en bois enfoncée à cœur doit ressortir propre. Laissez refroidir complètement dans le moule posé sur une grille, puis retournez le moule sur la grille, retirez-le et enlevez le papier sulfurisé. Remettez le gâteau à l'endroit et posez-le sur un plat de service.

PARKIN

Des épices, de la mélasse et des flocons d'avoine : tels sont les ingrédients de base du traditionnel *parkin cake*. Les quantités de mélasse noire et de golden syrup varient d'une région à l'autre, mais la texture du gâteau reste la même. En France, on trouve ces deux ingrédients dans les épiceries fines ou sur Internet. La marque Tate & Lyle en propose de bonne qualité. Si vous ne trouvez pas de mélasse noire, remplacez-la par de la mélasse de sucre de canne. De même, les gros flocons d'avoine (ne prenez pas de flocons d'avoine roulée) sont disponibles sur Internet ; vous pouvez aussi utiliser du gruau ou du son d'avoine, comme ici.

115 g de beurre + un peu pour le moule

160 g de farine + un peu pour le moule

150 g de vergeoise brune

170 g de mélasse noire

170 g de golden syrup

3 cuil. à soupe de lait

175 g de gruau d'avoine

2 cuil. à café de levure chimique

2 cuil. à café de gingembre en poudre

1 ½ cuil. à café de mélange d'épices

¼ de cuil. à café de sel

1 œuf

Pour 12 personnes

Préchauffez le four à 150 °C (th. 5). Beurrez légèrement le fond et les côtés d'un moule carré de 20 cm de côté. Tapissez le fond de papier sulfurisé, beurrez-le légèrement, puis farinez le fond et les côtés, en tapotant le moule pour en faire tomber l'excédent.

Dans une casserole sur feu moyen, mélangez le beurre, la vergeoise, la mélasse, le golden syrup et le lait. Chauffez en remuant de 4 à 6 minutes. Quand le beurre et le sucre ont fondu et que le mélange est bien lisse, retirez du feu et laissez reposer pendant 5 minutes.

Placez le gruau d'avoine dans un blender et actionnez l'appareil 1 à 2 minutes jusqu'à ce qu'il soit grossièrement haché (il peut rester des fragments un peu plus gros). Versez-le dans une terrine, ajoutez la farine, la levure, le gingembre, les épices et le sel et mélangez intimement. Incorporez le mélange à base de mélasse, ajoutez également l'œuf et mélangez à nouveau.

Versez la pâte dans le moule et faites cuire de 75 à 80 minutes : une pique en bois enfoncée à cœur doit ressortir avec juste quelques miettes collées dessus. Le milieu du gâteau est un peu plus creux que les bords. Laissez reposer sur une grille pendant 20 minutes, retournez le moule pour démouler le gâteau, remettez le gâteau à l'endroit et laissez refroidir complètement.

Découpez le gâteau en carrés et rangez-les dans une boîte hermétique à température ambiante (ils se conservent une semaine). La saveur et la texture sont meilleures lorsque le gâteau est confectionné au moins 3 jours avant de le déguster.

PAIN D'ÉPICE

Même si la petite ville anglaise de Market Drayton revendique le titre de « patrie du pain d'épice », ce gâteau a fait son apparition en Europe à la fin du Xe siècle, grâce à un moine arménien établi dans le nord de la France, où il enseigna la recette à la population locale. À l'époque où le pain d'épice arriva à Market Drayton (il y est mentionné à la fin des années 1790), la mélasse et la farine avaient remplacé le miel et les miettes de pain de la recette médiévale, et les œufs et le beurre apparaissaient parmi les ingrédients, ce qui donnait un gâteau plus riche et plus léger, compagnon idéal pour le thé.

225 g de beurre à température ambiante + un peu pour les moules

375 g de farine + un peu pour les moules

2 cuil. à soupe de gingembre en poudre

1 cuil. à café de cannelle en poudre

1 cuil. à café de piment de la Jamaïque en poudre

1 cuil. à café de bicarbonate de soude

½ cuil. à café de fleur de sel

35 g de gingembre frais pelé et râpé

225 g de cassonade blonde

1 œuf

340 g de mélasse

24 cl de babeurre

Crème fouettée pour servir (facultatif)

POUR 10-12 PERSONNES

Préchauffez le four à 180 °C (th. 6). Beurrez deux moules à cake de 21,5 x 11,5 x 6 cm (ou 1 moule à kouglof de 25 cm de diamètre), puis farinez-les légèrement en les tapotant pour en faire tomber l'excédent.

Dans une grande terrine, mélangez la farine, les épices, le bicarbonate de soude, la fleur de sel et le gingembre frais. Dans une autre grande terrine, battez le beurre avec un mixeur à vitesse moyenne pendant 1 minute. Quand il est lisse, augmentez la vitesse, ajoutez la cassonade et battez de 2 à 3 minutes. Une fois le mélange léger et crémeux, ajoutez l'œuf, battez pour l'incorporer, puis ajoutez la mélasse et continuez à battre pendant 2 minutes. Quand le mélange est homogène, diminuez la vitesse et ajoutez la farine en trois fois, en alternant avec le babeurre en deux fois, en commençant et en finissant par la farine et en mélangeant bien après chaque ajout. Répartissez la pâte dans les moules (ou dans le moule à kouglof).

Faites cuire les gâteaux pendant environ 50 minutes : une pique en bois enfoncée à cœur doit ressortir propre. Laissez reposer les moules sur une grille pendant 10 minutes. Passez la lame d'un couteau le long des bords pour décoller la pâte qui pourrait adhérer à certains endroits, puis retournez les moules pour démouler les gâteaux sur une grille et remettez-les à l'endroit. Si vous utilisez un moule à kouglof, laissez le gâteau tel quel. Laissez refroidir au moins 15 minutes avant de servir. Proposez éventuellement de la crème fouettée comme accompagnement.

BARA BRITH

Le nom de cette spécialité galloise servie pour le thé signifie « pain moucheté », en allusion à la quantité de raisins ou de fruits secs qui enrichissent sa pâte. Sa texture est à la fois dense et un peu molle, pas très sucrée, mais agrémentée d'une touche de marmelade d'orange. Dans cette recette, seuls des raisins secs sont utilisés, mais on trouve couramment dans le *bara brith* un mélange de raisins secs, d'écorces d'agrumes confites et d'airelles séchées. Faites tremper les fruits dans du thé noir bien fort (earl grey ou irish breakfast, par exemple), pendant au moins huit heures. Ce pain est délicieux en tranches grillées et tartinées de beurre.

240 g de raisins de Corinthe

12 cl de thé noir bien fort et bouillant

Beurre pour le moule et le service

225 g de farine + un peu pour le moule

140 g de cassonade brune

2 cuil. à café de levure chimique

1 ½ cuil. à café de mélange d'épices

¼ de cuil. à café de sel

6 cl d'eau

1 œuf battu

2 cuil. à soupe de marmelade d'oranges

Pour 8-12 personnes

Placez les raisins secs dans un bol, versez le thé dessus, mélangez et laissez reposer 8 à 12 heures, en remuant de temps en temps, jusqu'à ce que les fruits soient bien tendres et le liquide presque entièrement absorbé.

Préchauffez le four à 165 °C (th. 5-6). Beurrez légèrement un moule à cake de 21,5 x 11,5 x 6 cm, puis farinez-le en le tapotant pour en faire tomber l'excédent.

Dans une grande terrine, mélangez la farine, la cassonade, la evure, les épices et le sel. Ajoutez les raisins secs avec le liquide de trempage qui reste, puis l'eau, l'œuf et la marmelade. Mélangez intimement.

Versez la pâte dans le moule et lissez le dessus. Faites cuire de 72 à 75 minutes : une pique en bois enfoncée à cœur doit ressortir propre. Laissez reposer sur une grille pendant 20 minutes, puis retournez le moule sur la grille, remettez le gâteau à l'endroit et laissez-le refroidir entièrement.

Pour servir, coupez-le en tranches épaisses et servez-les à température ambiante, ou bien faites-les griller et tartinez-les de beurre.

DACQUOISE AUX NOISETTES

Le terme « dacquoise » désigne à la fois une pâte meringuée aux amandes et un gâteau réalisé avec deux ou trois abaisses de cette pâte, une spécialité française du Sud-Ouest importée en Grande-Bretagne au XIXe siècle. Ici, la dacquoise est faite avec des noisettes et constitue un seul gros gâteau mais on peut confectionner des petites dacquoises individuelles garnies de crème au beurre.

POUR LA DACQUOISE

Beurre doux et farine pour les moules

220 g de noisettes mondées et grillées

200 g de sucre en poudre

3 cuil. à soupe de cacao en poudre

2 cuil. à soupe de fécule de maïs

6 blancs d'œufs à température ambiante

1 cuil. à café d'extrait de vanille

POUR LA CRÈME AU BEURRE

450 g de beurre doux à température ambiante

340 g de sucre glace

1 cuil. à café d'extrait de vanille

1 cuil. à café d'arôme naturel de noisette

1 pincée de fleur de sel

Sucre glace pour servir

POUR 8-10 PERSONNES

Préchauffez le four à 150 °C (th. 5). Beurrez légèrement deux plaques à pâtisserie de 28 × 42 cm. Coupez deux feuilles de papier sulfurisé de la même taille et tracez deux cercles sur chacune d'elles en utilisant un moule rond de 20 cm de diamètre comme gabarit. Placez les feuilles, cercles en dessous, sur les plaques. Beurrez et farinez le papier sans excès. Vous devez voir les cercles par transparence.

Dans un blender, placez 185 g de noisettes, 100 g de sucre, le cacao en poudre et la fécule de maïs. Actionnez l'appareil jusqu'à ce que les noisettes soient réduites en poudre.

Dans une grande terrine, fouettez les blancs d'œufs avec un mixeur à vitesse moyenne. Quand ils forment un bec d'oiseau et qu'ils ont triplé de volume, incorporez lentement le reste de sucre en poudre et la vanille, puis continuez à fouetter jusqu'à ce qu'ils soient fermes et brillants. Attention à ne pas trop les battre, sinon ils se dessèchent et deviennent poudreux.

Versez lpoudre de noisettes sur les œufs en neige. Avec une spatule en silicone, incorporez-la délicatement, mais le plus rapidement possible. Garnissez une poche à douille d'une douille lisse de 12 mm et remplissez-la avec la pâte à dacquoise.

En tenant la poche à douille juste au-dessus d'une plaque et en partant du centre d'un cercle, faites une spirale de pâte jusqu'à la limite de ce cercle en le recouvrant complètement de pâte. Répétez l'opération pour le second cercle. Remplissez à nouveau la poche de pâte et répétez l'opération pour la seconde plaque, de manière à obtenir quatre disques de dacquoise.

Faites cuire les disques de pâte 50 à 60 minutes jusqu'à ce qu'ils soient secs, croustillants et sur le point de colorer. Même secs sur le dessus,

CONSEIL

Pour une variante au chocolat, remplacez la crème au beurre par de la ganache. Mélangez 340 g de chocolat amer ou semi-amer finement haché avec 60 g de beurre doux dans un bol résistant à la chaleur. Dans une casserole sur feu moyen, portez 24 cl de crème fraîche épaisse à la limite de l'ébullition. Retirez du feu et versez-la sur le mélange de chocolat et de beurre. Fouettez jusqu'à ce que le mélange soit lisse. Laissez refroidir jusqu'à obtenir une consistance souple.

ils peuvent céder un peu sous le doigt quand ils sont encore chauds. Laissez-les refroidir complètement sur les plaques posées sur des grilles. Ils vont durcir en refroidissant.

Pour la crème au beurre, battez le beurre avec un mixeur à vitesse moyenne dans une terrine pendant 2 minutes. Quand il est lisse, ajoutez le sucre glace, la vanille, l'arôme de noisette et le sel. Augmentez la vitesse et battez jusqu'à obtenir une consistance homogène en récupérant la crème le long des bords de la terrine. Couvrez et réservez au réfrigérateur.

Pour assembler le gâteau, retirez délicatement les disques de dacquoise du papier sulfurisé. Avec un couteau-scie, en effectuant un mouvement de rotation, parez les côtés de trois disques pour qu'ils aient tous le même diamètre. Avec un rouleau à pâtisserie, écrasez le quatrième disque et mettez ces brisures dans une terrine. Hachez finement le reste des noisettes et ajoutez-les aux brisures de dacquoise, pilez légèrement en mélangeant et réservez.

Posez un disque de dacquoise sur une grande assiette. À l'aide d'une spatule, étalez une couche régulière de crème au beurre (80 g) dessus. Posez un deuxième disque par-dessus et garnissez-le d'une couche de crème de même épaisseur. Posez le troisième disque dessus. Recouvrez le dessus et les côtés du gâteau avec la plus grande partie de la crème au beurre restante en l'étalant aussi régulièrement que possible.

Recouvrez ensuite tout le gâteau avec le mélange poudreux aux noisettes. Avec une passoire fine, saupoudrez d'une fine couche de sucre glace. Garnissez une poche à douille propre avec une petite douille cannelée et mettez-y le reste de crème au beurre. Formez des rosettes sur le gâteau. En glissant une grande spatule sous le gâteau, transférez-le sur un plat de service.

Vous pouvez le découper dès à présent, mais l'opération sera plus facile si vous le mettez quelques heures au réfrigérateur. À couvert, il peut y être conservé pendant 2 jours. Découpez-le avec un couteau de cuisine bien aiguisé ou un couteau-scie et servez à température ambiante.

GÂTEAU AUX AMANDES

Les amandes ont été importées par les Britanniques dès l'époque médiévale et font depuis longtemps partie des ingrédients traditionnels de gâteaux. La poudre et l'extrait d'amande confèrent une saveur affirmée à ce grand classique à la fois riche, moelleux et fruité. À la saison des cerises fraîches, proposez-les en accompagnement pour faire écho au kirsch qui parfume la pâte du gâteau.

POUR LE GÂTEAU
Beurre pour le moule
100 g de poudre d'amandes
60 g de farine
1 cuil. à café de levure chimique
250 g de sucre en poudre
6 œufs à température ambiante
1 zeste de citron
1 cuil. à café d'extrait d'amande

POUR LE SIROP
3 cuil. à soupe de kirsch
1 cuil. à soupe de jus de citron fraîchement pressé
2 cuil. à soupe de sucre en poudre

Sucre glace pour servir

POUR 8-10 PERSONNES

Préchauffez le four à 165 °C (th. 5-6). Beurrez le fond et les côtés d'un moule rond démontable de 23 cm de diamètre et tapissez le fond de papier sulfurisé.

Mélangez dans un bol la poudre d'amandes, la farine et la levure. Dans une grande terrine, battez au mixeur à vitesse moyenne le sucre avec les jaunes d'œufs et le zeste de citron pendant 10 minutes. Quand le mélange est épais et jaune pâle, ajoutez la poudre et l'extrait d'amande. Mélangez intimement avec une cuillère en bois.

Battez les blancs en neige dans une terrine avec le mixeur à vitesse modérée. À l'aide d'une spatule en silicone, incorporez-les dans la préparation précédente, jusqu'à disparition de toute trace blanche.

Versez la pâte dans le moule et lissez délicatement le dessus. Faites cuire pendant environ 1 heure : le dessus doit être légèrement élastique sous le doigt. Posez le moule sur une grille et retirez les côtés.

Pour le sirop, mélangez dans une petite casserole sur feu moyen le kirsch, le jus de citron et le sucre en poudre. Faites chauffer en remuant jusqu'à ce que le sucre soit dissous et le mélange bien chaud. Retirez du feu et badigeonnez le dessus du gâteau encore chaud de sirop brûlant. Laissez refroidir complètement.

Juste avant de servir le gâteau, saupoudrez légèrement le dessus de sucre glace.

GÂTEAU AUX NOIX

Dans les années 1870, toutes les classes sociales respectaient avec plaisir le rite de l'*afternoon tea,* et les moins favorisées trouvaient agréable d'adopter une tradition émanant de l'aristocratie. Pendant la période édouardienne, des salons de thé s'ouvrirent un peu partout, et l'*afternoon tea,* n'était plus réservé à la sphère domestique. Les gâteaux servis dans ces lieux variaient selon le chic de l'établissement. Ce gâteau aux noix n'aurait pas déparé dans le plus élégant.

200 g de cerneaux de noix ou de noix de pécan

2 cuil. à soupe de farine

¼ de cuil. à café de sel

6 œufs, à température ambiante

140 g de sucre en poudre

Pour 10-12 personnes

Préchauffez le four à 165 °C (th. 5-6). Tapissez de papier sulfurisé le fond d'un moule à gâteau rond de 23 cm de diamètre.

Mettez les noix dans blender, ajoutez la farine et le sel et réduisez rapidement le tout en poudre fine.

Dans une grande terrine, battez les jaunes d'œufs et 70 g de sucre au mixeur à vitesse moyenne de 3 à 5 minutes. Lorsque le mélange est épais et jaune pâle, incorporez la poudre de noix avec une spatule en silicone et mélangez intimement.

Dans une grande terrine, avec le mixeur, fouettez les blancs d'œufs à vitesse moyenne jusqu'à ce qu'ils commencent à monter en neige. Ajoutez environ un tiers du sucre restant et fouettez jusqu'à ce que le mélange devienne opaque. Ajoutez environ la moitié du sucre restant et continuez à fouetter jusqu'à ce que la neige soit ferme. Ajoutez enfin le reste du sucre, augmentez la vitesse et fouettez encore quelques minutes. Avec une spatule en silicone, incorporez un tiers des blancs en neige dans la pâte, puis ajoutez le reste. On ne doit plus distinguer de trace blanche dans la pâte.

Versez la pâte dans le moule et lissez le dessus. Faites cuire de 35 à 40 minutes. Le dessus doit être légèrement coloré et une pique en bois enfoncée à cœur doit ressortir propre. Laissez refroidir complètement dans le moule sur une grille.

Passez un couteau à lame fine le long des bords du moule pour décoller le gâteau, retournez le moule sur un plat de service, retirez-le et enlevez le papier sulfurisé. Remettez le gâteau à l'endroit sur le plat et découpez-le en portions.

GÂTEAU AUX PRUNES

Avec l'invention de la levure chimique, toute une gamme de nouvelles recettes de pâtisserie virent le jour. Même le traditionnel quatre-quarts anglais, confectionné avec la même quantité de beurre, de farine, de sucre et d'œufs, connut une métamorphose en devenant un gâteau au beurre plus léger et plus moelleux. Pour cette recette assez riche, on choisirait, dans les cuisines de Downton, une variété de prunes telle que la Farleigh (une quetsche à chair jaune) provenant du jardin du domaine.

225 g de beurre à température ambiante + un peu pour le moule

185 g de farine

1 cuil. à café de levure chimique

¼ de cuil. à café de sel

150 g de sucre en poudre + 1 cuil. à soupe

2 œufs

6-8 quetsches (450 g environ) dénoyautées et coupées en tranches épaisses

¼ de cuil. à café de cannelle en poudre

POUR 6 PERSONNES

Placez une grille dans le tiers inférieur du four et préchauffez-le à 180 °C (th. 6). Beurrez un moule rond de 23 cm de diamètre ou un moule carré de 20 cm de côté. Tapissez le fond de papier sulfurisé beurré.

Tamisez la farine dans une terrine en lui ajoutant la levure et le sel. Dans une autre terrine, battez le beurre avec un mixeur à vitesse moyenne pendant 1 minute. Quand il est lisse, augmentez la vitesse et ajoutez 150 g de sucre. Battez de 2 à 3 minutes. Quand le mélange est mousseux et jaune pâle, ajoutez les œufs un par un en battant bien après chaque ajout. Incorporez enfin la farine à vitesse lente et mélangez rapidement.

Versez cette pâte dans le moule en une couche régulière et lissez le dessus. Enfoncez les tranches de prune dans la pâte en les disposant les unes contre les autres pour couvrir entièrement le dessus. Mélangez dans un bol le reste de sucre et la cannelle, puis saupoudrez le dessus du gâteau de ce mélange.

Faites cuire de 50 à 60 minutes jusqu'à ce que le dessus soit doré. Les côtés doivent se détacher légèrement des bords du moule et une pique en bois enfoncée à cœur doit ressortir propre. Laissez reposer dans le moule sur une grille pendant 30 minutes. Servez le gâteau encore chaud.

CAKE AU CITRON

Le *Warne's Model Cookery and Housekeeping Book*, publié en 1869 à la fois à Londres et à New York, contient l'une des premières recettes de gâteau au citron, qui ne demandait alors que quatre ingrédients : des œufs, de la farine, du sucre et du zeste de citron. Grand classique des salons de thé des propriétés du National Trust, le cake au citron est régulièrement cité parmi les dix gâteaux préférés en Grande-Bretagne.

POUR LE GÂTEAU

115 g de beurre à température ambiante + un peu pour le moule

185 g de farine + un peu pour le moule

1 cuil. à café de levure chimique

½ cuil. à café de sel

150 g de sucre en poudre

1 cuil. à soupe de zeste de citron

3 œufs

12 cl de lait

1 cuil. à café d'extrait de vanille

POUR LE SIROP

3 cuil. à soupe de jus de citron fraîchement pressé

3 cuil. à soupe de sucre en poudre

POUR LE GLAÇAGE

60 g de sucre glace

1 cuil. à soupe de jus de citron fraîchement pressé

POUR 8 PERSONNES

Préchauffez le four à 190 °C (th. 6-7). Beurrez un moule à cake (23 x 13 x 7,5 cm) et farinez-le en le tapotant pour éliminer l'excédent.

Tamisez la farine dans une terrine en lui ajoutant la levure et le sel. Dans une grande terrine, battez le beurre, le sucre et le zeste de citron avec un mixeur à vitesse modérée pendant environ 3 minutes. Lorsque le mélange est pâle et mousseux, ajoutez les œufs un par un, en battant bien après chaque ajout. Ajoutez le lait et la vanille, puis battez pour bien mélanger. Incorporez enfin la farine à vitesse lente et mélangez intimement.

Versez la pâte dans le moule et lissez le dessus. Faites cuire pendant environ 55 minutes jusqu'à ce que le dessus du gâteau soit doré : une pique en bois enfoncée à cœur doit ressortir propre. Laissez le gâteau reposer dans son moule sur une grille pendant quelques minutes, puis retournez-le sur la grille. Laissez-le reposer à l'envers pendant la préparation du sirop.

Mélangez le jus de citron et le sucre dans une petite casserole sur feu moyen. Faites chauffer en remuant pour dissoudre le sucre et laissez frémir 2 minutes jusqu'à ce qu'il soit sirupeux. Retirez du feu.

Avec une brochette, percez les flancs et le dessous du gâteau en faisant des trous de 2,5 cm de profondeur à 2,5 cm les uns des autres. Badigeonnez généreusement les flancs et le dessous du gâteau avec le sirop en le laissant pénétrer dans les trous.

Préparez le glaçage en fouettant dans un bol le sucre glace et le jus de citron. Lorsque le gâteau est refroidi, remettez-le à l'endroit sur un plat de service et arrosez-le avec le glaçage. Laissez reposer pendant 15 minutes et servez lorsque le glaçage pris.

ECCLES CAKES

C'est en 1793 que les premiers *Eccles cakes* ont été vendus dans une boulangerie de la ville d'Eccles, dans le Lancashire. La pâte légère et peu sucrée de ces petits gâteaux farcis de raisins secs tient à la fois de la pâte sablée et du feuilletage. Pour ces friandises, la bonne proportion est de 60 % de pâte pour 40 % de garniture, afin d'assurer un parfait équilibre entre le goût du fruit et la saveur du beurre.

POUR LA PÂTE

250 g de farine + un peu pour le plan de travail et le façonnage

2 cuil. à soupe de sucre en poudre

½ cuil. à café de sel

225 g de beurre froid coupé en petits dés

8 cl d'eau très froide

POUR LA GARNITURE

2 cuil. à soupe de cassonade blonde

2 cuil. à soupe de beurre doux ramolli à température ambiante

1 cuil. à café de mélange d'épices

¼ de cuil. à café de zeste de citron

¼ de cuil. à café de zeste d'orange

95 g de raisins de Corinthe

35 g d'écorces de citron et d'orange confites mélangées et hachées

1 cuil. à soupe de cognac (facultatif)

POUR LA FINITION

1 blanc d'œuf légèrement battu

Sucre Demerara (facultatif)

POUR 16 PIÈCES

Placez dans un blender la farine, le sucre et le sel. Mixez pendant 5secondes. Ajoutez les dés de beurre et mixez pendant 2 secondes : le beurre doit être haché et enrobé de farine. Versez l'eau et mélangez de 7 à 10 secondes : la pâte doit former une grosse chapelure.

Versez cette pâte sur le plan de travail fariné et aplatissez-la grossièrement, puis abaissez-la en formant un rectangle de 15 x 45 cm, en farinant légèrement la pâte et le plan de travail si nécessaire. Rabattez les deux petits côtés l'un vers l'autre pour qu'ils se rejoignent au centre. Repliez la pâte sur elle-même en deux pour former un rectangle de 12 x 15 m. Faites pivoter la pâte pour que la jointure se retrouve à droite et répétez la même opération (abaisser et replier). Partagez la pâte en deux rectangles égaux de 300 g chacun. Enveloppez-les dans du film étirable et laissez-les reposer au réfrigérateur pendant 2 heures ou toute la nuit.

Pour la garniture, placez dans une jatte la cassonade, le beurre, les épices et les zestes d'orange et de citron. Mélangez avec une spatule en silicone. Incorporez les raisins secs, les écorces confites et le cognac (si vous l'utilisez) et mélangez intimement. Séparez cette préparation en 16 portions (2 cuillerées à café chacune) et disposez-les sur une grande assiette en les aplatissant légèrement (4 cm de diamètre). Couvrez et réservez au réfrigérateur pendant au moins 20 minutes ou toute la nuit.

Suite de la recette en page suivante

MOLESLEY : *C'est difficile de s'occuper de trois dames à la fois. Les costumes en laine, les robes du soir, les robes pour le thé, et tout le reste…*

MRS. HUGHES : *Pour le thé ? Nous ne sommes plus dans les années 1890, Mme Molesley.*

CARSON : *Et c'est bien dommage.*

~ SAISON 5, ÉPISODE 9

Suite

Préchauffez le four à 200 °C (th. 6-7). Tapissez une plaque à pâtisserie de papier sulfurisé.

Pour façonner les gâteaux, posez une moitié de la pâte sur le plan de travail légèrement fariné et abaissez-la sur 5 mm d'épaisseur. Avec un emporte-pièce de 10 cm de diamètre, découpez dans la pâte autant de ronds que possible. Ramassez les chutes, abaissez-les à nouveau et recommencez à découper des ronds. Vous devez en obtenir 8. Couvrez-les de film alimentaire et répétez l'opération avec l'autre moitié de la pâte.

En prenant un rond de pâte à la fois, déposez une portion de garniture au centre du rond et badigeonnez le tour au pinceau avec un peu d'eau. Rabattez le pourtour de la pâte sur la garniture et pressez délicatement les bords pour l'enfermer. Posez ce gâteau, jointure dessous, sur la plaque à pâtisserie et aplatissez-le légèrement pour former un ovale de 6 cm de diamètre. Quelques morceaux de fruits seront visibles à travers la pâte, mais faites en sorte qu'ils ne la traversent pas. Badigeonnez le dessus avec un peu de blanc d'œuf, saupoudrez de sucre Demerara et découpez trois fentes. Façonnez tous les autres petits gâteaux de la même façon et disposez-les sur la plaque à pâtisserie en les espaçant de 4 cm.

Faites-les cuire de 22 à 25 minutes jusqu'à ce qu'ils soient bien dorés. Laissez-les reposer sur la plaque posée sur une grille pendant au moins 10 minutes avant de les servir, chauds ou à température ambiante. Ces gâteaux sont meilleurs le jour où ils ont été préparés. On peut les réchauffer au four à 150 °C (th. 5) si nécessaire.

TARTELETTES DU YORKSHIRE

Traditionnellement, la garniture de ces tartelettes, spécialité du Yorkshire, où se trouve Downton Abbey, est confectionnée avec les restes de caillé récupérés lors de la fabrication du fromage. Si vous préparez vous-même votre caillé, commencez un jour ou deux à l'avance pour lui permettre de bien s'égoutter.

POUR LA GARNITURE

385 g de caillé maison (voir page ci-contre) ou de ricotta au lait entier ou de cottage cheese

60 g de beurre à température ambiante

70 g de sucre en poudre

1 œuf + 1 jaune

¾ de cuil. à café de zeste de citron

35 g de raisins secs

1 pincée de noix de muscade

POUR LA PÂTE

125 g de farine

3 cuil. à soupe de sucre glace

¼ de cuil. à café de sel

90 g de beurre froid coupé en 8 + beurre à température ambiante pour la plaque à muffins

1 jaune d'œuf battu

Pour 10 tartelettes

Préparez le caillé maison selon les indications ci-contre. Si vous utilisez de la ricotta ou du cottage cheese, placez une passoire fine sur une jatte, versez le fromage frais dedans, couvrez et réservez au réfrigérateur pour égouttage pendant au moins 8 heures ou toute la nuit.

Placez dans un blender la farine, le sucre glace et le sel, mixez pendant 5 secondes. Ajoutez les dés de beurre froid et mixez de 1 à 2 minutes jusqu'à ce que le mélange forme une grosse chapelure. Ajoutez le jaune d'œuf et mélangez pendant 10 secondes supplémentaires pour agglomérer la pâte.

Versez ce mélange sur une feuille de film étirable, enveloppez-le et façonnez-le en forme de disque. Réservez au réfrigérateur pendant au moins 30 minutes ou toute la nuit.

Beurrez légèrement le fond et les côtés des alvéoles d'une plaque de 10 muffins, puis tapissez le fond de chaque alvéole de papier sulfurisé. Partagez la pâte en 10 portions égales (20 g chacune environ) et roulez-les en boulettes. En vous farinant le pouce, foncez chaque alvéole avec une boulette de pâte en l'enfonçant délicatement jusque dans le fond et en vous arrêtant à 3 mm du bord. Lorsque toutes les alvéoles sont foncées, couvrez la plaque et réservez au réfrigérateur pendant au moins 20 minutes ou toute la nuit.

Placez une grille dans le tiers inférieur du four et préchauffez-le à 190 °C (th. 6-7).

Pour la garniture, battez au mixeur dans une terrine le caillé égoutté avec le beurre et le sucre à vitesse moyenne de 2 à 3 minutes. Quand le mélange est lisse et homogène, ajoutez l'œuf entier,

FROMAGE CAILLÉ MAISON

1,4 litre de lait

¼ de cuil. à café de sel

3 cuil. à soupe de jus de citron fraîchement pressé

Conseil

Les ingrédients ci-dessus permettent d'obtenir 450 g de caillé. Pour gagner du temps, choisissez de la ricotta ou du cottage cheese au lait entier, mais il faudra égoutter ce produit pendant au moins 8 heures.

le jaune et le zeste de citron, mixez de 30 à 60 secondes. Avec une cuillère en bois, incorporez les raisins secs et mélangez intimement.

Répartissez cette garniture dans les fonds de pâte (60 g pour chaque tartelette environ). Ajoutez 1 pincée de noix de muscade dessus. Faites cuire de 21 à 23 minutes : la garniture doit être un peu gonflée et trembloter légèrement quand on remue un peu la plaque, et le dessus doit être doré. Laissez refroidir complètement en posant la plaque sur une grille. Passez la lame d'un couteau le long des bords de chaque alvéole pour décoller les tartelettes, puis couvrez la plaque et réservez au réfrigérateur de 1 à 2 heures.

Pour servir, retournez délicatement la plaque à muffins sur une grande planche à découper pour dégager les tartelettes. Remettez-les à l'endroit pour les déposer sur un grand plat de service ou des assiettes individuelles.

Pour préparer le caillé, mélangez le lait et le sel dans une grande casserole en acier inoxydable. Posez-la sur feu moyen et portez à ébullition en remuant de temps en temps et en raclant les bords et le fond pour empêcher le lait d'attacher. Lorsqu'il est sur le point de bouillir, retirez du feu, ajoutez le jus de citron et remuez pendant 1 minute jusqu'à ce que le mélange commence à cailler. Laissez reposer pendant 15 minutes.

Placez une grande passoire fine sur une terrine et tapissez-la d'une double épaisseur de mousseline. Versez le contenu de la casserole dedans. Laissez égoutter de 1 à 2 heures, en vidant le petit-lait qui s'accumule dans la terrine, jusqu'à ce que le caillé devienne sec et ferme. Couvrez la passoire posée sur la terrine et réservez au réfrigérateur pendant la nuit. Le lendemain, utilisez le caillé aussitôt ou versez-le dans un récipient et conservez-le au réfrigérateur jusqu'à 3 jours.

GÂTEAU AUX FRAMBOISES

Riche des saveurs combinées des framboises et de la crème à la vanille, ce gâteau offre une texture tendre et moelleuse. Il est parfait pour l'heure du thé, bien sûr, mais vous pouvez aussi le servir en dessert.

POUR LA CRÈME ANGLAISE

3 jaunes d'œufs

3 cuil. à soupe de sucre en poudre

1 pincée de sel

18 cl de lait

6 cl de crème fraîche épaisse

1 cuil. à café d'extrait de vanille ou de poudre de vanille

POUR LE GÂTEAU

170 g de beurre à température ambiante + un peu pour le moule

220 g de farine + un peu pour le moule

1 ½ cuil. à café de levure chimique

½ cuil. à café de sel

200 g de sucre en poudre

3 œufs à température ambiante

1 ½ cuil. à café d'extrait de vanille

170 g de framboises

2 cuil. à soupe d'amandes effilées grillées

Sucre glace pour servir (facultatif)

POUR 8-12 PERSONNES

Placez dans une casserole les jaunes d'œufs, le sucre et le sel. Fouettez pendant 1 minute. Quand le mélange est pâle et léger, ajoutez le lait et la crème puis fouettez pendant 30 secondes jusqu'à obtenir une consistance homogène. Posez la casserole sur feu modéré et faites cuire en remuant sans arrêt de 4 à 5 minutes : la crème doit napper le dos d'une cuillère en bois (elle doit atteindre 77 °C). Retirez la casserole du feu, ajoutez la vanille et fouettez pour bien mélanger. Versez la crème dans un bol et laissez refroidir à température ambiante, puis couvrez et réservez au réfrigérateur 2 à 3 heures (jusqu'à 2 jours). Pour la faire refroidir plus rapidement, placez le bol dans une terrine remplie d'eau glacée et remuez jusqu'à ce qu'elle soit froide. Vous devez obtenir 310 g de crème.

Préchauffez le four à 180 °C (th. 6). Beurrez légèrement le fond et les côtés d'un moule carré de 25 cm de côté ou d'un moule rond démontable de 25 cm de diamètre, puis saupoudrez-le de farine en le tapotant pour éliminer l'excédent.

Mélangez dans un bol la farine, la levure et le sel. Dans une grande terrine, battez au mixeur le beurre à vitesse moyenne pendant 1 minute. Quand il est lisse, augmentez la vitesse et ajoutez le sucre puis battez de 2 à 3 minutes jusqu'à obtenir une consistance pâle et mousseuse. Ajoutez les œufs un par un en battant bien après chaque ajout et ajoutez la vanille avec le dernier. Réduisez la vitesse du mixeur et incorporez la moitié de la farine, puis la moitié de la crème anglaise. Mélangez intimement, puis incorporez la farine restante.

Versez la pâte dans le moule en une couche régulière. Répartissez les framboises dessus, arrosez avec le reste de crème anglaise et ajoutez les amandes effilées. Faites cuire de 43 à 45 minutes : une pique en bois enfoncée à cœur doit ressortir propre. Laissez reposer dans le moule sur une grille pendant au moins 20 minutes avant de servir chaud, en saupoudré de sucre glace.

Sandwichs & bouchées salées

PÂTÉS EN CROÛTE AU PORC

Traditionnellement préparés à base de saindoux, ces petits pâtés sont ici confectionnés avec une pâte au beurre, ce qui donne un résultat plus léger et plus savoureux. L'œuf de caille est facultatif, mais il ajoute une dimension ludique. Mme Patmore donnera son accord à l'une ou l'autre des deux solutions.

POUR LA PÂTE

320 g de farine + un peu pour le plan de travail

¾ de cuill. à café de sel

115 g de beurre froid coupé en petits dés

60 g de graisse végétale froide coupée en petits dés

8 cl d'eau très froide

1 cuil. à café de jus de citron

POUR LA GARNITURE

8 œufs de caille (facultatif)

450 g de chair à saucisse

6 fines tranches de bacon (115 g) hachées

3 cuil. à soupe d'oignons finement hachés

1 cuil. à café de sel

½ cuil. à café de thym séché ou de sauge séchée (facultatif)

1 bonne pincée de noix de muscade (facultatif)

1 bonne pincée de poivre noir

POUR LA FINITION

Beurre pour les moules à muffins

2 cuil. à café de chapelure fine nature

1 œuf battu

Pour 8 petits pâtés

Mixez la farine et le sel dans un blender pendant 5 secondes. Ajoutez les dés de beurre froid et de graisse végétale et mixez pendant 2 secondes jusqu'à ce que la matière grasse soit grossièrement hachée et enrobée de farine. Ajoutez l'eau et le jus de citron et mixez pendant 7 à 10 secondes.

Versez la pâte sur le plan de travail légèrement fariné et façonnez-la en un rectangle épais, puis faites-en 2 portions, l'une deux fois plus grande que l'autre. Enveloppez-les de film étirable et réservez-les au réfrigérateur pendant 2 heures ou toute la nuit.

Remplissez une casserole d'eau et portez à ébullition sur feu vif. Plongez les œufs de caille dedans et laissez-les cuire pendant 2 minutes. Plongez-les dans un bol d'eau glacée pour stopper la cuisson. Écalez les œufs alors qu'ils sont encore chauds. Réservez-les au réfrigérateur pendant 1 heure (ou toute la nuit).

Mélangez dans une terrine la chair à saucisse, le bacon, l'oignon, le sel, le poivre, le thym ou la sauge et la noix de muscade. Réservez au réfrigérateur pendant 1 heure (ou toute la nuit).

Tapissez d'aluminium une plaque à pâtisserie de 28 x 43 cm. Placez une grille dans le tiers inférieur du four, posez la plaque sur la grille, puis préchauffez le four à 220 °C (th. 7-8). Beurrez légèrement 8 moules à muffins, puis tapissez le fond de papier sulfurisé.

Sur le plan de travail légèrement fariné, abaissez la plus grande portion de pâte sur 3 mm d'épaisseur. Découpez dedans 8 ronds de 12 cm de diamètre. Si nécessaire, ramassez les chutes, abaissez-les à nouveau et découpez des ronds supplémentaires pour en avoir 8 au total.

Recouvrez les ronds de pâte de film étirable pour les empêcher de sécher. Sur le plan de travail légèrement fariné, abaissez la petite portion

Conseil

À la place du mélange de chair à saucisse et de bacon, on peut utiliser la chair de saucisses de Toulouse ou de chipolatas (comptez 570 g en tout).

de pâte sur 3 mm d'épaisseur. Découpez dedans 8 ronds de 7,5 cm de diamètre (ramassez les chutes de pâte et abaissez-les à nouveau si nécessaire). Découpez un rond de 12 mm au centre de chaque rond de 7,5 cm. Couvrez les ronds pour les empêcher de sécher.

Foncez les moules à muffins avec les plus grands ronds de pâte, en les pressant jusqu'au fond et le long des bords. Parsemez l'intérieur de chapelure. Si vous utilisez les œufs de caille, remplissez d'abord les moules avec la moitié de la chair à saucisse, pressez-la délicatement pour remplir le fond et pratiquez un creux au milieu. Placez un œuf de caille dans chaque creux et finissez de remplir avec la farce, en faisant un petit dôme sur le dessus. Si vous n'utilisez pas les œufs de caille, répartissez équitablement la farce dans les moules. Veillez à utiliser environ 70 g de farce dans chaque moule. Badigeonnez les bords intérieurs de la pâte avec un peu d'œuf battu. Posez un petit rond de pâte sur le dessus de chaque pâté et pincez les bords pour bien les sceller. Badigeonnez d'œuf battu.

Réduisez la température du four à 200 °C (th. 6-7). Placez les moules à muffins sur la plaque et faites cuire de 40 à 43 minutes, jusqu'à ce que les petits pâtés soient bien dorés. Posez la plaque sur une grille et laissez les pâtés reposer pendant 10 minutes. Passez la lame d'un couteau le long des bords de chaque moule à muffin pour dégager les pâtés des moules et démoulez-les.

Servez les pâtés chauds ou à température ambiante. Ils sont meilleurs le jour où ils ont été cuits. On peut éventuellement les réchauffer au four à 150 °C (th. 5).

GOUGÈRES

Les petites gougères légères et gonflées de l'*afternoon tea* sont originaires de Bourgogne, où elles firent leur première apparition au XVIIe siècle ; elles sont toujours l'accompagnement préféré des dégustations de vins dans les caves de la région. Au XIXe siècle, ces petits choux ont dépassé leur lieu d'origine et adopté de nouvelles saveurs. Mais la tradition continue d'imposer le choix d'un fromage à pâte dure (gruyère, comté ou emmental) pour enrichir la pâte à choux au beurre, une formule naturellement adoptée dans les cuisine de Downton.

48 cl de lait + 2 cuil. à soupe
115 g de beurre
2 cuil. à café de sel
250 g de farine
8 œufs
225 g de gruyère ou autre fromage à pâte dure, finement râpé

POUR ENVIRON 48 GOUGÈRES

Préchauffez le four à 190 °C (th. 6-7). Tapissez deux plaques à pâtisserie de papier sulfurisé.

Placez le lait, le beurre et le sel dans une casserole à fond épais sur feu vif. Portez à ébullition. Ajoutez toute la farine d'un seul coup, baissez le feu et mélangez vigoureusement pendant 5 minutes jusqu'à ce que le mélange forme une boule qui se détache des parois de la casserole. Retirez du feu et laissez reposer pendant 2 minutes.

Avec un mixeur réglé sur vitesse moyenne, incorporez les œufs un par un en mélangeant bien après chaque ajout, jusqu'à ce qu'ils soient tous absorbés et que la pâte devienne brillante. Cette opération prend environ 5 minutes. Incorporez ensuite les trois quarts du fromage râpé.

À l'aide d'une cuillère, prélevez des petites portions de pâte et déposez-les en boulettes de 5 à 7,5 cm de diamètre sur les plaques, en les espaçant de 5 cm. Badigeonnez-les avec les 2 cuillerées à soupe de lait, puis parsemez-les avec le reste du fromage râpé.

Faites cuire les gougères de 30 à 35 minutes jusqu'à ce qu'elles soient bien dorées et gonflées. Laissez-les reposer pendant quelques instants sur les plaques posées sur des grilles et servez-les chaudes, ou bien laissez-les refroidir complètement et servez-les à température ambiante.

BOUCHÉES AU FROMAGE

Le terme « bouchée » désigne littéralement une portion que l'on peut mettre dans sa bouche en une seule fois. Salées ou sucrées, les « bouchées » feuilletées furent créées, dit-on, à l'époque de Louis XV sous l'influence de son épouse, puis elles furent adoptées par l'aristocratie anglaise, comme le prouve la saison 4 de *Downton Abbey,* où l'on voit Alfred en confectionner une fournée. La taille des bouchées est variable, les plus petites étant servies en amuse-bouche, voire en canapés sur le plateau des friandises accompagnant le thé.

POUR LA PÂTE

165 g de farine + un peu pour le plan de travail

90 g de beurre froid coupé en petits dés

4-5 cuil. à soupe d'eau glacée

POUR LA FARCE

1 œuf

30 g de cheddar affiné râpé

30 g de parmesan râpé

1 cuil. à soupe de beurre doux fondu et refroidi

1 pincée de poivre de Cayenne (facultatif)

Sel et poivre noir

Lait pour la finition

POUR 20 BOUCHÉES ENVIRON

Mettez la farine dans un bol, ajoutez les dés de beurre et incorporez-les avec les doigts ou avec un mixeur jusqu'à obtenir une consistance de grosse chapelure. Ajoutez juste assez d'eau pour agglomérer les ingrédients, en vous aidant d'une fourchette. Ramassez la pâte en boule, enveloppez-la de film étirable et laissez-la reposer de 20 à 30 minutes au réfrigérateur.

Pour réaliser la farce, battez l'œuf dans un bol. Ajoutez les deux fromages, le beurre, le poivre de Cayenne (si vous l'utilisez), salez et poivrez légèrement, mélangez intimement.

Préchauffez le four à 200 °C (th. 6-7). Tapissez une plaque à pâtisserie avec du papier sulfurisé.

Partagez la pâte en deux. Mettez-en la moitié à couvert au réfrigérateur. Sur le plan de travail légèrement fariné, abaissez l'autre moitié sur 2 mm d'épaisseur. Découpez dedans autant de ronds que possible avec un emporte-pièce de 9 cm de diamètre. Déposez ¾ de cuillerée à café de farce sur un côté de chaque rond. Badigeonnez tout le tour avec un peu de lait, puis rabattez l'autre moitié du rond sur la farce en pressant les bords pour obtenir

MRS. HUGHES : *J'ai un aveu à vous faire. Je leur ai permis de prendre le thé dans mon salon.*

CARSON : *C'était très gentil de votre part.*

MRS. HUGHES : *C'était gentil, oui. Mais j'avais mes raisons. Il y a une grille dans le mur, ce qui permet d'entendre tout ce qui se dit dans le salon.*

~ SAISON 2, ÉPISODE 1

une demi-lune. Ramenez les côtés vers le centre et pressez-les en appuyant
(un peu comme si vous façonniez des tortellinis). Déposez les bouchées sur la plaque en les espaçant de 4 cm et mettez la plaque au réfrigérateur pendant que vous confectionnez une autre fournée de bouchées avec le reste de la pâte.

Badigeonnez le dessus des bouchées avec un peu de lait. Faites-les cuire de 22 à 24 minutes, jusqu'à ce qu'elles soient bien dorées. Laissez reposer quelques instants les plaques sur une grille et servez les bouchées chaudes ou bien laissez-les refroidir complètement pour les servir à température ambiante.

CORNISH PASTIES

Rares sont les spécialités culinaires à avoir une histoire aussi longue que ces petits pâtés à la viande, dont les origines remontent au Moyen Âge, mais qui furent particulièrement répandus au XVIe siècle, en constituant le repas traditionnel des ouvriers des mines d'étain en Cornouailles. Les mineurs pouvaient en effet emporter facilement au travail ces petites tourtes (alors farcies de légumes plutôt que de viande, denrée plus chère), et les manger sans couteau ni fourchette. Si les tourtes refroidissaient, les mineurs les faisaient réchauffer sur un feu en les posant sur une pelle. La recette de base de la pâte est la même qu'à l'époque édouardienne, où les *cornish pasties* firent leur apparition pour accompagner l'*afternoon tea*.

POUR LA PÂTE

560 g de farine ordinaire + un peu pour le plan de travail

1 ¼ de cuil. à café de sel

210 g de saindoux, de graisse végétale ou de beurre salé, coupé en parcelles

27 cl d'eau froide

POUR 12 PERSONNES

Placez dans une grande terrine la farine, le sel et la matière grasse, mélangez rapidement avec les doigts pour obtenir une grosse chapelure. Ajoutez l'eau petit à petit en mélangeant avec un mixeur ou une fourchette, jusqu'à ce que vous puissiez ramasser la pâte en boule. Partagez la boule en deux et abaissez chaque portion en un disque. Enveloppez-les séparément de film étirable et réservez au réfrigérateur pendant la préparation de la farce.

Placez dans une terrine les pommes, le porc, le bacon, la sauce Worcestershire et la sauge. Mélangez intimement. Salez et poivrez.

Préchauffez le four à 190 °C (th. 6-7). Tapissez une plaque à pâtisserie de papier sulfurisé.

Sur le plan de travail fariné, abaissez un disque de pâte sur 3 mm d'épaisseur. En vous servant d'une soucoupe comme guide, découpez dedans 6 ronds de 15 cm de diamètre chacun (si nécessaire, ramassez les chutes, abaissez-les et découpez d'autres cercles dedans pour en obtenir 6 au total). Répartissez la farce sur ces cercles en la déposant sur une moitié seulement et en laissant tout autour une

POUR LA FARCE

2 petites pommes (granny smith ou Cox's orange pippin), pelées, coupées en deux, évidées et taillées en petits dés de 1 cm

200 g d'épaule de porc désossée, dégraissée et taillée en dés de 1 cm

115 g de bacon haché

1 cuil. à soupe de sauce Worcestershire

1 cuil. à café de sauge séchée ou 1 cuil. à soupe de sauge fraîche ciselée

Sel et poivre noir

marge de 1 cm. Avec les doigts, mouillez d'eau le pourtour de chaque cercle et repliez-les en deux en appuyant pour enfermer la farce. Pincez le bord avec une fourchette, puis repliez les coins par-dessous. Piquez le dessus avec les dents de la fourchette et disposez les petits pâtés sur la plaque en les espaçant bien. Répétez la même opération avec le reste de la pâte et de la farce.

Faites cuire les pâtés pendant 20 minutes jusqu'à ce qu'ils soient dorés (un thermomètre de cuisson enfoncé à cœur doit indiquer 74 °C). Laissez-les reposer sur une grille et servez-les chauds ou à température ambiante.

ROBERT : *Comme d'habitude, nos attentes ont été déçues. Prenons une tasse de thé.*

~ SAISON 3, ÉPISODE 8

SANDWICHS POUR LE THÉ

Le déjeuner étant fixé à midi et le dîner à 20 heures, l'*afternoon tea* offrait une occasion parfaite pour une pause au milieu de l'après-midi, et les délicats sandwichs au pain de mie jouaient un rôle primordial pour calmer une petite faim, tout en respectant les règles de la bienséance. La tradition imposait de fines tranches de pain de mie sans croûte. La garniture était faite le plus souvent de beurre, de mayonnaise ou de fromage frais, ou encore d'un mélange de cheddar et de pickles ou de jambon et de moutarde anglaise.

CONCOMBRE

¾ de concombre

Sel fin

8 fines tranches de pain de mie blanc

Beurre à température ambiante

Poivre blanc

Pour 4-6 personnes

Pelez et émincez le concombre le plus finement possible. Mettez les lamelles dans une passoire, dans l'évier ou une grande terrine, saupoudrez de sel et laissez reposer 20 minutes. Goûtez une lamelle pour voir si vous n'avez pas mis trop de sel. Si c'est le cas, rincez les lamelles sous le robinet d'eau froide. Étalez plusieurs couches de papier absorbant sur le plan de travail, disposez les lamelles de concombre dessus en une seule couche et épongez-les.

Posez les tranches de pain sur le plan de travail et tartinez-les généreusement de beurre. Disposez les lamelles de concombre sur 4 d'entre elles, en les superposant, et poivrez-les. Posez les autres tranches de pain dessus.

Avec un couteau-scie, éliminez la croûte de toutes les tranches de pain, puis recoupez les sandwichs en rectangles ou en triangles.

Suite de la recette en page suivante

Savoir-vivre

Aujourd'hui, ce sont les sandwichs coupés en triangles qui sont à la mode, mais à l'époque édouardienne, les sandwichs étaient plutôt rectangulaires, comme des canapés. La croûte doit toujours être parée, puis les sandwichs sont coupés selon la forme désirée et empilés avec soin.

Suite

ŒUF À LA DIABLE & CRESSON

4 œufs

60 g de beurre à température ambiante

50 g de mayonnaise

1 cuil. à café de persil finement ciselé

½ cuil. à café d'aneth finement ciselé

⅛ de cuil. à café de zeste de citron

Sel et poivre

Paprika doux en poudre

8 tranches de pain de mie blanc

15 g de cresson

POUR 4-6 PERSONNES

Placez les œufs dans une casserole à fond épais, recouvrez-les d'eau et portez à ébullition sur feu vif. Retirez du feu, couvrez et laissez reposer pendant 15 minutes. Mettez ensuite les œufs dans un bol d'eau froide et laissez-les reposer pendant 15 minutes pour stopper la cuisson.

Écalez les œufs et réservez-les dans une terrine propre. Écrasez-les à la fourchette puis ajoutez le beurre, la mayonnaise, le persil, l'aneth et le zeste de citron. Mélangez intimement. Goûtez et rectifiez l'assaisonnement en sel et en poivre, ajoutez le paprika.

Posez les tranches de pain sur le plan de travail. Tartinez-en 4 avec le mélange aux œufs. Étalez le cresson dessus. Recouvrez-les avec les 4 autres tranches de pain et pressez fermement.

Avec un couteau-scie, éliminez la croûte de toutes les tranches de pain, puis recoupez les sandwichs en rectangles ou en triangles.

SAUMON FUMÉ & ANETH

225 g de fromage frais à température ambiante

2 cuil. à soupe d'aneth finement ciselé

½ citron

Sel et poivre noir

8 tranches de pain de mie complet

225 g de saumon fumé en fines lamelles

POUR 4-6 PERSONNES

Avec une fourchette, mélangez intimement dans un bol le fromage frais et l'aneth. Assaisonnez de jus de citron, salez et poivrez.

Posez les tranches de pain sur le plan de travail. Tartinez-les de fromage frais. Répartissez les lamelles de saumon fumé sur 4 tranches de pain, puis recouvrez-les avec les 4 autres tranches de pain.

Avec un couteau-scie, éliminez la croûte de toutes les tranches de pain, puis recoupez les sandwichs en rectangles ou en triangles.

BŒUF RÔTI & CIBOULETTE

8 tranches de pain de mie blanc

Crème de raifort

8 fines tranches de rôti de bœuf

2 cuil. à soupe de ciboulette ciselée

Sel et poivre

4 feuilles de laitue

POUR 4-6 PERSONNES

Posez les tranches de pain sur le plan de travail. Tartinez-les de crème de raifort. Garnissez 4 tranches de pain avec les tranches de bœuf et la ciboulette, salez et poivrez. Ajoutez 1 feuille de laitue sur les tranches de rôti. Posez les 4 tranches de pain restantes dessus et pressez fermement.

Avec un couteau-scie, éliminez la croûte de toutes les tranches de pain, puis recoupez les sandwichs en rectangles ou en triangles.

Confitures & garnitures

CONFITURE DE FRAISES RAPIDE

Les confitures de fruits, surtout celles de fruits rouges, font partie des indispensables de l'*afternoon tea.* Dans un joli pot ou une coupelle en porcelaine, chaque confiture avait, à l'époque de *Downton Abbey,* une cuillère spéciale : en général une petite cuillère en argent ornée d'un motif de fruit en accord avec le parfum de la confiture servie.

700 g de fraises, équeutées et émincées

200 g de sucre en poudre

2 cuil. à soupe de jus de citron fraîchement pressé

Pour environ 3 pots de 24 cl

Placez deux soucoupes au congélateur pour le test de cuisson de la confiture.

Mélangez dans une casserole sur feu moyen les fraises, le sucre et le jus de citron. Portez à ébullition en remuant sans arrêt. Baissez le feu et faites cuire pendant 10 minutes en remuant de temps en temps jusqu'à ce que les fruits soient tendres et le jus épaissi. Pour tester la cuisson de la confiture, sortez une soucoupe du congélateur, posez 1 cuillerée à café de confiture dessus et attendez pendant 30 secondes, puis poussez-la doucement avec la cuillère. Si la confiture se fige en plissant, elle est cuite. Sinon, poursuivez la cuisson de 1 à 2 minutes et procédez à un nouveau test avec la seconde soucoupe.

Répartissez la confiture dans les pots et laissez refroidir, puis couvrez. Vous pouvez conserver cette confiture au réfrigérateur pendant 10 jours.

SYBIL : *J'ai besoin uniquement des bases. Comment faire cuire un œuf, comment préparer le thé.*

Mme PATMORE : *Vous ne savez pas préparer le thé ?*

SYBIL : *Pas vraiment.*

~ SAISON 2, ÉPISODE 1

CONFITURE DE MÛRES

Entre la fin juillet et septembre, les haies qui entourent le domaine de Downton avaient toutes les chances d'être chargées de mûres, ce qui donnait à Mme Patmore et à Daisy l'occasion de passer des heures à faire cuire des bassines entières et à remplir des pots pour tout le reste de l'année. À l'heure du thé, la confiture est délicieuse sur des scones, mais aussi pour garnir des tartelettes.

1,7 kg de mûres
600 g de sucre en poudre
34 cl de jus de citron fraîchement pressé

Pour 6 pots de 24 cl

Histoire

Les domaines comme Downton produisaient en grande partie leur propre nourriture. Les confitures étaient toujours maison. La farine était moulue avec des céréales cultivées sur le domaine et le beurre venait de la ferme.

Commencez par stériliser des pots en verre (voir Protocole de stérilisation, page 133). Placez deux soucoupes au congélateur pour le test de cuisson de la confiture.

Mélangez dans une grande casserole en acier inoxydable les mûres, le sucre et le jus de citron. Portez à ébullition sur feu modéré, baissez le feu et faites cuire à découvert en remuant souvent pendant 15 minutes, jusqu'à ce que la confiture épaississe. Pour savoir si la confiture est cuite, sortez une soucoupe du congélateur, posez 1cuillerée de confiture dessus et attendez pendant 30 secondes, puis poussez-la doucement avec la cuillère : si la confiture se fige en plissant, elle est cuite. Sinon, poursuivez la cuisson de 1 à 2 minutes et procédez à un nouveau test avec la seconde soucoupe. La confiture continuera d'épaissir en refroidissant.

Répartissez la confiture dans les pots en laissant un espace libre de 6 mm. Glissez une brochette en métal stérilisée le long de chaque bocal, entre la confiture et la paroi, en répétant l'opération quatre ou cinq fois, pour évacuer la moindre bulle d'air. Essuyez le bord de chaque pot et fermez-les hermétiquement.

Placez les pots dans un bain-marie bouillant et faites bouillir pendant 10 minutes. Déposez les pots sur un torchon plié et laissez-les refroidir complètement. Vérifiez la fermeture de chaque pot. Placez les pots dans un endroit frais et sombre où ils se conserveront pendant 1 an. Si la fermeture n'est pas entièrement hermétique, ils se conservent au réfrigérateur pendant 3 semaines.

GELÉE DE GROSEILLE

À la différence d'une confiture, de consistance assez épaisse, avec parfois des morceaux de fruits, la gelée est lisse et translucide, sans contenir la moindre parcelle des fruits dont elle est issue. Les groseilles sont un ingrédient idéal pour les gelées, car elles possèdent la proportion idéale de pectine et d'acidité.

450 g de groseilles égrappées
12 cl d'eau
200 g de sucre en poudre, ou plus si nécessaire

Pour 1 pot de 48 cl

Placez dans une grande casserole en acier inoxydable les groseilles et l'eau. Portez à ébullition sur feu modéré en écrasant les baies avec une cuillère en bois ou un presse-purée. Baissez le feu et faites cuire en remuant souvent pendant 15 minutes, jusqu'à ce que les groseilles soient très molles.

Suspendez un sac à gelée au-dessus d'une terrine et versez-y le contenu de la casserole. Laissez le sac tel quel pendant toute la nuit, jusqu'à ce que tout le jus soit passé. Ne pressez pas le sac, sinon la gelée sera trouble.

Le lendemain, Placez deux soucoupes au congélateur pour le test de cuisson de la gelée. Retirez le sac à gelée et jetez les résidus solides. Pesez le jus de groseille et versez-le dans une grande casserole en acier inoxydable, puis ajoutez la même quantité de sucre (200 g environ). Portez à ébullition sur feu vif, puis baissez le feu et laissez cuire à découvert de 10 à 15 minutes en remuant souvent et en écumant la mousse qui se forme en surface, jusqu'à ce que la gelée soit assez épaisse pour napper le dos d'une cuillère. Retirez du feu. Pour savoir si la gelée est cuite, sortez une soucoupe du congélateur, mettez 1 petite cuillerée de gelée dessus, remettez-la dans le congélateur pendant 2 minutes : si elle se fige en plissant quand on la pousse doucement avec le doigt, elle est cuite. Sinon, remettez la casserole sur le feu et faites bouillir la gelée 1 à 2 minutes puis refaites le test avec l'autre soucoupe.

Versez la gelée chaude dans un pot stérilisé (voir Protocole de stérilisation, page 133), laissez refroidir puis fermez le pot. Cette gelée se conserve au réfrigérateur pendant 1 mois.

CONFITURE FRAISES-RHUBARBE

Les fraises et la rhubarbe sont les deux premiers signes de l'arrivée du printemps. Comme leur taux de pectine est faible, on ajoute des oranges, à la fois la chair et l'écorce, pour donner à cette confiture la consistance et la belle couleur qui est la sienne. Proposez-la avec des scones à la crème, des biscuits ou du pain croustillant.

2 oranges, sanguines de préférence

680 g à 1 kg de tiges de rhubarbe coupées en tronçons de 1 cm de large

420 g de fraises équeutées et émincées

800 g de sucre en poudre

12 cl de jus de citron fraîchement pressé

Pour 7 pots de 24 cl

Prélevez 1 tranche fine à chaque extrémité des oranges. Coupez-les en deux transversalement, retirez et jetez les pépins. Réduisez les demi-oranges en purée dans un blender. Placez cette purée dans une terrine, ajoutez la rhubarbe, les fraises et le sucre. Mélangez délicatement, couvrez et réservez au réfrigérateur pendant au moins 8 heures ou toute la nuit.

Le lendemain, stérilisez des pots en verre (voir Protocole de stérilisation, page 133). Placez deux soucoupes au congélateur pour le test de cuisson de la confiture.

Versez le contenu de la terrine dans une grande casserole en acier inoxydable et ajoutez le jus de citron. Portez à ébullition sur feu modéré, puis baissez le feu et laissez cuire à découvert pendant 10 minutes en remuant souvent. Retirez du feu. Pour savoir si la confiture est cuite, sortez une soucoupe du congélateur, posez 1 cuillerée de confiture dessus et attendez pendant 30 secondes, puis poussez-la doucement avec la cuillère : si la confiture se fige en plissant, elle est cuite. Sinon, poursuivez la cuisson de 1 à 2 minutes et procédez à un nouveau test avec la seconde soucoupe.

Répartissez la confiture dans les pots en laissant un espace libre de 6 mm. Glissez une brochette en métal stérilisée le long de chaque bocal, entre la confiture et la paroi, en répétant l'opération quatre ou cinq fois, pour évacuer la moindre bulle d'air. Essuyez le bord de chaque pot et fermez-les hermétiquement.

Placez les pots dans un bain-marie bouillant et faites bouillir pendant 10 minutes. Déposez les pots sur un torchon plié et laissez-les refroidir complètement. Vérifiez la fermeture de chaque pot. Placez les pots dans un endroit frais et sombre, où ils se conserveront pendant 1 an. Si la fermeture n'est pas entièrement hermétique, ils se conservent au réfrigérateur pendant 3 semaines.

MARMELADE D'ORANGES

En Grande-Bretagne, la marmelade d'oranges est traditionnellement préparée avec des oranges amères, et comme il s'agit d'une conserve indispensable, aussi populaire au petit-déjeuner qu'à l'heure du thé, tout le monde s'affaire pour profiter de la courte saison des oranges amères. Si vous préférez des oranges douces, modifiez la proportion de sucre en fonction de l'amertume du fruit.

1 kg d'oranges

1,9 litre d'eau

1,2 kg de sucre en poudre environ

48 cl de jus d'orange fraîchement pressé

12 cl de jus de citron fraîchement pressé

Pour 7 pots de 24 cl

Stérilisez des pots en verre (voir ci-contre). Placz deux soucoupes au congélateur.

Prélevez 1 tranche à chaque extrémité des oranges. Émincez-les ensuite aussi finement que possible, de préférence avec une mandoline. Mettez-les dans une grande casserole en acier inoxydable, ajoutez l'eau et portez à ébullition. Faites cuire à découvert en remuant pendant 15 minutes. Retirez du feu et laissez refroidir.

Mesurez les tranches d'orange et leur liquide puis remettez-les dans la casserole. Ajoutez 150 g de sucre par tasse du mélange. Incorporez les jus d'orange et de citron. Portez à ébullition sur feu moyen et laissez bouillir 10 minutes. Baissez le feu et poursuivez la cuisson de 7 à 10 minutes en remuant souvent, jusqu'à obtenir une consistance épaisse et gélatineuse. Retirez du feu. Pour savoir si la marmelade est cuite, sortez une soucoupe du congélateur, posez 1 cuillerée de marmelade dessus et attendez pendant 30 secondes, puis poussez-la doucement avec la cuillère : si la marmelade se fige en plissant, elle est cuite. Sinon, poursuivez la cuisson de 1 à 2 minutes et procédez à un nouveau test avec la seconde soucoupe.

Répartissez la marmelade dans les pots en laissant un espace libre de 6 mm. Glissez une brochette en métal stérilisée le long de chaque bocal, quatre ou cinq fois, pour évacuer la moindre bulle d'air. Essuyez le bord de chaque pot et fermez-les hermétiquement.

Placez les pots dans un bain-marie bouillant et faites bouillir pendant 10 minutes. Déposez les pots sur un torchon plié et laissez-les refroidir complètement. Vérifiez la fermeture de chaque pot. Placez les pots dans un endroit frais et sombre où ils se conserveront pendant 1 an. Si la fermeture n'est pas entièrement hermétique, ils se conservent au réfrigérateur pendant 3 semaines.

Protocole de stérilisation

Pour stériliser les pots destinés aux confitures et aux conserves, lavez-les d'abord à l'eau bouillante savonneuse. Mettez-les ensuite debout à l'endroit dans une grande marmite, remplissez cette dernière d'eau bouillante sur 5 cm et portez à ébullition. Laissez bouillir pendant 15 minutes, puis éteignez le feu. Les pots peuvent rester dans l'eau pendant 1 heure. À l'aide d'une pince à bocal, sortez les pots, égouttez-les bien et laissez-les sécher sur un torchon. Pour stériliser les couvercles (à joint en caoutchouc ou à visser), plongez-les dans une casserole d'eau frémissante pendant 10 minutes, sans ébullition.

Si la recette fait appel à un bain-marie bouillant, prenez la même marmite que celle que vous avez utilisée pour stériliser les pots. Placez une grille dans le fond et faites bouillir l'eau. Placez les pots à l'aide d'une pince à bocal sur la grille en les espaçant de 1 cm. L'eau doit recouvrir les pots sur 5 cm, rajoutez-en si nécessaire. Portez à ébullition, couvrez et laissez bouillir pendant 10 minutes. Éteignez le feu et laissez les pots reposer pendant 10 minutes avant de les retirer de la marmite et de les laisser sécher.

LEMON CURD

Le terme *lemon curd* possède une longue histoire dans la tradition culinaire britannique. À l'origine, il s'agissait bel et bien de *curd* (caillé), obtenu en ajoutant du jus de citron dans de la crème fraîche, puis en séparant le caillé obtenu du petit-lait. Ce qui reste un mystère, c'est à quel moment ce simple caillé est devenu une crème onctueuse à base de jus de citron, de jaunes d'œufs et de beurre, telle qu'on la servait à Downton, et que l'on apprécie toujours de nos jours.

1 œuf entier

4 jaunes d'œufs

100 g de sucre en poudre

8 cl de jus de citron fraîchement pressé

2 cuil. à soupe de beurre en petits dés

POUR 250 G ENVIRON

Placez un bol résistant à la chaleur dans une casserole au bain-marie : l'eau doit juste frémir. Mettez dans le bol l'œuf entier, les jaunes d'œufs, le sucre et le jus de citron. Fouettez et faites cuire en remuant sans arrêt de 5 à 8 minutes jusqu'à ce que le mélange épaississe. Pour tester le bon degré de cuisson, retirez la cuillère du bol et passez votre doigt sur le dos: si votre doigt laisse une trace qui ne se referme pas aussitôt, le *lemon curd* est cuit.

Retirez le bol du bain-marie et incorporez le beurre en remuant jusqu'à obtenir une consistance homogène. Versez le tout dans un autre bol à travers une passoire fine. Couvrez de film étirable au contact (ce qui empêche la formation d'une peau). Placez le bol au réfrigérateur pendant au moins 3 heures avant emploi pour qu'il soit bien pris et froid. Le *lemon curd* se conserve dans un récipient hermétique au réfrigérateur pendant 1 semaine.

FAUSSE CLOTTED CREAM

La *clotted cream* (ou crème caillée), élément indispensable pour tout service du thé qui se respecte, est l'accompagnement classique des scones. Appréciée pour sa consistance épaisse et sa saveur légère de noisette, elle est produite dans le Devon et les Cornouailles. Elle est fabriquée en chauffant du lait non pasteurisé jusqu'à la formation d'une épaisse couche de crème en surface. Même si aucune association d'ingrédients ne peut restituer la saveur et la consistance uniques de la véritable *clotted cream,* cette recette de « fausse *clotted cream* », qui marie mascarpone et crème fraîche épaisse, est un succédané tout à fait acceptable.

12 cl de crème fraîche épaisse

225 g de mascarpone à température ambiante

1 cuil. à soupe de sucre glace, ou plus au goût

Pour 250 g environ

Battez la crème fraîche dans un bol avec un mixeur jusqu'à la formation d'un bec d'oiseau. Incorporez le mascarpone et le sucre à vitesse moyenne et fouettez jusqu'à obtenir une consistance homogène. Goûtez et rajoutez éventuellement un peu de sucre. Servez aussitôt.

Savoir-vivre

Les Cornouailles et le Devon revendiquent la paternité du *cream tea,* qui consiste à servir avec le thé des scones garnis de *clotted cream* et de confiture. Les habitants de ces deux régions respectent une étiquette précise. Selon la tradition du Devonshire, il faut mettre d'abord la crème sur les scones et la confiture par-dessus, tandis que celle des Cornouailles précise qu'il faut mettre d'abord la confiture. Pour n'importe qui d'autre, cette question relève de la préférence personnelle.

INDEX

VIOLET :

Il n'y a rien de plus à dire.
Allons-nous prendre le thé, oui ou non ?

~ SAISON 1, ÉPISODE 3

Pour l'édition originale :
Président et éditeur : **Roger Shaw**
Éditrice : **Amy Marr**
Directrice de création : **Chrissy Kwasnik**
Directrice artistique : **Bronwyn Lane**
Directrice artistique photo : **Lisa Berman**
Rédactrice en chef : **Tarji Rodriguez**
Directrice de fabrication : **Binh Au**
Photographe : **John Kernick**
Styliste culinaire : **Cyd Raftus McDowell**
Accessoiriste : **Suzie Myers**
Illustration de couverture : **Conor Buckley**

Produit par Weldon Owen International
1150 Brickyard Cove Road
Richmond, CA 94801
www.weldonowen.com

Pour l'édition originale :
Président et éditeur : **Roger Shaw**
Éditrice : **Amy Marr**
Directrice de création : **Chrissy Kwasnik**
Directrice artistique : **Bronwyn Lane**
Directrice artistique photo : **Lisa Berman**
Rédactrice en chef : **Tarji Rodriguez**
Directrice de fabrication : **Binh Au**
Photographe : **John Kernick**
Styliste culinaire : **Cyd Raftus McDowell**
Accessoiriste : **Suzie Myers**
Illustration de couverture : **Conor Buckley**

Produit par Weldon Owen International
1150 Brickyard Cove Road
Richmond, CA 94801
www.weldonowen.com

Downton and Downton Abbey trademark
© 2010–2020 Carnival Film & Television Limited
All rights reserved.

Downton Abbey television series set photography
© 2010–2015 Carnival Film & Television Limited
Downton Abbey film set photography
© 2019 Focus Features LLC

© 2020 Carnival Film & Television Limited
Foreword copyright © 2020 by Gareth Neame
Text and recipe photographs © 2020 Weldon Owen

Pour l'édition française :
Directeur éditorial : **Didier Férat**
Édition : **Marjorie Goussu**
Traduction : **Sylvie Lagorce**
Relecture : **Marie-France Minuit**
© 2020, Éditions Solar,
un département d'Édi8
92, avenue de France, 75013 Paris
Tous droits de traduction, d'adaptation et de reproduction par tous procédés, réservés pour tous pays.
ISBN : 978-2-263-17182-6
Code éditeur : L17182
Dépôt légal : octobre 2020
Imprimé en Chine par Dream Colour.

TEXTES INTRODUCTIFS : **REGULA YSEWIJN**

WELDON OWEN SOUHAITE REMERCIER LES PERSONNES SUIVANTES POUR LEUR AIDE PRÉCIEUSE DURANT LA PRODUCTION DE CE LIVRE :

Julian Fellowes, Rizwan Alvi, Lisa Atwood, Antoinette Cardoza, Manuel Cardoza, Abigail Dodge, Mimi Freund, Annie Gray, Charlotte Havelange, Rachel Markowitz, Elizabeth Parson, Nico Sherman, Sharon Silva, and Josh Simons

CARNIVAL FILMS :

Gareth Neame, Aliboo Bradbury, Charlotte Fay, and Nion Hazell

PETERS FRASER AND DUNLOP :

Annabel Merullo and Laura McNeill